LAW&BUSINESS

法商圖書

建设工程施工合同

热点问题实务研究

房沫 袁海兵 湛栩鷗
著

JIANSHE GONGCHENG SHIGONG HETONG

REDIAN WENTI SHIWU YANJIU

法律出版社 LAW PRESS · CHINA
北京

图书在版编目(CIP)数据

建设工程施工合同热点问题实务研究 / 房沫，袁海兵，湛栩鹍著. -- 北京 : 法律出版社，2022(2022.10 重印)
ISBN 978-7-5197-6942-0

Ⅰ. ①建… Ⅱ. ①房… ②袁… ③湛… Ⅲ. ①建筑工程-工程施工-合同法-研究-中国 Ⅳ. ①D923.64

中国版本图书馆 CIP 数据核字(2022)第 140611 号

建设工程施工合同热点问题实务研究
JIANSHE GONGCHENG SHIGONG HETONG REDIAN WENTI SHIWU YANJIU

房　沫 袁海兵 湛栩鹍 著

责任编辑 慕雪丹　章　雯
装帧设计 汪奇峰

出版发行 法律出版社
编辑统筹 法商出版分社
责任校对 赵明霞
责任印制 胡晓雅
经　　销 新华书店

开本 710 毫米×1000 毫米 1/16
印张 27.25　字数 431 千
版本 2022 年 8 月第 1 版
印次 2022 年 10 月第 2 次印刷
印刷 天津嘉恒印务有限公司

地址:北京市丰台区莲花池西里 7 号(100073)
网址:www.lawpress.com.cn
投稿邮箱:info@lawpress.com.cn
举报盗版邮箱:jbwq@lawpress.com.cn

销售电话:010-83938349
客服电话:010-83938350
咨询电话:010-63939796

书号:ISBN 978-7-5197-6942-0　定价:109.00 元

凡购买本社图书,如有印装错误,我社负责退换。电话:010-83938349

房沫

房沫，法学博士，广西大学法学院副教授，东盟法研究中心副主任，多家仲裁机构仲裁员。上海市建纬（南宁）律师事务所兼职律师，从事建设工程法律实务研究及实践。出版专著《信用证法律适用问题研究》，合著《工程总承包合同裁判规则研究》，在《中国国际私法与比较法年刊》《民商法论丛》《武大国际法评论》《河北法学》《学术论坛》《社会科学家》《广西大学学报（哲学社会科学版）》等期刊发表论文多篇，主持承担多项省部级、厅级科研项目。

袁海兵

袁海兵，上海市建纬（南宁）律师事务所主任，中国施工企业管理协会法律专家，上海国际经济贸易仲裁委员会、深圳国际仲裁院等多家仲裁机构仲裁员，多年专注处理建设工程施工案件纠纷，具备丰富的专业经验。参与编著《中国建设工程施工合同法律全书词条释义与实务指引》《建设工程总承包合同纠纷裁判指引》，合著《工程总承包合同裁判规则研究》等工程法律实务书籍。

湛树鸥

湛树鸥，上海市建纬（南宁）律师事务所工程法律研究员，为数十家一级资质施工企业提供常年法律服务，具有丰富的法务经验。参与撰写《工程总承包合同裁判规则研究》《施工企业合规风险识别和管理》等著作，发表文章《论情事变更规则在建设工程施工合同纠纷审判实践中的司法运用》。

目录 contents

Part 01

第一部分

合同效力相关问题

专题一　建设工程施工合同转包、违法分包与挂靠的认定研究 / 003

一、建设工程施工合同中转包、违法分包与挂靠的含义 / 004

二、转包、违法分包与挂靠的表现形式 / 024

三、转包、违法分包与挂靠的法律后果 / 034

专题二　建设工程施工合同无效的原因及其后果实务研究 / 043

一、合同无效概述 / 043

二、建设工程施工合同无效的情形 / 045

三、建设工程施工合同无效的法律后果 / 056

四、小结 / 090

专题三　公章真伪与合同效力——建设工程施工合同中表见代理认定的实践考察 / 093

一、公章的真伪与合同的效力略论 / 093

二、表见代理的理论架构 / 097

三、建设工程施工合同司法实践中的表见代理认定 / 108

四、建设工程施工合同中伪造公章对表见代理认定影响的实践分析 / 124

五、建设工程施工合同中公章使用的实务建议 / 137

Part 02

第二部分

工程价款支付、受领相关问题

专题四 建设工程施工合同纠纷中的“工程款”与“借款”的性质认定实务研究 / 145

一、借款合同与建设工程施工合同的性质与区别 / 145

二、借款与工程款的实务认定 / 147

三、小结 / 163

专题五 建设工程施工关系下工程款代收行为的有效性实务研究 / 165

一、工程款代收行为与代理制度概述 / 165

二、第三人代收款项构成发包人对承包人的有效付款的认定依据 / 168

三、第三人代收款项不构成发包人对承包人有效付款的认定依据 / 181

四、《建设工程司法解释一》第 43 条及《民法典》第 535 条是否构成发包人以“第三人代收工程款构成有效付款”为由抗辩承包人的付款请求的请求权基础 / 190

五、承包人应对“第三人代收工程款构成发包人有效付款”这一不利判定的实务建议 / 193

Part 03

第三部分

工程价款权利实现与救济相关问题

专题六 建设工程以物抵债协议问题研究 / 199

一、以物抵债协议概述 / 199

二、以物抵债协议的性质 / 208

三、以物抵债的实体效力 / 222

四、与以物抵债协议相关的诉讼程序 / 230

五、实务操作建议 / 249

专题七 承包人建设工程价款优先受偿权排除强制执行的程序路径研究 / 254

一、问题的提出 / 254

二、实体法视角：承包人建设工程价款优先受偿权排除强制执行的请求权基础／255
三、程序法视角：承包人建设工程价款优先受偿权排除强制执行的救济路径选择／261
四、承包人工程价款优先受偿权排除强制执行程序路径的分析及实践／263
五、实务操作建议／279

Part 04
第四部分
建设项目资金融通相关问题

专题八 建设工程施工合同下的工程款债权保理法律实务研究／283
一、工程款债权保理问题的提出／283
二、保理合同的基本内容分析／284
三、工程款债权保理的实务运作模式／301
四、工程款债权保理的裁判规则／302
五、工程款债权保理的承包人实践指引／331

Part 05
第五部分
EPC 工程总承包相关问题

专题九 EPC 工程总承包模式下联合体对外责任形式实务研究／337
一、研究背景与问题的提出／337
二、联合体概述／339
三、联合体的责任特点探讨／347
四、联合体成员对发包人以外的第三人承担连带付款责任的前提／352
五、案例评述：四川省冶金设计研究院、贵州省冶金建设公司工程总承包合同纠纷案／360
六、小结及建议／368

专题十　EPC 工程总承包模式下风险分担实务研究 / 372
一、研究背景 / 372
二、我国工程总承包合同的风险类型与分担原则 / 375
三、FIDIC 银皮书（EPC）合同条件下的风险分担规则 / 383
四、FIDIC 银皮书合同条件下调节承包人风险的权益对等机制 / 395
五、从司法裁判案例看我国 EPC 工程总承包模式下的承包人风险负担 / 402
六、风险负担对我国工程总承包的负面影响 / 412
七、工程总承包合同风险分担的立法和承包人的实务操作建议 / 425

第一部分

合同效力相关问题

专题一

建设工程施工合同转包、违法分包与挂靠的认定研究

建设工程施工市场有资质门槛、准入许可的要求，这导致承包施工的资源分配极为不平衡，有资质、资质高的施工单位有能力承接各种难度的工程项目，市场也乐意向其分配更多的施工资源；而低资质甚至无资质的小企业、施工队、包工头等主体因能力不足，导致其对承接更多、更难的项目有心无力，这使建筑工程施工市场呈现出“马太效应”——有资质、资质高的施工单位“强者越强”，但管理能力、施工精力毕竟是有限的，同时对多个项目进行统筹管理难免力不从心，存在担心承担违约责任的风险；而低资质甚至无资质的小企业、施工队、包工头等主体“弱者越弱”，陷入“资质不足—接不到工程—升不了资质—更接不到工程”的恶性循环中，逐渐被市场边缘化直至被市场彻底淘汰。

为了应对这一问题，转包、违法分包与挂靠三种异常的施工组织模式应运而生，通过这种模式将施工承包的资源分配给资质低甚至无资质的主体，使其能在建筑施工市场上分得一杯羹；同时也将劳动力的资源分配给有资质、资质高的施工单位，缓解其难以同时统筹管理多个施工项目的压力；还有一种情况是，使有施工资源但不具备相应资质的个人主体与具有相应资质但没有承接项目资源的施工企业“取长补短”“强强联合”，实现“合作双赢”的目的。由此产生的问题是，转包、违法分包与挂靠分别有何种表现形式？如何认定转包、违法分包与挂靠？三种异常的施工组织模式有何区别？所产生的效力如何？

一、建设工程施工合同中转包、违法分包与挂靠的含义

（一）转包

1. 转包的含义与性质

转包，是指建设工程的承包人不亲自履行其对发包人承诺的施工义务，而是将建设工程施工合同约定的施工任务全部转交给第三人承接或将施工任务分解后分别由两个以上不同的第三人承接、由第三人完成施工任务的行为。转包分为两种情形：一为直接转包，即承包人将自己承包的建设工程施工任务全部转移给第三人承接的行为；二为肢解转包，即承包人承接工程施工任务后，将整体工程施工任务肢解拆分后分别分包给两个以上的第三人的行为。转包的核心要素在于，承包人不实际履行合同约定的责任和义务，而是全部交由他人完成。①

根据《中华人民共和国建筑法》（2019 年修订，以下简称《建筑法》）第 28 条、②《中华人民共和国民法典》（以下简称《民法典》）第 791 条第 2 款、③《建设工程质量管理条例》第 25 条第 3 款④以及《房屋建筑和市政基础设施工程施工分包管理办法》第 13 条第 1 款⑤的规定，建设工程的转包为我国现行法律法规禁止，属于违法行为。建筑工程实施具有连续性、一体性，不同于一般的加工承揽和加工服务，以及对建筑企业技术要求、施工规范要求和合同约定要求较高，我国法律规定，只有在从事建筑活动的单位具备相应的资质等级要求后才能从事相应建筑活动。如施工合同承包单位将建筑工程转包给第三方，原承包单位不承担经济、技术、管理责任，则可能因此影响建筑工程质量、进度、安全、资金

① 参见邬砚：《建设工程合同纠纷 254 个裁判规则深度解析》（第 2 版），法律出版社 2018 年版，第 29 页。

② 《建筑法》第 28 条规定：“禁止承包单位将其承包的全部建筑工程转包给他人，禁止承包单位将其承包的全部建筑工程肢解以后以分包的名义分别转包给他人。”

③ 《民法典》第 791 条第 2 款规定：“……承包人不得将其承包的全部建设工程转包给第三人或者将其承包的全部建设工程支解以后以分包的名义分别转包给第三人。”

④ 《建设工程质量管理条例》第 25 条第 3 款规定：“施工单位不得转包或者违法分包工程。”

⑤ 《房屋建筑和市政基础设施工程施工分包管理办法》第 13 条第 1 款规定：“禁止将承包的工程进行转包。不履行合同约定，将其承包的全部工程发包给他人，或者将其承包的全部工程肢解后以分包的名义分别发包给他人的，属于转包行为。”

等,因此,建筑相关立法始终禁止建筑工程的转包行为。[①]

2. 转包与免责的债务承担

建设工程施工中转包行为的构成与免责的债务承担类似。免责的债务承担,是指在不改变债务的同一性而依合同将债务移转的现象,原债务人因此而免负债务的责任,仅承担人(新债务人)作为债务人,代替原债务人向债权人履行义务;简言之,就是不改变债务同一性下的债务人替换。[②] 在满足以下五个要件时,债务人与第三人签订的免责的债务承担协议生效,免责的债务承担方发生法律效力:(1)需有有效的债务存在;(2)债务具有可移转性,即债务不属于依债的性质不可转移的债务(如人身信赖性较强的债务),也不属于法律规定不允许移转的债务;(3)经债权人同意移转;(4)需存在债务承担合同,该合同既可以由原债务人与第三人订立,也可以由债权人与第三人订立;(5)依法定形式,如办理行政审批、登记手续。[③]

通过对比建设工程转包与免责的债务承担的构成要件,可知二者有以下相同点:(1)债务均具有可转让性。(2)都存在两个基础合同关系。在转包中,存在发包人与承包人的施工合同承包关系和转包人与转承包人的施工合同转包关系;在免责的债务承担中,存在债权人与原债务人的合同关系和债务承担合同关系。(3)都是由合同以外的第三人履行合同义务。转包中是由转承包人履行施工义务,但转包人不是承包合同的当事人;在免责的债务承担中,是第三人履行合同义务。

但是,转包也与免责的债务承担有以下不同点:(1)前提条件不同。免责的债务承担需经债权人同意才能发生效力,在建设工程领域,承包人将建设工程转包时往往未取得发包人的同意,甚至许多发包人并不知道转包的事实。(2)债权人与债务人的法律关系结构不同。在免责的债务承担中,原债务人退出合同关系,其与债权人的债权债务关系消灭;在工程转包中,即使承包人将建设工程转包,发包人与承包人的施工承包合同关系也并不消灭。(3)债权人与第三人的法律关系结构不同。在免责的债务承担中,受让债务的第三人直接成

---

① 参见彭超暄:《建筑工程非法转包及违法分包问题法律规制研究》,载《法制与社会》2020 年第 7 期。

② 参见韩世远:《合同法总论》(第 3 版),法律出版社 2011 年版,第 485 页。

③ 参见马俊驹、余延满:《民法原论》(第 4 版),法律出版社 2010 年版,第 600 页。

为债权人的合同相对人,而在转包关系中,转承包人与发包人并不发生直接的合同关系。(4)法律后果不同。在免责的债务承担中,《民法典》第 551 条第 1 款规定:"债务人将债务的全部或者部分转移给第三人的,应当经债权人同意。"若债务人未经债权人同意转移债务的,对于债权人而言是对其债权的处分,性质上属于无权处分,根据《民法典》第 171 条的规定,是效力待定的法律行为,若债权人追认的,发生有效的法律后果;若债权人不同意债务人变更的,则为无效的法律行为;而在转包中,根据《最高人民法院关于审理建设工程施工合同纠纷案件适用法律问题的解释(一)》(法释〔2020〕25 号,以下简称《建设工程司法解释一》第 1 条的规定,转包的后果是转包人与转承包人签订的建设工程施工合同为无效合同。

(二)分包

在建设工程施工领域,分包是十分常见的情形。分包,是指建设工程的总承包人将所承接的建设工程的单位工程或分部、分项工程分包给其他单位或个人施工的行为。分包有助于促进社会化分工,使施工作业更加专业化、精细化,有利于按时竣工与保障工程质量。

1. 合法分包与违法分包

所有的转包行为均为违反法律禁止性规定的非法行为,而分包行为与转包行为不同,并非所有分包行为都为非法行为,法律允许部分的分包行为存在,即合法分包。《建筑法》第 29 条第 1 款规定:"建筑工程总承包单位可以将承包工程中的部分工程发包给具有相应资质条件的分包单位……"《民法典》第 791 条第 2 款规定:"总承包人或者勘察、设计、施工承包人经发包人同意,可以将自己承包的部分工作交由第三人完成……"根据法律规定,合法分包需满足以下条件:

(1)需经发包人同意。发包人同意承包人承接建设工程是基于其对承包人的建设施工能力、风险抵抗能力、监督管理水平以及建设工程的实际需要、基本特点等所作出的综合考量,发包人选择承包人,是其深思熟虑的结果,表明发包人对承包人的深度认可与充分信赖。若承包人未经发包人的同意擅自将工程分包的,则破坏了发包人对其的信赖,违反了诚实信用原则,而当事人的相互信任与诚实守信是合同成立的基础,因此,《建筑法》第 29 条第 1 款规定:"建筑工程总承包单位可以将承包工程中的部分工程发包给具有相应资质条件的分包单位;但是,除总承包合同中约定的分包外,必须经建设单位认可……"

(2)不得将建设工程的主体结构分包。《建筑法》第29条第1款规定:"……施工总承包的,建筑工程主体结构的施工必须由总承包单位自行完成。"《民法典》第791条第3款规定:"……建设工程主体结构的施工必须由承包人自行完成。"建设工程的主体结构是建设工程的核心,与建设工程的质量紧密相关,因此即使得到发包人的授意,承包人也不得将建设工程的主体结构分包。

(3)不得再分包、层层分包。分包的承包人承接分包工程后,不得将该分包工程再分包,因为这将造成分包工程脱离控制、监管困难,引发建设工程质量安全隐患,因此《民法典》第791条第3款规定:"……禁止分包单位将其承包的工程再分包……"

(4)不得分包给不具备相应资质的施工主体。建设工程承载了人民群众"衣、食、住、行"基本生活需求中"住"的需求功能,建设工程质量与人民群众的生命健康安全与财产安全息息相关,因此国家对于建设工程领域的监管甚为严格,对建设工程市场的施工主体设置了较高的准入门槛与资质要求。根据法律规定,建设工程施工主体应具备国家承认的相应资质。《建设工程质量管理条例》第7条第1款规定:"建设单位应当将工程发包给具有相应资质等级的单位。"第25条第1款规定:"施工单位应当依法取得相应等级的资质证书,并在其资质等级许可的范围内承揽工程。"因此,禁止承包人将工程分包给不具备相应资质的单位。

违反上述合法分包条件的,则视为违法分包。根据《建设工程质量管理条例》第78条第2款、[①]《房屋建筑和市政基础设施工程施工分包管理办法》第14条[②]的规定,违法分包是指施工单位承包工程后违反法律法规规定或者施工合同关于工程分包的约定,把单位工程或分部分项工程分包给其他单位或个人施

---

① 《建设工程质量管理条例》第78条第2款规定:"本条例所称违法分包,是指下列行为:(一)总承包单位将建设工程分包给不具备相应资质条件的单位的;(二)建设工程总承包合同中未有约定,又未经建设单位认可,承包单位将其承包的部分建设工程交由其他单位完成的;(三)施工总承包单位将建设工程主体结构的施工分包给其他单位的;(四)分包单位将其承包的建设工程再分包的。"

② 《房屋建筑和市政基础设施工程施工分包管理办法》第14条规定:"禁止将承包的工程进行违法分包。下列行为,属于违法分包:(一)分包工程发包人将专业工程或者劳务作业分包给不具备相应资质条件的分包工程承包人的;(二)施工总承包合同中未有约定,又未经建设单位认可,分包工程发包人将承包工程中的部分专业工程分包给他人的。"

工的行为。[①] 其主要表现形式包括总承包人或者相关承包人员违反法律规定，将本企业承包的工程分类转包给其他企业，或者承接分包项目后，施工现场并没有及时设立相关管理部门，再或者调派专门的管理工作人员，没有相应完成自己的组织管理工作，反而将管理的工作交给了分包单位。[②] 违法分包看似是为了促进专业分工，加快工程进度，提高工作效率，实质是为了少投入、少管理、多赚钱，[③]不利于维护建设工程施工市场的良好秩序与保障建设工程的基本质量，甚至严重威胁着人民群众的生命健康安全，造成触目惊心的伤亡事故，[④]应予以严厉打击，故称之为“违法分包”。

2. 专业工程分包与劳务作业分包

根据《房屋建筑和市政基础设施工程施工分包管理办法》第 5 条第 1 款：“房屋建筑和市政基础设施工程施工分包分为专业工程分包和劳务作业分包”的规定可知，建设工程的分包又可分为专业工程分包与劳务作业分包。

专业工程分包，是指建设工程的承包人将其所承包工程中的专业工程，包括地基基础工程、起重设备安装工程、电子与智能化工程、防水防腐保温工程、消防设施工程、钢结构工程等类别，承包给具有相应资质的其他建筑企业完成的活动。[⑤]

劳务作业分包，是指建设工程的施工总承包人或专业工程承包人将所承接的工程中的劳务作业部分分包给具有劳务资质的建设工程主体的行为。对于如何认定劳务作业分包，《北京市高级人民法院关于审理建设工程施工合同纠

---

① 参见周利明：《解构与重塑：建设工程合同纠纷审判思维与方法》，法律出版社 2019 年版，第 150 页。

② 参见赵乾龙：《建设工程分包合同的法律风险与具体防控措施》，载《法制博览》2021 年第 10 期。

③ 参见何佰洲、何乐：《建筑工程违法发包、分包与转包的分析和控制》，载《北京建筑大学学报》2016 年第 1 期。

④ 2013 年 3 月，由于施工单位将架体施工违法分包给个人，违法分包人租赁不合格建材进行违规搭设且施工单位疏于管理，安徽桐城市盛源财富广场一期项目进行混凝土浇筑时发生模板坍塌事故，造成 8 人死亡；2014 年 2 月，由于施工单位将塔吊安装工程违法分包给个人，江苏江阴市凤凰凯旋门工地发生塔吊倾覆事故，造成 3 人死亡。参见万卫强：《建筑工程违法发包、转包、违法分包、挂靠的认定及其法律风险和对策》，载《当代经济》2016 年第 32 期。

⑤ 参见常设中国建设工程法律论坛第八工作组：《中国建设工程施工合同法律全书词条释义与实务指引》，法律出版社 2019 年版，第 178 页。

纷案件若干疑难问题的解答》、[①]《四川省高级人民法院民一庭关于审理建设工程施工合同纠纷案件若干疑难问题的解答》、[②]《安徽省高级人民法院关于审理建设工程施工合同纠纷案件适用法律问题的指导意见》[③]以及《上海市中级人民法院建设工程施工合同纠纷审判实务相关疑难问题解答》[④]均有明确规定。由以上法律文件的规定可知，劳务作业分包具有以下特点：(1)工程劳务作业的承包人具有劳务分包企业资质；(2)劳务作业分包的范围仅限于人工劳务，可以包括小部分、辅助性的施工材料、小型的机械设备的提供，但不得包括主要建筑材料的采购以及大型机械设备的租赁；(3)劳务作业分包的承包人仅收取劳务费，不计取主要建筑材料、大型机械设备的费用。

实践中，由于劳务分包属于合法行为，有不少建设工程主体将非法转包行为或违法将专业工程分包给不具备相应资质的承包人的行为包装成劳务分包行为，以期获得法律的正面评价，进而得以凭借其意思自治产生其所期待的法

---

① 《北京市高级人民法院关于审理建设工程施工合同纠纷案件若干疑难问题的解答》第 4 条规定："劳务分包合同的效力如何认定？同时符合下列情形的，所签订的劳务分包合同有效：(1)劳务作业承包人取得相应的劳务分包企业资质等级标准；(2)分包作业的范围是建设工程中的劳务作业(包括木工、砌筑、抹灰、石制作、油漆、钢筋、混凝土、脚手架、模板、焊接、水暖、钣金、架线)；(3)承包方式为提供劳务及小型机具和辅料。合同约定劳务作业承包人负责与工程有关的大型机械、周转性材料租赁和主要材料、设备采购等内容的，不属于劳务分包。"

② 《四川省高级人民法院民一庭关于审理建设工程施工合同纠纷案件若干疑难问题的解答》第 7 条规定："……审判实践中，可以结合下列情形综合认定是否属于劳务分包：(一)劳务作业承包人具有劳务分包企业资质；(二)分包内容是劳务作业而不是工程本身；(三)劳务作业承包人一般仅提供劳务作业，施工技术、工程主要材料、大型机械、设备等均由总承包人或者专业承包人负责；(四)劳务费用一般是通过工日的单价和工日的总数量进行费用结算，不发生主要材料、大型机械、设备等费用的结算，不收取管理费。"

③ 《安徽省高级人民法院关于审理建设工程施工合同纠纷案件适用法律问题的指导意见》第 6 条规定："同时符合下列情形的，应认定为劳务分包，所签订的合同有效：(1)实际施工人具备劳务分包企业资质等级标准规定的一种或几种项目的施工资质，承包的施工任务仅是整个工程的一道或几道工序，而不是工程的整套工序；(2)承包的方式为提供劳务，而非包工包料。"

④ 《上海市中级人民法院建设工程施工合同纠纷审判实务相关疑难问题解答》第 5 条规定："如何区分劳务分包与工程分包？解答：当事人为规避法律关于施工资质的规定，名义上签订劳务分包合同，实质内容符合工程分包的情形，则应当认定为工程分包，因施工人不具备相应资质，属于违法分包，合同无效。实践中应注意区分劳务分包与工程分包。劳务分包的特点：劳务作业承包人取得相应的劳务分包企业资质；分包作业的范围是建设工程中的劳务作业(包括木工、砌筑、抹灰、石制作、油漆、钢筋、混凝土、脚手架、模板、焊接、水暖、钣金、架线)；承包方式为提供劳务及小型机具和辅料。工程分包的特点：合同约定承包人除提供劳务外，还负责与工程有关的大型机械、周转性材料租赁和主要材料、设备采购等内容。理由：当事人名义上签订劳务分包合同，如果提供大型机械、主要材料设备，实质上是工程分包，违反《解释》第一条、《建筑法》第二十六条、第二十九条的规定，合同无效。"

律效果。专业工程分包与劳务作业分包的区别如下：

(1)内容不同。劳务作业分包的承包人只包人工,不包料,工作范围仅包括劳务部分,偶尔提供小型机具的使用与辅料支持,但主要建筑材料、大型机械、施工设备等生产资料仍由劳务分包的发包人承担;而专业工程分包的承包人既包人工也包料,劳务、建材、机械设备、施工技术全部都由专业工程的承包人提供,因此专业工程分包实际上包含了劳务作业分包的内容。

(2)费用不同。专业工程分包的承包人计取的是工程款,包含人工费、材料费、施工机具使用费、企业管理费、利润、规费和税金;而劳务作业分包的承包人仅计取人工费,在少数情况下,还计取少量的管理费或小型机具、辅料使用费。

(3)分类不同。专业工程施工可以分成地基基础工程、建筑装修装饰工程、消防设施工程、电子与智能化工程等类别与等级,而劳务作业施工不区分类别与等级。

(4)限制不同。《建筑法》第 29 条第 1 款规定,"建筑工程总承包单位可以将承包工程中的部分工程发包给具有相应资质条件的分包单位;但是,除总承包合同中约定的分包外,必须经建设单位认可",专业工程分包需经发包人同意,但劳务作业分包无须发包人同意;《民法典》第 791 条规定,"禁止分包单位将其承包的工程再分包",专业工程分包的承包人虽不能将所承接的专业工程再转包,但是仍可以将专业工程的劳务部分再分包,而劳务分包的承包人则不能将其承接的劳务作业再分包。

(5)责任不同。《建筑法》第 29 条第 2 款规定,"总承包单位和分包单位就分包工程对建设单位承担连带责任",在专业工程分包下,就工程质量问题,施工总承包人与专业工程承包人应对业主承担连带赔偿责任;在劳务作业分包下,劳务承包人仅对劳务作业的发包人负责,无须向工程的业主负责。

实际上,在司法实践中,在区分建设工程施工属于转包、违法的专业工程分包还是合法的劳务分包时,只需要把握"劳务作业分包仅提供劳务活动,不负责主要材料的采买、大型机械设备的租赁采购""劳务作业分包仅计取劳务费,不计取材料费、施工机具使用费、高额管理费"两点即可,若分包的承包人不仅提供人工,还需负责建筑材料购买、机械设备租赁等事项,且不仅收取人工费,还计取材料费、机械器具使用费等费用的,那么分包人与承包人就不属于劳务分包关系,而属于转包关系或专业工程分包关系。

比如,最高人民法院(2014)民提字第 80 号判决认为:"虽然皇华公司和清江公司签订的《劳务分包协议书》名为劳务分包协议,但双方在合同中明确单价包括劳务、材料、机械、质检(自检)、安装、缺陷修复、管理、税费、利润等费用。因此,该协议不是一个劳务分包而是一个施工合同。"①

再如,重庆市高级人民法院(2011)渝高法民终字第 00315 号判决认为:"关于本案所涉《劳务合同》的性质,本院从以下几方面进行分析。首先,从《劳务合同》约定内容来看,作业地点为绕城高速公路 S12 合同段的 k141 + 760—k143 + 140,内容包括工程量清单所包含的全部工程项目内容,华渐公司不仅要提供设备和工具,还要负责相关工序所需材料的购买,已非单纯的劳务承包合同应有的内容;其次,合同所约定的劳务费用中明确包含施工安全费等一切费用,该费用中有的明显属于具有建筑资质的施工单位在建设工程施工过程中才会计取的费用;最后,合同约定的计价方式为工程量清单计价,该种计价方式亦是建设工程施工合同计价方式的一种,而从工程量清单的计价内容来看,亦非仅计取单纯的劳务报酬费用。因此,本案所涉《劳务合同》虽名为劳务承包,但其已经超越劳务承包范围,具有建设工程施工合同性质。"②

3. 违法分包、转包与内部承包

内部承包,是指施工企业承接工程后,将工程交由内部职能机构、部门或者分支机构负责完成,并对工期、质量、造价等事项予以约定,③并在资金、技术、人力、设备等方面提供支持的一种建筑施工企业内部承包方式。建设工程的内部承包是施工企业的内部管理行为,由企业对承接工程的内设机构或者分支机构的行为负责,故内部承包不被法律与行政法规禁止,属于合法的施工承包行为。然而,作为承担组织管理施工工作的主体,在企业内部的内设机构或者分支机构任职的员工与企业之间必须存在劳动关系,员工不能因为内部管理职责而承担理应由企业承担的经营风险。因此,如果协议内容超出了个人的风险范围,其合法性容易受到质疑。④

---

① 重庆皇华建设(集团)有限公司、重庆市万州区清江建筑工程有限公司等与建设工程分包合同纠纷再审案,最高人民法院(2014)民提字第 80 号民事判决书。

② 重庆市巴南区华渐建筑劳务有限公司与重庆市公路工程(集团)股份有限公司建设工程分包合同纠纷案,重庆市高级人民法院(2011)渝高法民终字第 00315 号民事判决书。

③ 参见姚海林:《内部承包与违法分包、转包、挂靠的法理区别》,载《建筑》2019 年第 16 期。

④ 参见姚海林:《内部承包与违法分包、转包、挂靠的法理区别》,载《建筑》2019 年第 16 期。

在实践中，有大量转包、违法分包行为披上内部承包的外衣伪装成合法的承包行为，名为内部承包合同，实为转包、违法分包，规避法律对转包、违法分包的强制禁止的限制，凭借此种方式，转包、违法分包的发包人得以依其真实意思与自由意志实现法律效果。关于内部承包与转包、违法分包的甄别，《浙江省高级人民法院民事审判第一庭关于审理建设工程施工合同纠纷案件若干疑难问题的解答》、[①]《福建省高级人民法院关于审理建设工程施工合同纠纷案件疑难问题的解答》[②]以及《四川省高级人民法院关于审理建设工程施工合同纠纷案件若干疑难问题的解答》[③]均作出了相应的规定。由上述规定可知，区分内部承包与违法分包、转包的要素如下。

(1)发包人与承包人是否属于管理与被管理的劳动关系。在内部承包下，承包人为发包人的职工或内设的下属分支机构，二者属于不平等的隶属关系；在违法分包、转包下，承包人为发包人的外部人员，二者为平等主体之间的承揽关系。判断发包人与承包人是否构成劳动关系的标准是：第一，发包人与内部

① 《浙江省高级人民法院民事审判第一庭关于审理建设工程施工合同纠纷案件若干疑难问题的解答》第1条规定："如何认定内部承包合同？如何认定其效力？建设工程施工合同的承包人与其下属分支机构或在册职工签订合同，将其承包的全部或部分工程承包给其下属分支机构或职工施工，并在资金、技术、设备、人力等方面给予支持的，可认定为企业内部承包合同；当事人以内部承包合同的承包方无施工资质为由，主张该内部承包合同无效的，不予支持。"

② 《福建省高级人民法院关于审理建设工程施工合同纠纷案件疑难问题的解答》第1条规定："问：如何认定施工企业内部承包合同的性质与效力？答：建设工程施工合同的承包人与其下属分支机构或职工就所承包的全部或部分工程施工所签订的承包合同为企业内部承包合同，属建筑施工企业的一种内部经营方式，法律和行政法规对此并不禁止，承包人仍应对工程施工过程及质量等进行管理，对外承担施工合同的权利义务。当事人以内部承包合同的承包方无施工资质为由主张合同无效的，不予支持。"

③ 《四川省高级人民法院关于审理建设工程施工合同纠纷案件若干疑难问题的解答》第6条规定："如何认定内部承包？建筑施工企业将其承包的全部或部分工程交由其下届分支机构或在册的项目经理等本企业职工个人承包施工，建筑施工企业对工程施工过程及质量进行管理，并在资金、技术、设备、人力等方面给予支持的，属于内部承包。审判实践中，可以结合下列情形综合认定是否属于内部承包：(一)合同的发包人为建筑施工企业，承包人为建筑施工企业下属分支机构或在册的项目经理等本企业职工，两者之间存在管理与被管理的行政隶属关系的；(二)发包给个人的，发、承包人之间有合法的劳动关系以及社会保险关系的；(三)承包人使用建筑施工企业的建筑资质、商标及企业名称等是履行职责行为，在建筑施工企业的管理和监督下进行项目施工，承包人根据承包合同约定向建筑施工企业交纳承包合同保证金的；(四)施工现场的项目经理或其他现场管理人员接受建筑施工企业的任免，调动和聘用的；(五)承包人组织项目施工所需的人、财、物及资金，由建筑施工企业予以协调支持的；(六)承包人在建筑施工企业统一管理和监督下独立核算、自负盈亏，承包人与建筑施工企业按照承包合同约定对经营利润进行分配的。内部承包的对外民事权利义务主体为该合同发包人建筑施工企业。"

承包人签订了劳动合同或承包人为发包人合法登记的下属分支机构；第二，发包人向内部承包人支付工资报酬；第三，发包人为内部承包人办理养老、失业、医疗、工伤等保险。[①] 因此发包人（即总承包人）与内部承包人的产生关系的基础在于“订合同、缴社保、付工资”，若不符合该标准的，双方建立的是转包关系，而非内部承包关系。

比如，广西壮族自治区高级人民法院（2014）桂民一终字第7号判决认为：“华业公司与卢光昌主张《工程内部项目承建合同》是华业公司内部承包的施工合同，不属非法转包，因华业公司与卢某昌虽提供华业公司与卢某昌的劳动合同和聘书，但未能提供华业公司给卢某昌发放工资及华业公司已在社会保险管理机构为卢某昌办理养老、医疗、工伤和失业等保险的证据，不能认定华业公司与卢某昌之间存在合法的劳动关系……故对华业公司与卢某昌主张双方属内部承包关系的主张不予采信。”[②]

（2）发包人是否对承包人提供物质支持，是否承担管理责任。在内部承包下，发包人不仅应当对内部承包人的施工活动进行监督管理，尤其是生产安全管理与工程质量管理，还应当为内部承包人提供施工技术、人力劳务、机械设备、资金融通、材料供应等方面的支持；在违法分包、转包下，发包人不对施工活动进行监督管理，而是由违法分包的承包人、转包人自主经营，发包人不加干涉；施工过程中所需要的技术、人力、设备、资金等要素也由违法分包的承包人、转包人全权负责，发包人无义务提供。

比如，杭州市中级人民法院（2015）浙杭民终字第2990号判决认为：“关于本案《工程项目内部承包合同》的效力问题……依据《工程项目内部承包合同》关于经济核算、风险责任等相关约定，结合当事人的举证，原审法院认为并未有充分证据证明伟达公司或伟达滨江分公司在卢某生施工过程中，进行了有效管理并提供了资金、技术等方面的支持，也无不当。综上，原审法院认定《工程项目内部承包合同》无效，依法有据。”[③]

---

① 参见姚海林：《内部承包与违法分包、转包、挂靠的法理区别》，载《建筑》2019年第16期。

② 广西华业建筑工程有限公司、卢某昌与南宁宽博科技人员创业服务有限责任公司建设工程施工合同纠纷案，广西壮族自治区高级人民法院（2014）桂民一终字第7号民事判决书。

③ 腾达建设集团股份有限公司与姚某林、姚某昭建设工程施工合同纠纷申请再审案，杭州市中级人民法院（2015）浙杭民终字第2990号民事裁定书。

再如,最高人民法院(2014)民申字第1277号判决认为:"腾达公司与姚某昭、姚某林间的工程承包不构成内部承包关系。……内部承包关系中,内部发包工程的单位须给本单位承包的人员提供一定资金、机械、设备、技术、人员等必要的物质条件,并由单位最终承担经营风险。而涉案《工程施工合同》约定,姚某昭、姚某林须自行组织人员、机械、设备、材料进行施工,施工所需的人员、机械、设备、材料均与腾达公司无关……这与内部承包关系有着根本区别。故腾达公司主张其与姚某昭、姚某林系内部承包关系,缺乏事实依据,不予支持。"①

(3)承包人是否拥有独立的财产。在内部承包中,由于内部承包人是发包人内设的下属分支机构,因此内部承包人没有独立的财产所有权,其资金、财产的使用由发包人统一拨付管理;在违法分包、转包中,由于发包人与承包人分属不同的主体,因此二者拥有各自独立的财产,彼此独立经营、独立进行资产运作核算。

比如,最高人民法院(2015)民申字第644号判决认为:"从《内部合作协议书》的内容来看,李某峰负责全部工程施工、管理、独立运作核算、盈亏自理,因此,路祥公司与李某峰之间名为内部合作,实为转包,违反《中华人民共和国建筑法》、《建设工程质量管理条例》以及《中华人民共和国合同法》中关于禁止工程转包的规定,其行为应为无效。"②③

(4)承包人对外是否自主承担项目风险。在内部承包下,是由发包人(施工企业)先对外承担施工风险、项目亏损风险后,再对内部承包人根据其过错大小进行问责,内部承包人并不以自己的名义对外直接担责;而在转包、违法分包下,发包人仅收取管理费,不对项目的风险负责,也不参与项目的利益分配,因项目施工所发生的经济责任与法律责任由转承包人、违法分包的承包人以自己的名义对外独立承担,承包人自负盈亏。

比如,陕西省高级人民法院(2013)陕民一终字第00106号判决认为:"双方

---

① 腾达建设集团股份有限公司与姚某林、姚某昭建设工程施工合同纠纷申请再审案,最高人民法院(2014)民申字第1277号民事裁定书。

② 李某峰与新疆路祥矿业开发有限责任公司建设工程施工合同纠纷申请再审案,最高人民法院(2015)民申字第644号民事裁定书。

③ 本书所引裁判文书中的法律规定,均为案件裁判时生效的规定。

签订的内部经济责任承包合同，虽然约定鸿翔西安分公司履行管理职责，但刘某平需按工程最终审定的合同价款的6.5%向鸿翔西安分公司支付管理费，同时刘某平需承担本工程项目的全部经济责任，实行自担风险、自负盈亏。鸿翔公司作为有资质的建筑施工企业，与新九洲公司签订施工协议后，其分公司便将整个工程非法转包给没有资质的个人，故原审认定内部经济责任承包合同无效，符合法律规定。”①

(三)挂靠

1.挂靠的含义及特征

建设工程施工中的挂靠，是指没有建筑施工资质或资质等级低的人员或组织以支付管理费作为对价，有偿使用施工企业的资质，以该施工企业的名义从事工程建设的活动。在挂靠关系中，借用资质的人为挂靠人，出借资质的人为被挂靠人。我国为建筑市场设置了较高的准入门槛，要求建筑市场的参与主体具备相应的资质许可，以规范建筑市场秩序，保证建设工程质量。在挂靠行为中，享有施工资质的主体并不直接从事施工活动，真正施工的实际施工人又不具备相应的资质，这严重破坏了建筑施工市场的管理秩序，造成建设工程质量安全隐患。因此，我国法律、行政法规禁止施工挂靠行为。② 在建设工程施工活动中，挂靠一般分为三种情形：其一，发包人与挂靠人有工程施工的合意，但因挂靠人没有资质，故借用他人资质、名义签订合同并施工；③其二，挂靠人与被挂靠人约定由挂靠人借用被挂靠人名义及资质承揽工程和施工，发包人在签订合同时不知道有挂靠情形存在；④其三，内部挂靠，即挂靠在关联企业内部的一种特定表现形式。⑤

---

① 刘某平、浙江鸿翔建设集团有限公司与浙江鸿翔建设集团有限公司西安分公司债务纠纷案，陕西省高级人民法院(2013)陕民一终字第00106号民事判决书。

② 《建筑法》第26条第2款规定：“……禁止建筑施工企业以任何形式允许其他单位或者个人使用本企业的资质证书、营业执照，以本企业的名义承揽工程。”《建设工程质量管理条例》第25条第2款规定：“……禁止施工单位允许其他单位或者个人以本单位的名义承揽工程。”

③ 参见肖峰、严慧勇、徐宽宝：《〈关于审理建设工程施工合同纠纷案件适用法律问题的解释(二)〉解读与探索》，载《法律适用》2019年第7期。

④ 参见肖峰、严慧勇、徐宽宝：《〈关于审理建设工程施工合同纠纷案件适用法律问题的解释(二)〉解读与探索》，载《法律适用》2019年第7期。

⑤ 参见何俊鹏：《建设工程内部承包、内部分包、内部转包、内部挂靠法律分析及管理建议》，载《法制与经济》2018年第9期。

建设工程施工的挂靠行为具有以下特征：

（1）挂靠人以被挂靠人的名义订立建设工程施工合同。在工程项目前期阶段，虽然施工项目的投标、订立合同、办理施工手续是以被挂靠人的名义进行，但是参与投标活动、对施工合同进行谈判磋商、订立施工合同等行为却是由挂靠人实际实施，被挂靠人仅向挂靠人提供辅助性支持，如被挂靠人向挂靠人出借资质证书、营业执照、合同专用章、企业公章、委托授信文件等。

最高人民法院（2013）民申字第2028号判决认为："关于中阳公司与何某明签订的企业承包经营合同的效力问题……双方在承包经营合同中约定由中阳公司为何某明提供经营必需的资质证书，协助何某明办理外出施工手续等，可以认定双方事实上就是挂靠经营关系……"①

杭州市中级人民法院（2014）浙杭民终字第110号判决认为："……彭某明陈述建国机电公司发招标通知给彭某明，彭某明参加招投标，但未中标，后变更陈述为以永翔公司名义参加招投标。同时根据建国机电公司法定代表人在公安机关询问笔录中的陈述，案涉工程由彭某明挂靠永翔公司于2008年1月20日中标，及2008年3月3日建国机电公司与永翔公司订立的《建设工程施工合同》中，彭某明在委托代理人处签名的事实，可以认定彭某明参加了建国机电公司案涉工程的招投标，并参与了案涉《建设工程施工合同》的订立……综上，在现有证据条件下，可以认定案涉工程系彭某明借用永翔公司资质与建国机电公司订立工程施工合同并进行施工，彭某明为工程实际施工人。"②

（2）挂靠人独立完成施工活动。在工程施工阶段，虽然被挂靠人向挂靠人收取一定数额的项目管理费，但是被挂靠人既不负责建设项目的实际施工，也不对工程施工进行实质性的监督管理，而且也不对挂靠人提供人力、物力、财力的支持；整个施工项目由挂靠人自筹资金、独立经营、自主管理、自行组织施工人员、自行购买材料物料并进行运转，挂靠人才是工程施工的实际操控人。

最高人民法院（2012）民申字第1634号判决认为："2005年10月15日浩源公司与莞城公司、熊某基三方签订《工程款支付补充协议》，该协议明确约定熊

---

① 江苏中阳建设集团有限公司与何某明、何某企业承包合同纠纷申请再审案，最高人民法院（2013）民申字第2028号民事裁定书。

② 彭某明与杭州永翔建设集团有限公司建设工程分包合同纠纷案，杭州市中级人民法院（2014）浙杭民终字第110号民事判决书。

某基是案涉工程项目负责人，负责组织人力、财力、物力进行施工，承担所有措施费及施工方所应负担的规费、建筑施工报建费用和各种税费，由此可知系由熊某基实际承受了《东莞市建设工程施工合同》中施工方的全部权利与义务，该协议真实地反映了熊某基挂靠莞城公司承建案涉工程及浩源公司明示同意该挂靠行为的事实。”①

(3)挂靠人独立享有施工项目的利润，独立承担项目施工的风险。在挂靠关系下，被挂靠人仅向挂靠人收取一定数额的管理费，并不与挂靠人共同分享项目利润；被挂靠人不承担施工项目的经营风险，也不承担最终的有关项目的技术、质量及经济责任。挂靠人是一个独立的民事主体，独立承担施工项目的经营风险，独立核算，自负盈亏。

比如，最高人民法院(2019)最高法民终254号判决认为：“案涉《补充协议书》《协议》虽然约定承包方为中航天建设公司并加盖中航天建设公司的印章，但在承包方处签字的是樊某良，而樊某良不是中航天建设公司员工……在施工过程中，由中航天建设公司按照与新郑市第二人民医院签订的施工合同协议、图纸和法律政策规定对施工项目进行全面监督并按约定收取管理费和税费。由樊某良承担投资、日常施工管理和承担安全、质量、进度等法律责任和自负盈亏……上述事实表明，案涉《补充协议书》《协议》系樊某良借用中航天建设公司的资质与新郑市第二人民医院签订，根据《最高人民法院关于审理建设工程施工合同纠纷案件适用法律问题的解释》第一条第二项规定，上述协议无效。”②

再如，最高人民法院(2019)最高法民终1363号判决认为：“根据《内包协议》的约定，案涉工程由李某鸿独立核算、自负盈亏，且无论亏损与否，均须向荣佳公司交纳工程结算价2%的管理费并自行承担相关税费。即，荣佳公司仅以自己名义与汇鑫公司签订《建设工程施工合同》，相应的合同权利义务均由李某鸿享有和承担，荣佳公司获取固定的管理费收益……因此，李某鸿与荣佳公司之间符合没有资质的个人借用其他施工单位的资质承揽工程的特征，李某鸿系

---

① 再审申请人熊某基因与再审申请人东莞市浩源机电设备有限公司、被申请人广东省东莞市莞城建筑工程公司建设工程施工合同纠纷申请再审案，最高人民法院(2012)民申字第1634号民事裁定书。

② 新郑市第二人民医院、海南中航天建设集团有限公司建设工程施工合同纠纷案，最高人民法院(2019)最高法民终254号民事判决书。

案涉工程的实际施工人。”①

综上所述,若要判断施工总承包人与实际施工人是否构成挂靠关系,不仅要看建设工程施工合同的签订情况,如招投标活动的参与主体、合同的磋商谈判主体,还要看建设工程施工合同的履行情况,如项目的实际施工主体、工程款的支付收取情况、工程项目的财务管理情况,而且要看施工责任的最终承担者,如谁最终承担基于项目施工产生的经济风险、责任风险等,最后进行综合判定。

2. 挂靠与转包

建设工程施工的挂靠行为与转包行为十分相似,具体表现如下:(1)主体的相似性。两者都存在名义上的承包人和实际施工人。(2)合同文本的隐蔽性。由于被法律禁止,故转包和挂靠一般都会被包装成“内部承包关系”,很难进行实质性区分。(3)履行方式的一致性。无论转包还是挂靠,工程都由实际施工人负责,名义上的承包人并不参与工程管理与施工,主要表现为:第一,被挂靠人、转包人都向挂靠人、转承包人收取一定的费用,如管理费、工程款,但被挂靠人、转包人却不履行工程的施工义务,不对项目工程的施工活动进行监督管理,也不对挂靠人、转承包人提供物力、人力、财力等方面的支持;项目的工程建设活动由挂靠人、转承包人自行组织人员实施,项目的运转也由挂靠人、转承包人自行筹款、自主管理、自主经营。第二,施工项目所产生的技术责任、安全责任、质量责任、经济责任等由挂靠人、转承包人独立承担,被挂靠人、转包人不分享项目盈利,也不承担项目所产生的经营风险。第三,因施工活动产生质量安全责任时,根据《建筑法》第66条和第67条的规定,挂靠人、转承包人均应与被挂靠人、转包人承担连带赔偿责任。(4)利润获取方式的一致性。无论是转包还是挂靠,总承包人都会收取一定“管理费”或者约定“支付工程款时下浮一定比例”作为其借用资质或转手施工资源的对价。②

挂靠行为与转包行为的内部组成结构如此类似,但产生的法律后果却大相径庭:(1)在挂靠关系中,挂靠人与被挂靠人签订的挂靠协议与被挂靠人(施工总承包人)与发包人(业主)签订的建设工程施工合同都为无效合同;而在转包

① 浙江荣佳建筑工程有限公司、青海汇鑫食品有限公司建设工程施工合同纠纷案,最高人民法院(2019)最高法民终1363号民事判决书。

② 参见杨晓蓉:《建设工程合同的原理与实务——以关系契约理论为视角》,人民法院出版社2018年版,第246页。

关系中，只有转包合同为无效合同，转包人（施工总承包人）与发包人（业主）签订的施工合同为有效合同。（2）在挂靠关系中，挂靠人可以以合同相对人的身份直接向发包人主张工程款债权；而在转包关系中，转承包人无权直接向发包人主张工程款，只能适用《建设工程司法解释一》第43条的规定，当转包人不履行付款义务或转包人履行能力变弱导致转承包人的工程款债权难以实现时，才能向发包人主张权利。（3）挂靠人受到被挂靠人与发包人（业主）签订的施工合同的约束，但转承包人却不受转包人（施工总承包人）与发包人（业主）签订的施工合同的约束。

区分转包行为与挂靠行为关系到施工合同的效力问题、实际施工人的权利实现路径问题等。在实务中，转包与挂靠的区分如下：

（1）在发包人（业主）与施工总承包人签订施工合同时，挂靠人已经介入合同项目中了，但转承包人在施工合同签订后才进入项目施工活动中。在挂靠关系中，挂靠人往往以委托人、代理人的身份借用被挂靠人的名义参与施工项目的挂牌竞标活动、磋商谈判活动、合同订立仪式、许可手续办理等，也就是说，在订立工程施工合同时，挂靠人已介入被挂靠人与发包人的合同关系中，推动双方达成意思表示的一致；然而，在转包关系中，承包人与发包人签订施工合同后，才与转承包人签订转包合同，即在施工合同订立之时并没有转承包人的身影，施工合同订立后转承包人才介入施工项目中。

比如，最高人民法院（2019）最高法民申943号判决认为："关于案涉工程是赵某伟借用合立公司资质承建还是合立公司违法转包的问题。认定一项工程系借用资质承建还是违法转包，应重点从实际施工人前期是否直接联系发包方，是否直接参与招投标和建设工程施工合同的订立，是否向有资质的单位缴纳管理费等方面进行审核。本案中……合立公司在与四友公司签订《工程承包合同补充协议（一）》后，才与赵某伟签订《内部承包协议》，将案涉工程以内部承包形式由赵某伟全风险承包，由赵某伟实际进行投资、组织工人施工，该行为应当认定为转包。"①

（2）最高人民法院认为，可以以发包人是否明知挂靠关系存在作为区分挂

---

① 南阳四友房地产开发有限公司、河南省合立建筑工程有限公司建设工程施工合同纠纷再审审查与审判监督案，最高人民法院（2019）最高法民申943号民事裁定书。

靠与转包的要素。如前所述,在挂靠关系中,挂靠合同与建设工程施工合同均为无效合同,但在转包关系中,只有转包合同为无效合同,发包人与转包人(承包人)签订的建设工程施工合同为有效合同。即使实际施工人借用承包人的资质以承包人的名义与发包人签订施工合同,若发包人不知道且不应知道承包人与实际施工人存在挂靠关系的,为了保护发包人的善意,维护建筑市场交易的稳定安全,应将发包人与承包人签订的施工合同定性为有效合同,否则对发包人不公平,此时承包人(被挂靠人)与实际施工人(挂靠人)有可能构成转包关系;若发包人明知且应知承包人与实际施工人成立挂靠关系的,则构成恶意串通规避法律对施工资质的监督管理的行为,此时实际施工人以承包人的名义与发包人订立的施工合同为无效合同,二者一定构成挂靠关系。

比如,最高人民法院(2019)最高法民申 4500 号判决认为:"马某臣以亚星公司的名义从申颐公司处承包工程,如果申颐公司在签订案涉建设工程施工合同时,知道马某臣挂靠亚星公司承揽案涉工程的事实,则马某臣为案涉工程的真实承包人,有权请求申颐公司支付工程款。如果申颐公司在签订案涉建设工程施工合同时,不知道马某臣挂靠亚星公司承揽案涉工程的事实,则系亚星公司从申颐公司承包到案涉工程后又将工程转包给了马某臣。这种情况下,马某臣亦有权依据《最高人民法院关于审理建设工程施工合同纠纷案件适用法律问题的解释》的相关规定请求申颐公司在欠付工程款的范围内承担责任。"①

再如,最高人民法院(2019)最高法民终 1350 号判决认为:"在处理无资质的企业或个人挂靠有资质的建筑企业承揽工程时,应进一步审查合同相对人是否善意、在签订协议时是否知道挂靠事实来作出相应认定。如果相对人不知晓挂靠事实,有理由相信承包人就是被挂靠人,则应优先保护善意相对人,双方所签订协议直接约束善意相对人和被挂靠人,此时挂靠人和被挂靠人之间可能形成违法转包关系,实际施工人可就案涉工程价款请求承包人和发包人承担相应的民事责任;如果相对人在签订协议时知道挂靠事实,即相对人与挂靠人、被挂靠人通谋作出虚假意思表示,则挂靠人和发包人之间可能直接形成事实上的合同权利义务关系,挂靠人可直接向发包人主张权利。即无论属于上述何种情

---

① 河南申颐置业有限公司、河南亚星建筑安装工程有限公司建设工程施工合同纠纷再审审查与审判监督案,最高人民法院(2019)最高法民申 4500 号民事裁定书。

形，均不能仅以存在挂靠关系而简单否定挂靠人享有的工程价款请求权。”①

3. 挂靠与内部承包

在实践中，挂靠与内部承包相似，都是施工主体以建设施工企业的内设部门、分支机构、施工队、项目部、项目经理的名义开展施工活动。由于挂靠是法律禁止的违法行为，内部承包是法律允许的企业内部经营形式，因此有很多挂靠人与被挂靠人签订《内部承包协议》，将挂靠施工伪装成内部承包施工，以规避法律的禁止性规定，逃避行政部门的监管与制裁。但是内部承包与挂靠是迥然不同的两个概念，二者有着泾渭分明的区分边界。根据《江苏省高级人民法院关于审理建设工程施工合同纠纷案件若干问题的意见》第 5 条、②《安徽省高级人民法院关于审理建设工程施工合同纠纷案件适用法律问题的指导意见》第 4 条③以及《四川省高级人民法院关于审理建设工程施工合同纠纷案件若干疑难问题的解答》第 5 条④的规定，挂靠施工与内部承包施工具有以下区别。

---

① 陈某军、阜阳创伤医院建设工程施工合同纠纷案，最高人民法院(2019)最高法民终 1350 号民事裁定书。

② 《江苏省高级人民法院关于审理建设工程施工合同纠纷案件若干问题的意见》第 5 条规定：“承包人之间具有下列情形之一的，可以认定为本意见第四条规定的‘挂靠’：(一)相互间无资产产权联系，即没有以股份等方式划转资产的；(二)无统一的财务管理，各自实行或者变相实行独立核算的；(三)无符合规定要求的人事任免、调动和聘用手续的；(四)法律、行政法规规定的其他情形。”

③ 《安徽省高级人民法院关于审理建设工程施工合同纠纷案件适用法律问题的指导意见》(2009 年)第 4 条规定：“同时符合下列情形的，应认定为挂靠经营，所签订的建设工程施工合同无效：(1)实际施工人未取得建筑施工企业资质或者超越资质等级；(2)实际施工人以建筑施工企业的分支机构、施工队或者项目部等形式对外开展经营活动，但与建筑施工企业之间没有产权联系，没有统一的财务管理，没有规范的人事任免、调动或聘用手续；(3)实际施工人自筹资金，自行组织施工，建筑施工企业只收取管理费，不参与工程施工、管理，不承担技术、质量和经济责任。”

④ 《四川省高级人民法院关于审理建设工程施工合同纠纷案件若干疑难问题的解答》第 5 条规定：“审判实践中，可以结合下列情形综合认定是否属于借用资质(挂靠)：(一)借用资质(挂靠)人通常以出借资质(被挂靠)人的名义参与招投标、与发包人签订建筑施工合同，借用资质(挂靠)人与出借资质(被挂靠)人之间没有产权联系，没有劳动关系，没有财务管理关系的；(二)借用资质(挂靠)人在施工现场派驻的项目负责人、技术负责人、质量管理负责人、安全管理负责人中一人以上与出借资质(被挂靠)人没有订立劳动合同，或没有建立劳动工资或社会养老保险关系的；(三)借用资质(挂靠)人承揽工程经营方式表现为自筹资金，自行组织施工，自主经营，自负盈亏。出借资质(被挂靠)人只收取管理费(包括为确保管理费收取为目的的出借账户)，不参与工程施工、管理，不承担工程技术、质量和经济责任的；(四)出借资质(被挂靠)人与发包人之间没有实质上工程款收付关系，均是以‘委托支付’、‘代付’，等其他名义进行工程款支付，或者仅是过账转付关系的；(五)施工合同约定由出借资质(被挂靠)人负责采购主要建筑材料、构配件及工程设备或租赁施工机械设备，实际并非由出借资质(被挂靠)人进行采购、租赁，或者出借资质(被挂靠)人不能提供有关采购、租赁合同及发票等证明，又不能进行合理解释并提供证据证明的；(六)法律、行政法规规定的其他借用资质(挂靠)情形。”

(1)施工企业与内部承包人之间存在劳动关系,被挂靠人与挂靠人之间不存在劳动关系。在内部承包中,内部承包人为施工企业的下属分支机构或职工,双方构成劳动工资关系与社会保险代缴代扣关系;在挂靠中,挂靠人并非被挂靠人的内部人员,双方未建立劳动合同关系。

(2)施工企业需对内部承包的项目施工进行监督管理,被挂靠人不对挂靠人的施工活动进行监督管理。在内部承包中,施工企业有权利也有义务协调分配内部承包人的施工任务、监督管理内部承包人的施工活动,监管的范围包括工地秩序、施工安全、工程质量、提高效率;在挂靠中,挂靠人独立施工,被挂靠人仅"空手"套"管理费"或"下浮点数",并不以对项目施工履行监督管理义务的方式作为收取管理费对价。

(3)施工企业需对内部承包人提供施工物资支持,被挂靠人不对挂靠人提供施工物资支持。在内部承包中,施工企业必须向内部承包人提供运转资金、劳务人力、建设材料、机械设备、施工技术的支持;在挂靠中,被挂靠人无须向挂靠人提供施工物资保障,而是由挂靠人自主聘用人工、自主经营运转,自行筹集资金、自行购买建材、自行租赁设备完成施工任务。

(4)内部承包人无独立的产权,挂靠人具有独立的产权。内部承包人为施工企业的内部职工或内设机构,没有独立的资产所有权,产权归属于施工企业,二者执行统一的财务管理制度;挂靠人是被挂靠人的外部人员,二者具有独立的地位,各自拥有独立的财产,各自进行独立的财务核算。

(5)施工企业代替内部承包人对外承担施工责任,挂靠人自主承担施工责任。在内部承包中,内部承包人的施工活动产生的经济风险、技术风险、安全风险、质量风险等,由施工企业对外承担后,对内向内部承包人问责,内部承包人并不直接对外承担施工项目责任;在挂靠中,挂靠人独立经营、自负盈亏、自担责任,被挂靠人不对挂靠人的施工活动所产生的经济责任负责。

关于挂靠与内部承包的区别,以下判决均有说明。

最高人民法院(2018)最高法民申1263号判决认为:"关于倪某与金陵公司之间是否挂靠关系问题。判断倪某与金陵公司之间是否就案涉工程形成挂靠关系,应根据案涉工程实际施工过程中的责任分配、财务管理、劳务关系等多种因素综合认定。在责任分配方面,倪某2010年10月27日向金陵公司出具的《工程项目联营承诺书》载明:倪某系案涉工程项目部负责人、内部承包负责人,保证保质、保量、按期竣工，保证不拖欠材料款及人工工资，并承诺因案涉工程造成的对外债务由其负责清理和偿还，案涉工程的一切安全责任由其承担等。倪某在该承诺书中虽称其为案涉项目的内部承包负责人，但关于案涉项目的对外债务由其偿还、一切安全责任由其承担的内容符合挂靠协议的一般特征。2010 年 11 月 18 日的案涉工程开工令也由倪某以承包人的身份签字确认。在财务管理方面，案涉工程的履约保证金系由倪某支付给金沃公司，金沃公司退还履约保证金也是退还给倪某。结合以金陵公司为被告的案涉工程赊欠材料款案件的相关生效判决内容，可以认定案涉工程施工过程中，相关材料款、人工工资等由倪某自行管理筹措。在劳务关系上，金陵公司虽主张倪某是案涉工程项目部工作人员，但其并未提供证据证实其与倪某之间建立了劳动关系。二审法院综合考虑本案实际情况，认定倪某为案涉工程实际施工人，其与金陵公司之间系挂靠关系，案涉《施工合同》及补充协议因违反法律法规的强制性规定而无效，并无不妥。金陵公司关于倪某并非案涉工程的实际施工人，其与金陵公司之间并非挂靠关系，案涉建设工程施工合同合法有效的理由，不能成立。”①

最高人民法院(2018)最高法民申 4718 号判决认为：“本院认为，内部承包应当体现在以下三个方面：(1)主体方面，承包人须为本单位人员，即为与本单位有合法的人事或者劳动合同、工资以及社会保险关系的人员；(2)经营投入方面，承包人以使用单位的财产为主，自己投入的财产仅占次要的地位；(3)企业管理方面，内部承包虽然是自主经营，但企业对其管理相对紧密。具体到本案，其一，褚某良与华丰建设公司的劳动关系认定，应以书面劳动合同、社保缴纳凭证、工资发放证明等予以证实，任职通知及表彰通报尚不足以认定双方的劳动关系；其二，根据《内部承包协议书》约定，褚某良不但需要按照工程决算审定价交纳 5.5% 的承包管理费，还需自筹资金、自负盈亏、自担责任。结合上述两点，褚某良与华丰建设公司之间并非内部承包关系，并且华丰建设公司未按照《投资建设合同》及补充协议约定以宁波华丰保障房投资有限公司作为项目投资主体，而是由褚某良借用宁波华丰保障房投资有限公司的名义对外进行施工，故

---

① 南京金陵建筑装饰有限责任公司、倪某装饰装修合同纠纷再审审查与审判监督案，最高人民法院(2018)最高法民申 1263 号民事裁定书。

双方属挂靠关系,《内部承包协议书》应认定无效。”①

二、转包、违法分包与挂靠的表现形式

(一)转包、挂靠的表现形式

对于转包的具体表现形式,以下法律文件均作出了规定:《江苏省高级人民法院建设工程施工合同案件审理指南》规定:“转包的特征为:(1)转包人不履行建设工程合同全部义务,不履行施工、管理、技术指导等技术经济责任;(2)转包人将合同权利与义务全部转让给转承包人。在司法实践中,转包往往表现为,转包人在承接建设工程后并不成立项目部,也不派驻管理人员和技术人员在施工现场进行管理和技术指导。法官在审理案件时,如果核实查清进行实际工程建设的单位不是承包人而是承包人以外的第三人,承包人也没有为工程项目成立项目部,也未在施工现场派驻管理人员和技术人员进行现场管理和技术指导,施工现场的管理人员和技术人员均隶属于承包人以外的第三人,则基本可以认定承包人的行为为非法转包。”《四川省高级人民法院关于审理建设工程施工合同纠纷案件若干疑难问题的解答》第 3 条规定:“存在下列情形之一的,一般可以认定为转包:(一)建筑施工企业未在施工现场设立项目管理机构或未派驻项目负责人、技术负责人、质量管理负责人、安全管理负责人等主要管理人员,不履行管理义务,未对该工程的施工活动进行组织管理的;(二)建筑施工企业不履行管理义务,只向实际施工企业或个人收取费用,主要建筑材料、构配件及工程设备由实际施工企业或个人采购的;(三)劳务分包企业承包的范围是建筑施工企业承包全部工程,劳务分包企业计取的是除上缴给建筑施工承包企业管理费之外的全部工程价款的;(四)建筑施工企业通过采取合作、联营、个人承包等形式或名义,直接或变相将其承包的全部工程转给其他企业或个人施工的;(五)法律、行政法规规定的其他转包情形。”新疆维吾尔自治区高级人民法院《审理建设工程施工合同案件情况的调研报告》第 7 条也显示:“人民法院审查承包人与第三人签订的合同是否构成非法转包,主要从施工过程中六个方面综合考虑:1. 核实承包合同主体是否变更或者实际上已变更;2. 检查现场管理人

---

① 褚某良、舒某迈建设工程分包合同纠纷再审审查与审判监督案,最高人民法院(2018)最高法民申 4718 号民事裁定书。

员的隶属关系，且与申报质量监督时是否一致；3. 检查承包人履行合同行为（包括组织机构、工作协调、技术措施、方案、质量、安全责任）的落实情况；4. 核查承包人管理人员的到位情况；5. 核查工程项目的原材料是否由承包人供应；6. 核查用于工程施工的大型机具、设备、设施是否为承包人所拥有。”

《建筑工程施工发包与承包违法行为认定查处管理办法》规定转包、挂靠包括以下情形。

1. 施工单位将其承包的全部工程转给其他单位或个人施工的。承包单位将其承包的全部工程转给其他单位（包括母公司承接建筑工程后将所承接工程交由具有独立法人资格的子公司施工的情形）或个人施工的。承包人承接工程项目后，应按照施工合同的约定自行履行施工义务，承包人不自主完成施工任务而是转交他人由他人进行项目施工的，构成转包。

2. 承包单位将其承包的全部工程肢解以后，以分包的名义分别转给其他单位或个人施工的。只有发包人将全部的工程项目转交第三人承接才属于转包，若发包人只是将部分工程或分部分项工程移交给第三人承包的，仅构成分包或违法分包；转包人与转承包人必须分属不同的独立主体，二者之间无统一的财务制度与管理体系，否则，若转包人将工程转包给自己设立的分公司或内部机构的，则构成内部承包。

3. 施工总承包单位或专业承包单位未派驻项目负责人、技术负责人、质量管理负责人、安全管理负责人等主要管理人员，或派驻的项目负责人、技术负责人、质量管理负责人、安全管理负责人中一人及以上与施工单位没有订立劳动合同且没有建立劳动工资和社会养老保险关系，或派驻的项目负责人未对该工程的施工活动进行组织管理，又不能进行合理解释并提供相应证明的。施工企业承接施工项目后，为了完成施工活动，施工企业应当在工地设立项目管理机构，并从企业内部抽调管理人员派驻施工现场，就技术、安全、质量等方面对项目的施工进行协调、组织、监督、管理。若履行项目施工义务的主体是承包人以外的第三人，且承包人也不对项目施工进行监督管理，或承包人派驻的施工负责人与承包人之间不构成劳动关系或社保关系的，可以构成转包。

如新疆生产建设兵团第六师中级人民法院（2018）兵06民终358号判决认为：“本院认为，建筑行业的转包是指施工单位承包工程后，不履行合同约定的责任和义务，将其承包的全部工程或者将其承包的全部工程肢解后以分包的名义分别转给其他单位或个人施工的行为。施工总承包单位或专业承包单位未在施工现场设立项目管理机构或未派驻项目负责人、技术负责人、质量管理负责人、安全管理负责人等主要管理人员，不履行管理义务，未对该工程的施工活动进行组织管理的即属于转包。本案中，上诉人恒业建工公司是经依法核准的具有房屋工程建筑资质的施工单位。对于原审被告元强房产公司开发的102团桐欣居住小区的5#、7#住宅楼工程，上诉人恒业建工公司未与原审被告元强房产公司签订《建设工程施工合同》，但却与张某辉（朱某仁）就5#、7#住宅楼工程签订《工程项目承包经营合同》，约定5#、7#住宅楼工程由朱某仁施工，恒业建工公司只收取有效合同造价4%的管理费，恒业建工公司未向工地派驻项目负责人、技术负责人等管理人员。……故恒业建工公司与张某辉（朱某仁）之间签订的《工程项目承包经营合同》，属于假借内部承包经营模式实施的借用资质施工的转包合同。”①

4. 合同约定由承包单位负责采购的主要建筑材料、构配件及工程设备或租赁的施工机械设备，由其他单位或个人采购、租赁，或施工单位不能提供有关采购、租赁合同及发票等证明，又不能进行合理解释并提供相应证明的。在实务中，发包人一般不得指定材料商或供应商，建设施工的建筑材料、构件配件、机械设备由施工企业自主选定购买或租赁。工程施工是否构成转包，还可以从承包人提供的因建设施工所产生的费用发票来判断。若工程项目的建材、构件配件、施工设备的买受人、承租人不是承包人，而是承包人以外的其他单位或个人，或承包人不能提供有关购买或租赁的发票且不能进行合理解释或提供相应证据的，可以认定项目的实际施工人不是承包人，而是承包人以外的第三人，可能构成转包。

如重庆市第二中级人民法院（2018）渝02民终2056号判决认为：“2014年7月18日，恒隆建筑公司与远和开发公司签订《土石方工程补充合同》。随即，宏鑫劳务公司与恒隆建筑公司于同日签订《项目管理责任书》，将《土石方工程补充合同》中约定的应由恒隆建筑公司履行的主要义务全部转让给宏鑫劳务公司，恒隆建筑公司只是收取一定的工程管理费，并不实际履行《土石方工程补充

① 新疆恒业建工有限责任公司与新疆元强房地产开发有限公司、朱某仁建设工程施工合同纠纷案，新疆生产建设兵团第六师中级人民法院（2018）兵06民终358号民事判决书。

合同》约定的建设施工义务。在实际的建设工程施工过程中，机械设备和相关材料由宏鑫劳务公司提供，施工人员由宏鑫劳务公司对外招聘。……因此《项目管理责任书》更符合转包的法律特征。"①

5. 专业作业承包人承包的范围是承包单位承包的全部工程，专业作业承包人计取的是除上缴给承包单位"管理费"之外的全部工程价款的。"专业作业承包人"即为劳务分包的承包人。劳务分包是合法行为，劳务分包的承包人的工作范围仅包括劳务，不包括材料的购买和机械设备的提供，劳务分包的承包人只能收取劳务报酬或辅材费用，不能收取全部的施工工程款。若劳务分包的承包范围与施工总承包的范围一致，劳务分包的承包人计取的是剔除支付给劳务作业发包人的"管理费"之外的、包含人工费、材料费、机械器具使用费等在内的工程款的，则可能认定为以劳务分包为名的转包行为。

比如，最高人民法院（2015）最高法民申 644 号判决认为："从《内部合作协议书》的内容来看，李某峰负责全部工程施工、管理，独立运作核算、盈亏自理，因此，路祥公司与李某峰之间名为内部合作，实为转包，违反《中华人民共和国建筑法》、《建设工程质量管理条例》以及《中华人民共和国合同法》中关于禁止工程转包的规定，其行为应为无效。"②

再如，最高人民法院（2018）最高法民申 5457 号判决认为："本案中，江苏一建公司与中海公司签订《建设工程施工合同》后，于 2008 年 6、7 月间分别与张某兴、范某、陈某签订《内部承包协议书》，约定将案涉工程分包给该三人组织劳务人员进行施工，江苏一建公司在施工过程中为该三人提供大型施工设备和建筑施工材料，并配备专业技术人员。上述分包方式属于建设工程的劳务分包，江苏一建公司仍然要承担提供建筑设备材料、负责工程技术和质量、对施工进行管理、与发包人结算工程价款等总承包人的义务。同时，江苏一建公司在一审中举示了《设备租赁合同》《建筑器材租赁合同》等证据，证明该公司按照《内部承包协议书》的约定为案涉工程施工提供了大型施工设备，履行了总承包人的义务。另案沈阳市皇姑区人民法院（2010）皇民三初字第 598 号生效民事判

---

① 重庆市恒隆建筑工程集团有限公司与巫山县宏鑫劳务有限公司等建设工程合同纠纷案，重庆市第二中级人民法院（2018）渝 02 民终 2056 号民事判决书。

② 李某峰与新疆路祥矿业开发有限责任公建设工程施工合同纠纷申请再审案，最高人民法院（2015）最高法民申 644 号民事裁定书。

决亦认定江苏一建公司租赁他人设备，用于案涉工程的事实。因此，江苏一建公司将案涉工程分包给个人的行为，仅属于劳务分包，不构成《建设工程质量管理条例》第七十八条第三款所规定的违法转包行为。”①

6. 承包单位通过采取合作、联营、个人承包等形式或名义，直接或变相将其承包的全部工程转给其他单位或个人施工的。合作承包、联合经营、内部个人承包有利于施工企业加快企业经营效率，提升企业经济效益与市场竞争力，因此并不被法律禁止。因此有许多转包行为披着合作联营的合法外衣以规避法律对转包的禁止性规定与行政机关对转包行为的制裁。合作联营与非法转包有以下不同：(1)是否实际参与项目施工。在转包中，仅是转承包人自筹资金、自主经营、自行组织人工，实际履行项目的施工义务，而转包人既不负责项目的施工，也不对施工项目提供物资支持，并且不对项目施工进行监督管理；在合作联营中，合作联营的各方主体都以自身的实际身份或联合体身份参与工程项目，也都亲自参与工程项目的管理活动、施工活动。若合作联营的一方主体不组织施工活动也不对项目施工进行监督管理，且向合作联营的另一方主体收取管理费的，可认定该合作联营内部存在转包。(2)是否具备相应资质。在转包中，转承包人不一定具备相应的施工资质；在合作联营中，合作联营的各方主体必须都具备相应的施工资质。若合作联营中的一方总是不以自身身份出现，而是以另一方的名义从事施工活动的，则对借用资质的一方应认定为挂靠，对被借用资质的一方应认定为转包。(3)是否共担风险、共负盈亏。在转包中，转包人仅收取管理费，并不承担项目施工的质量、安全、经济风险，仅由转承包人自行对外承担施工责任；在合作联营中，合作联营各方共同经营，共同施工，并按照约定的比例共同出资、共担风险、共负亏损、共享盈利。

比如，最高人民法院(2016)最高法民申1562号判决认为：“机施公司、坤龙公司之间没有关于联营合伙的约定。并且，坤龙公司在二审庭审中称‘地下室工程虽然是联营，但实际上所有的合同总包方承担的责任比例是我方承担，费用、人员是我们的……我们是独立的承包方’；机施公司则称‘当时双方为了规避转包，双方是说联营，但实际上是转包……我们只收取管理费3%……利益和

---

① 辽宁中海房地产开发有限公司建设工程施工合同纠纷再审审查与审判监督案，沈阳市皇姑区人民法院(2010)皇民三初字第598号民事裁定书。

风险大部分由坤龙公司承担……我们负责总包、管理、协调，具体施工是坤龙公司’。由此可见，在实际施工过程中，机施公司仅派员进行管理，实际施工完全由坤龙公司负责。双方之间并非如坤龙公司主张的共同出资、共同施工、共担风险、共负盈亏的联营合作关系。进一步说，不管坤龙公司与机施公司如何定性双方之间的关系，但涉案工程是以机施公司名义承包，由机施公司而不是坤龙公司与机施公司共同对业主方负责，坤龙公司则应当向机施公司负责。故相对于业主方城建公司、宏城公司，坤龙公司与机施公司之间是非法转包关系。坤龙公司认为可以证明其与机施公司之间系联营关系的证据——《发文登记表》、《关于落实人员、材料配备和其他各项准备工作的函》以及《施工协调会议纪要》，只表明其参加了涉案工程的施工和谈判，这与其实际施工人的身份是相吻合的，但并不能证明其是联营者的身份。故二审未将机施公司与坤龙公司之间的关系认定为联营合伙，并无不当。”①

7. 专业工程的发包单位不是该工程的施工总承包或专业承包单位的，但建设单位依约作为发包单位的除外。《建筑法》第 29 条规定，经发包人同意，施工总承包人可以将所承接工程中的部分专业工程，如消防工程、钢结构工程等分包给第三人；第三人承接分包工程后，不得将该分包工程再分包。因此，专业工程的发包人只能是施工总承包人或者是按照与施工总承包人签订的施工合同的约定将专业工程分包给第三人的业主，否则构成专业工程的转包。

8. 专业作业的发包单位不是该工程承包单位的。在建设工程施工活动中，施工总承包人可以将工程的劳务部分分包，专业工程分包的承包人也可以将专业工程的劳务部分分包，因此劳务作业的发包人只能是施工总承包人或专业工程承包人，否则构成劳务作业的转包。

9. 施工合同主体之间没有工程款收付关系，或者承包单位收到款项后将款项转拨给其他单位和个人，又不能进行合理解释并提供材料证明的。在正常的、合法的建设工程活动中，发包人将建设工程发包给承包人施工，承包人应履行施工义务，发包人应履行工程款的支付义务，因此发包人与承包人构成收付款关系。若承包人将从发包人处收到的款项又转拨给第三人，或发包人支付工

---

① 广州市坤龙建筑安装工程有限公司与广州市城市建设开发有限公司、广州宏城发展有限公司等建设工程施工合同纠纷申诉、申请案，最高人民法院(2016)最高法民申 1562 号民事裁定书。

程款的对象不是该工程的承包人而是第三人，且发包人不能进行合理解释并提供相应证据证明的，说明承包人未对项目进行实际施工，可能构成转包行为。

比如，最高人民法院（2014）民申字第 1438 号判决认为："十四冶矿业公司虽作为甲方与栾某良签订了《责任承包合同》，但根据该合同甲方将七彩俊园一期 1 栋建设项目包给栾某良进行施工，并按施工合同总价（结算价）的 2.5%（其中甲供材按 2%）向甲方缴纳相应管理费的约定，同时结合俊发地产与十四冶建设公司所签订的《建设工程施工合同》内容以及栾某良实际组织施工和收取工程款的情况来看，与栾某良订立《责任承包合同》的相对方实为十四冶建设公司，合同内容为十四冶建设公司将涉案工程转包给栾某良，栾某良为涉案工程实际施工人。"①

（二）违法分包的表现形式

对于转包的具体表现形式，以下法律文件均作出了规定：《四川省高级人民法院关于审理建设工程施工合同纠纷案件若干疑难问题的解答》第 4 条规定："违法分包是指建筑施工企业承包工程后违反法律法规规定或者施工合同关于工程分包的约定，把单位工程或分部分项工程分包给其他企业或个人施工的行为。存在下列情形之一的，一般可以认定为违法分包：（一）建筑施工企业将工程分包给个人的；（二）建筑施工企业将工程分包给不具备相应资质的企业的；（三）施工合同中没有约定，又未经建设单位认可，建筑施工企业将其承包的部分工程交由其他企业施工的；（四）施工总承包企业将除钢结构工程以外的房屋建筑工程的主体结构的施工分包给其他企业的；（五）专业分包企业将其承包的专业工程中非劳务作业部分再分包的；（六）劳务分包企业除计取劳务作业费用外，还计取主要建筑材料款、周转材料款和大中型施工机械设备费用的；（七）法律、行政法规规定的其他违法分包情形。"《安徽省高级人民法院关于审理建设工程施工合同纠纷案件适用法律问题的指导意见》第 5 条规定："符合下列情形之一的，应认定为违法分包，所签订的建设工程施工合同无效：（1）承包人将建设工程主体结构的施工分包给他人完成；（2）分包单位不具备相应的资质条件；（3）分包未经建设单位认可；（4）分包单位将其承包的工程再行分包。"

---

① 栾某良与俊发地产有限责任公司、中国有色金属工业第十四冶金建设公司、十四冶建设集团云南矿业工程有限公司建设工程施工合同纠纷申请再审案，最高人民法院（2014）最高法民申字第 1438 号民事裁定书。

《建筑工程施工发包与承包违法行为认定查处管理办法》规定违法分包的情形如下：

1. 承包单位将其承包的工程分包给个人的。只有建筑施工企业法人才有资格获得施工资质，自然人无权获得施工资质，而建筑工程的施工主体必须具备相应的资质，因此承包人将工程分包给自然人的属于违法分包。

2. 施工总承包单位或专业承包单位将工程分包给不具备相应资质单位的。《建筑业企业资质管理规定》第3条规定："企业应当按照其拥有的资产、主要人员、已完成的工程业绩和技术装备等条件申请建筑业企业资质，经审查合格，取得建筑业企业资质证书后，方可在资质许可的范围内从事建筑施工活动。"只有获得相应施工资质与安全生产许可后，建筑企业才能进入施工领域开展施工活动，因此将工程分包给不具备相应资质的施工企业的，构成违法分包。

3. 施工总承包单位将施工总承包合同范围内工程主体结构的施工分包给其他单位的，钢结构工程除外。《建筑法》第29条与《民法典》第791条均规定工程的主体结构必须由施工总承包人自主完成，不得分包。《建设工程质量管理条例》第78条规定，施工总承包人将建设工程主体结构分包给第三方施工的，构成违法分包。

4. 专业分包单位将其承包的专业工程中非劳务作业部分再分包的。专业工程的承包人可以就该专业工程的劳务部分分包给第三人承接，但不得将非劳务部分分包，否则构成违法分包。

5. 专业作业承包人将其承包的劳务再分包的。劳务作业的承包人必须自行完成所承包的任务，不得将劳务作业再分包，否则将破坏劳务作业的发包人的基本信任，构成违法分包。

6. 专业作业承包人除计取劳务作业费用外，还计取主要建筑材料款和大中型施工机械设备、主要周转材料的费用。劳务作业分包的承包人的承包范围仅包括劳务以及辅材、小型施工器具的提供，收取的费用也仅包括劳务费以及在少数情况下包括辅材费用、小型机械器具使用费。若劳务分包的承包人所负义务的范围不仅包括劳务，还包括购买基础建材、租赁大型施工机械设备、提供主要周转材料，且计取的费用是剔除"管理费"之后的包含人工费、材料费、机械使用费在内的工程款的，可以认定为以劳务分包之名行专业工程分包之实，若专业工程分包的承包人不具备相应施工资质的，则构成违法分包。

比如,重庆市第四中级人民法院(2018)渝04民终1434号判决认为:“关于案涉《分包合同》效力认定。案涉《分包合同》虽名为劳务分包,且东博公司具有劳务作业承包资质,但劳务分包是指将简单劳动从复杂劳务中剥离出来单独进行承包施工的劳动,劳务作业承包人仅是完成建设工程中的劳务部分,只包人工,除此之外的材料和施工机械均由劳务作业发包人提供。若合同约定的是包工包料,则不是劳务分包,而是工程分包……因为此种情形是以劳务分包为名行工程分包之实。而工程分包需要具备相应的工程分包资质等级,仅具有劳务作业资质的企业不能从事工程分包活动。若仅具有劳务承包资质的企业从事工程分包,则属于超越资质等级的违法分包。本案中,东博公司与锦庆公司在《分包合同》中约定‘本工程采用固定单价的承包方式,即包人工、包辅材、包周材、包大中小型机械、机具及工用具……’明显超出劳务分包的范畴,实际上属于工程分包。而东博公司仅有劳务作业资质,不具有工程分包资质……锦庆公司与东博公司签订的《分包合同》应认定为无效合同。”①

(三)挂靠的表现形式

对于挂靠的具体表现形式,以下法律文件均作出了规定:《北京市高级人民法院关于审理建设工程施工合同纠纷案件若干疑难问题的解答》第2条规定:“具有下列情形之一的,应当认定为《解释》规定的‘挂靠’行为:(1)不具有从事建筑活动主体资格的个人、合伙组织或企业以具备从事建筑活动资格的建筑施工企业的名义承揽工程;(2)资质等级低的建筑施工企业以资质等级高的建筑施工企业的名义承揽工程;(3)不具有施工总承包资质的建筑施工企业以具有施工总承包资质的建筑施工企业的名义承揽工程;(4)有资质的建筑施工企业通过名义上的联营、合作、内部承包等其他方式变相允许他人以本企业的名义承揽工程。”江苏省高级人民法院《建设工程施工合同案件审理指南》规定:“2.没有资质的实际施工人借用有资质的建筑施工企业名义的。这种行为在实务中常被称为‘挂靠行为’。其特征为:第一,挂靠人没有从事建筑活动的主体资格,或者虽有从事建筑活动的主体资格但没有具备其承揽的建设工程项目所要求的相应的资质等级。第二,挂靠人向被挂靠企业交纳一定数额的‘管理

---

① 重庆东博建筑劳务有限公司与重庆锦庆建筑工程有限公司建设工程施工合同纠纷案,重庆市第四中级人民法院(2018)渝04民终1434号民事判决书。

费’,这是挂靠的最重要的特征。第三,被挂靠人对挂靠人和其所承揽的工程不实施任何管理行为。第四,形式上合法,容易逃避建设行政主管部门和发包人的审查和监督。实践中判断是不是挂靠行为,可以从三个方面考察:(1)有无产权联系,即其资产是否以入股或合并等方式转入现单位;(2)有无统一的财务管理,不能以承包等名义搞变相的独立核算;(3)有无严格、规范的人事任免、调动聘用手续等。具体来说,有下列情形之一,应当认定为没有资质的实际施工人借用有资质的建筑施工企业名义承揽建设工程,其签订的建设工程施工合同应当属于无效合同:(1)不具有从事建筑活动主体资格的个人、合伙组织或企业以具备从事建筑活动资格的建筑企业的名义承揽工程;(2)资质等级低的建筑企业以资质等级高的建筑企业的名义承揽工程;(3)不具有工程总包资格的建筑企业以具有总包资格的建筑企业的名义承揽工程;(4)有资质的建筑企业通过其他违法方式允许他人以本企业的名义承揽工程的情形。”

《建筑工程施工发包与承包违法行为认定查处管理办法》规定挂靠的情形包如下。

1. 没有资质的单位或个人借用其他施工单位的资质承揽工程的。

2. 有资质的施工单位相互借用资质承揽工程的,包括资质等级低的借用资质等级高的,资质等级高的借用资质等级低的,相同资质等级相互借用的。

3. 本办法第 8 条第 1 款第 3 ~ 9 项规定的情形,有证据证明属于挂靠的。《建筑工程施工发包与承包违法行为认定查处管理办法》第 8 条第 3 ~ 9 项是转包与挂靠的共同表现形式,包括:(1)转包人与转承包人、被挂靠人与挂靠人均不构成劳动工资关系与社会保险关系;(2)项目施工由转承包人、挂靠人单独完成,转包人、被挂靠人不在施工现场设立项目管理机构,也不派驻工作人员对项目的施工、安全、质量、技术进行监督管理;(3)转承包人、挂靠人自筹资金、自主管理、自行组织劳务、自购建材、自备机械设施对项目进行施工,转包人、被挂靠人不提供任何资金、物资的支持,主要判断依据是转包人、被挂靠人无法提供有关建材购买、设备租赁的合同或发票;(4)作为实际施工的对价,转承包人、挂靠人收取的是扣除上缴给转包人、被挂靠人的“管理费”之外的、包含人工费、材料费、机械器具使用费等在内的工程款;(5)发包人的付款对象不是与其有施工合同关系的承包人,而是转承包人、挂靠人,或发包人向承包人付款后,承包人又将该笔款项转付给转承包人、挂靠人;(6)转包人、被挂靠人只收取一定比例的

“管理费”,不享有施工项目盈利,同时将项目施工产生的经济、质量、安全等风险转嫁给转承包人、被挂靠人,由转承包人、被挂靠人承担全部项目风险。“有证据证明属于挂靠的”可以从两个方面考察:(1)在发包人与施工总承包人签订《建设工程施工合同》时,实际施工人是否已经介入工程项目。若实际施工人在签订《建设工程施工合同》时已经介入工程项目中,参与了工程招投标活动、谈判磋商过程、合同签订仪式或前期许可办理的,则实际施工人属于挂靠人,与施工总承包人构成借用资质关系。(2)实际施工人是否以施工总承包人的名义从事施工活动。若实际施工人以施工总承包人的名义订立施工合同,并以施工总承包人的名义对外购买建筑材料、租赁机械设备、承担法律责任的,则实际施工人与施工总承包人构成挂靠关系。

三、转包、违法分包与挂靠的法律后果

(一)建设工程施工合同无效

《建设工程司法解释一》第1条第2款规定:“承包人因转包、违法分包建设工程与他人签订的建设工程施工合同,应当依据民法典第一百五十三条第一款及第七百九十一条第二款、第三款的规定,认定无效。”因此,施工总承包人在承接工程的过程中存在转包、违法分包或借用资质的行为的,所签订的建设工程施工合同为无效的法律合同。

合同无效的,自始地、确定地、当然地不发生法律效力,不产生当事人所期待的积极法律效果。合同无效,则合同条款也为无效条款,不再约束合同双方当事人。但是,《民法典》第793条第1款规定:“建设工程施工合同无效,但是建设工程经验收合格的,可以参照合同关于工程价款的约定折价补偿承包人。”在建设工程施工领域中,即使施工合同无效,工程的价格条款依然对发包人与承包人有约束力,发包人应当参照合同关于工程价款的约定结算工程价款并折价补偿承包人。如最高人民法院(2019)最高法民申2709号判决认为:“邹某华与云投公司之间的《建筑工程施工内部承揽合同》因违反法律强制性规定而无效。根据《最高人民法院关于审理建设工程施工合同纠纷案件适用法律问题的解释》第二条规定,‘建设工程施工合同无效,但建设工程经竣工验收合格,承包人请求参照合同约定支付工程价款的,应予支持。’因邹某华承建的工程已经竣工并验收合格,邹某华有权请求参照合同约定支付工程价款,而云投公司已依

合同约定履行了一定的管理职责，付出了管理成本，二审判决参照合同约定，判令云投公司在应支付邹某华的工程款中扣除管理费及税金并不损害邹某华的利益。”①

（二）实际施工人的责任

实际施工人，是指在建设工程施工合同无效的情况下，处于层层转包、违法分包或挂靠施工的发承包链条最终端的实际筹集资金、组织劳务、购买材料、租用设备、投入资源、完成施工任务的施工主体，包括转承包人、违法分包的承包人以及挂靠人，不包括施工辅助人以及直接施工的建筑工人。其主要表现形式为：挂靠在其他建筑施工企业名下或借用其他建筑施工企业资质并组织人员、机械进行实际施工的民事主体；层层转包、违法分包等活动中最后实际施工的民事主体。②

实际施工人存在的前提是转包、违法分包或挂靠等违法行为导致建设工程施工合同无效，若施工合同有效的，则不存在“实际施工人”的称谓。如《四川省高级人民法院关于审理建设工程施工合同纠纷案件若干疑难问题的解答》第12条规定：“‘实际施工人’的范围如何确定？《建工司法解释》中的‘实际施工人’是指转包、违法分包以及借用资质的无效建设工程施工合同的承包人。建设工程经数次转包或分包的，实际施工人应当是实际投入资金、材料和劳力进行工程施工的企业或个人。对于不属于前述范围的当事人依据《建工司法解释》第二十六条第二款规定以发包人为被告主张欠付工程款的，应当不予受理，已经受理的，应当裁定驳回起诉。建筑工人追索欠付工资或劳务报酬的，按照劳动关系或雇佣关系妥善处理。”再如，《北京市高级人民法院关于审理建设工程施工合同纠纷案件若干疑难问题的解答》第18条规定：“《解释》中的‘实际施工人’是指无效建设工程施工合同的承包人，即违法的专业工程分包和劳务作业分包合同的承包人、转承包人、借用资质的施工人（挂靠施工人）；建设工程经数次转包的，实际施工人应当是最终实际投入资金、材料和劳力进行工程施工的法人、非法人企业、个人合伙、包工头等民事主体。法院应当严格实际施工人的

---

① 邹某华、云南云投生态环境科技股份有限公司建设工程施工合同纠纷再审审查与审判监督案，最高人民法院(2019)最高法民申2709号民事裁定书。

② 参见肖峰、严慧勇等：《〈关于审理建设工程施工合同纠纷案件适用法律问题的解释（二）〉解读与探索》，载《法律适用》2019年第7期。

认定标准,不得随意扩大《解释》第二十六条第二款的适用范围。对于不属于前述范围的当事人依据该规定以发包人为被告主张欠付工程款的,应当不予受理,已经受理的,应当裁定驳回起诉。"

1. 实际施工人与转包人、违法分包人、被挂靠人对发包人的质量责任

《建筑法》第66条规定:"建筑施工企业转让、出借资质证书或者以其他方式允许他人以本企业的名义承揽工程的……对因该项承揽工程不符合规定的质量标准造成的损失,建筑施工企业与使用本企业名义的单位或者个人承担连带赔偿责任。"第67条规定:"承包单位将承包的工程转包的,或者违反本法规定进行分包的……对因转包工程或者违法分包的工程不符合规定的质量标准造成的损失,与接受转包或者分包的单位承担连带赔偿责任。"《建设工程司法解释一》第7条规定:"缺乏资质的单位或者个人借用有资质的建筑施工企业名义签订建设工程施工合同,发包人请求出借方与借用方对建设工程质量不合格等因出借资质造成的损失承担连带赔偿责任的,人民法院应予支持。"根据以上法律规定,施工总承包人将工程转包、违法分包,或借用资质给他人承接工程,若建设工程出现质量缺陷或质量瑕疵产生损害赔偿责任的,施工总承包人应与转包人、违法分包的承包人、挂靠人承担连带赔偿责任。

2. 实际施工人对外订立合同的偿付责任

在实践中,为完成施工任务,实际施工人承接项目后,往往会与第三人订立建材购买合同、设备租赁合同、施工转包合同、专业分包合同、劳务分包合同、借款合同等。在订立上述合同时,实际施工人可能以自己的身份出现,也可能以施工总承包人的项目部、项目经理、施工现场负责人的名义与第三人达成合意。在上述合同产生经济纠纷时,应如何确定实际施工人与施工总承包人各自的责任?

有观点认为,若在转包、违法分包的关系下,实际施工人以转包人、违法分包人的项目部、工地负责人、项目经理的名义对外实施民事活动的,构成代理行为,应适用表见代理制度,以实际施工人是否具有足以使交易第三人相信其获得转包人或违法分包人合法授权的客观表象,以及交易第三人主观上是否确实不知实际施工人为无权代理的因素来判断转包人、违法分包人是否应当对外承担责任;但若在挂靠关系下,由于共用资质这一行为将被挂靠人与挂靠人捆绑成责任共同体,且《建筑法》《建设工程司法解释一》也规定挂靠人与被挂靠人应

就质量不合格向发包人承担连带责任,因此当交易第三人对挂靠事实不明知的,为了最大限度保护交易中的善意第三人,挂靠人与被挂靠人也应对挂靠人以被挂靠人名义对外从事的经济活动承担连带共同偿还责任。有较多法院持上述观点,如《河北省高级人民法院建设工程施工合同案件审理指南》第49条第1款规定:“……挂靠人以被挂靠单位名义签订合同,一般应由被挂靠单位和挂靠人共同承担责任,但材料设备供应商签订合同时明知挂靠的事实,并起诉要求被挂靠人承担合同责任的,人民法院不予支持。”再如《北京市高级人民法院审理民商事案件若干问题的解答之五(试行)》第47条规定:“合同相对人同时起诉挂靠者和被挂靠者的,如果合同相对人对于挂靠事实不明知,由挂靠者与被挂靠者承担连带民事责任;如果合同相对人对于挂靠事实明知,首先由挂靠者承担责任,被挂靠者承担补充的民事责任。”《广东省高级人民法院关于审理建设工程施工合同纠纷案件疑难问题的解答》第22条规定:“挂靠人以被挂靠人的名义承接工程后,又将工程进行分包或转包,实际施工人主张挂靠人和被挂靠人承担欠付工程款连带责任的,应区分情形处理:挂靠人以被挂靠人名义对外签订分包或转包合同的,挂靠人和被挂靠人承担连带付款责任;挂靠人以自己名义对外签订分包或转包合同的,挂靠人承担付款责任。”

然而,笔者认为,挂靠人以被挂靠人的名义对外从事经济交易活动的,即使交易第三人不知存在挂靠关系,被挂靠人与挂靠人也无须对交易第三人承担连带责任。

首先,挂靠人对外订立经济合同不以挂靠关系的存在为前提。挂靠人与被挂靠人之所以就质量问题对发包人承担连带责任,是因为建设工程施工合同的目的是追求工程质量,建设工程施工合同的订立必须建立在有施工资质的基础上,无施工资质的挂靠人不向被挂靠人借用资质就无法与发包人签订建设工程施工合同,因此挂靠人订立建设工程施工合同必须依赖于挂靠关系的建立,于发包人而言,被挂靠人因出借资质与挂靠人构成联合体,应共同对工程施工的质量安全负责;然而,挂靠人对外订立租赁合同、买卖合同、转包合同、借款合同等的,仅凭个人意思自治即可自由订立,不以施工资质作为基础,无须依赖挂靠关系,此时被挂靠人不因出借施工资质而与挂靠人具有牵连性,因此被挂靠人无须对此负责。

其次,挂靠人对外实施的民事行为不存在挂靠人与被挂靠人的恶意串通。

连带责任产生的基础是共同过错引导下的共同行为同时作用于同一法律后果，而在挂靠施工活动中，一方面，挂靠人向被挂靠人借用资质，被挂靠人向挂靠人出借资质，二者具有挂靠的共同行为；而挂靠人以被挂靠人的名义对外从事民事法律活动的，属于挂靠人擅自的单方借名行为，被挂靠人并未参与；另一方面，虽然被挂靠人明知挂靠人没有资质仍向其出借资质，积极追求挂靠人以自己的名义与发包人订立施工合同的结果，且以与挂靠人订立挂靠协议向挂靠人收取管理费作为出借资质的对价，说明被挂靠人与挂靠人就挂靠人借用资质订立施工合同存在共同故意，因此二者需对发包人承担连带责任；但是在挂靠人对外订立的经济合同中，被挂靠人对于挂靠人以自己名义对外从事交易活动的事实往往并不知情，二者不构成共同故意，仅构成无权代理，在不成立表见代理的情况下，被挂靠人无须对交易第三人承担连带责任。

最后，现行法律、行政法规并未规定被挂靠人应就挂靠人以被挂靠人名义对外订立的民事合同与挂靠人承担共同的连带责任。《民法典》第 178 条第 3 款规定："连带责任，由法律规定或者当事人约定。"现行法律法规并未规定挂靠人以被挂靠人的名义就工程施工事项对外订立民事合同的，二者应承担连带付款责任；并且，被挂靠人往往也不会就挂靠人的个人民事行为与挂靠人达成对外承担连带责任的合意，因此被挂靠人与挂靠人对外承担连带责任不具有法律依据。

综上所述，笔者认为，挂靠人以被挂靠人的名义对外从事租赁、买卖、借款、发包等经济活动的，与实际施工人以转包人或违法分包人的名义对外订立民事合同相同，应适用表见代理制度，认定被挂靠人的实际责任。认定步骤如下。

首先，应判断实际施工人是以何种身份与第三人订立买卖、租赁、转分包、租赁等合同的。若实际施工人是以自己的名义从事民商事活动的，根据责任自负的原则，应由实际施工人自己承担民事责任。如《广东省高级人民法院关于审理建设工程合同纠纷案件疑难问题的解答》第 22 条规定："挂靠人以被挂靠人的名义承接工程后，又将工程进行分包或转包，实际施工人主张挂靠人和被挂靠人承担欠付工程款连带责任的，应区分情形处理：挂靠人以被挂靠人名义对外签订分包或转包合同的，挂靠人和被挂靠人承担连带付款责任；挂靠人以自己名义对外签订分包或转包合同的，挂靠人承担付款责任。"

其次，若实际施工人是以施工总承包人的项目经理、项目部、现场负责人等身份与第三人订立合同的,则应判断实际施工人是否得到施工总承包人的事先授权或事后追认。在建设工程的实务中,施工总承包企业将工程转包、违法分包给他人或将资质借用给他人时,往往会在施工现场设立项目管理机构,将转承包人、违法分包的承包人、挂靠人任命为企业的项目经理、现场负责人,并授权他们代表项目部对外从事民事经营活动。《民法典》第 162 条规定:"代理人在代理权限内,以被代理人名义实施的民事法律行为,对被代理人发生效力。"《民法典》第 171 条第 1、2 款规定:"行为人没有代理权、超越代理权或者代理权终止后,仍然实施代理行为,未经被代理人追认的,对被代理人不发生效力。相对人可以催告被代理人自收到通知之日起三十日内予以追认。被代理人未作表示的,视为拒绝追认。行为人实施的行为被追认前,善意相对人有撤销的权利。撤销应当以通知的方式作出。"若实际施工人以施工总承包企业的项目经理、项目部等名义对外订立买卖、租赁、转分包、借款合同等得到施工总承包人的合法授权后事后追认的,实际施工人订立合同的行为对施工总承包人发生效力。

最后,若实际施工人是以施工总承包人的项目经理、项目部、现场负责人等身份与第三人订立合同,但未得到施工总承包人的事先授权或事后追认的,应考察实际施工人的行为是否对施工总承包人构成表见代理。《建筑施工企业项目经理资质管理办法》第 2 条规定:"本办法所称建筑施工企业项目经理(以下简称项目经理),是指受企业法定代表人委托对工程项目施工过程全面负责的项目管理者,是建筑施工企业法定代表人在工程项目上的代表人。"一般而言,项目经理、工地负责人等是承包人派往施工项目的代表,有权代表承包人对外实施民事行为。《民法典》第 172 条规定:"行为人没有代理权、超越代理权或者代理权终止后,仍然实施代理行为,相对人有理由相信行为人有代理权的,代理行为有效。"实际施工人以承包人的项目经理、现场负责人等身份对外从事民事活动,即使未得到承包人的授权,若实际施工人具有足以代表承包人项目管理负责人的客观表征的,则承包人需就实际施工人实施的民事行为对外承担责任。足以证明实际施工人的行为是代表承包人项目部的事由包括:(1)实际施工人是承包人任命的项目经理,其以项目经理的身份在合同上签字。项目经理本身即具备对外代表承包人项目部实施民事行为的身份,若非有相反证据证明实际施工人没有得到承包人的授权或合同相对人知道或应当知道实际施工人无权代理的,则实际施工人以承包人项目经理的身份对外实施的民事行为对承包人发生效力。(2)实际施工人在合同中加盖承包人公章或项目部印章。实际施工人以承包人项目部的名义实施行为,必须使用的是项目部的公章或合同专用章才对承包人发生效力;若使用的是内部的资料专用章或财务专用章的,除非有证据证明该枚印章曾经对外使用并发生效力,否则承包人不对外承担责任。(3)在与第三人以往的交易中,实际施工人擅自使用承包人项目部的名义或以项目经理的身份出现,承包人不作出反对或否认的意思表示。《中华人民共和国民法通则》(已失效,以下简称原《民法通则》)第66条第1款规定:"……本人知道他人以本人名义实施民事行为而不作否认表示的,视为同意。"在历史交易中,实际施工人曾以承包人项目部的名号与第三人发生民事关系,承包人不作出相反的意思表示的,第三人有理由相信实际施工人有权代表承包人从事民事活动,承包人应对第三人负责。(4)承包人曾经授予实际施工人代表权限,后撤回授权或缩小权限但未对第三人公示。以往的交易中,承包人对实际施工人的授权已对第三人构成善意信赖,若过后承包人撤回授权或缩小权限但不告知第三人的,该第三人的善意信赖仍在延续中,因此实际施工人仍以承包人的名义与第三人签订合同的,对承包人同样发生效力。(5)实际施工人必须将材料、设备以及借款用于承包人的工程项目中。实际施工人以承包人项目部的名义对外订立购买建材、租赁器具设备或借款后,将材料、机械设备或借款用于非承包人所有的工程建设项目中,合同相对人知道或应当知道该情形的,该合同不对承包人发生效力。

当然,若要构成表见代理,还需要相对人对实际施工人的代理身份审查已尽到谨慎审查义务后,仍然无法发现实际施工人不具有承包人的代理授权这一要素。若实际施工人具有代表承包人实施民事行为的客观表象,但相对人知道或应当知道实际施工人为独立经营、无代理权限的,实际施工人与相对人的合同关系也不对承包人发生效力。如《江苏省高级人民法院关于审理建设工程施工合同纠纷案件若干问题的意见》第22条规定:"承包人的项目部或项目经理以承包人名义订立合同,债权人要求承包人承担民事责任的,人民法院应予支持,但承包人有证据证明债权人知道或应当知道项目部或者项目经理没有代理权限的除外。"再如《北京市高级人民法院关于审理建设工程施工合同纠纷案件若干疑难问题的解答》第8条规定:"施工合同履行过程中,承包人的项目经理以承包人名义在结算报告、签证文件上签字确认、加盖项目部章或者收取工程款、接受发包人供材等行为，原则上应当认定为职务行为或表见代理行为，对承包人具有约束力，但施工合同另有约定或承包人有证据证明相对方知道或应当知道项目经理没有代理权的除外。”又如《福建省高级人民法院关于审理建设工程施工合同纠纷案件疑难问题的解答》第3条规定：“挂靠人以被挂靠单位的名义将工程转包或者与材料设备供应商签订购销合同的……一般应由被挂靠单位承担合同责任，但实际施工人或者材料设备供应商签订合同时明知挂靠的事实，并起诉要求挂靠人承担合同责任的，由挂靠人承担责任。”

（三）实际施工人的工程款支付请求权

《建设工程司法解释一》第43条规定：“实际施工人以转包人、违法分包人为被告起诉的，人民法院应当依法受理。实际施工人以发包人为被告主张权利的，人民法院应当追加转包人或者违法分包人为本案第三人，在查明发包人欠付转包人或者违法分包人建设工程价款的数额后，判决发包人在欠付建设工程价款范围内对实际施工人承担责任。”虽然转承包人、违法分包的承包人与工程发包人（业主）没有直接的施工合同关系，根据合同相对性原理，其不能直接向发包人主张工程款。但是，为了遏制拖欠建筑工人工资的现象，保护建筑工人的工资债权利益，法律允许转承包人、违法分包的承包人直接向发包人主张工程款债权，但该权利受到以下限制：(1)发包人与承包人之间、承包人与实际施工人之间存在合同关系；(2)承包人欠付实际施工人工程款；(3)实际施工人的欠款争议已进入诉讼程序；(4)发包人仅在未付清工程款范围内向实际施工人承担付款责任；(5)实际施工人的范围不包含挂靠人。

在挂靠关系中，由于挂靠人才是实际进行施工的主体，被挂靠人仅是提供资质而已，并不实际参与工程施工，因此被挂靠人与发包人成立名义上的建设工程施工合同关系，挂靠人与发包人成立事实上的建设工程施工合同关系。基于该事实上的合同关系，挂靠人有权直接向施工合同相对人，即向发包人主张工程款债权，无须借助《建设工程司法解释一》第43条规定的实际施工人地位救济权利，且该两个条款的法律前提也仅包括“转包”“违法分包”，并没有提及挂靠。因此，挂靠人只需根据事实上的合同关系请求相对人即发包人支付工程款。

如江苏省徐州市中级人民法院(2018)苏03民终5238号判决认为：“2010

年6月1日，路泰公司与程某金签订《承揽工程经营管理协议书》，路泰公司与程某金之间形成挂靠关系。2010年4月19日路泰公司与华山中学签订的《建设工程施工合同》中，程某金也作为路泰公司委托代理人身份签字。在整个项目施工过程中，均由程某金出面进行施工，华生中学已付工程款全部向程某金支付。根据现有证据，应认定华山中学对程某金挂靠路泰公司进行施工予以明知。根据相关规定，在发包人订立合同时明知挂靠的情况下，发包人与挂靠人均具有受意思表示约束的意思，应认定该建设工程施工合同直接约束挂靠人与发包人。故本案应认定发包人华山中学与挂靠人程某金之间形成了事实合同关系。故涉案工程款支付义务应由华山中学承担。路泰公司未收到任何工程款，也未实际参与工程施工，路泰公司不应承担连带支付工程款的责任。"①

---

① 江苏路泰建设集团有限公司、丰县华山中学与程国金建设工程施工合同纠纷案，江苏省徐州市中级人民法院(2018)苏03民终5238号民事判决书。

专题二

建设工程施工合同无效的原因及其后果实务研究

建筑法域一直是公法与私法交织作用的典型领域，公法为建设工程合同设置了很多强制性规定。为数众多的强制性规定使合同效力问题成为长期困扰司法实践的一个难题，[①]实践中，建设工程发承包市场层出不穷、屡禁不止的层层转包、违法分包、借用资质等现象也使“合同无效”成为建筑领域的“常态”。合同无效所引发的建筑市场主体在合同中的意思自治可能无法实现问题，给合同当事人带来的影响不可估量。由于建筑领域的法律规范体系与更强调“私法自治”的某些领域不同，合同的无效及法律后果尤其值得关注。

一、合同无效概述

合同无效，是指当事人所缔结的合同因严重欠缺法定生效要件，在法律上确定地、自始地、当然地不按当事人合意的内容赋予效力。应当注意的是，合同无效并非不发生任何效力，只是不能依当事人的合意内容赋予法律约束力，但是可依法律规定产生返还原物、赔偿损失等法律后果。[②]

法律行为共有四种形态，有效行为、可撤销行为、效力待定行为与无效行为，无效行为是法律否定当事人意思自治的最严重程度，具有以下三种性质：(1)确定性，即无效行为确定、终局无效，不仅成立时不发生效力，此后亦绝无再

① 参见杨晓蓉：《建设工程合同的原理与实务——以关系契约论为视角》，人民法院出版社2018年版，第219页。

② 参见韩世远：《合同法总论》（第3版），法律出版社2011年版，第168页。

发生法律效力的可能性,该无效的结果不受除斥期间的限制,[①]不得因条件的补正或时间的流逝而产生有效的法律效果;(2)自始性,即无效行为在合同订立之时即为无效,自始至终不发生包含当事人意思表示内容的法律效力;(3)当然性,即无效行为不具备宣示性,无须当事人对外宣告、公示、主张,也无须启动诉讼程序,无效行为自然无效。当然,当事人对其是否无效有争议时,不妨提起无效确认之诉,请求法院、仲裁机关予以确认,[②]但即使当事人不申请仲裁或提起诉讼,合同无效的性质亦不会发生任何改变。

根据《民法典》的规定,无效合同包括以下情形:(1)无民事行为能力人实施的民事法律行为;[③](2)双方当事人以虚假的意思表示实施的民事法律行为;[④](3)违反法律、行政法规的强制性规定以及违背公序良俗的民事法律行为;[⑤](4)双方当事人恶意串通损害他人合法权益的民事法律行为。[⑥] 由于合同无效涉及的是国家利益、集体利益、公共利益、他人利益等私人领域无法自由干预的法益,因此对于合同无效的认定,法院具有法定审查职权。即使当事人未请求法院判定合同的效力,只要涉及合同效力,法院均可依职权直接确定其性质,不受"不告不理"原则的限制,不依赖当事人的请求审查合同效力的诉求。

无效合同不发生依当事人意思表示所期待的合同履行后的法律效果,但是发生《民法典》第157条规定的法律效果:"民事法律行为无效、被撤销或者确定不发生效力后,行为人因该行为取得的财产,应当予以返还;不能返还或者没有必要返还的,应当折价补偿。有过错的一方应当赔偿对方由此所受到的损失;各方都有过错的,应当各自承担相应的责任。法律另有规定的,依照其规定。"即合同无效后,发生以下法律后果:(1)返还财产。由于合同无效溯及至合同成立时自始不发生任何有效的结果,因此在合同无效的情况下,当事人之间的财产关系需回归至合同从来没有缔结过、权利义务关系从来没有发生过的状态,

---

① 参见马俊驹、余延满:《民法原论》(第4版),法律出版社2010年版,第203页。

② 参见马俊驹、余延满:《民法原论》(第4版),法律出版社2010年版,第203页。

③ 《民法典》第144条规定:"无民事行为能力人实施的民事法律行为无效。"

④ 《民法典》第146条第1款规定:"行为人与相对人以虚假的意思表示实施的民事法律行为无效。"

⑤ 《民法典》第153条规定:"违反法律、行政法规的强制性规定的民事法律行为无效。但是,该强制性规定不导致该民事法律行为无效的除外。违背公序良俗的民事法律行为无效。"

⑥ 《民法典》第154条规定:"无行为人与相对人恶意串通,损害他人合法权益的民事法律行为无效。"

若发生物的交付的，则需返还原物，回归至物未转移占有的状态。(2)折价补偿。若已交付的物在事实上不能返还或法律上不能返还，前者如技术资料、秘密信息、不动产等，后者如物已被第三人善意取得等，或"没有必要返还"，如返还不利于双方利益最大化或造成资源浪费的，则受领物的一方可以通过折价给付补偿交付物的一方。(3)损害赔偿。若履行导致一方受到损失的，另一方应根据自身的主观过错程度予以赔偿；若受损害的一方自身存在过错的，也应承担与过错相应的责任，此为过错相抵原则。

二、建设工程施工合同无效的情形

(一)违反《招标投标法》对招投标活动的强制性规定导致合同无效

建设工程关乎国计民生、社会稳定，建设工程质量与人民群众的人身安全、财产安全息息相关，为了加强国家对建设工程施工活动的监督管理、维护建筑施工市场的健康秩序，以及为了使建筑工程能够交由经济实力较强、施工技术先进、管理水平较高的施工单位承包以保障工程质量，国家要求建设工程的施工活动必须经过招投标程序订立合同。《招标投标法》第 3 条规定，以下项目的施工活动必须通过招标程序选定承包人：(1)大型基础设施、公用事业等关系社会公共利益、公众安全的项目；(2)全部或者部分使用国有资金投资或者国家融资的项目；(3)使用国际组织或者外国政府贷款、援助资金的项目。《招标投标法》的性质为公法，其对工程项目施工招投标的规定属于效力性强制性规定，因此《建设工程司法解释一》第 1 条规定，建设工程必须进行招标而未招标或者中标无效的，应当认定建设工程施工合同无效，该无效属于《民法典》第 153 条规定的"违反法律、行政法规的强制性规定"的情形。

因违反招投标程序导致建设工程施工合同无效的情形如下。

1. 必须进行招标而未招标

《招标投标法》第 4 条规定："任何单位和个人不得将依法必须进行招标的项目化整为零或者以其他任何方式规避招标。""必须进行招标而未招标"具体包含以下情形：(1)对必须进行招标的项目不招标；(2)将必须进行招标的项目化整为零或者以其他任何方式规避招标。

2. 招标无效

根据《招标投标法》的规定，招标无效具体包括以下情形：(1)招标代理机构泄露应当保密的与招标投标活动有关的情况和资料，影响中标结果；(2)招标代理机构与招标人、投标人串通损害国家利益、社会公共利益或者他人合法权益，影响中标结果；(3)依法必须进行招标的项目的招标人向他人透露已获取招标文件的潜在投标人的名称、数量或者可能影响公平竞争的有关招标投标的其他情况的，或者泄露标底，影响中标结果；(4)投标人相互串通投标或者与招标人串通投标；(5)投标人以向招标人或者评标委员会成员行贿的手段谋取中标；(6)投标人以他人名义投标或者以其他方式弄虚作假，骗取中标；(7)依法必须进行招标的项目，招标人违反本法规定，与投标人就投标价格、投标方案等实质性内容进行谈判，影响中标结果；(8)招标人以不合理的条件限制或者排斥潜在投标人，对潜在投标人实行歧视待遇，强制要求投标人组成联合体共同投标，或者限制投标人之间的竞争；(9)招标人在评标委员会依法推荐的中标候选人以外确定中标人，依法必须进行招标的项目在所有投标被评标委员会否决后自行确定中标人。

在招标无效的情形中，最常见的情形是“招标人与投标人就施工合同的实质性内容进行谈判。”又称“明招暗定”“先定后招”，是指在确定实际的中标人之前，招标人与投标人就已私下确定了施工合同的核心条款，之后的招投标活动只不过是走形式上的程序，没有体现实质上的“公平”“公正”“公开”，严重破坏招投标活动的秩序，损害建筑市场的公平竞争环境，因此，《招标投标法》第43条规定：“在确定中标人前，招标人不得与投标人就投标价格、投标方案等实质性内容进行谈判。”确定“明招暗定”的施工合同属于无效合同。如最高人民法院(2018)最高法民申1196号判决认为：“根据本案事实，涉案工程系根据农垦总局文件开发的棚户改造项目，使用财政资金对拆迁户进行补贴，农垦总局相关文件明确要求履行招投标程序，属于必须进行招投标的工程项目。宝房公司于2010年5月25日已进场施工，并于2010年5月31日与鑫隆公司签订补充协议，后又于2010年6月28日与新华农场履行招投标程序签订《建设工程施工合同》，明招暗定，违反了《中华人民共和国招投标法》的规定，原审判决认定《补充协议》及《建设工程施工合同》均属无效合同，具有事实和法律依据。”①

---

① 黑龙江省新华农场、黑龙江省宝泉岭宝房建筑安装有限公司建设工程施工合同纠纷再审审查与审判监督案，最高人民法院(2018)最高法民申1196号民事裁定书。

3. 签订的建设工程施工合同背离招投标文件、中标通知书的实质性内容

《招标投标法》第 46 条第 1 款规定,“招标人和中标人不得再行订立背离合同实质性内容的其他协议”,第 59 条规定:“招标人与中标人不按照招标文件和中标人的投标文件订立合同的,或者招标人、中标人订立背离合同实质性内容的协议的,责令改正;可以处中标项目金额千分之五以上千分之十以下的罚款。”中标后,中标人与招标人应按照招投标文件、中标文件的内容订立建设工程施工合同,不得背离招投标文件、中标文件的实质性内容订立其他协议。根据《民法典》第 470 条的规定,合同的实质性内容包括:当事人的名称或者姓名和住所、标的、数量、质量、价款或者报酬、履行期限、履行地点、履行方式、违约责任、解决争议的方法。在建设工程施工合同中,合同的实质性内容为:工程范围、工程质量、工程价款、建设工期。若招标人与中标人签订的建设工程施工合同就以上实质性内容与招投标文件或中标合同不一致的,该建设工程施工合同由于违反《招标投标法》的规定无法在公共场合公开,被称为“黑合同”,而符合招投标程序订立的中标合同被称为“白合同”。

如何判定“黑合同”与“白合同”各自的效力?《建设工程司法解释一》第 2 条规定:“招标人和中标人另行签订的建设工程施工合同约定的工程范围、建设工期、工程质量、工程价款等实质性内容,与中标合同不一致,一方当事人请求按照中标合同确定权利义务的,人民法院应予支持。招标人和中标人在中标合同之外就明显高于市场价格购买承建房产、无偿建设住房配套设施、让利、向建设单位捐赠财物等另行签订合同,变相降低工程价款,一方当事人以该合同背离中标合同实质性内容为由请求确认无效的,人民法院应予支持。”第 22 条规定:“当事人签订的建设工程施工合同与招标文件、投标文件、中标通知书载明的工程范围、建设工期、工程质量、工程价款不一致,一方当事人请求将招标文件、投标文件、中标通知书作为结算工程价款的依据的,人民法院应予支持。”第 23 条规定:“发包人将依法不属于必须招标的建设工程进行招标后,与承包人另行订立的建设工程施工合同背离中标合同的实质性内容,当事人请求以中标合同作为结算建设工程价款依据的,人民法院应予支持,但发包人与承包人因客观情况发生了在招标投标时难以预见的变化而另行订立建设工程施工合同的除外。”

由上述法律规定可知,当发包人、承包人违背中标合同的实质性内容订立

建设工程施工合同时，法律只表明应以“白合同”作为工程价款结算依据而不得以“黑合同”确定工程价款的意思，并没有直接判定“黑合同”与“白合同”各自的效力。实际上，可以通过《招标投标法》的基本原理推导出“黑合同”的效力：若“黑合同”先于“白合同”订立，那么“黑合同”属于法律强制招投标而未经招投标程序订立的建设工程施工合同，理应为无效；若“黑合同”后于“白合同”成立，那么“黑合同”因违反《招标投标法》第57条的效力性强制性规定而无效。因此，无论“黑合同”于何时签订，其性质均为无效合同，实务中法院判决也是如此认定的。最高人民法院(2017)最高法民终437号判决认为：“诉争2013年11月26日签订的《施工协议》系针对案涉同一工程项目另行签订的协议，没有经过备案，该协议约定的竣工时间早于协议签订时间，并不真实，且付款方式改为‘主体结构十五层以下暂不付款’，亦即主体结构十五层以下由承包人垫资施工，改变了备案合同关于发包人支付预付款和进度款的约定，明显加重了承包人的义务，对苏中集团的利益影响较大。因此，一审判决认定该《施工协议》属于与备案合同实质性内容矛盾的黑合同，违反《中华人民共和国招标投标法》第四十六条第一款的强制性规定而应认定为无效，并无不当。”对于“白合同”效力的判断，则应探究“白合同”是否存在“明招暗定”、低于成本价中标、以合法形式掩盖非法目的、恶意串通损害他人利益、虚伪通谋的意思表示等违法事由，若存在则为无效合同，若不存在则为有效合同。

（二）违反《建筑法》对施工资质的强制性规定导致无效

《建筑法》第13条规定：“从事建筑活动的建筑施工企业、勘察单位、设计单位和工程监理单位，按照其拥有的注册资本、专业技术人员、技术装备和已完成的建筑工程业绩等资质条件，划分为不同的资质等级，经资质审查合格，取得相应等级的资质证书后，方可在其资质等级许可的范围内从事建筑活动。”第26条规定：“承包建筑工程的单位应当持有依法取得的资质证书，并在其资质等级许可的业务范围内承揽工程。禁止建筑施工企业超越本企业资质等级许可的业务范围或者以任何形式用其他建筑施工企业的名义承揽工程。禁止建筑施工企业以任何形式允许其他单位或者个人使用本企业的资质证书、营业执照，以本企业的名义承揽工程。”《建设工程质量管理条例》第25条第1、2款规定：“施工单位应当依法取得相应等级的资质证书，并在其资质等级许可的范围内承揽工程。禁止施工单位超越本单位资质等级许可的业务范围或者以其他施工单位的名义承揽工程。禁止施工单位允许其他单位或者个人以本单位的名义承揽工程。”

由于建设工程承载人民群众“衣食住行”基本生活需求中“住”的职能，建设工程质量关系到人民的安身立命与社会的安居乐业，是建筑活动的重中之重，因此国家为建筑领域设置了较高的准入门槛，即建设工程的主体都必须具备相应施工资质才能从事施工活动，未具备相应施工资质仍承接建设工程施工的，《建设工程司法解释一》第 1 条第 1、2 项规定：“建设工程施工合同具有下列情形之一的，应当依据民法典第一百五十三条第一款的规定，认定无效：（一）承包人未取得建筑业企业资质或者超越资质等级的；（二）没有资质的实际施工人借用有资质的建筑施工企业名义的……”根据以上司法解释的规定，违反施工资质强制性规定的情形包括：（1）未取得施工资质承接工程的；（2）超越资质等级承接工程的；（3）无资质的实际施工人借用有资质的施工企业的名义承接工程的；（4）低资质的实际施工人借用高资质的施工企业的名义承接工程的。

（三）违反《民法典》《建筑法》对转包、分包的强制性规定导致无效

《民法典》第 791 条规定：“发包人可以与总承包人订立建设工程合同，也可以分别与勘察人、设计人、施工人订立勘察、设计、施工承包合同。发包人不得将应当由一个承包人完成的建设工程支解成若干部分发包给数个承包人。总承包人或者勘察、设计、施工承包人经发包人同意，可以将自己承包的部分工作交由第三人完成。第三人就其完成的工作成果与总承包人或者勘察、设计、施工承包人向发包人承担连带责任。承包人不得将其承包的全部建设工程转包给第三人或者将其承包的全部建设工程支解以后以分包的名义分别转包给第三人。禁止承包人将工程分包给不具备相应资质条件的单位。禁止分包单位将其承包的工程再分包。建设工程主体结构的施工必须由承包人自行完成。”《建筑法》第 24 条第 1 款规定：“提倡对建筑工程实行总承包，禁止将建筑工程肢解发包。”第 28 条规定：“禁止承包单位将其承包的全部建筑工程转包给他人，禁止承包单位将其承包的全部建筑工程肢解以后以分包的名义分别转包给他人。”第 29 条第 1 款规定：“建筑工程总承包单位可以将承包工程中的部分工程发包给具有相应资质条件的分包单位；但是，除总承包合同中约定的分包外，必须经建设单位认可。施工总承包的，建筑工程主体结构的施工必须由总承包单位自行完成。”第 29 条第 3 款规定：“禁止总承包单位将工程分包给不具备相

应资质条件的单位。禁止分包单位将其承包的工程再分包。”

根据以上规定，法律禁止以下发、承包形式：(1)发包人将建设工程肢解后分别发包；(2)承包人将建设工程转包；(3)承包人将建设工程违法分包。转包是指承包人将所承接工程整体转交给第三人施工或将工程拆分后分别分包给两个以上的第三人施工，前者为整体转包，后者为肢解转包，所有的转包行为都被法律禁止。分包分为合法分包与违法分包，只有违法分包被法律禁止，包括：(1)将工程分包给不具备相应施工资质的主体；(2)将所承接的分包工程中的非劳务部分再分包；(3)未经分包的发包人同意而进行分包；(4)施工总承包人将建设工程的主体结构工程分包。由于肢解发包、转包与违法分包扰乱了建筑市场秩序，危害施工安全，给建设工程质量造成隐患，且转包违反了承包人应自主履行施工义务的约定，破坏了发包人的基本信任，因此《建设工程司法解释一》第 1 条第 2 款规定：“承包人因转包、违法分包建设工程与他人签订的建设工程施工合同，应当依据民法典第一百五十三条第一款及第七百九十一条第二款、第三款的规定，认定无效。”

（四）违反《城乡规划法》对建设审批许可的强制性规定导致无效

《城乡规划法》第 40 条第 1 款规定：“在城市、镇规划区内进行建筑物、构筑物、道路、管线和其他工程建设的，建设单位或者个人应当向城市、县人民政府城乡规划主管部门或者省、自治区、直辖市人民政府确定的镇人民政府申请办理建设工程规划许可证。”第 64 条规定：“未取得建设工程规划许可证或者未按照建设工程规划许可证的规定进行建设的，由县级以上地方人民政府城乡规划主管部门责令停止建设；尚可采取改正措施消除对规划实施的影响的，限期改正，处建设工程造价百分之五以上百分之十以下的罚款；无法采取改正措施消除影响的，限期拆除，不能拆除的，没收实物或者违法收入，可以并处建设工程造价百分之十以下的罚款。”《城乡规划法》规定在城镇规划区域内进行工程建设开发的主体应当申请办理建设工程规划许可证，该条文属于效力性强制性规定，因为判断建设工程是否符合城镇规划要求、是否合法，就在于建设主体是否取得建设工程规划许可证。未取得建设工程规划许可证所建设的房屋，性质为违法建筑，属于“标的物违法”的情形，因此《建设工程司法解释一》第 3 条第 1 款规定：“当事人以发包人未取得建设工程规划许可证等规划审批手续为由，请求确认建设工程施工合同无效的，人民法院应予支持，但发包人在起诉前取得建设工程规划许可证等规划审批手续的除外。”

因建设工程规划许可导致合同无效的情形有两种：一为订立建设工施工合同时仍未取得建设工程规划许可证的；二为虽已申领建设工程规划许可证，但约定的施工范围超出建设工程规划许可证所允许的建设规模的。但是，存在以下情形时，建设工程施工合同不因合同订立时未取得建设工规划许可证而无效。

1. 在法庭辩论终结前取得建设工程规划许可证。取得建设工程规划许可证说明建设工程已合法，法律再对其禁止已毫无意义，因此允许建设工程主体就建设工程规划许可证导致合同无效的事项进行效力补正，只要其在法庭辩论终结前取得建设工程规划许可证，被补正效力的建设工程施工合同溯及至合同成立时生效。

2. 发包人有能力办理建设工程规划许可证但是未办理，并以此为由主张建设工程施工合同无效。申领建设工程规划许可证是发包人的义务，是办理施工许可证的前提要件，也是建设工程施工合同的生效条件。《民法典》第 159 条规定：“附条件的民事法律行为，当事人为自己的利益不正当地阻止条件成就的，视为条件已经成就；不正当地促成条件成就的，视为条件不成就。”发包人是申办建设工程规划许可证的义务主体，建设工程规划许可证是建设工程施工合同的生效条件，发包人恶意不申领建设工程规划许可证的，属于不正当地促使合同无效的情形发生，视为合同可以发生有效的效果，发包人不得以工程项目未取得建设工程规划许可证主张建设工程施工合同无效。如最高人民法院(2019)最高法民申 4305 号判决认为：“粤华公司主张涉案项目因在签订《施工合同》时未取得建设工程规划许可证而无效。根据《最高人民法院关于审理建设工程施工合同纠纷案件适用法律问题的解释(二)》第二条的规定，当事人以发包人未取得建设工程规划许可证等规划审批手续为由，请求确认建设工程施工合同无效的，人民法院应予支持，但发包人在起诉前取得建设工程规划许可证等规划审批手续的除外。发包人能够办理审批手续而未办理，并以未办理审批手续为由请求确认建设工程施工合同无效的，人民法院不予支持。根据《补充协议书》第一条的规定，承担办理建设工程规划许可证的义务主体是发包人粤华公司。因此，粤华公司以未办理审批手续为由主张《施工合同》《补充协议书》无效，人民法院不应予以支持。”①

（五）违反《建筑法》《招标投标法》《建设工程质量管理条例》对建设工程工期、价款、质量最低标准的效力性规定而导致无效

《建筑法》第 54 条第 1 款规定：“建设单位不得以任何理由，要求建筑设计单位或者建筑施工企业在工程设计或者施工作业中，违反法律、行政法规和建筑工程质量、安全标准，降低工程质量。”《招标投标法》第 33 条规定：“投标人不得以低于成本的报价竞标，也不得以他人名义投标或者以其他方式弄虚作假，骗取中标。”第 41 条第 2 项规定：“中标人的投标应当符合下列条件之一：……（二）能够满足招标文件的实质性要求，并且经评审的投标价格最低；但是投标价格低于成本的除外。”《建设工程质量管理条例》第 10 条规定：“建设工程发包单位不得迫使承包方以低于成本的价格竞标，不得任意压缩合理工期。建设单位不得明示或者暗示设计单位或者施工单位违反工程建设强制性标准，降低建设工程质量。” 2011 年《全国民事审判工作会议纪要》第 24 条规定：“对按照‘最低价中标’等违规招标形式，以低于工程建设成本的工程项目标底订立的施工合同，应当依据招标投标法第四十一条第（二）项的规定认定无效。对建设工程施工合同中有关违反工程建设强制性标准，任意压缩合理工期、降低工程质量标准的约定内容，应认定为无效。该约定被认定为无效后，依据《关于审理建设工程施工合同纠纷案件适用法律问题的解释》相关规定处理。”根据以上法律、法规规定，建设工程施工合同的价格低于成本价、工期低于合理工期、质量低于强制标准的，为无效合同。

1. 约定工期低于合理工期导致施工合同无效

合理工期，是指在一段时间内根据一定建设条件，结合各建设项目的具体情况，施工单位采取科学的施工技术、实施合理的管理手段、凭借正常的施工经验，在常态下完成一定建设工程施工的工作量所花费的社会必要劳动时间。合理工期反映的是社会平均水平，是一种客观标准，与施工单位的主观能力无关。判断工期是否合理的标准在于是否突破现有施工技术的上限、是否违反客观规律，是否使各参建单位都获得满意的经济效益等。若发包人为了尽早发挥项目

---

① 广西粤华房地产开发有限公司、广西建工集团第一建筑工程有限责任公司建设工程施工合同纠纷再审审查与审判监督案，最高人民法院（2019）最高法民申 4305 号民事裁定书。

效益，任意压缩合理工期，会迫使承包人打乱施工节奏、简化施工工序、减少各道工序之间的衔接时间、挤压必需的检测试验时间、加大建筑工人的劳务投入等，从而引发施工安全问题与工程质量问题。因此，发包人任意压缩合理工期的，建设工程施工合同应为无效合同。

但是在实务中，法院一般不轻易以"压缩合理工期"为由认定施工合同无效。首先，合理工期涉及工程专业问题，对于约定工期是否低于合理工期的认定较为困难，实务中没有统一标准，当事人往往难以举证，陷入举证不能的困境；其次，不少法院认为，《建设工程质量管理条例》对于"不得任意压缩合理工期"的规定属于管理性强制性规范而非效力性强制性规范，不能导致合同无效；最后，承包人明知发包人压缩合理工期仍与其签订合同的，说明承包人是在充分考虑自身施工能力与管理水平后自由处分自有权利、自愿承担风险的结果，应充分予以尊重；若工程未出现实质性的重大质量缺陷问题，承包人应当自主承担工期压缩的后果，这属于当事人"私法自治"的范畴，法院不应强加干涉。因此，承包人以"压缩合理工期"为由主张合同无效的，法院一般不予支持。

例如，最高人民法院（2018）最高法民再163号判决认为："中建三局还主张，《建设工程施工合同》中580日历天的工期条款因违反行政法规'不得任意压缩合理工期'的强制性规定而无效。对此，本院认为，一方面，定额工期通常依据施工规范、典型工程设计、施工企业的平均水平等多方面因素制定，虽具有合理性，但在实际技术专长、管理水平和施工经验存在差异的情况下，并不能完全准确反映不同施工企业在不同工程项目的合理工期。另一方面，本案中，中建三局作为大型专业施工企业，基于对自身施工能力及市场等因素的综合考量，经与金胤公司平等协商，在《建设工程施工合同》中约定580日历天的工期条款，系对自身权利的处分，亦为其真实意思表示，在无其他相反证据证明的情况下，不能当然推定金胤公司迫使其压缩合理工期。中建三局的该项再审主张亦缺乏事实依据，不能成立，本院不予支持。"①

浙江省嘉兴市中级人民法院（2013）浙嘉民终字第459号判决认为："关于合同工期。东方公司主张合同约定的190天工期无效，理由是《全国统一建筑

---

① 中建三局第一建设工程有限责任公司、中建三局第一建设工程有限责任公司广西分公司建设工程施工合同纠纷再审案，最高人民法院（2018）最高法民再163号民事判决书。

安装工程工期定额》规定了同类工程的定额工期为410天,合同工期远少于定额工期违反了法律规定。对此,建设部发布的《全国统一建筑安装工程工期定额》系作为建设单位与施工单位签订建设工程施工合同、确定合理工期及安排施工进度的参考,并不属于强制性法律规定。《建设工程质量管理条例》第十条虽有建设单位不得任意压缩合理工期的规定,但依据该条例第五十六条的规定违反的法律后果也只是对建设单位给予罚款,故《建设工程质量管理条例》的规定属于管理性规定而非效力性强制性规定,不能作为认定合同条款是否有效的依据。建设工程施工合同明确约定工程工期为190天,系当事人的真实意思表示,对双方具有法律约束力。东方公司主张该约定无效缺乏法律依据,本院不予支持。"①

2. 约定的工程价款低于成本价导致施工合同无效

低于成本价竞标、中标,是指在建设工程施工的招投标活动中,承包人以低于施工成本的价格投标,并以低于施工成本的价格与发包人订立建设工程施工合同。建设工程施工项目的利润是一定的,若发包人与承包人约定的工程价款低于成本价,为了获得与正常工程价款下相同的利润,承包人会以次充好、滥竽充数、粗制滥造、偷工减料,进一步压缩施工成本,从而引发建设工程质量安全问题,危害不特定社会公众的人身财产安全;并且,以低于成本价竞标,存在恶意排挤其他投标人之嫌,构成不正当竞争,破坏招投标的公平程序。因此,在理论上,以低于施工成本价订立的建设工程施工合同,为无效合同。

实务中,低于成本价竞标中的"成本价"指的是个别成本,即不同的承包人受限于其自身施工工艺技术、经营管理水平、项目组织能力、雇佣劳务所支出成本、购买建材所支出成本、租赁机械设备所支出成本等条件综合确定的该承包人完成项目施工所必须消耗的最低成本。每个承包人因其各自的能力技术不同、所处的市场环境不同、劳务人员组织模式不同以及工程项目的基本特征不同,所需要的施工成本也不尽相同,但是法律允许个别成本低于社会平均成本,这是个别承包人施工技术先进、管理水平高、协调组织能力强、资金周转能力强、经济效益好的表现,并不会使承包人刻意压缩施工成本导致工程质量缺陷的情形发生。因此,低于成本价竞标指的是个别成本,而非社会平均成本,承包

---

① 东方建设集团有限公司嘉兴分公司与嘉兴北欧机具有限公司建设工程施工合同纠纷案,浙江嘉兴中院(2013)浙嘉民终字第459号民事判决书。

人以建设工程施工合同价款低于社会平均施工成本为由主张合同无效的,法院不予支持。

最高人民法院(2014)民申字第848号判决认为:“本院认为,《招标投标法》第三十三条所称的‘低于成本’,是指低于投标人的为完成投标项目所需支出的个别成本。每个投标人的管理水平、技术能力与条件不同,即使完成同样的招标项目,其个别成本也不可能完全相同,个别成本与行业平均成本存在差异,这是市场经济环境下的正常现象。本案中,杭萧钢构公司主张合同约定价格低于其成本价的依据是中汇公司出具的《工程造价咨询报告书》中载明的社会平均成本,该社会平均成本不能等同于杭萧钢构公司的个别成本,因其申请再审未提交证明其自身成本的其他相关证据,故杭萧钢构公司主张合同约定的价格低于其自身成本没有事实依据。”①

最高人民法院(2015)民申字第884号判决认为:“《招标投标法》第三十三条所称的‘低于成本’,是指低于投标人的为完成投标项目所需支出的个别成本。每个投标人的管理水平、技术能力与条件不同,即使完成同样的招标项目,其个别成本也不可能完全相同,个别成本与行业平均成本存在差异,这是市场经济环境下的正常现象。实行招标投标的目的,正是通过投标人之间的竞争,特别在投标报价方面的竞争,择优选择中标者,因此,只要投标人的报价不低于自身的个别成本,即使是低于行业平均成本,也是完全可以的。本案中,苏州市姑苏工程造价事务所出具的鉴定结论书系依据建筑行业主管部门颁布的工程定额标准和价格信息编制的,反映的是建筑市场的社会平均成本,不能等同于百盛市政公司的个别成本,百盛市政公司也没有证据证明合同约定价格低于其个别成本,故百盛市政公司所称合同约定价格低于其成本价无事实依据,其主张案涉《建筑工程施工合同》因此而无效没有事实和法律依据。”②

在司法审判实践中,由于举证困难,即使承包人以“建设工程施工合同价款低于施工个别成本”为由主张合同无效的,也很难得到法院的支持。

最高人民法院(2016)最高法民终259号判决认为:“至于住六公司报价时

① 浙江杭萧钢构股份有限公司与湖北香利资产管理有限公司、武汉中联三星实业有限公司建设工程施工合同纠纷申请再审案,最高人民法院(2014)最高法民申字第848号民事裁定书。

② 南通市通州百盛市政工程有限公司与苏州市吴江东太湖综合开发有限公司建设工程施工合同纠纷申请再审案,最高人民法院(2015)最高法民申字第884号民事裁定书。

是否足额计取了税金、规费等费用,是其自主计算范畴,而住六公司亦不能提供证据证明其投标报价低于成本价,故其主张投标报价无效并要求鉴定单位在合同价格之外另行'足额'计算税金及规费,依据不足,不予支持。"①

最高人民法院(2015)民申字第62号判决认为:"现新星宇公司并未提供证据证明四平卷烟厂在招标工程中存在违规行为,亦未提供其他证据证明招标控制价和投标价低于成本价。故其主张《建设工程施工合同》无效,无事实和法律依据,且与其一、二审均主张合同有效自相矛盾,对其该项再审主张,本院不予支持。"最高人民法院(2016)最高法民申2313号判决认为:"郭某勇还主张198,811,436.19元工程价款严重低于成本价,应就工程价款进行鉴定并据实结算,但仍未提供证据证明,亦欠缺法律依据,一审判决未予支持,并无不当。"②

3. 约定的质量标准低于法定最低质量标准导致施工合同无效

工程建设质量强制标准是国家对建设工程质量的最低要求,低于该标准的,可能造成建设工程质量安全隐患,危害不特定公众的人身财产安全。因此,当事人在建设工程施工合同中约定项目工程质量标准低于国家的工程建设质量强制标准的,约定无效。如《北京市高级人民法院关于审理建设工程施工合同纠纷案件若干疑难问题的解答》第27条规定:"建设工程施工合同中约定的建设工程质量标准低于国家规定的工程质量强制性安全标准的,该约定无效;合同约定的质量标准高于国家规定的强制性标准的,应当认定该约定有效。"

三、建设工程施工合同无效的法律后果

(一)参照建设工程施工合同的约定结算工程价款

《民法典》第793条第1款规定:"建设工程施工合同无效,但是建设工程经验收合格的,可以参照合同关于工程价款的约定折价补偿承包人。"虽然在一般合同中,若合同无效,则当事人不得继续履行合同项下的条款,包括价格条款;但在建设工程施工的法律关系下,无论建设工程施工合同是否有效,都应当参照合同约定的工程价款对承包人折价补偿,理由如下。

---

① 天津博海缘置业投资有限公司、北京住总第六开发建设有限公司建设工程施工合同纠纷案,最高人民法院(2016)最高法民终259号民事判决书。

② 湖南中烟工业有限责任公司四平卷烟厂与长春新星宇建筑安装有限责任公司建设工程施工合同纠纷申请再审案,最高人民法院(2016)最高法民申2313号民事裁定书。

1.《民法典》第 157 条规定合同无效的处理方式包括返还原物、折价补偿与损害赔偿,但是由于工程施工的过程是承包人将劳力、物力、财力物化到建设工程中,使建设工程不断增值、不断成型的过程,若在合同无效下使发包人向承包人返还建设工程,对承包人而言没有经济效益,也没有实际意义;且承包人投入的劳务、资金、建材等已凝结并依附在建设工程中,发包人在事实上也不能返还。因此,对于无效的建设工程施工合同,只能适用折价补偿的规则。

2. 折价补偿中的价格确定方式有很多,包括当事人重新达成结算协议、按照施工合同的约定确定工程款、申请鉴定并按照鉴定结论据实结算工程款等,而参照无效施工合同的约定结算工程款不仅维护了当事人的意思自治,使当事人更容易接受裁判结果;而且避免进入鉴定程序,节约当事人的诉讼成本;还有利于快速便捷地解决价款争议纠纷,平衡发、承包人之间的利益博弈。

3. 我国有关建设工程法律法规的规范目的与核心要义就是工程质量,工程质量是人民群众安家立业的根本,是公共社会稳定和谐的基础,只要工程质量合格,过度区分建设工程施工合同是否有效并无太大实际意义。

4. 我国的建筑施工市场供过于求,在订立施工合同时发包人往往凭借自己的优势地位将工程价款压低至工程定额标准与市场信息价标准以下。若在施工合同无效时允许当事人通过工程造价鉴定的方式以工程定额标准或市场信息价标准确认工程价款,会导致合同无效下的工程价款高于合同有效下的工程价款,从而诱使承包人积极追求合同无效,通过违法施工行为获取比合法施工行为更多的利益,这与法律的立意背道而驰。正如最高人民法院(2019)最高法民终 1192 号判决的说理所阐述:"双方当事人对据实结算并未进行约定,也未以实际行为对工程款计价方式进行变更。……而本案中双方当事人在招投标前即签订合同,破坏了市场秩序,苏中公司又以双方签订的《建设工程施工合同》无效来主张比中标价更高的利益,有违诚信。一审判决认定据实结算将会导致合同无效反而比合同有效能获取更高的利益。因此,一审判决认定双方通过实际的履行行为对工程价款结算进行了变更即据实结算,缺乏事实依据,认定错误,予以纠正。"①

---

① 江苏省苏中建设集团股份有限公司、宁夏银古实业有限公司建设工程施工合同纠纷案,最高人民法院(2019)最高法民终 1192 号民事判决书。

在适用《民法典》第 793 条第 1 款时,应当注意以下问题。

1. 无效合同的承包人要求发包人参照合同约定支付工程款的重要前提是建设工程质量合格。一方面,工程质量是建设工程施工的核心,是建设工程施工合同所追求的目的,发包人与承包人订立建设工程施工合同就是为了对建设成果进行居住、利用或将建设成果进行流转、出让,以实现建设工程的使用价值与交换价值;另一方面,建设工程具有使用价值的前提是工程质量合格,因此工程质量合格也是发包人支付工程款的对价,是承包人行使付款请求权的基础。建设工程质量合格的判定标准包括:(1)经发包人、承包人、监理人、设计人勘察人五方验收合格的;(2)虽未经竣工验收,但发包人擅自使用建设工程的;(3)建设工程经工程质量鉴定,鉴定结论为合格的。建设工程质量合格的,承包人有权要求发包人按约定足额支付工程款;若建设工程质量不合格,《民法典》第 793 条第 2、3 款规定,"建设工程施工合同无效,且建设工程经验收不合格的,按照以下情形处理:(一)修复后的建设工程经验收合格的,发包人可以请求承包人承担修复费用;(二)修复后的建设工程经验收不合格的,承包人无权请求参照合同关于工程价款的约定折价补偿。发包人对因建设工程不合格造成的损失有过错的,应当承担相应的责任",承包人应承担修复责任,修复责任包括承包人亲自履行修复义务以及承包人向发包人支付修复费用。工程经修复后质量合格的,承包人可以请求支付工程款;质量不合格的,承包人不得请求支付工程款。

2. 建设工程施工合同无效可以参照合同关于工程价款的约定折价补偿承包人,不意味着承包人可以获得参照合同约定结算或依据其他方式结算的选择权,即不包含"承包人具有选择权,既可以要求以合同约定结算工程款,又可以要求以工程造价鉴定结论结算工程价款"的内在意思,理由是工程造价鉴定的价格计算采取的是当地建设行政主管部门发布的计价方法或计价标准,得出来的鉴定结论高于当事人约定的工程价款,会使承包人因无效合同获得额外利益。如最高人民法院(2017)最高法民申 4433 号判决认为:"本院经审查认为,《建工纠纷解释》第二条规定:'建设工程施工合同无效,但建设工程经竣工验收合格,承包人请求参照合同约定支付工程价款的,应予支持。'该条规定意指承包人可以请求参照合同约定支付工程价款,并未规定只有承包人可以请求参照合同约定支付工程价款。规定无效建设工程施工合同的承包人可以请求参照合同约定支付工程价款，其目的在于，在工程竣工验收合格的情况下，保障承包人获取劳动报酬。并不意味着承包人因为建设工程施工合同无效，反倒可以获得参照合同约定结算或者依据其他方式结算的选择权。……因而，原审判令参照合同约定支付工程价款，既不是因为承包人请求参照合同约定支付工程价款，也不是因为发包人请求参照合同约定支付工程价款，而是参照合同约定，以确定实际的工程价款。”①

3. 建设工程施工合同无效，不仅承包人可以参照合同约定请求支付工程款，发包人也可以参照合同约定支付工程款。《民法典》第793条中的行为主体虽然只规定了“承包人”，但这不意味着发包人没有参照合同约定付款的权利。施工合同中的价格条款是发包人与承包人之间的合意，体现发包人与承包人的真实意思表示，对工程价款的结算具有重要参考价值，不管是发包人还是承包人都有权主张价格条款。因此本条规定的真实含义应当是：建设工程施工合同无效，双方当事人都有权请求参照合同约定的价格或计价方式结算工程价款。江苏省高级人民法院（2014）苏民终字第0047号判决认为：“本院认为，《最高人民法院关于审理建设工程施工合同纠纷案件适用法律问题的解释》第二条规定确定了处理建设工程施工合同无效但工程竣工验收合格的基本原则，即参照合同约定进行结算的补偿方式。从该条规定的文义内容来看，承包人请求参照合同约定支付工程价款的表述形式，只是在文字表述上以承包人的名义出现而已，不是赋予承包人选择参照合同约定结算或者据实结算的权利。承包人可以请求参照合同约定支付工程款，发包人同样可以主张参照合同约定支付工程款，无论发包人或承包人选择与否，一般应参照合同约定支付工程价款，除非双方另行协商一致同意以合同约定的结算方式以外的其他方式进行结算。”②

（二）建设工程施工合同无效后的损害赔偿责任

《民法典》第157条规定：“民事法律行为无效、被撤销或者确定不发生效力后，行为人因该行为取得的财产，应当予以返还；不能返还或者没有必要返还的，应当折价补偿。有过错的一方应当赔偿对方由此所受到的损失；各方都有

---

① 贵阳市虹桥建筑工程处、贵州工商职业学院建设工程施工合同纠纷再审审查与审判监督案，最高人民法院（2017）最高法民申4433号民事裁定书。

② 王某根，沭阳县和城房地产开发有限公司，宿迁市象山建筑工程有限公司建设工程施工合同纠纷案，江苏省高级人民法院（2014）苏民终字第0047号民事判决书。

过错的,应当各自承担相应的责任。法律另有规定的,依照其规定。”《建设工程司法解释一》第6条第1款规定:“建设工程施工合同无效,一方当事人请求对方赔偿损失的,应当就对方过错、损失大小、过错与损失之间的因果关系承担举证责任。”即使建设工程施工合同无效,一方当事人因履行合同义务受有损失的,有过错的一方仍应承担损害赔偿责任。合同的损害赔偿责任,是指在合同关系中,一方当事人不履行合同义务或不按约定履行合同义务时给受有损害的当事人赔偿其所受损失的责任。在建设工程施工合同无效的情形下损害赔偿的规则如下。

1. 即使建设工程施工合同无效,只要任何一方合同当事人因合同履行受到损害的,就会产生损害赔偿责任

损害赔偿责任与违约责任不同,不以合同有效作为构成要件。即使建设工程施工合同无效,若合同当事人因合同履行行为受有损失的,均会产生损害赔偿责任。一般情况下,建设工程施工合同产生的损害赔偿责任类型包括:(1)付款责任,如发包人迟延支付工程预付款、进度款或结算款给承包人造成资金周转困难所产生的资金占用损失甚至停工、窝工损失等;(2)工期责任,如承包人超出合同约定的时间竣工给发包人造成的项目使用利益损失,以及由于发包人原因给承包人造成的建筑材料损耗、建筑工人工资、机械设备租金费用、周转性材料维护、摊销费用等停工、窝工损失等;(3)质量责任,如承包人交付的工程不符合法定质量标准或不满足合同约定的使用功能给发包人造成的修复费用损失、因无法使用建设工程导致的生产停滞损失或者基于对第三人承担交房违约责任所遭受的损失等;(4)其他责任,如发包人未按规定申领建设工程规划许可证导致承包人受有信赖利益损失、承包人明知转承包人没有施工资质仍将工程转包给发包人造成的损失等。无论合同是否有效,无论合同是否有约定,一方因违反合同约定不履行合同义务或瑕疵履行合同义务给另一方造成损害的,均应承担损害赔偿责任。

比如,四川省高级人民法院(2013)川民终字第596号判决认为:“因沈矿分公司及三星堆水泥公司未按合同约定支付工程进度款,及不按合同规定退还履约保证金的情况下,化建公司有权停工并请求赔偿损失。因沈矿分公司不具有相应土建资质导致总承包合同无效,且在实际施工中未及时、足额地审核工程进度款,未及时提供施工图纸,对于化建公司在施工中的窝工损失、机械设备闲

置损失、停工损失、额外增加施工降水费用等损失应承担主要赔偿责任；在实际施工中，化建公司并未根据本案涉案工程属于‘三边’工程的特性，而采取更为合理有效的施工管理措施，对窝工损失、机械设备闲置损失、停工损失、额外增加施工降水费用等损失造成也具有一定的过错，应承担部分停工损失。”①

2. 建设工程施工合同无效后的损害赔偿责任在性质上属于缔约过失责任，赔偿范围为信赖利益损失

《民法典》第500条规定："当事人在订立合同过程中有下列情形之一，造成对方损失的，应当承担赔偿责任：（一）假借订立合同，恶意进行磋商；（二）故意隐瞒与订立合同有关的重要事实或者提供虚假情况；（三）有其他违背诚信原则的行为。"该条规定了合同在订立阶段的缔约过失责任。当事人为缔结契约而接触、磋商、谈判甚至订立契约时，彼此间的信赖随之俱增，权利义务关系乃有强化的必要，因而产生了介于"契约责任"与"侵权责任"之间的一种特殊民事责任制度，即缔约过失责任。②

缔约过失责任的构成要件如下：（1）一方当事人违反先合同义务。先合同义务是指在合同未生效的情况下，为了订立合同而接触、磋商的双方当事人基于诚实信用原则而相互负有的告知、协助、保护、保密、警告等合同附随义务，《民法典》第501条规定了其中一种先合同义务，即保密义务："当事人在订立合同过程中知悉的商业秘密或者其他应当保密的信息，无论合同是否成立，不得泄露或者不正当地使用；泄露、不正当地使用该商业秘密或者信息，造成对方损失的，应当承担赔偿责任。"（2）另一方当事人受有信赖利益损失。信赖利益，是基于一方当事人合理信任另一方当事人将与其订立有效合同而产生的利益。信赖利益损失包括直接损失与间接损失，前者指为履行合同而做出的前期准备工作所支出的成本，在建设工程施工合同下，可以包括当事人为了订立合同所支出的制作标书的成本、因支付投标保证金而向银行贷款所产生的利息、为了中标而产生的招标代理费用、勘察费用、设计费用、法律专业咨询费用等，而后

---

① 四川省化工建设有限公司与沈阳矿山机械有限公司、广汉三星堆水泥有限公司、沈阳矿山机械有限公司矿山机械分公司建设工程施工纠纷案，四川省高级人民法院（2013）川民终字第596号民事判决书。

② 参见王泽鉴：《债法原理》（第2版），北京大学出版社2013年版，第232～233页。

者表示为丧失与第三人订立合同的机会等。(3)一方违反先合同义务与另一方受到信赖利益损失之间存在因果关系。该因果关系属于事实上的因果关系,即没有先合同义务的违反,就没有信赖利益损害的发生。(4)违反先合同义务的当事人在主观上具有过错。

缔约过失责任是一种独立的责任,与违约责任有以下不同:(1)适用对象不同。违约责任是指违反合同约定的义务所产生的民事责任,其适用的对象是合法有效的合同;缔约过失责任是合同不具有法律效力时一方当事人违反先合同义务所产生的责任,其针对的是未成立的合同、无效的合同、被撤销的合同、不被追认的效力待定合同、已成立但未生效的合同。(2)产生前提不同。违约责任产生的前提是当事人违反合同义务,包括主给付义务、从给付义务与附随义务,该义务由当事人通过意思自治约定;缔约过失责任产生的前提是当事人违反先合同义务,其性质为附随义务,是法定义务。(3)构成要件不同。缔约过失责任为过错责任,只有当事人存在主观恶意才成立;违约责任为无过错责任,只要有违约行为即产生违约责任。(4)责任形式不同。违约责任的承担方式以当事人的约定为主,可以包括强制履行、支付违约金、减少价款、赔偿损失等;缔约过失责任为法定责任,责任形式仅为赔偿损失。

根据法理通说,《民法典》第 157 条规定的合同无效后果之一的“有过错的一方应当赔偿对方由此所受到的损失;各方都有过错的,应当各自承担相应的责任。法律另有规定的,依照其规定”中的“损失”应为信赖利益损失,“责任”应为缔约过失责任,责任人承担损害赔偿责任的范围为信赖利益损失。

比如,最高人民法院(2015)民一终字第 182 号判决认为:“根据一、二审查明的事实,尹某、袁某彬一审诉讼请求的基础法律事实是能源公司、能源槽探分公司、庆田公司明知未取得探矿权、采矿权而违法发包、转包,造成尹某、袁某彬实质损害,故请求能源公司、能源槽探分公司、庆田公司承担侵权损害赔偿责任,尹某、袁某彬的上述请求权基础属侵权法律关系,但其请求中所依据的事实又是能源槽探分公司与庆田公司订立的槽探施工合同无效及庆田公司与其签订的土石方剥离协议无效。能源公司、能源槽探分公司及庆田公司即使存在未取得探矿权、以探代采等过错并因该过错导致所涉合同无效,但该过错也属合同无效之过错，性质上是缔约过失，应承担缔约过失责任，并非侵权责任。”①

3. 建设工程施工合同无效，一方当事人请求对方当事人赔偿可得利益损失的，不予支持

《民法典》第584条规定：“当事人一方不履行合同义务或者履行合同义务不符合约定，造成对方损失的，损失赔偿额应当相当于因违约所造成的损失，包括合同履行后可以获得的利益；但是，不得超过违约一方订立合同时预见到或者应当预见到的因违约可能造成的损失。”违约损害赔偿责任的赔偿范围采纳完全赔偿原则，不仅包括实际损失，如承包人迟延交付房地产工程导致开发商迟延交房而产生的对消费者支付违约金的损失，而且包括可得利益损失。可得利益，即合同在按约履行后当事人可以获得的利益，又称“期待利益”，其表现形式为纯利润。因可得利益损失遭受的损害又称“消极损害”，包括生产利润损失、经营利润损失与转售利润损失，在建设工程施工合同下，则表现为经营利润损失，即依建设工程施工合同获得建设工程并经营使用该建设工程可以获得的利润。可得利益与信赖利益不同，信赖利益是指由于当事人信赖合同的有效性所遭受的损害，是本不应遭受但因合同无效而实际遭受的损失；可得利益是若合同可以有效履行后当事人可以获得的利润，是本可以获得但因违约行为而没有获得的利益。

但是，根据《民法典》第584条的规定，可得利益产生的前提是合同义务已被履行，而合同可以被履行的前提是合同已合法生效，无效合同不得履行。合同有效的，当事人履行合同义务才发生履行效力，才产生当事人期待的经营利润；合同无效的，不允许履行合同义务，自然不能产生相应的可得利益。因此，建设工程施工合同无效，当事人主张可得利益损失的损害赔偿责任的，法院不予支持。

比如，最高人民法院（2014）民一终字第311号判决认为：“关于一建公司主张的可得利益损失280万元的问题。可得利益是合同履行后可以获得的利益，其成立的前提条件为合同有效成立。从本案的情况看，因当事人签订的协议为无效协议，故一建公司主张的可得利益损失缺乏事实依据和法律依据，本院不

---

① 尹某、袁某彬与青海庆田矿业有限公司、青海省能源发展（集团）有限责任公司等建设工程施工合同纠纷案，最高人民法院（2015）最高法民一终字第182号民事裁定书。

予支持。”①

再如，贵州法院（2018）黔民终1128号判决认为：“遵义城乡公司主张若《租赁合同》得到全部实际履行之后所可能获得的租金，即全部期待利益3,718,373元为损失金额。本院认为，合同法中所规定的可期待利益的前提为合同有效，而双方签订的《建设工程合同》无效，因此，虽然遵义建工公司拒不交付房屋的行为构成合同违约，但只能适用《中华人民共和国合同法》第五十八条之规定‘合同无效或者被撤销后，因该合同取得的财产，应当予以返还；不能返还或者没有必要返还的，应当折价补偿。有过错的一方应当赔偿对方因此所受到的损失，双方都有过错的，应当各自承担相应的责任’。合同无效损失赔偿的性质属于缔约过失责任，缔约过失责任损害赔偿的对象为信赖利益，不包括在合同有效情形下遵义城乡公司通过履行与案外人签订租赁合同所可获得的期待利益。”②

4. 对于因建设工施工合同无效所产生的损失，合同双方当事人应根据各自的主观过错程度分别承担

《民法典》第157条规定：“民事法律行为无效、被撤销或者确定不发生效力后……有过错的一方应当赔偿对方由此所受到的损失；各方都有过错的，应当各自承担相应的责任。法律另有规定的，依照其规定。”《建设工程司法解释一》第6条规定：“建设工程施工合同无效，一方当事人请求对方赔偿损失的，应当就对方过错、损失大小、过错与损失之间的因果关系承担举证责任。损失大小无法确定，一方当事人请求参照合同约定的质量标准、建设工期、工程价款支付时间等内容确定损失大小的，人民法院可以结合双方过错程度、过错与损失之间的因果关系等因素作出裁判。”此为合同无效时的与有过失规则，又称过错相抵、混合过错，是指受害人对于损失的发生也具有原因力且主观上也存在过错时，可以减免赔偿人的赔偿责任。减免责任的程度是法官自由裁量的范围，考量的因素包括当事人主观过错的大小、原因力的强弱、双方履行地位差距以及

---

① 江苏省第一建筑安装股份有限公司与呼和浩特市牧王房地产开发有限责任公司、内蒙古创世达商业建设有限公司建设工程施工合同纠纷案，最高人民法院（2014）最高法民一终字第311号民事判决书。

② 遵义建工（集团）有限公司、遵义城乡房地产开发有限责任公司建设工程施工合同纠纷案，贵州省高级人民法院（2018）黔民终1128号民事判决书。

个案利益平衡等，由法官综合权衡，从整体上把握判断。

比如，最高人民法院（2017）最高法民终106号判决认为："……上述损失应按双方的过错程度来分担。鸿翔公司违反诚实信用原则，造成逾期应承担主要责任，盈佳公司对于本应必须招投标的工程未进行招投标签订施工合同，对合同无效亦负有一定责任；此外，盈佳公司采取单方清场行为，虽然系因鸿翔公司未信守承诺，但其行为亦不妥当。盈佳公司对于上述损失应承担次要责任。因此，鸿翔公司与盈佳公司应按7∶3的比例承担责任，鸿翔公司承担70%的责任，盈佳公司承担30%的责任。"①

再如，甘肃高院（2019）甘民终622号判决认为："本案中，高山公司在该项目申报核准期间，对国家发改委和国家计划发展委员会规定，该工程项目必须经招投标应当是明知的，对造成合同无效应承担主要责任，即60%的责任。许继公司作为承包方明知法律规定必须招投标而与原告签订合同亦有过错，且也未按照合同约定的时间完工，应承担40%的责任。对高山公司支付给许继公司工程款697万元，应当认定为因合同无效造成的损失，许继公司应承担40%的赔偿责任，即2,788,000元。故对高山公司该部分诉讼请求，予以支持，其要求支付利息的请求于法无据，不予支持。"②

5. 在建设工程施工合同无效的情况下，赔偿权利人有义务防止损失扩大，否则不得就损失扩大部分主张赔偿

《民法典》第591条第1款规定："当事人一方违约后，对方应当采取适当措施防止损失的扩大；没有采取适当措施致使损失扩大的，不得就扩大的损失请求赔偿。"此为承包人的减损义务规则，即由于发包人原因，如发包人不按约定提供图纸、不按时付款、不按约定提供开工条件等，导致承包人遭受停工、窝工损失的，承包人有义务采取必要措施，避免损失进一步扩大，比如及时撤离施工人员、返还租赁的机械设备、拆卸脚手架的防护措施设备、有效保管建筑材料避免其自然损耗等；若承包人没有及时采取合理措施减少发包人违约行为的破坏力而是任由损失蔓延扩大的，其不得就损失扩大的部分要求发包人予以赔偿。

① 山东格瑞德集团有限公司、石家庄盈佳房地产开发有限公司建设工程施工合同纠纷案，最高人民法院（2017）最高法民终106号民事判决书。

② 甘肃高山新能源有限公司、许继集团有限公司与山东大海集团有限公司建设工程施工合同纠纷案，甘肃省高级人民法院（2019）甘民终622号民事判决书。

比如,最高人民法院(2017)最高法民终144号判决认为:"尹某、袁某彬在一审期间,主张二次停工期间造成了设备停滞、人员等候等损失4,563,094元,一审法院认为,尹某、袁某彬对案涉工程因以探代采的违法行为被行政机关责令停工是明知的,其二人有义务采取措施防止损失的扩大,因其未尽防损义务,对扩大的损失其无权要求赔偿,符合法律规定,并无不当,本院予以确认。因此,尹某、袁某彬上诉主张能源公司、团鱼山煤矿、庆田公司共同赔偿其停工损失3,679,265元,缺乏事实和法律依据,不能成立,本院不予支持。"①

再如,最高人民法院(2017)最高法民终944号判决认为:"关于设备租赁费损失,因咸阳建筑公司提交的证据系复印件,没有其他证据佐证其受到的实际损失,在2013年11月之前发生的租赁费系其履行合同的正常支出,2013年11月停工之后,咸阳建筑公司应采取积极措施阻止损失的扩大,而不是盲目等待放任损失的扩大,故对其该项诉讼请求不予支持。"②

6. 建设工程施工合同无效,一方当事人主张因另一方当事人的履行行为受到损失的,应提供相应证据证明

若当事人约定违约金责任的,只要一方当事人实施了违约行为,另一方当事人即可根据合同约定要求违约方支付相应的违约金,无须证明实际损失的存在;但损害赔偿责任与违约金责任不同,损害赔偿责任的存在前提是发生实际损失,当事人欲主张损害赔偿责任的,需提供证据证明自身受有实际损失,若当事人无法提供因另一方当事人的行为导致其受到损失的证据或提供的证据不具有证明效力的,根据《最高人民法院关于适用〈中华人民共和国民事诉讼法〉的解释》[2022年修正,以下简称《民诉法解释》(2022年修正)]第90条的规定,"当事人对自己提出的诉讼请求所依据的事实或者反驳对方诉讼请求所依据的事实,应当提供证据加以证明,但法律另有规定的除外。在作出判决前,当事人未能提供证据或者证据不足以证明其事实主张的,由负有举证证明责任的当事人承担不利的后果",应承担举证不能的不利后果,即其损害赔偿请求权不被法院支持。

比如,最高人民法院(2018)最高法民终96号判决认为:"至于中铁公司主

① 尹某、袁某彬建设工程施工合同纠纷案,最高人民法院(2017)最高法民终144号民事判决书。

② 陕西省咸阳市建筑安装工程总公司、宁夏台建房地产开发有限公司建设工程施工合同纠纷案,最高人民法院(2017)最高法民终944号民事判决书。

张的其他停工损失如现场租赁材料费、工资及伙食费、保安服务费等、拖欠钢材款项利息等，其提交的证据均是其单方制作或提供，迅通公司并未参与、亦未确认。这部分证据无法充分证明其主张的该部分停工损失已经实际发生以及发生的合理性，亦无法证明均与涉案项目有关或者是迅通公司的原因造成的，一审判决对中铁公司提交的该部分证据不予采信并无不当。关于中铁公司主张的资金占用费，由于其提交的证据不能充分地证明实际垫资时间及数额，故应承担举证不能的法律后果，一审判决对此未予认定也是正确的。"[①]

（三）建设工程施工合同无效，不影响结算协议的效力

结算协议是指双方当事人为解决施工合同中工程价款结算、清算或支付等事宜而达成的合意。[②] 工程完工后，发承包双方往往会就工程款数额、已付工程款、尚欠工程款、违约金数额、索赔金数额、损害赔偿金数额、利息等建设工程施工合同遗留的后续事项达成一致的意思表示，即通过达成结算合意的方式对建设工程施工合同既存债权债务进行结算、清理。建设工程施工关系中的结算协议有以下特点：（1）独立性。结算协议产生于建设工程施工合同的债权债务关系，是建设工程施工合同的细化、补充、延伸；同时，结算协议也是当事人对现存债权债务关系的重新规划核算，因此结算协议又独立于建设工程施工合同。《民法典》第 567 条规定："合同的权利义务关系终止，不影响合同中结算和清理条款的效力。"因此，具有结算和清理功能的结算协议的效力独立于施工合同，施工合同无效并不导致结算协议无效。[③] （2）有效性。结算协议是发包人与承包人就建设工程施工合同已履行但未进行结算的部分作出的重新安排，体现双方当事人真实意思表示的一致，只要不违反法律、行政法规的效力性强制性规定，都可依当事人的真实意志发生有效约束力，以维护当事人的意思自治。（3）终局性。结算天然具有"了解、结清"的意味，结算过程是双方共同参与的过程，如果存在未确认的款项一般应当一次性协商清楚，未经确认视为在协商过程中予以

---

① 中铁北京工程局集团有限公司、迅通（西安）仓储发展有限公司建设工程施工合同纠纷案，最高人民法院（2018）最高法民终 96 号民事判决书。

② 参见常设中国建设工程法律论坛第八工作组：《中国建设工程施工合同法律全书词条释义与实务指引》，法律出版社 2019 年版，第 189 页。

③ 参见邬砚：《建设工程合同纠纷 254 个裁判规则深度解析》（第 2 版），法律出版社 2019 年版，第 52 页。

放弃。①

《民法典》第793条第1款规定:“建设工程施工合同无效,但是建设工程经验收合格的,可以参照合同关于工程价款的约定折价补偿承包人。”若在建设工程施工合同无效的情形下当事人达成了有效的结算协议,由于结算协议的效力独立于建设工程施工合同,且此时建设工程施工合同已彻底不生效力,因此此处不应当“参照合同关于工程价款的约定折价补偿承包人”,而是应当依发承包双方真实的结算意志、根据有效的结算协议认定最终的工程价款。

比如,最高人民法院(2019)最高法民终564号判决认为:“在建设工程施工合同无效情况下,承包人可参照合同约定数额主张工程款,法律亦未排除发包人与承包人对于迟延给付工程款造成损失,在双方自愿认可的情况下进行另行约定的权利。本案中,《书香门第工程退场协议》以及2016年7月6日的《确认单》是海天公司与家美公司双方真实意思表示,对于家美公司尚欠款项以及利息损失作出的单独约定,具有独立性,不违反法律强制性规定,具有法律效力,不受案涉施工合同无效的影响。”②

再如,最高人民法院(2017)最高法民终933号判决认为:“虽然案涉《二期一标段合同》《二期二标段合同》为无效合同,但《清表方量确认书》《挖方方量确认书》《结算单》《解除合同协议书》《清算表》是在兴源公司已不能完全履行合同时,经双方协商就案涉工程如何处理而签订的协议。该几份确认书、结算单、清算表、协议在性质上属于欣黔公司与兴源公司之间对既存债权债务关系的结算和清理,因而具有独立性。《清表方量确认书》《挖方方量确认书》《结算单》《解除合同协议书》《清算表》作为清算协议,具有单独的法律效力,应当作为处理双方争议的依据。”③

(四)建设工程施工合同无效,违约金条款也无效

违约金,是指根据合同约定或法律规定,违约方不履行合同义务或不按约

---

① 参见周利明:《解构与重塑:建设工程合同纠纷审判思维与方法》,法律出版社2019年版,第294页。

② 泰来家美房地产开发有限公司、海天建设集团有限公司建设工程施工合同纠纷案,最高人民法院(2019)最高法民终564号民事判决书。

③ 黔东南州兴源建筑工程有限责任公司、黔东南州欣黔投资开发有限责任公司建设工程施工合同纠纷案,最高人民法院(2017)最高法民终933号民事判决书。

定履行合同义务时应当支付给守约方一定数额的货币。[①] 违约金责任产生的前提是违约行为，违约行为产生的前提是合同条款可以被履行，合同条款可以被履行的前提是合同合法有效。因此，违约金责任是当事人意思自治的结果，以合同成立有效为前提；若合同不成立、被撤销、不被追认或无效的，违约金条款亦不成立或无效，当事人依照违约金条款请求违约方支付违约金的，不予支持。

比如，最高人民法院（2019）最高法民终 67 号判决认为："关于河口县政府应否向城建公司支付违约金的问题。因双方订立的相关合同属无效合同，合同中违约金条款也自始无效，城建公司主张违约责任丧失合同依据，故城建公司要求河口县政府依照合同约定支付违约金的主张不成立，一审法院不予支持正确，应予维持。"最高人民法院（2019）最高法民终 44 号判决认为："如前所述，案涉施工合同系无效合同，根据《中华人民共和国合同法》第五十六条规定，无效合同自始没有法律约束力。在此情况下，案涉合同约定的付款周期条款及违约金条款均应无效，故青羊公司要求望远管委会支付违约金的主张于法无据，不应予以支持。"[②]

（五）建设工程施工合同无效，当事人约定的利息计算标准也无效，应按照同期同类贷款利率或者同期贷款市场报价利率计算利息

利息是合同一方当事人未履行或未按约定履行金钱给付债务时，根据法律规定产生的额外的金钱利益。在建设工程施工合同中，应当支付利息的场合包括：(1)发包人不按合同约定的履行时间向承包人支付工程预付款、进度款或结算款；(2)承包人向发包人支付履约保证金后，施工合同因无效而不能履行，发包人迟延退还履约保证金；(3)缺陷责任期届满，发包人迟延返还质量保证金；(4)工程经竣工验收不合格，或在质量保证期内出现质量问题，承包人拒不承担修复责任，发包人自行修复后承包人拒不支付或迟延支付修复费用；(5)当事人对垫资与垫资利息均有约定[③]等。利息与违约金不同：违约金支付属于违约责

① 参见马俊驹、余延满：《民法原论》（第 4 版），法律出版社 2010 年版，第 625 页。

② 腾庆城建控股（集团）有限责任公司、河口瑶族自治县人民政府建设工程施工合同纠纷案，最高人民法院（2019）最高法民终 44 号民事判决书。

③ 《建设工程司法解释一》第 25 条规定："当事人对垫资和垫资利息有约定，承包人请求按照约定返还垫资及其利息的，人民法院应予支持，但是约定的利息计算标准高于垫资时的同类贷款利率或者同期贷款市场报价利率的部分除外。当事人对垫资没有约定的，按照工程欠款处理。当事人对垫资利息没有约定，承包人请求支付利息的，人民法院不予支持。"

任范畴,依赖于有效合同而存在,若合同无效,则不产生违约金责任;而利息的性质为法定孳息,不属于违约责任的范畴,与合同效力无关,即使当事人在合同中未约定利息条款,只要在未按约定给付金钱债务的场合,就产生利息支付责任。

《民法典》第321条第2款规定:“法定孳息,当事人有约定的,按照约定取得;没有约定或者约定不明确的,按照交易习惯取得。”《建设工程司法解释一》第26条规定:“当事人对欠付工程价款利息计付标准有约定的,按照约定处理。没有约定的,按照同期同类贷款利率或者同期贷款市场报价利率计息。”利息的计付标准或计算方式属于当事人意思自治的范畴,当事人可以在合同中约定一方不履行金钱给付义务时另一方应当支付相应利息以及利息的计算方式,但是利息计付条款属于合同的一部分,其生效的前提是合同成立且有效,若合同无效,利息计付标准条款也相应无效。因此,若建设工程施工合同无效,由于利息是法定孳息,迟延履行金钱给付义务的当事人也应当支付利息;但是,由于利息计付标准的约定因施工合同无效而无效,当事人不得按照合同约定的计付方式计算利息,而是应当按照同期同类贷款利率或者同期贷款市场报价利率计算利息。

2019年,最高人民法院发布《全国法院民商事审判工作会议纪要》(以下简称《九民纪要》),将法定利息计算方式的原有表达“银行同期同类贷款利率”修改为“全国银行间同业拆借中心公布的贷款市场报价利率”,因此,当事人已约定利息的计付标准,若合同有效的,应按照约定的标准计算应付利息;若合同无效的,应按照全国银行间同业拆借中心公布的贷款市场报价利率计算利息。

如湖南省常德市中级人民法院(2019)湘07民终2210号判决认为:“因肖某与向某高签订的分包合同属无效合同,该合同约定的违约条款也应当属于无效。《最高人民法院关于审理建设工程施工合同纠纷案件适用法律问题的解释》第十七条规定:‘当事人对欠付工程价款利息计付标准有约定的,按照约定处理;没有约定的,按照中国人民银行发布的同期同类贷款利率计息。’因此向某高请求肖某依照双方签订的分包合同的约定违约条款支付其利息无法律依据。曙光公司上诉认为利率应以中国人民银行发布的同期同类贷款利率为准符合法律规定,本院不予支持。一审判决认定该利息为双方合同约定的日万分之二错误,本院予以纠正。但自2019年8月20日起,中国人民银行贷款基准利率已经取消，而是授权全国银行间同业拆借中心公布贷款市场报价利率，因此该利息自2019年8月20日起至实际偿付完毕之日止应按照同期全国银行间同业拆借中心公布的贷款市场报价利率进行计算。本案因肖某未按双方合同的约定支付剩余工程款，因此曙光公司上诉认为该利息向某高应承担50%无事实依据及法律依据，本院不予支持。”①

（六）建设工程施工合同无效下的管理费计取

在实践中，管理费包括两种：

一是企业管理费。根据《建筑安装工程费用项目组成》（建标〔2013〕44号）的附件一：建筑安装工程费用项目组成（按费用构成要素划分）第4条规定，企业管理费是指建筑安装企业为组织施工生产与经营管理所需的费用，包括管理人员工资、办公费、差旅交通费、固定资产使用费、工具用具使用费、劳动保险和职工福利费、劳动保护费、检验试验费、工会经费、职工教育经费、财产保险费、财务费、税金等。②

企业管理费属于间接费，与人工费、材料费、施工机具使用费等直接费、规费、利润、税金等共同组成建设工程价款，是施工单位在施工活动中必须支出的成本，由建设单位按照定额确定的费率向施工单位支付。根据《建设项目总投资费用项目组成》（征求意见稿）第13条的规定，间接费是指施工企业为完成承包工程而组织施工生产和经营管理所发生的费用。内容包括管理人员薪酬、办公费、差旅交通费、施工单位进退场费、非生产性固定资产使用费、工具用具使用费、劳动保护费、财务费、税金，以及其他管理性的费用。由此，工程管理费是为组织工程施工和工程管理而发生的间接费用，与直接耗用在建设工程实体上的直接费用具有很大区别。③

二是总承包人向实际施工人收取的“管理费”。在建设工程实践中，转包人、违法分包人或被挂靠人往往基于转包、违法分包或借用资质给他人的活动向转承包人、违法分包的承包人或挂靠人收取的一定数额或一定比例的金钱利

① 向某高与曙光控股集团有限公司、肖某建设工程施工合同纠纷案，湖南省常德市中级人民法院（2019）湘07民终2210号民事判决书。

② 参见常设中国建设工程法律论坛第八工作组：《中国建设工程施工合同法律全书词条释义与实务指引》，法律出版社2019年版，第304页。

③ 参见程琦：《无效建设工程合同的管理费计入工程价款的裁判原则》，载《法制博览》2021年第3期。

益,该金钱利益虽名为"管理费",或者以更为含蓄的"让利"或"下浮率"的名目出现在施工合同中,但本质上是挂靠人借用资质或总承包人让渡施工承包资源所产生的对价,实质上可能构成当事人的非法所得、违法利益,根据《最高人民法院关于审理建设工程施工合同纠纷案件适用法律问题的解释》(法释〔2004〕14 号,已失效,以下简称原《建设工程司法解释》)第 4 条的规定,人民法院可以予以收缴。[①] 但是,只有在总承包人通过转包、出借资质等方式转手牟利,而未进行任何管理情况下取得的管理费,才可认定为非法所得;若总承包人按照合同约定履行了管理义务,则其收取的管理费不应被认定为非法所得。[②]

根据《建设项目总投资费用项目组成》(征求意见稿)的规定,工程造价包括工程费用、工程建设其他费用和预备费,其中工程费用是指建设期内直接用于工程建造、设备购置及其安装的费用,包括建筑工程费、设备购置费和安装工程费,建筑工程费与安装工程费又包括直接费、间接费和利润,间接费就是企业管理费,因此,企业管理费是工程造价的组成部分,是为了组织施工活动、对项目进行运营、监督、管理所必须支出的成本。工程项目的企业管理费一旦发生,就属于工程价款的一部分。企业管理费是工程价款的组成部分,是施工过程中必须发生的成本支出,只要建设工程施工合同约定了企业管理费项目,即使合同无效,根据《民法典》第 793 条第 1 款[③]的规定,也应当参照约定的工程价款折价补偿给承包人,由建设单位向施工单位支付管理费。

比如,最高人民法院(2017)最高法民申 831 号判决认为:"《最高人民法院关于审理建设工程施工合同纠纷案件适用法律问题的解释》第二条规定,建设工程施工合同无效,但建设工程经竣工验收合格,承包人请求参照合同约定支付工程价款的,应予支持。本案中,因汤某庆不具备施工资质,其借用天宇公司资质与良国公司订立的建设工程施工合同无效,但案涉工程经竣工验收合格,其有权请求参照合同约定支付工程价款。且工程管理费、安全文明措施基本费均系施工过程中必须发生的成本,故二审法院将案涉工程管理费、安全文明措

① 参见陈晓波:《合同无效后"管理费"处理规则的司法重构——以"不法原因给付制度"为视角》,载于健龙、王红松等主编:《中国建设工程法律评论》(第 11 辑),法律出版社 2020 年版。

② 参见吴学文:《转包合同无效后管理费的收取》,载《人民司法(案例)》2018 年第 5 期。

③ 《民法典》第 793 条第 1 款规定:"建设工程施工合同无效,但是建设工程经验收合格的,可以参照合同关于工程价款的约定折价补偿承包人。"

施基本费计入良国公司应当支付的工程款，并无不当。良国公司关于案涉工程管理费、安全文明措施基本费等相关费用不应计取的主张，于法无据。”①

对于在建设工程施工合同无效的情况下，转包人、违法分包人以及被挂靠人主张向实际施工人收取“管理费”的，法院一般予以支持，但支持的理由不尽相同。

1. 管理费构成管理义务的对价。虽然建设工程施工合同无效，但是转包人、违法分包人以及被挂靠人已对项目的施工活动实施了组织、管理、监督等行为的，其工作成果已物化到建设工程实体中，故其有权向实际施工人收取管理费作为其履行了管理义务的对价。

比如，最高人民法院（2014）民提字第 12 号判决认为：“关于案涉合同约定的管理费应否从中铁十六局应付工程款中扣除的问题。叶某钟等人无建筑工程施工资质，中铁十六局与叶某钟等人之间的口头分包合同应认定为无效合同。合同无效，双方关于管理费的约定也应当认定为无效条款。但是，由于中铁十六局是案涉工程的总承包人，承担了案涉工程的组织、管理等工作，此类工作也已经物化入案涉工程之中。因此，从不当得利返还的角度看，中铁十六局要求扣除相应的管理费，应予支持。考虑到建设工程的实践，本院酌定按照工程造价的 3% 从工程款中扣除管理费。二审法院未考虑到中铁十六局在组织施工、管理等方面的付出和消耗，有所不当，本院予以纠正。”②

再如，最高人民法院（2019）最高法民申 2709 号判决认为：“邹某华与云投公司之间的《建筑工程施工内部承揽合同》因违反法律强制性规定而无效。根据《最高人民法院关于审理建设工程施工合同纠纷案件适用法律问题的解释》第二条规定，‘建设工程施工合同无效，但建设工程经竣工验收合格，承包人请求参照合同约定支付工程价款的，应予支持’。因邹某华承建的工程已经竣工并验收合格，邹某华有权请求参照合同约定支付工程价款，而云投公司已依合同约定履行了一定的管理职责，付出了管理成本，二审判决参照合同约定，判令

① 扬州良国房地产开发有限公司与汤某庆、江苏天宇建设集团有限公司建设工程施工合同纠纷申诉、申请案，最高人民法院（2017）最高法民申 831 号民事裁定书。

② 中铁十六局集团有限公司、叶某钟等与中铁十六局集团有限公司、叶某钟等建设工程施工合同纠纷申请再审案，最高人民法院（2014）最高法民提字第 12 号民事判决书。

云投公司在应支付邹某华的工程款中扣除管理费及税金并不损害邹某华的利益。”①

但是,在建设工程施工合同无效的情况下,若转包、违法分包的发包人以及被挂靠人没有对工程项目进行经营管理,或无法提出证据证明自己已尽监督管理责任的,不得收取管理费。

例如,最高人民法院(2018)最高法民终586号判决认为:“广厦公司和广厦分公司主张,根据《内部承包合同》补充条款约定,尚某应上交管理费并承担营业税、所得税等一切税金。对此,本院认为,《最高人民法院关于审理建设工程施工合同纠纷案件适用法律问题的解释》第四条规定,承包人非法转包、违法分包建设工程或者没有资质的实际施工人借用有资质的建筑施工企业名义与他人签订建设工程施工合同的行为无效。人民法院可以根据民法通则第一百三十四条规定,收缴当事人已经取得的非法所得。如一审判决所述,《内部承包合同》为无效合同,管理费系当事人因履行无效合同获取的利益,广厦公司、广厦分公司一、二审中亦未提交证据证明其实际履行了管理职责。因此,其该项主张缺乏法律及事实依据,本院不予支持。”②

2. 尊重当事人的私法自治及诚实信用原则。当事人在施工合同中约定实际施工人应当向总承包支付管理费的,是其真实意志的体现,应予充分尊重当事人的自由意志。根据原《建设工程司法解释》第2条的规定,即使建设工程施工合同无效,承包人请求参照合同约定支付工程价款也应支持。管理费也属于工程价款的一部分,因此实际施工人应参照合同约定支付管理费,否则有违意思自治原则与诚实信用原则。

最高人民法院(2019)最高法民申2157号判决认为:“《最高人民法院关于审理建设工程施工合同纠纷案件适用法律问题的解释》第二条规定:‘建设工程施工合同无效,但建设工程经竣工验收合格,承包人请求参照合同约定支付工程价款的,应予支持。’本案中,张某周是不具有建设施工资质的自然人,其与视通公司签订两份《建设工程施工承包合同》无效……案涉合同第六条约定:‘视

---

① 邹某华、云南云投生态环境科技股份有限公司建设工程施工合同纠纷再审审查与审判监督案,最高人民法院(2019)最高法民申2709号民事裁定书。

② 广厦建设集团有限责任公司、广厦建设集团有限责任公司贵州分公司建设工程施工合同纠纷案,最高人民法院(2018)最高法民终586号民事判决书。

通公司按工程造价收取1%的管理费,企业所得税按工程总造价2%计取,营业税、城市维护建设税及教育附加综合税率按照3.43%计取,上述管理费、税费从工程进度款中按比例扣除。'该合同条款是张某周与视通公司关于合同价款结算的约定,原审法院参照该约定扣除工程价款1%的管理费,符合《最高人民法院关于审理建设工程施工合同纠纷案件适用法律问题的解释》第二条之规定,并无不当。张某周申请再审主张原审法院适用法律错误,亦不成立。"①

最高人民法院(2017)最高法民终876号判决认为:"关于管理费和税金。根据《最高人民法院关于审理建设工程施工合同纠纷案件适用法律问题的解释》第二条'建设工程施工合同无效,但建设工程经竣工验收合格,承包人请求参照合同约定支付工程价款的,应予支持'的规定,合同虽然无效,可以参照合同约定的结算条款结算。并且,双方已经进行了结算,现周某刚要求应得工程价款中不扣除合同约定的管理费和税金以及总包费用,不符合双方之前达成的一致意思表示,有悖民法诚实信用原则。"②

3.不允许当事人在合同无效的情况下反而比在合同有效的前提下获取更多的利益。建设工程施工合同已约定实际施工人应当支付管理费或工程价款按照一定比例下浮计算或让利计算的,即使合同无效,也应按合同约定从实际施工人所得的工程款中扣除管理费,否则会使实际施工人因合同无效获得比在合同有效的情况下更多的利益,不符合立法旨趣。

最高人民法院(2018)最高法民申58号判决认为:"王某富等人不具备法定建筑施工资质,案涉工程系王某富等人借用九建海城分公司资质承揽。根据《最高人民法院关于审理建设工程施工合同纠纷案件适用法律问题的解释》第一条第二项的规定,本案建设工程施工合同均应认定为无效。……凯达公司与王某富等人签订的《丽水蓝湾工程施工合同》约定:'王某富等人应上缴的管理费,由凯达公司代扣代缴。凯达公司按工程造价的11%抽取管理费。'在本院询问时,凯达公司、九建海城分公司陈述,由凯达公司代扣代缴的管理费包括九建海城分公司实际参与管理付出的管理成本及九建海城分公司向税务部门已缴

---

① 张某周、宁夏视通建设集团有限公司建设工程施工合同纠纷再审审查与审判监督案,最高人民法院(2019)最高法民申2157号民事裁定书。

② 周某刚、成都龙潭裕都实业有限公司建设工程施工合同纠纷案,最高人民法院(2017)最高法民终876号民事判决书。

纳的税费等费用。案涉工程为王某富等人挂靠九建海城分公司承揽施工,税费及九建海城公司在施工过程中付出的管理成本均为实际支出或必然要发生的费用,如不予扣除,王某富等人将因无效合同获得超过有效合同的利益,显不合理。故二审法院将该部分费用从应付工程款中扣除符合《丽水蓝湾工程施工合同》的约定,并无不当。"①

最高人民法院(2017)最高法民申 4509 号判决认为:"原审判决综合本案实际情况,认定康九公司在依据无效的《投资建设合同》获得外国语学校支付的10%管理费外,又因违法分包而另行获得 21%的收益,属于依据无效合同获益,有违公平,并据此酌定将案涉工程款在审计意见的基础上下浮 10%进行结算,并无不当。"②

4. 依公平原则支持部分管理费。建设工程施工合同无效,法院还应将合同的履行情况、双方当事人各自的主观过错、违法发包人对项目施工的参与程度、当事人真实的意思表示、各当事人已取得的利益等作为自由裁量的要素对管理费金额予以调减或不予支持。即在建设工程施工合同的管理费个案中发生法的价值冲突,适用单一的法律条款无法达成实现法律规范目的、平衡各方利益、维护公平正义的统一时,法院利用"管理费"作为行使自由裁量权的突破口,肯定违法发包人对施工活动的付出、尊重当事人之间的意思自治、维护诚实信用原则等,最终达到调控当事人之间的利益平衡、定分止争、实现公平正义的目的。

比如,最高人民法院(2019)最高法民申 3337 号判决认为:"关于管理费的负担问题,双方虽约定收取 15%的管理费,但因《协议书》无效,且双方对于合同无效均存在过错,二审法院根据各自的过错程度,周某均、兰某江客观上存在工程管理的行为以及陈某强、兰某伦、代某忠、魏某红亦有同意支付管理费的意思表示,酌定管理费收取比例为 10%并无不当。就计取管理费的基数而言,原审法院对于工程量清单中没有约定单价部分的工程造价,系依据总承包人与建设方所约定的含有管理费组价因素的单价计算得出,对于工程量清单中已有的单

① 徐某武、王某富建设工程施工合同纠纷再审审查与审判监督案,最高人民法院(2018)最高法民申 58 号民事裁定书。

② 江苏康九实业有限公司、如皋市外国语学校建设工程施工合同纠纷再审审查与审判监督案,最高人民法院(2017)最高法民申 4509 号民事裁定书。

价项目系经下浮之后由双方共同确定。故二审法院以此方法所确定的管理费计取基数公平合理，并无不当，周某均、兰某江的该项再审申请理由不能成立。”①

再如，最高人民法院（2018）最高法民申3248号判决认为：“关于二审判决调减管理费是否正确的问题。《最高人民法院关于审理建设工程施工合同纠纷案件适用法律问题的解释》第四条规定，承包人非法转包、违法分包建设工程或者没有资质的实际施工人借用有资质的建筑施工企业名义与他人签订建设工程施工合同的行为无效。人民法院可以根据民法通则第一百三十四条规定，收缴当事人已经取得的非法所得。根据该条规定，管理费属于非法所得，并且案涉《工程承包合同》为无效合同，公路桥梁公司主张按照合同约定的18.59%计算管理费，无法律依据。二审法院基于利益平衡的考虑，根据公平原则，综合当事人对合同无效的过错程度认定管理费，属于人民法院依法行使裁判权范畴，并无不当。公路桥梁公司该项主张，依据不足，本院不予支持。”②

综上，无论是包含在工程价款中的企业劳务费还是违法发包人在违法施工承包人模式中收取的“管理费”，不管施工合同是否有效，只要合同存在收取管理费的意思表示，就应当根据合同约定计取管理费，不得以合同无效为由主张管理费的约定无效，以尊重当事人的意思自治，保护当事人的事先预期；同时，若单纯维护全额计取管理费的主张会导致各方利益不平衡的，法院也可以行使自由裁量权，以公平原则为导向，权衡其他因素调减管理费，实现当事人利益的衡平。

（七）建设工程施工合同无效下的利润计取

根据《建筑安装工程费用项目组成》（建标〔2013〕44号）附件一：《建筑安装工程费用项目组成》的规定，利润，是指施工企业完成所承包工程获得的盈利。根据《建设项目总投资费用项目组成》（征求意见稿）的规定，利润与直接费、间接费共同组成工程费用，是工程造价的组成部分，在一般情况下也是工程价款的组成部分，由发包人支付给承包人。

---

① 周某均、兰某江建设工程施工合同纠纷再审审查与审判监督案，最高人民法院（2019）最高法民申3337号民事裁定书。

② 攀枝花公路桥梁工程有限公司、曾某吉建设工程施工合同纠纷再审审查与审判监督案，最高人民法院（2018）最高法民申3248号民事裁定书。

根据《北京市高级人民法院关于审理建设工程施工合同纠纷案件若干疑难问题的解答》第 17 条[①]以及《浙江省金华市中级人民法院民事审判若干疑难问题讨论纪要》第 40 条[②]的规定，建设工程施工合同无效，但是发包人仍应当参照合同约定向承包人支付施工利润，理由如下。

1. 利润是工程价款的组成部分，根据《民法典》第 793 条第 1 款的规定，即使建设工程施工合同无效，也应当参照合同约定的工程价款向承包人折价补偿，由发包人向承包人支付约定工程价款中所包含的利润。

最高人民法院（2016）最高法民申 441 号判决认为："根据《最高人民法院关于审理建设工程施工合同纠纷案件适用法律问题的解释》第二条之规定，建设工程施工合同无效，但建设工程经竣工验收合格，承包人请求参照合同约定支付工程价款的，应予支持。案涉施工合同虽被认定无效，但工程已经竣工验收，周某飞有权参照合同约定主张包括利润等间接费在内的工程款。"[③]

最高人民法院（2019）最高法民申 1864 号判决认为："《最高人民法院关于审理建设工程施工合同纠纷案件适用法律问题的解释》第二条规定：'建设工程施工合同无效，但建设工程经竣工验收合格，承包人请求参照合同约定支付工程价款的，应予支持。'张某敬与周口大兴公司签订的建设工程施工合同虽然无效，但在案涉工程竣工验收合格的前提下，张某敬主张工程款应当包括利润在内。一审法院关于张某敬借用资质签订建设工程施工合同的行为无效，其不能通过违法行为获得利润的认定，属认定不当。"[④]

2. 在建设工程施工合同有效的情况下，承包人本就应从发包人处获取施工利润；若在施工合同无效的情况下不允许承包人根据无效合同取得利润的，会

---

① 《北京市高级人民法院关于审理建设工程施工合同纠纷案件若干疑难问题的解答》（2012）第 17 条规定："……发包人以合同无效为由要求扣除工程折价补偿款中所含利润的，不予支持。"

② 《浙江省金华市中级人民法院民事审判若干疑难问题讨论纪要》第 40 条规定："建设工程施工合同因工程转包或违法分包，或者没有资质的实际施工人借用有资质的建筑施工企业名义与他人签订而无效，但建设工程经竣工验收合格的，实际施工人请求参照合同支付直接费中的工资或事实上已发生的材料款、机械台班费，以及工程款组成内容中的间接费和利润的，应予支持。"

③ 呼伦贝尔市海拉尔区建筑涂料厂、新巴尔虎左旗甘珠尔房地产开发有限责任公司等与呼伦贝尔市海拉尔区建筑涂料厂、新巴尔虎左旗甘珠尔房地产开发有限责任公司等建设工程施工合同纠纷申请再审案，最高人民法院（2016）最高法民申 441 号民事裁定书。

④ 张某敬、周口大兴置业有限公司建设工程施工合同纠纷再审审查与审判监督案，最高人民法院（2019）最高法民申 1864 号民事裁定书。

使发包人获得承包人本应获得的利润,反而因无效合同获得额外利益,与法律规范的价值取向不同,造成当事人之间的利益失衡。

最高人民法院(2019)最高法民终1549号判决认为:"对于施工利润。泾渭公司认为合同无效,武某不应当获得工程利润。在本案中,泾渭公司将案涉工程转包给没有资质的个人武某,泾渭公司对《项目施工委托书》的无效存在过错。一审中已经按照《项目施工委托书》的约定扣除了泾渭公司收取的管理费,如再扣除利润,该利润被泾渭公司获得,泾渭公司违法转包反而取得了实际施工人本应获得的利润,不仅违背《项目施工委托书》的约定,违背诚信,亦有失公平。因此泾渭公司主张扣减施工利润的上诉理由不能成立。"①

最高人民法院(2017)最高法民终360号判决认为:"规费和利润应否由雅居园公司与晟元公司分享。在雅居园公司与晟元公司之间,案涉工程的价值为工程造价,包括规费和利润。案涉工程项目由雅居园公司占有,雅居园公司应按照工程造价补偿晟元公司。私法救济目的是使双方的利益恢复均衡,如果自折价补偿款中扣减部分规费和利润,则雅居园公司既享有工程项目的价值,又未支付足额对价,获得额外利益,不符合无效合同的处理原则。故雅居园公司主张在工程造价中扣除50%的利润和规费,缺乏依据。"②

3. 在建设工程施工合同无效的情况下,承包人应当取得但发包人并未支付的利润在实质上属于承包人遭受的实际损失,根据《民法典》第157条的规定,利润应当根据发包人与承包人各自的主观过错程度来计算。

最高人民法院(2017)最高法民申4780号判决认为:"关于二审判决酌定万电通公司应负担祥龙虞吉公司因合同无效而遭受的损失1,987,255.33元是否适用法律错误的问题。《最高人民法院关于审理建设工程施工合同纠纷案件适用法律问题的解释》第二条规定:'建设工程施工合同无效,但建设工程经竣工验收合格,承包人请求参照合同约定支付工程价款的,应予支持。'《中华人民共和国合同法》第五十八条规定:'合同无效或者被撤销后,因该合同取得的财产,应当予以返还;不能返还或者没有必要返还的,应当折价补偿。有过错的一方

---

① 陕西泾渭建设集团有限公司、武某建设工程施工合同纠纷案,最高人民法院(2019)最高法民终1549号民事判决书。

② 潍坊雅居园投资置业有限公司与晟元集团有限公司建设工程施工合同纠纷案,最高人民法院(2017)最高法民终360号民事判决书。

应当赔偿对方因此所受到的损失，双方都有过错的，应当各自承担相应的责任。'本案经鉴定，工程成本造价为19,887,149.82元，其中土建、安装的管理费及利润合计2,208,061.48元，实为祥龙虞吉公司因合同无效而遭受的损失。双方对《建设工程施工承包合同》无效均有过错，故不应仅由祥龙虞吉公司承担不利后果，而使万电通公司因此获益。因此，二审判决根据双方过错程度，酌定万电通公司应负担祥龙虞吉公司因合同无效而遭受的损失1,987,255.33元，并无不当。"①

4. 工程造价是发包人与承包人意思表示一致的结果，利润是工程造价的一部分，向承包人支付施工利润是发包人的合同义务，但发包人却以自身的违法行为为由主张合同无效，以达到免除自身利润支付义务的不法目的的，有违诚实信用原则。

最高人民法院(2018)最高法民再183号判决认为："本院认为，原审判决支持化某、来某取得企业间接费并无不当。首先，依据相关法律规定及规范，工程价款包含直接费、间接费、利润、税金等，本案建设工程分包合同虽属无效合同，但涉案工程经竣工验收合格交付使用，化某、来某作为实际施工人有权依照法律规定请求支付工程价款。其次，企业间接费包含企业管理费，化某、来某已按照约定向新月公司缴纳了企业管理费，新月公司再行主张企业间接费有违公平。最后，新月公司明知化某、来某不具备施工资质，仍将涉案工程违法分包，对导致合同无效存在过错，其以化某、来某不具有资质为由拒付企业间接费，亦有违诚信原则。原审判决要求新月公司支付化某、来某企业间接费1,237,867.23元及利息正确。"②

(八)建设工程施工合同无效下的工期延误责任与迟延付款责任

工期，是指根据建设工程施工合同的约定承包人完成项目工程所需花费的时间；工程款，是根据建设工程施工合同的约定发包人就承包人完成建设工程施工活动所支付的对价。建设工程施工合同有效，合同中对于工期的约定与付款时间的约定也有效，承包人未在约定工期内竣工或发包人未在约定的时间内

---

① 徐州万电通电子科技有限公司、上海祥龙虞吉建设发展有限公司建设工程施工合同纠纷再审审查与审判监督案，最高人民法院(2017)最高法民申4780号民事裁定书。

② 宁夏新月建筑有限公司、化某、来某建设工程施工合同纠纷抗诉案，最高人民法院(2018)最高法民再183号民事判决书。

支付工程款的，均应承担违约责任，对此没有异议。但是，若建设工程施工合同无效，合同中的工期条款与工程款支付条款是否也无效？笔者认为，即使建设工程施工合同无效，合同中对于工期天数的约定与付款时间的约定也应参照适用，理由如下。

1. 保护当事人的信赖利益。如前所述，即使合同无效，若合同当事人受到信赖利益损失的，也可以主张信赖利益损害赔偿责任。建设工程施工合同无效，当事人对工期与付款时间的约定也包含了他们的信赖利益，如若承包人得以在约定的工期天数内竣工并交付质量合格的建设工程，开发商才能够按照《商品房买卖合同》约定的时间向购房人交房，不必承担因逾期交房而向购房人支付违约金所造成的金钱损失；若承包人在约定的时间内向发包人交付符合约定使用目的的生产厂房，发包人才能够尽早使用租赁的生产机械设备或食品加工原材料，不必承受设备租金损失或食品原料变质、耗损的损失；若发包人按时付款，承包人就有充裕的资金完成施工任务，不必因停工、窝工遭受施工管理人员工资损失、建筑材料价格上涨损失、机械设备租金损失等。这些信赖利益是当事人本不应遭受却因违约行为所遭受的损失，根据公平原则，迟延竣工的承包人或迟延付款的发包人应当承担损失赔偿责任。

2. 维持当事人之间的利益平衡。《民法典》第 793 条规定，建设工程施工合同无效，但验收合格的，可以参照合同约定折价补偿承包人。既然法院允许无效合同的承包人参照建设工程施工合同得到折价补偿，出于维护民事主体权利平等原则的考虑，也应当给予发包人按照无效合同约定的工期向承包人主张赔偿责任的权利。并且，若发包人不按约定时间支付工程预付款、进度款或结算款的，承包人也会产生资金占用损失，表现为利息；若法院不认可无效施工合同下的付款时间约定，承包人因发包人迟延付款可以获得的利息就不能被支持，这对承包人不公平。

3. 不得使当事人因无效合同获得额外利益。承包人逾期竣工或发包人迟延付款，建设工程施工合同有效的，承包人或发包人应当承担相应的违约责任，自不待言；建设工程施工合同无效的，若坚持合同无效其中的工期约定与付款时间约定也相应无效的观点，会使违约方反而因为无效的法律行为免除其工期违约或付款违约的责任，从而使违约方因违法行为导致合同无效而获益，导致其为了免除自身责任积极主张合同无效的不良后果，这与法律维护有效的法律关系、打击违法行为的规范目的相悖。

4. 尊重当事人的意思自治。当事人在建设工程施工合同中对于工期与付款时间的约定是当事人之间的合意，是当事人真实的意思表示，若非出于受欺诈、胁迫、重大误解，当事人均应按照约定履行工期条款与支付条款，而不得以施工合同无效为由拒绝承担逾期竣工责任或迟延付款责任，否则有违诚实信用原则。

但是，建设工程施工合同无效，也应参照工期约定与付款约定追究违约责任，这一规则的适用应注意以下几点。

1. 约定的工期必须是合理工期。合理工期是承包人完成项目工程建设施工任务的最低期限，足以对工程质量造成决定性影响。若经鉴定，施工合同约定的工期低于合理工期的，该工期约定无效，不得作为追究工期责任的参照依据。

2. 不能参照适用工期违约责任与迟延付款责任的计算方式。建设工程施工合同无效的，应参照适用的是工期天数以及付款时间的约定，如约定"工期为450天""自第三层封顶时支付至合同价款的40%"等，而不是工期违约责任与迟延付款责任的计算方式，如"承包人不能按期竣工的，向发包人支付合同价款20%的违约金""发包人未按照约定付款的，按未付款的2%向承包人支付违约利息"等。违约责任的计算方式是当事人意思自治的内容，包括违约金、利息的计付标准。以上已论述，若建设工程施工合同无效，违约金条款与利息计算方法的条款也属于无效约定，不得参照适用。然而，根据诚实信用原则，当事人约定的工期天数与工程款支付时间却可以参照适用。因此，虽然建设工程施工合同无效，合同约定的工期延误违约金与迟延付款违约金亦无效，但是当事人仍然可以根据合同约定的工期天数或付款时间来判断对方当事人是否逾期竣工或迟延付款，进而要求违约方赔偿因工期延误或付款迟延造成的实际损失。

比如，最高人民法院(2019)最高法民终523号判决认为："一审判决依据《建设工程施工补充协议》的约定、根据工期延误情况，计算杭州建工公司应承担逾期竣工违约金为46.4万元。案涉建设工程施工合同无效，当事人不应当再承担违约责任。故一审判决杭州建工公司承担逾期竣工违约金责任不当，应予纠正……虽然案涉建设工程施工合同无效，当事人仍然有权请求相对人承担赔偿损失的责任。”①

再如,最高人民法院(2018)最高法民申983号判决认为:“关于逾期付款利息及延期交付违约金的计算标准问题。因补充合同、施工合同均认定无效,上述合同以及承诺函中关于违约金的约定均不能适用,应依据《最高人民法院关于审理建设工程施工合同纠纷案件适用法律问题的解释》相关规定,结合逾期付款以及延期交付给对方当事人造成的实际损失等情节来认定利息及赔偿数额。”②

3. 当事人应证明自己因工期违约或付款违约而受有实际损失。损害赔偿为法定责任,权利人需提供相应证据证明损失的存在。只要当事人能提供证据证明自身因逾期竣工或迟延付款受有实际损失,如停窝工产生的人员遣散费损失、周转材料损失、对第三人逾期交付建设工程的违约损失、机械设备租金损失等,即可主张损害赔偿;否则,法院不予支持损害赔偿的主张。

比如,最高人民法院(2018)最高法民终556号判决认为:“关于新兴公司应否向嘉年华公司支付逾期竣工违约金问题。案涉《备案合同》《执行合同》均系无效合同,合同中相应违约条款亦为无效条款,故嘉年华公司请求新兴公司支付逾期竣工违约金,缺乏依据,不予支持。关于新兴公司应否赔偿因工期延误导致渔人码头、嘉年华酒店逾期运营和逾期交房经济损失及利息问题。嘉年华公司提交的证明其遭受实际损失的证据亦不充分,嘉年华公司提交的渔人码头《租赁合同》、酒店经营管理协议、预期收益损失计算表等证据并不足以证明其遭受的实际损失。因此,嘉年华公司主张新兴公司承担工期延误损失,缺乏依据,不应予以支持。”③

再如,最高人民法院(2019)最高法民终43号判决认为:“承前所述,因《承包施工合同书》依法被认定为无效,则双方在合同中关于拖欠工程款造成损失的违约赔偿约定也属无效条款。也就是说,永州建设公司只能就已经施工完成的工程主张相应工程款,而无权基于合同本身关于违约金的约定主张权利。故

① 杭州建工集团有限责任公司、阜阳巨川房地产开发有限公司建设工程施工合同纠纷案,最高人民法院(2019)最高法民终523号民事判决书。

② 浙江大华建设集团有限公司、新余市渝南房地产开发有限责任公司建设工程施工合同纠纷再审审查与审判监督案,最高人民法院(2018)最高法民申983号民事裁定书。

③ 中国新兴建设开发有限责任公司、海上嘉年华(青岛)置业有限公司建设工程施工合同纠纷案,最高人民法院(2018)最高法民终556号民事判决书。

其要求按照《承包施工合同书》约定的实际停工人员的工资总额的五倍赔偿损失缺乏法律依据,本院不予支持。对于工程款拖欠造成停工、窝工的损失,依据‘谁主张,谁举证’的证据规则应由永州建设公司予以证明。但其未能提供有效证据导致鉴定机构无法确认该项损失的具体数额,此不利后果由永州建设公司承担。”①

4. 法院根据当事人的过错程度、违约行为与损失之间的因果关系大小来确定损害赔偿的数额。根据《建设工程司法解释一》第6条②的规定,发包人主张逾期竣工损害赔偿责任或承包人主张迟延付款损害赔偿责任的,法院一般以当事人的主观过错、造成损害的原因力强弱对损害赔偿责任进行判断。

比如,最高人民法院(2018)最高法民终1206号判决认为:“奥莱祥能公司未提交证据证明其因工期延误所遭受的实际损失,在案涉合同无效的情况下,奥莱祥能公司依据案涉合同约定,按每日2万元的标准,计算工期延误损失2442万元,缺乏事实依据,本院不予认可。此外,建设工程施工许可证办理迟延,工程量增加及设计变更,监理单位要求冬季停工等情况,也会影响施工进度和工限。奥莱祥能公司关于苏中市政公司应当赔偿奥莱祥能公司工期延误损失2442万元的上诉请求,本院不予支持。”③

再如,最高人民法院(2019)最高法民终589号判决认为:“因《桩基工程施工合同》无效,该违约金不能当然被采纳。但因苏南公司施工质量存在问题,导致案涉工程工期延误并造成损失,苏南公司应向新城公司支付适当的工期延误损失。由于新城公司在苏南公司开始施工时未取得施工许可证,对案涉工程肢解发包,存在过错,本院参照工期延误违约金的数额,酌定苏南公司、新城公司各承担百分之五十的工期延误损失责任,故,苏南公司应向新城公司支付工期

① 湖南省永州市建设开发有限公司、湖南潇湘综合开发有限公司建设工程施工合同纠纷案,最高人民法院(2019)最高法民终43号民事判决书。

② 《建设工程司法解释一》第6条规定:“建设工程施工合同无效,一方当事人请求对方赔偿损失的,应当就对方过错、损失大小、过错与损失之间的因果关系承担举证责任。损失大小无法确定,一方当事人请求参照合同约定的质量标准、建设工期、工程价款支付时间等内容确定损失大小的,人民法院可以结合双方过错程度、过错与损失之间的因果关系等因素作出裁判。”

③ 苏中市政工程有限公司、全椒奥莱祥能置业有限公司建设工程施工合同纠纷案,最高人民法院(2018)最高法民终1206号民事判决书。

延误损失 1,644,169.7 元。”①

（九）建设工程施工合同无效下的质量责任

因建设工程质量产生的责任包括三种，即工程质量责任、工程质量保修责任、质量保证金责任。工程质量责任，是指承包人承建的工程质量未达到法定质量标准或合同约定的质量标准时（又称“工程质量不合格”），承包人应当承担的责任，具体原因包括承包人未按照设计文件的要求进行施工、承包人使用的建筑材料质量未达到标准、发包人要求承包人低于最低质量标准施工承包人不拒绝的等。《建筑工程施工质量验收统一标准》（GB 50300 - 2013）规定了工程质量的验收标准：（1）法定质量标准，即符合《建筑工程施工质量验收统一标准》与相关专业验收规范的规定，是工程建设的强制性标准，是当事人应当遵守的底线；（2）约定质量标准，即符合勘察文件、设计文件的要求，允许其高于法定质量标准，但不得低于法定质量标准。工程质量保修责任，是指建设工程经竣工验收后的法定质量保证期限内，若建设工程发生质量缺陷问题或质量瑕疵问题的，承包人应承担的责任，包括维护、修理、恢复原状等。《建筑法》第 62 条第 1 款与《建设工程质量管理条例》第 39 条规定“建筑工程实行质量保修制度”，因此工程质量保修责任为法定责任。质量保证金责任，是指建设工程经竣工验收后，发包人从应付工程款中按照一定比例扣除并保有一段时间的金钱，作为当建设工程出现质量问题且承包人拒绝履行工程质量保修义务的维修保证。发包人占有质量保证金的期间为缺陷责任期，一般不得超过 2 年；缺陷责任期届满，发包人应当向承包人返还扣除维修费用后的质量保证金。

工程质量责任与工程质量保修责任有以下不同：（1）产生阶段不同。以工程竣工验收合格或未经竣工验收但发包人擅自使用建设工程作为分水岭，之前产生的是工程质量责任，之后产生的是工程质量保修责任。（2）责任性质不同。工程质量责任属于主合同义务，与发包人支付工程款的义务处于同等对价地位，若承包人承建的建设工程不符合质量标准，发包人有权通过拒绝支付工程款的行为行使抗辩权；工程质量保修责任属于法定的从给付义务，与发包人付款不构成对价关系，承包人不承担工程质量保修责任的，发包人不得以此为由

① 江苏苏南建设集团有限公司、安庆新城悦盛房地产发展有限公司建设工程施工合同纠纷案，最高人民法院（2019）最高法民终 589 号民事判决书。

拒绝付款。(3)法律后果不同。承包人不履行工程质量责任的,不能取得工程价款、不享有建设工程价款优先受偿权,发包人有权解除合同、有权拒绝支付工程款直到经修复的建设工程质量达标为止;承包人不履行工程质量保修责任的,也享有工程款支付请求权与工程价款优先受偿权,合同已履行完毕,但发包人可以扣除质量保证金作为维修费用的补偿。

工程质量保修责任与质量保证金责任有以下不同:(1)存续时间不同。工程质量保修责任对应的是工程质量保修期,属于法定最低期限,根据《建设工程质量管理条例》第40条的规定,不同性质的工程具有长短不一的工程质量最低保修期限为2年、5年不等,低于最低标准的工程质量保修期的约定无效;质量保证金责任对应的是缺陷责任期,属于法定最高期限,根据《建设工程质量保证金管理办法》第2条的规定,不得超过2年,超出2年的约定无效。(2)责任性质不同。工程质量保修责任是法定责任,无论当事人是否愿意,都必须遵守工程质量保修制度;工程质量保证金责任是约定责任,当事人约定工程竣工验收后不扣除质量保证金的,按照约定处理。(3)法律后果不同。缺陷责任期届满,发包人应向承包人退还剩余的质量保证金,不得以工程质量保修期限未届满为由拒绝返还,承包人仍应继续承担工程质量保修责任;工程质量保修期限届满,发包人与承包人的权利义务终止。

在工程质量责任中,由于法定质量标准关系到建设工程的基本质量安全,具有强制性,因此即使建设工程施工合同无效,也应当根据法定质量标准的合同条款追究承包人的责任。虽然约定质量标准高于法定质量标准的部分是当事人意思自治的体现,根据合同无效的法理,若建设工程施工合同无效,高出最低质量标准的约定也应无效,但是约定质量标准与工程价款构成对价,更高的工程质量标准对应更高的工程价款,根据《民法典》第793条的规定,只要建设工程质量合格,就允许承包人参照约定的工程价款结算,那么只要承包人承建的建设工程达到了更高的质量标准,也允许承包人参照约定质量标准结算工程价款,才符合公平原则。

比如,安徽高院(2016)皖民终369号判决认为:“中建六局安徽分公司将其总公司承接的中国建设银行股份有限公司安徽省分行95533呼叫中心及电子银行(二标段)工程以分包的形式交由汇力公司实际施工,汇力公司向中建六局安徽分公司交纳管理费,双方间系以分包之名行转包之实,该行为违反法律禁止性规定，故双方间签订的《施工分包合同》应为无效。……依据双方间签订的分包协议的约定，汇力公司应得工程款比例与是否取得鲁班奖相关，本案工程未取得鲁班奖，故汇力公司应得工程款为工程决算价的94%再扣除相关税金及规费，即57,147,056.04元[64,134,616元×94% -2,206,127元（税金）-933,356元（规费）]。"因此，即使建设工程施工合同无效，无论合同载明的是法定质量标准还是约定质量标准，均应参照适用结算工程价款。[①]

在工程质量保修责任中，《建筑法》规定工程质量保修具有强制性，是承包人的法定责任，因此无论建设工程施工合同是否有效，承包人都应对发包人承担质量保修责任，自不待言。如《北京市高级人民法院关于审理建设工程施工合同纠纷案件若干疑难问题的解答》第31条第3款规定："建设工程施工合同无效，但工程经竣工验收合格并交付发包人使用的，承包人应依据法律、行政法规的规定承担质量保修责任……"《浙江省高级人民法院关于审理建设工程施工合同纠纷案件若干疑难问题的解答》第120条规定："建设工程施工合同无效，不影响发包人按合同约定、承包人出具的质量保修书或法律法规的规定，请求承包人承担工程质量责任。"

对于当建设工程施工合同无效时，发包人是否可以参照合同约定扣除质量保证金，实践中法院有两种截然相反的判决结果。

1. 施工合同无效，扣除质量保证金的约定亦无效，发包人未支付工程款的，不得从应付工程款中扣除质量保证金；发包人已扣除质量保证金的，应向承包人返还并支付相应利息。

如最高人民法院（2018）最高法民终846号判决认为："质量保证金的交纳和返还应依当事人约定。本案中，各方当事人对于一审判决认定案涉五份建设工程施工合同无效均无异议。因案涉五份建设工程施工合同无效，故双方关于在工程结算价款中预留5%质量保证金的约定亦无效。一审判决按双方合同约定预留结算价款5%质量保证金缺乏合同和法律依据，显属不当，本院予以纠正。"[②]

---

① 中国建筑第六工程局有限公司安徽分公司与安徽省汇力建筑劳务承包有限公司建设工程施工合同纠纷案，安徽省高级人民法院（2016）皖民终369号民事判决书。

② 锦宸集团有限公司、呼伦贝尔市天顺房地产开发有限公司建设工程施工合同纠纷案，最高人民法院（2018）最高法民终846号民事判决书。

最高人民法院(2014)民一终字第108号判决认为:"案涉03合同属于无效合同,康福公司据此取得的200万元工程质量保证金应予返还。东阳公司请求康福公司返还200万元工程质量保证金是基于合同无效而不是双方当事人在03合同中约定的保证金返还条件已经成就。虽然03合同无效是经本案诉讼才最终确定的法律事实,但其实康福公司本来就应当知道该合同因违反《招投标法》而无效。至少在被政府建设主管部门处罚后即应当知道其据以取得工程质量保证金的合同无效。康福公司占用东阳公司的资金,本应支付利息,故一审法院判令康福自2010年12月10日交付工程之日即应向东阳公司返还200万元工程质量保证金并从当日起算利息,并无不当。"①

2. 施工合同无效,但是合同中质量保证金的约定仍然约束双方当事人,缺陷责任期未届满,承包人不得请求发包人退还质量保证金。

比如,最高人民法院(2019)最高法民终504号判决认为:"案涉《工程协议书》虽被确认无效,但建设工程实行质量保修制度。工程质量保证金一般是用以保证承包人在工程质量保修期内对建设工程出现的质量缺陷进行维修的资金。虽然工程质保金可以由当事人双方在合同中约定,但从性质上讲,工程质量保证金是对工程质量保修期内工程质量的担保,是一种法定义务,故不应以合同效力为认定前提。因案涉整体工程尚未竣工验收合格,根据合同约定,通华公司主张应扣留工程价款5%的质保金的上诉请求成立,本院予以支持。"②

最高人民法院(2018)最高法民申5764号判决认为:"虽然案涉合同被认定无效,但据《最高人民法院关于审理建设工程施工合同纠纷案件适用法律问题的解释》第二条之规定,原判决参照双方关于工程款支付的约定,并无不当。案涉合同约定:通过完成工程决算审计后,90天内付足工程总价款的95%,余款5%作保修金,保修金到期按国家相关规定给付。可见,将余款作为保修金系双方签订案涉合同的共同意思表示。另据《建设工程质量保证金管理办法》第二条第一款之规定,该约定符合行业惯例,也不违反相关法律法规。"③

---

① 浙江东阳建筑实业工程有限公司与西安市康福房地产开发有限公司建设工程施工合同纠纷案,最高人民法院(2014)最高法民一终字第108号民事判决书。

② 唐山市通华房地产开发有限公司、江苏南通六建建设集团有限公司建设工程施工合同纠纷案,最高人民法院(2019)最高法民终504号民事判决书。

③ 刘某、湖南国鸿置业有限公司建设工程施工合同纠纷再审审查与审判监督案,最高人民法院(2018)最高法民申5764号民事裁定书。

虽然比起法律强制的工程质量责任、工程质量保修责任，工程质量保证金责任更具有任意性，与合同效力的联系更紧密，但是笔者认为，即使建设工程施工合同无效，发包人也有权参照合同约定从应付工程款中扣留工程质量保证金，理由如下：(1)既然允许承包人可以在施工合同无效的情况下参照合同约定结算工程价款，那么也应当允许发包人根据无效施工合同的约定扣除工程质量保证金，才体现民事主体的平等地位；(2)若承包人在施工合同有效的情况下不能获得质量保证金，却在施工合同无效的情况下获得质量保证金，会因无效合同获取额外利益；(3)实践中有不少地区法院也支持“施工合同无效，发包人也有权扣除质量保证金”的观点：《北京市高级人民法院关于审理建设工程施工合同纠纷案件若干疑难问题的解答》第 31 条第 4 款规定：“建设工程施工合同无效，……发包人要求参照合同约定扣留一定比例的工程款作为工程质量保修金的，应予支持。”《安徽省高级人民法院关于审理建设工程施工合同纠纷案件适用法律问题的指导意见》第 14 条规定：“建设工程施工合同无效，但工程经竣工验收合格并交付发包人使用的，承包人应承担相应的工程保修义务和责任，发包人可参照合同约定扣留一定比例的工程款作为工程质量保修金。”

(十)建设工程施工合同无效，承包人也享有建设工程价款优先受偿权

建设工程价款优先受偿权是指承包人向发包人交付质量符合标准的建设工程后，发包人不按约定支付工程款的，承包人就建设工程的拍卖、变卖、挂牌出售所获得的价款享有优先受偿的权利。根据理论界通说与实务界判例，即使建设工程施工合同无效，承包人也享有建设工程价款优先受偿权，理由如下：

1. 建设工程价款优先受偿权是法律基于保障建筑工人劳动报酬、遏制发包人拖欠工程价款现象而设立，具有特定的立法政策与规范目的，在性质上属于法定优先权，承包人依照法律规定直接享有，与当事人的意思自治无关，与合同效力无关。

2.《民法典》第 793 条规定，即使施工合同无效，当事人也可以参照合同约定结算工程价款，建设工程价款优先受偿权作为实现工程价款主权利的担保手段，属于从权利，既然合同无效下承包人享有合同约定的工程款主债权，当然可以享有作为从权利的工程价款优先受偿权。

3. 我国建筑市场的违法承包活动普遍，建设工程施工合同被认定无效的比例很大，且承包人在我国建筑市场本就处于弱势地位，若在施工合同无效的情

况下不允许承包人享有工程价款优先受偿权，会导致发包人与承包人之间的利益处于极度不平衡的状态，打击承包人的积极性，造成建筑市场低迷。

4.《建设工程司法解释一》第38条规定："建设工程质量合格，承包人请求其承建工程的价款就工程折价或者拍卖的价款优先受偿的，人民法院应予支持。"法律仅将"质量合格"作为建设工程价款优先受偿权的成立前提，并未将"合同有效"作为成立前提，说明建设工程价款优先受偿权与合同效力无关。

5.根据物化增值理论，建设工程是承包人将劳务、资金、材料物化到不动产建筑的劳动结晶，建设工程施工的过程是承包人付出人力、物力、劳力使建设工程不断成型、不断增值的过程，只要建设工程质量合格，承包人就有权将其使建设工程增值的部分获得工程款作为对价，并在增值的范围内优先受偿，与合同效力无关。

四、小结

建设工程施工合同因其特殊性，比一般合同具有更多的无效事由。合同无效，根据当事人意思自治订立的条款，如违约金条款、利息计算条款等均归于无效，不发生当事人追求的法律效果，因此，发包人与承包人应尽量避免建设工程施工合同陷入无效的境地：(1)在订立施工合同阶段，对于法律强制招投标的项目，当事人应当按照约定的程序实施招投标活动，根据招投标文件、中标文件的内容订立施工合同，避免施工合同因违反《招标投标法》归于无效；(2)在对合同条款进行谈判磋商的阶段，不得约定低于合理工期的工期条款以及低于法定质量标准的质量条款，避免施工合同因违反强制性标准归于无效；(3)在办理施工许可相关手续阶段，发包人应当积极办理建设工程规划许可证、建设用地规划许可证等准入许可，避免施工合同因建设工程为违法建筑归于无效；(4)在施工阶段，承包人应尽量不要将建设工程转包或违法分包，避免施工合同因违反承包模式的禁止性规定归于无效；(5)承包人尽量不要将建设工程分包给没有施工资质的施工主体或允许他人借用资质，应派驻工作人员承担对施工活动的管理、监督、经营责任，避免施工合同因违反资质许可的效力性强制性规定而无效。

建设工程施工合同无效后，当事人虽然可以参照合同约定结算工程价款，但是相比于有效合同，基于无效合同主张权利时有以下缺陷：(1)合同无效，合同中违约金的约定、利息计算的约定、损失计算的约定均无效，导致当事人对于合同履行过程中产生的违约赔偿的预期落空。(2)合同无效的,当事人不能主张违约金责任,只能主张损害赔偿责任。违约金责任与损害赔偿责任有以下不同:第一,只要合同一方存在违约行为,另一方即可按约定主张违约金责任,即使其并未因违约行为受到任何损失;而损害赔偿责任产生的前提是实际损失,权利人未受有损失的,不得主张损害赔偿责任。第二,因违约金责任的构成要件不包括实际损失,因此权利人不负有相应的举证责任;但在损害赔偿责任下,权利人必须提供相应证据证明自身受有损失以及损失的具体数额。然而,由于对发票、收付款凭证、转账记录等证据的保管不善或很多时候难以通过区分、计算对实际损失进行具体量化,当事人对实际损失的大小往往难以证明。第三,违约金包括赔偿性违约金与惩罚性违约金,法律允许当事人主张高于实际损失的违约金赔偿数额,最高可以高于实际损失的30%;而损害赔偿的范围不只包括实际损失,还要严格适用过失相抵原则与损益同销原则,因此主张损害赔偿责任所得到的赔偿金额往往低于约定的违约金数额。综上,在合同无效的情况下,与违约金责任相比,损害赔偿责任不仅加大了当事人的举证难度,增加了当事人的诉讼成本,而且会减少当事人可被法院支持的赔偿数额。(3)虽然在施工合同无效的情况下,大多数法院支持当事人可以参照合同约定主张管理费的收取、利润的计付、质量保证金的扣除等,但是仍有法院认为合同无效,关于管理费、利润、质量保证金等的约定亦无效,而这些主张在有约定且合同有效的情况下是能够百分之百被法院支持的,也就是说,合同无效会加重当事人诉求被驳回的风险。

结算协议具有独立性,是指建设工程施工合同被部分履行后,当事人对未履行的权利义务、新产生的法律责任作出结算、清理、分配、而达成的新的合意,其产生于建设工程施工合同又独立于建设工程施工合同,效力不受建设工程施工合同无效的影响。因此,虽然建设工程施工合同无效,约定的违约责任也无效,但是当事人依旧希望根据意思自治对履约过程中发生的违约行为主张违约责任的,应另行签订《结算协议》或《补充协议》,将双方在履行施工合同过程中所实施的违约行为与责任形式通过协商合意固定下来,包括:发包人迟延交付图纸、不按约定提供开工条件、提供的施工资料有误等导致开工延误所产生的违约金责任;发包人未按约定时间支付工程款产生的利息及计算方式;由于发包人原因导致承包人停、窝工所产生的管理人员工资损失、材料价格上涨损失、机械设备租金损失等赔偿计算方法;承包人未在约定时间内竣工产生的违约金责任;工程质量不合格时的损害赔偿计算方法等,利用结算协议的独立性,隔离建设工程施工合同的无效对当事人依其意思自治主张违约责任的影响,也即将无效建设工程施工合同的违约责任,通过签订结算协议的方式转变为有效,从而发生当事人所期待的违约赔偿效果。

专题三

公章真伪与合同效力

——建设工程施工合同中表见代理认定的实践考察

腾讯与“老干妈”之间合同纠纷事件中，仅仅“三名犯罪嫌疑人冒充‘老干妈’公司员工、伪造‘老干妈’公司公章与腾讯公司签订‘《合作合同》’导致腾讯公司受骗达一年之久”的情节便赚足了人们的眼球，公章的真伪与合同的效力问题也从法律人的忧思中再次进入现实生活。网络巨人腾讯的“一失足”，真实地折射出现实中的“假公章”问题绝非鲜见，在建设工程施工领域，包工头私刻施工单位公章对外订立建材采购合同、机械设备租赁合同、劳务分包合同、借款合同的现象层出不穷、屡禁不止，随之而来的“真人假章”“假人假章”“人章不一”等问题比比皆是。实务中，包工头使用“假公章”订立合同，以施工单位的名义对外进行采买、租赁、转分包、借款，这些合同的效力以及法律后果是否可以直接归属于施工单位抑或仅约束包工头等问题的认定，于相关当事人利益攸关，值得建设工程实务从业者深入考察。

一、公章的真伪与合同的效力略论

（一）公章的法律意义

公章是法人以自己名称制作的、在处理内外事务时表示认可或同意的印鉴，作为一种私文书，公章代表的是公司的权力和信用，也是公众对于公司的信赖保障。① 由于法人是不具备生物体征的、由法律拟制人格的民事主体，在对外

① 参见张红：《“萝卜章”背后的法律问题》，载《人民论坛》2020年第33期。

实施民事行为、从事商业活动时，无法通过亲自签字的方式对书面形式的真实意思表示予以确认，而只能通过委托某一自然人代表其身份并表达其真实意志。通常情况下，该受委托的自然人可以是法人的法定代表人、主要负责人或内部员工，也可以是接受法人特别授权的其他自然人。但是，法人与受托人是两个互相分离的民事主体，若要交易相对人相信受托人是法人与其对接交涉的代表，法人必须向受托人交付法人独有的信物，根据市场习惯，该信物即为公章。

公章又称为“印”，在我们的传统里，因“印”生“信”的观念由来已久，故公章也称“印信”。[①] 公章通常具有彰显法人身份的最强公信力，也是法人意志的集中体现。在民事活动中，交易相对人如遇对方自然人出示法人授权文件与法人公章，便会信赖该自然人此时已忽略自己的人格，而代之以法人人格，自然人在法人授权文件范围内通过法人公章确认的民事行为，亦都视为法人实施的民事行为；一份法律文件中若加盖了法人公章，即可表明：其一，该意思内容为特定主体所表示；其二，该意思内容有产生私法上效果之目的；其三，印章所有者愿受该意思内容的约束，承担相应的法律责任。[②]

鉴于公章在市场交易活动中的重要地位，《民法典》及其司法解释亦对公章的法律意义确立了如下规则：(1)要式合同可因当事人盖章而成立，且盖章的地点可视为合同成立的地点；[③](2)当事人未约定合同签订地或约定不明时，当事人盖章的地点即为要式合同成立的地点。[④]

(二)公章对于合同效力的影响

1.伪造公章所签订合同的效力

公章是彰显法人意思的介质，是法人真实意思表示的外在表征，因此法人签订合同的有效性，往往是以合同加盖有法人公章为前提的，而是否加盖有公章，尤其是公章的真伪一度曾是判断法人所签订合同有效与否的标志性因素。

---

① 参见周清林：《伪造印章下的表见代理构造》，载《法商研究》2020年第2期。

② 参见陈甦：《公章抗辩的类型与处理》，载《法学研究》2020年第3期。

③ 《民法典》第490条规定：“当事人采用合同书形式订立合同的，自当事人均签名、盖章或者按指印时合同成立。在签名、盖章或者按指印之前，当事人一方已经履行主要义务，对方接受时，该合同成立。”

④ 《民法典》第493条规定：“当事人采用合同书形式订立合同的，最后签名、盖章或者按指印的地点为合同成立的地点，但是当事人另有约定的除外。”

在这一观念中,合同是否有效,完全依赖于公章真伪的判断——盖有真章的合同有效,盖有假章的合同无效,合同法律效力的衡量亦随之演变为对公章真伪鉴定的结果确认。然而,法律的简单认定不仅无助于缓解现实中“真人假章”“假人真章”所致的无序,在片面强调公章意义的同时,也显然割裂了代表权与公章在认定合同效力上的关联协调作用。

从理论上讲,原则上印章只是代理权的一种外观和表象,真正决定代理行为效力的是被代理人意思表示的真实性,[①]伪造公章后所签订的合同欠缺法人的真实意思表示,理当无效。但现实中,法人对外彰显意思表示的途径不仅限于公章,是否具有代表权(出示法人授权文件)也至关重要,甚至可能更是影响当事人判断该自然人能否作为法人代表的关键;退一步而言,即使是一个不规范的印章,甚至是假章,如果它代表了法人真实的意思表示,那么由它产生的代理行为依然是有效的。[②] 考虑到实践中公章使用频繁和大量存在的乱象,《九民纪要》第41条指出,“司法实践中,有些公司有意刻制两套甚至多套公章,有的法定代表人或者代理人甚至私刻公章,订立合同时恶意加盖非备案的公章或者假公章,发生纠纷后法人以加盖的是假公章为由否定合同效力的情形并不鲜见”,而依据现有法律规定,此类拥有合法授权文件和真实代表身份的自然人,即便使用假公章与对方当事人成立的合同,也可能且应该因构成表见代理而被认定有效。于是,《九民纪要》在该条中同时明确,“人民法院在审理案件时,应当主要审查签约人于盖章之时有无代表权或者代理权,从而根据代表或者代理的相关规则来确定合同的效力,法定代表人或者其授权之人在合同上加盖法人公章的行为,表明其是以法人名义签订合同,除《中华人民共和国公司法》(以下简称《公司法》)第16条等法律对其职权有特别规定的情形外,应当由法人承担相应的法律后果。法人以法定代表人事后已无代表权、加盖的是假章、所盖之章与备案公章不一致等为由否定合同效力的,人民法院不予支持”。

由此可见,若自然人以私刻假公章为民事行为,该枚假章所确认的行为是否可以视为法人实施的民事行为及其效力问题,《九民纪要》的应对判断规则是“认人不认章”,也即公章对于合同效力的影响,不在于公章之真伪,而在于持章

---

① 参见张红:《“萝卜章”背后的法律问题》,载《人民论坛》2020年第33期。

② 参见张红:《“萝卜章”背后的法律问题》,载《人民论坛》2020年第33期。

人、盖章人是否具有法人的合法委托授权。若持章人、盖章人的身份为法人的法定代表人或内部员工，或持有法人的特别授权，即使所盖之章为假章，该枚假章所确认的民事协议也对法人发生效力；若持章人、盖章人与法人毫无关系，既非法人的法定代表人或内部员工、也无法人的特别意定授权的，即使持章人、盖章人所持的法人公章为真，该枚公章所确认的民事行为也不能约束法人。

综上所述，在现有司法实践的判断规则中，法人公章的真伪显然并非确定合同效力的关键，而持章人、盖章人是否有法人代表权或代理权才是关键。在享有法人代表权的自然人以法人名义所实施的“代表行为”，享有法人职务授权的自然人以法人名义、在职务范围内所实施的“职务行为”，以及享有法人代理权的自然人以法人名义、在代理权限范围内所实施的“有权代理行为”下，即使其所持法人公章为私刻的假章，所实施的民事行为也同样对法人发生效力，该行为产生的法律后果由法人承担。

2.“无权代理”下的公章真伪与表见代理

民法理论中，行为人以被代理人的名义所为之民事行为得到被代理人的事先授权或事后追认的，属于有权代理，行为人所为行为应视为被代理人的行为，由被代理人承担其后果。在此情形下，盖章确认只是一种表面形式，无论所盖之章是真章还是假章都无法否认被代理人的真实意思表示，此亦为《九民纪要》“认人不认章”规则的根源所在。由此可见，只要行为人为有权代理人，其以被代理人的名义与交易相对人发生交易时所使用的公章，无论是属于经被代理人认可，且经权威机构备案的真章，还是属于被代理人不知情或未经被代理人同意自行私刻的假章，都不影响有权代理的认定，也不影响合同的效力。故此，在有权代理下讨论行为人所使用公章的真伪实际上已没有意义，无权代理下公章真伪对合同效力的影响才值得考虑。

在无权代理下，行为人以被代理人名义所为的民事行为处于效力待定状态，但该效力待定状态可能随着表见代理构成因素的逐步叠加，进而质变成有效状态，从而强制约束即使内心不愿意被代表、但不得不为行为人法律后果负责的被代理人。如前所述，公章是凝聚法人人格、彰显法人身份的授信物，极其容易给行为人形成代表法人授权的外观，令交易相对人内心产生行为人为有权代理的合理信赖。因此公章作为授信物，也是法院在认定行为人是否具有足以使一般理性人、善意管理人相信其为有权代理的授权表象，进而认定交易是否构成表见代理的因素之一。那么,在无权代理下,当被代理人内心不愿被行为人所代表时,代理在内部关系上欠缺代理人授予代理权的真实意思表示,若因公章为伪造私刻所形成的外部关系是否以及如何对合同的效力造成影响,“真公章”是否一定成立表见代理,“伪公章”是否一定不构成表见代理,这些问题则更加值得探究。

二、表见代理的理论架构

(一)表见代理的含义及构成要件

1. 表见代理的含义

《民法典》第172条①专门对表见代理进行了阐释。依据该规定,表见代理的前提实质系无权代理,表现为行为人无代理权、越权代理或超期代理。虽然行为人以被代理人名义从事的民事行为为无权代理行为,但由于行为人在交易时具有足以使交易相对人相信其享有被代理人合法授权的客观表象(又称表见事由、表见外衣),且交易相对人确实不知道且不应当知道行为人不享有代理权的,该行为人的无权代理行为构成表见代理,所产生的法律效果由被代理人全部承受。

可见,无权代理构成表见代理,需要满足两个基本要件,即有权代理的客观表象(表见外衣)和相对人的善意无过失,《最高人民法院关于当前形势下审理民商事合同纠纷案件若干问题的指导意见》第13条及第14条分别从两个要件的具体认定上进行了阐释。其中第13条规定:“合同法第四十九条规定的表见代理制度不仅要求代理人的无权代理行为在客观上形成具有代理权的表象,而且要求相对人在主观上善意且无过失地相信行为人有代理权。合同相对人主张构成表见代理的,应当承担举证责任,不仅应当举证证明代理行为存在诸如合同书、公章、印鉴等有权代理的客观表象形式要素,而且应当证明其善意且无过失地相信行为人具有代理权。”第14条规定:“人民法院在判断合同相对人主观上是否属于善意且无过失时,应当结合合同缔结与履行过程中的各种因素综合判断合同相对人是否尽到合理注意义务,此外还要考虑合同的缔结时间、以

---

①　该条规定:“行为人没有代理权、超越代理权或者代理权终止后,仍然实施代理行为,相对人有理由相信行为人有代理权的,代理行为有效。”

谁的名义签字、是否盖有相关印章及印章真伪、标的物的交付方式与地点、购买的材料、租赁的器材、所借款项的用途、建筑单位是否知道项目经理的行为、是否参与合同履行等各种因素,作出综合分析判断。”

2. 表见代理的构成要件

(1)客观上,行为人的代理行为具有有权代理的表见外衣

将表见外衣予以类型化,存在以下几种情形:

第一,身份型表见外衣,即行为人具有身为被代理人的法定代表人、合作项目的主要负责人、被代理人的内部职工等代表身份。《民法典》第504条规定了“代表行为”的法律效力,即“法人的法定代表人或者非法人组织的负责人超越权限订立的合同,除相对人知道或者应当知道其超越权限外,该代表行为有效,订立的合同对法人或者非法人组织发生效力”。《民法典》第170条规定了“职务行为”的法律效力:“执行法人或者非法人组织工作任务的人员,就其职权范围内的事项,以法人或者非法人组织的名义实施的民事法律行为,对法人或者非法人组织发生效力。法人或者非法人组织对执行其工作任务的人员职权范围的限制,不得对抗善意相对人。”因法定代表人、项目负责人或企业职工在常态下本身就具有代表法人从事民事活动的一般身份,因此这些主体在以法人的名义从事民事活动时,不需要再具备另外的表见事由,仅凭法定代表人、项目负责人或企业职工的身份就足以形成表见外衣,进而认定构成表见代理。

第二,信物型表见外衣,即行为人持有被代理人的印鉴、盖有被代理人公章的授权委托书、委托代理函、介绍信等授信文件。上文已述及,根据交易习惯,公章是凝聚法人意志、宣示法人身份的具有最强公示力、公信力的信物,凡是加盖法人公章的各种法律文件,包括书面合同、补充协议、授权委托书、委托代理函、介绍信等,都表明这些法律文件的内容符合法人的内心意志,是法人真实意思表示的载体。比如工程项目部印章,本身即具有一定的代理权表象,项目负责人或者工作人员在以项目部名义对外签订合同时,都要加盖项目部印章以证明其具有相应的代理权,而相对人往往也会因为行为人有项目部印章而相信其有代理权。[①] 因此,只要行为人出示被代理人的公章或加盖被代理人公章的各种法律文件,都会加深、强化交易相对人对行为人具有被代理人合法委托授权

---

① 参见张双志:《建筑公司项目部印章对外效力之分析》,载《法制与社会》2019年第32期。

的信任与认识。

第三,历史交易信赖型表见外衣。在行为人与交易相对人以往的历史交易中,行为人曾经获得过被代理人的合法授权,其以被代理人的名义与交易相对人从事交易活动时符合代理权限范围且得到被代理人的允许、认可,此时交易相对人对行为人具有合法代理权已构成内心信赖,表见外衣逐渐成型。若过后被代理人撤销对行为人的代理授权或缩小行为人的代理权限,但被代理人未就该事项对外公示、向交易相对人披露或通过其他方式使交易相对人知悉的,交易相对人基于历史交易中行为人的合法授权所产生的内心信赖依旧存在,表见外衣仍未刺破,此时,为了保护交易相对人的合理信赖,即使行为人被撤销代理权或限制代理权限,其以被代理人的名义与交易相对人从事的民事活动依然对被代理人发生效力,由被代理人承担由此产生的法律后果。

第四,关联交易信赖型表见外衣。在行为人与其他第三人(非交易相对人)的交易中,行为人曾经从被代理人处获得针对该笔交易的合法授权;后行为人又继续以被代理人的名义与交易相对人发生交易关系,且行为人与交易相对人之间的交易行为和行为人与其他第三人之间的交易行为存在某种合理的、习惯上的、正常的联系的,即使行为人实际上未针对与交易相对人的交易活动获得被代理人的真实授权,但是基于行为人与其他第三人交易时代理授权的真实性,以及行为人与交易相对人之间的交易活动和行为人与其他第三人之间的交易活动的关联性,交易相对人在主观上也能产生行为人有代理授权的内心确认与合理信赖。如施工总承包人委托授权包工头以施工总承包人的名义与发包人签订建设工程施工合同,并有包工头的签字及施工总承包人的盖章作为确认;后包工头又以施工总承包人的名义对外订立施工转包合同,虽然施工总承包人并未对包工头的转包行为进行事先授权或事后追认,但是转承包人基于建设工程施工合同中包工头具有施工总承包人实际授权的真实性,以及建设工程施工活动中发包人与施工总承包人之间发承包关系和施工总承包人与转承包人之间转承包关系的传承延续性,转承包人有理由相信包工头具有代表施工总承包人对外转包的合法授权,该“真实性”与“关联性”构成包工头的有权代理的表见外衣。

第五,默示信赖型表见外衣。在该类型的表见外衣下,被代理人与行为人之间存在某种法律关系,该法律关系构成交易相对人相信行为人是以被代理人的身份与其从事交易活动的客观合理性。如第一手出卖人与转卖人的买卖关系使转买受人对转卖人代理出卖人与其交易产生合理信赖、职工与公司的劳动关系使公司周边的餐饮饭店对职工以公司的名义赊账产生合理信赖、施工总承包人与包工头的劳务分包关系使下游材料商对包工头代理施工总承包人与其交易产生合理信赖等。此时，虽然行为人从未获得过被代理人的委托授权，但在项目合作过程中，行为人一直以被代理人的名义与交易相对人进行斡旋谈判、签订合同、协议变更、宣示权利、承认义务、签收函件、收款付款、索赔确认、签证往来、结算交割等"一揽子"、一系列的交接活动，被代理人对此知悉且既不表示同意、也从未提出任何异议、表达任何否定或表示任何反对意见的，交易相对人有理由相信行为人具有合法代理被代理人实施民事行为的权利外观，在项目合作结束或交易结算终止后，被代理人又挑出其中某一或某几个环节抗辩行为人为无权代理的，不予支持。

第六，行为认可型表见外衣。在该类型的表见外衣下，从未获得过被代理人委托授权的行为人以被代理人的名义与交易相对人从事民商事活动，虽然被代理人内心对此不予认可，但被代理人又对交易相对人的履行行为予以接受的，如施工总承包人不认可转承包人以施工总承包人的名义对外劳务分包的行为，但施工总承包人又收取了劳务分包的承包商支付的履约保证金；再如企业不认可公司职工以企业名义在饭店的消费行为，但又收取饭店开出的消费发票并用于扣税等，便构成交易相对人信赖行为人具有代理授权的表见外衣，若此时被代理人否认行为人的代理行为，不予支持。可见，行为认可型表见外衣的前提条件及所产生的法律后果与《民法典》中的"履行治愈"①相类似。

第七，履行方式、履行地点、履行时间信赖型表见外衣。在很多情况下，无权代理人与交易相对人履行行为的性质也可以产生足以使交易相对人相信无权代理人具有代理权限的客观表象，包括履行方式、履行地点、履行时间等。比如，施工单位未授权包工头以其名义购买建筑材料，但是材料供应商已将包工头以施工单位的名义订购的建筑材料运至施工单位控制管理的施工现场并用

---

① 《民法典》第490条规定："当事人采用合同书形式订立合同的，自当事人均签名、盖章或者按指印时合同成立。在签名、盖章或者按指印之前，当事人一方已经履行主要义务，对方接受时，该合同成立。法律、行政法规规定或者当事人约定合同应当采用书面形式订立，当事人未采用书面形式但是一方已经履行主要义务，对方接受时，该合同成立。"

于施工单位承接的工程中;被代理人未授权无权代理人以其名义向第三人借款,但是款项确实由第三人转入施工单位名下的账户;施工单位未授权包工头以其名义订立劳务分包合同,但包工头以施工单位的名义与劳务分包商订立合同的事实发生在项目工地现场,且发生在施工单位承接项目施工期间,等等。上述履行方式、履行地点、履行时间与被代理人之间的关联性也是法院认定无权代理人具有授权外观的因素之一。

(2)主观上,交易相对人不应当知道行为人的行为属于无权代理,且实际上其也确实不知道行为人无权代理

表见代理制度的立法旨在保护交易相对人对于代理权权利外观的合理信赖,从而维护交易安全、促进商品流转,法律对此处的“合理信赖”要求达到“善意无过失”的标准。

第一,“善意”。“善意”是一种实然状态、主观标准,指交易相对人确实不知道行为人的民事行为为无权代理行为的客观事实,与《民法典》第 172 条“相对人有理由相信行为人有代理权”中的“相信”相对应。法律对于交易相对人是否善意的判断采用的是以客观标准为主、以主观标准为辅的原则,根据大多数不特定理性人的标准去判断,一旦行为人存在足以使人信服的代理权利外观,如持有公章且持有授权书或具有代表身份、职务身份且持有公章,交易相对人即可形成其为有权代理的内心确信。即,一般交易相对人对于行为人是否真实具有代理权限没有更进一步的注意义务,无须对与行为人的每笔特定交易都要求其出示被代理人特定明确授权的程度,只要存在一般的、泛泛的代理权利外观,即可认定交易相对人主观无过失。之所以采用这一原则,是因为如果过于苛求交易相对人对行为人是否具有代理权的注意义务,则不利于推动交易流转,有损《民法典》的立法意旨。

第二,“无过失”。“无过失”是一种应然状态、客观标准,指出于促进交易合作的目的,只要行为人存在表见外衣且该表见外衣在善良管理人、一般理性人看来足以产生让人信服的代理授权外观,即可以认定交易相对人内心产生了行为人为有权代理的合理信任,其没有义务也没有必要进一步审核或核验行为人的代理权为真或为假,或该代理权是否特定针对此时发生的交易,与《民法典》第 172 条“相对人有理由相信行为人有代理权”中的“有理由”相对应。

若客观上行为人虽然存在表见外衣,但表见外衣不足以形成使一般理性人

或善良管理人相信其为有权代理的授权外观，如行为人仅具备具有被代理人的代表身份/职务身份、持有被代理人公章印鉴、持有被代理人授权文件三种认定表见代理的因素中的其中一种因素，甚至不具备以上任何一种因素，而交易相对人未进一步要求行为人提供证明材料或自行调查以查明行为人是否真正具有代理授权而轻易与行为人建立交易合作关系的，则属于“有过失”。即使交易相对人实际上确实不知道行为人没有代理授权，由于其主观是“善意有过失”而不是表见代理所要求的“善意无过失”，也不能要求被代理人承担合同责任。

虽然交易相对人违反注意义务的主观过失状态是造就客观授权的根源，但不得对交易相对人苛以过重的注意义务，即“无过失”的标准不宜过高，若将违反注意义务与以行为造就法律外观之情形等量齐观，在信赖保护及交易安全方面未免走得太远。①

(3)被代理人对行为人具有代理权外观的可归责性(权利外观责任的可归责性)

在特殊情况下，如果被代理人对表现其主体身份或民事地位的信物保管不善(擅自出借印章)、存在经营不规范(内部授权对外未撤回)的情形或者甚至具有违法行为(公司刻制多套印章)，导致行为人滥用被代理人的名义与交易相对人从事交易活动产生诉讼纠纷的，被代理人对此具有重大过失。此时，鉴于被代理人对行为人具有授权外观给予了一定的原因力或者具有消除某种权利外观的义务而未作为，导致其与造就授权外观之间形成关联性，因此其具有可归责性。② 为了体现法院对被代理人对于行为人存在授权外观的主观过错的非难，法院可以直接赋予行为人的无权代理行为以表见代理的民事效力，要求被代理人承担合同责任。

(二)表见代理的类型

我国法律并未对表见代理予以类型化，只是笼统地规定“相对人有理由相信行为人有代理权的，该代理行为有效”，且“有理由相信”具体包括什么情形，司法解释也未予以明确。反观域外国家及其他地区，我国台湾地区“民法”以及《德国民法典》对表见代理进行了分类，该分类对于理解我国实践中虽未类型

---

① 参见朱庆育:《民法总论》(第2版)，北京大学出版社2016年版，第369页。

② 参见刘恋、梁宵:《论盖章行为法律后果归责下表见代理与职务行为的适用》，载《法制与经济》2020年第10期。

化、但却在个案认定中以相应类型为表征的认定表见代理的要素具有辅助功用，再次结合予以阐释。

1."授权表见型"表见代理①

我国台湾地区"民法"第169条是"授权表见型"表见代理的典型表述，即"由自己之行为表示以代理权授予他人……对于第三人应负授权人之责任。但第三人明知其无代理权而可得而知者，不在此限"。其中，"由自己之行为表示以代理权授予他人"实际上还包括两种情形。

第一，通知型授权。"如果以特别通知或者公告通知第三人，已授权某人为其全权代表时，该全权代表根据通告在前一种情况下对接受特别通知的第三人，在后一种情况下对任何第三人，均可行使其代理权。"②也就是说，被代理人通过定向通知交易相对人的方式或通过公示通知大多数不特定第三人的方式宣示对行为人授权的，如允许他人以其名义为营业，③即使实际上被代理人未对行为人作出委托授权的意思表示或委托授权无效的，也构成表见代理。

第二，信物交付型授权。"由授权人向代理人授予全权证书，并由代理人向第三人出示该全权证书的，其效力等同于由授权人发出授予代理权的特别通知。"④也就是说，行为人持有加盖被代理人公章的空白合同书、空白收据、授权委托书、委托代理函、介绍信的，即使实际上被代理人未对行为人作出委托授权的意思表示或委托授权无效的，也产生与合法授权一样的权利外观。

我国法律未明确规定"授权表见"型表见代理，但是司法判例却确立了以"是否存在诸如合同书、公章、印鉴等有权代理的客观表象形式要素"认定是否构成表见代理的规则，⑤行为人持有"合同书、公章或印鉴"的属于上文所述之"信物型表见外衣"，是法院认定行为人是否存在有权代理授权外观的主要因素之一。

---

① 参见朱庆育：《民法总论》（第2版），北京大学出版社2016年版，第369页。

② 《德国民法典》第171条第1款。

③ 参见王泽鉴：《债法原理》，北京大学出版社2009年版，第304页。

④ 《德国民法典》第172条第1款。

⑤ 《最高人民法院关于当前形势下审理民商事合同纠纷案件若干问题的指导意见》（2009年）："14.人民法院在判断合同相对人主观上是否属于善意且无过失时，应当结合合同缔结与履行过程中的各种因素综合判断合同相对人是否尽到合理注意义务，此外还要考虑合同的缔结时间、以谁的名义签字、是否盖有相关印章及印章真伪、标的物的交付方式与地点、购买的材料、租赁的器材、所借款项的用途、建筑单位是否知道项目经理的行为、是否参与合同履行等各种因素，作出综合分析判断。"

2.“代理权存续型”表见代理

“代理权之限制及撤回,不得以之对抗善意第三人。但第三人因过失而不知其事实者,不在此限,”①此即为“代理权存续型”表见代理。《德国民法典》也有相应之规定,如其第 170 条规定,“如果全权是以向第三人作出意思表示而授予的,在授权人向第三人通知全权消灭之前,全权对于第三人仍为有效”;第 171 条第 2 款规定,“在以与授予代理权相同的方式通知撤销代理权之前,代理权继续存在”;第 172 条第 2 款规定:“在全权证书交换授权人或者声明无效之前,代理权继续存在。”

“代理权存续型”表见代理,简言之就是“外部授权,内部撤回,但内部撤回不得对抗善意第三人”。详谈之,即在一系列有关联的交易中,被代理人在之前的交易中已通过各种方式(包括事前授权、事后追认、赋予职务身份、交付印鉴信物等)让交易相对人知悉其已对行为人进行真实、合法的授权,交易相对人也一直将行为人视为被代理人与其发生交易关系;但是,在之后的交易中,被代理人撤销了对行为人的授权或限制了行为人的权利范围,但该事实仅发生在被代理人与行为人之间,被代理人并未将撤销或限缩代理授权的事实通过各种方式使交易相对人知悉,交易相对人基于对前期交易中行为人有权代表被代理人的合理信赖继续与行为人合作,此时构成“代理权存续”。鉴于因被代理人过失导致代理权存续的表征构成第三人善意正当信赖的基础,因此对被代理人的归责具备合理性与正当性。②

此即上文所提及之“历史交易信赖型表见外衣”,虽然未被我国民商事法律及司法解释明文确定,但在司法审判实践中,也是法院认定行为人是否存在代理授权外观的主要因素之一。例如,在最高人民法院判决的下述案件③中,法院便认为:“合利公司在以东方公司名义向庐州信用社申请贷款和抵押的过程中,出具了东方公司的授权委托书、该公司的公章、财务专用章、合同专用章、营业执照副本、贷款证以及全套贷款资料,在客观上形成了合利公司具有申请贷款和提供抵押的代理权表象。尽管东方公司在合利公司与庐州信用社签订借款

---

① 我国台湾地区“民法”第 107 条。

② 参见王泽鉴:《债法原理》,北京大学出版社 2009 年版,第 306 页。

③ 中国银行合肥市桐城路分理处与合肥东方房地产有限责任公司、合肥合利物业发展有限公司借款、抵押担保合同纠纷案,最高人民法院(2000)最高法经终字第 220 号民事判决书。

合同和抵押合同之前，曾函告丁某俊和丁某荣收回其授权委托，以及丁某俊回函称其所拿东方公司印章仅为办理土地使用权变更之用，但上述函件往来行为并未对外公示，且东方公司在合利公司以其名义向庐州信用社申请贷款之前也未能实际收回其公章、贷款证等物品，故东方公司的撤销委托授权行为未能改变前述合利公司具有代理权的客观表象，合利公司的申请贷款和抵押行为符合表见代理的客观要件。”此外，在下述案件①中，法院也作出了类似的认定：“签订该协议时，王某斌虽没有出具楚龙公司的授权委托书，协议上亦未加盖楚龙公司的公章，但该协议的主体为王某斌（楚龙公司）和老河口图书馆。基于王某斌在签订《联合开发房屋合同》《补充协议一》时的代理人身份，老河口图书馆有理由相信王某斌的行为代表楚龙公司。”

3.“不作为容忍型”表见代理

依据我国台湾地区“民法”第169条的表述，“……或知他人表示为其代理人而不为反对之表示者，对于第三人应负授权人之责任”，此谓之“不作为容忍型”表见代理，依我国台湾地区学者解释，是指知他人表示为其代理人而与相对人为法律行为时，原即应为反对之表示，使其代理行为无从成立，以保护善意第三人，竟因其不为反对之表示，致第三人误认代理人确有代理权而与之从事法律行为，自应负授权人之责任者而言。②

《德国民法典》虽然未明确规定“不作为容忍型”表见代理，但该规则实际为其司法判例所确定，德国通说也认为此系基于外观保护的表见代理之一种。③“不作为容忍型”表见代理，是指虽然被代理人对行为人以其名义对外从事的民事活动未予以事先授权或事后追认，但是行为人以被代理人的名义实施与合同内容有关的行为，如磋商谈判、变更条款、发函告知、索赔确认、开会协商、结算交割、和解调解、参与诉讼等，被代理人对此明知，但对行为人以其身份从事某个行为时不明确反对、否认或提出异议的，属于“容忍”，而基于被代理人的“容忍”“默许”，交易相对人极易产生行为人有权代理的合理判断和习惯信赖。因此，为保护交易相对人的合理信赖，被代理人应当对其“容忍”的“消极不作为”

① 湖北楚龙实业有限公司与老河口市图书馆合资、合作开发房地产合同纠纷申请再审案，最高人民法院(2014)最高法民申字第2013号民事裁定书。

② 参见王泽鉴：《债法原理》，北京大学出版社2009年版，第47页。

③ 参见朱庆育：《民法总论》(第2版)，北京大学出版社2016年版，第365页。

负表见代理之责。

“不作为容忍型”表见代理属于上文所述的“默示信赖型表见外衣”。在立法上,我国的原《民法通则》第66条第1款曾确定了“不作为容忍型”表见代理,即“本人知道他人以本人名义实施民事行为而不作否认表示的,视为同意”。其后的原《民法总则》以及《民法典》都删除了该条,但这并不妨碍我国法院对“不作为容忍型”表见代理的运用。在司法实践中,法院通常是以“行为人以被代理人的名义实施了……(各种各样的交易交涉活动)……被代理人未提出过异议”作为适用“默示信赖型表见外衣”认定构成表见代理的判词模型。例如,“盛隆公司虽称陈某栋为无权代理,但其并未提交证据证明在本案诉讼之前,其曾经就此向蔡某南提出过异议”。[①] “当沈阳公司将背书的银行承兑汇票交给建平公司又取得全额的增值税专用发票后,长芦公司却在张某刑事犯罪案发前长达九个月的时间里从未提出过货款未付的异议。长芦公司的此消极行为进一步加强了沈阳公司对建平公司之前表见代理行为的确信。”[②]“王某斌以楚龙公司的名义所签订的结算协议至今已有十多年的时间,但楚龙公司并未提出异议。该事实亦进一步佐证了老河口图书馆有理由相信其与王某斌签订结算协议时,王某斌代表楚龙公司。”[③]“京宏公司工程部系该公司负责案涉工程的项目部,除工程竣工验收报告以外,案涉工程的开工报告、图纸会审记录、工程款申请支付表(进度款申请)等相关文件均由京宏公司工程部代表该公司加盖公章,京宏公司对上述文件不持异议,这表明在案涉工程的施工过程中工程部即代表京宏公司,故竣工验收报告上加盖工程部的公章应视为京宏公司的意思表示,表明该公司对竣工验收结果的认可。”[④]“建标六公司与藤县政府、交通公司多次签订协议,藤县政府、交通公司对建标六公司的公章真伪未提出异议,表明藤县政府、

① 蔡某南与盛隆资源再生(无锡)有限公司民间借贷纠纷申请再审案,最高人民法院(2015)最高法民申字第418号民事裁定书。

② 天津市长芦盐业总公司与中国铁路物资沈阳有限公司买卖合同纠纷案,最高人民法院(2015)最高法民二终字第335号民事判决书。

③ 湖北楚龙实业有限公司与老河口市图书馆合资、合作开发房地产合同纠纷申请再审案,最高人民法院(2014)最高法民申字第2013号民事裁定书。

④ 鸡西市新兴建筑工程有限公司、鸡西市京宏房地产开发有限公司建设工程施工合同纠纷再审案,最高人民法院(2017)最高法民再125号民事判决书。

交通公司已认可建标六公司是本案工程的结算主体。”①

但是，有较多学者认为，“不作为容忍型”的授权外观，即“被代理人知道行为人以自己的名义从事交易而不表示反对”，构成“默示授权”，应属于“有权代理”的范畴，而非构成“表见代理”，进而被纳入“无权代理”的领域。② 理由在于，将“不作为容忍型”解释为“默示授权”不但与《民法典》第503条③的规定保持逻辑融贯，④并且有利于进一步保障伪造印章下不知伪造事实的被代理人的合法权益。⑤ 然而笔者认为，首先，根据《民法典》147条的规定，沉默只有在有法律规定、当事人约定或者符合当事人之间的交易习惯时，才可以视为意思表示，但我国《民法典》并未规定代理权的授予可以通过“不作为默示”的方式进行；其次，根据《民法典》第171条的规定，接到交易相对人的催告后，被代理人可以对无权代理行为进行追认，但被代理人未作表示的，视为拒绝追认，由此可以看出《民法典》对于被代理人默示授权的消极认可；在立法者未在《民法典》中赋予“默示授权”一席之地的前提下，法官将“不作为容忍型”作为认定构成表见代理的要素之一亦无可厚非，因为表见代理与有权代理的法律后果并无二致。

可见，我国法院对于表见代理认定坚持的是“综合分析判断”原则。由于未对“授权表见型”表见代理、“代理权存续型”表见代理、“不作为容忍型”表见代理进行明确立法，法院不能仅凭单一的行为人具有代表或职务身份、行为人持有公章、授权文件或被代理人撤回授权但未使交易相对人知悉、被代理人未对代理行为表示异议或接受交易相对人的履行行为等独立要素再结合交易相对人主观善意这一主观要素就断然认定构成表见代理，而是要根据行为人的授权外观、交易相对人的主观状态、被代理人对授权外观形成的归责程度、合同订立

---

① 藤县人民政府、广西藤县交通开发建设有限公司建设工程施工合同纠纷再审审查与审判监督案，最高人民法院(2019)最高法民申3290号民事裁定书。

② 参见王利明：《民法总论》(第2版)，中国人民大学出版社2015年版，第254～258页；马俊驹、辜明安主编：《民法》，武汉大学出版社2012年版，第154～156页。

③ 《民法典》第503条规定：“无权代理人以被代理人的名义订立合同，被代理人已经开始履行合同义务或者接受相对人履行的，视为对合同的追认。”

④ 参见朱庆育：《民法总论》(第2版)，北京大学出版社2016年版，第366页。

⑤ 该学者认为，将“不作为容忍”的授权外观解释为“默示授权”，在伪造公章下的付款责任案件审理中，可以顺理成章地将“相对人在订立合同时知道或应当知道被代理人知情未反对”的举证义务分配给相对人，加重相对人“善意”的举证义务，进而保障不知被伪造公章的被代理人的合法权益，此做法也更符合学说理论构造。参见周清林：《伪造印章下的表见代理构造》，载《法商研究》2020年第2期。

时间、合同履行地点、合同履行方式、授信物的真伪、标的物的用途等各种因素对表见代理施加的此消彼长、此进彼退的原因力影响来综合认定交易是否产生足以认定构成表见代理关系的高度盖然性。例如,行为人以被代理人的名义向交易相对人借款,既表明了职务身份,合同也加盖有公章,便足以使一般理性人认定行为人为有权代理;但是,若交易相对人明知借款是用于行为人个人而非为被代理人所用,借款直接向行为人交付而并未汇入被代理人账户的,此时交易相对人的合理信赖将为履行行为所削弱,“将借款交付行为人”这一因素甚至足以推翻行为人所有的授权外观,进而不构成表见代理。例如,在下述案件①中,法院认定:“程某石持有的75张借条中有三张借条的担保人栏盖有众成加油站公章,何某国出具的2010年12月15日承诺书及2011年4月1日承诺证明书的担保人栏亦加盖有众成加油站公章。何某国作为众成加油站的工作人员,以众成加油站的财产为自己个人借款提供担保,超出职权范围……程某石出借款项时,明知何某国将资金主要用于自己的投资项目,而非用于众成加油站经营,程某石作为出借人更应该审慎地审查何某国是否具有代理权限,但其并未要求何某国出具众成加油站的授权委托书,亦未要求众成加油站的投资人予以确认或追认。因此,原审认定程某石主观上并非善意无过失,何某国加盖众成加油站公章的行为不构成表见代理有事实依据。”又如下述案件②判决的述理:“虽然刘某淮称本案借款行为发生在石某林在蚌埠交行的办公室内,借款时间发生在蚌埠交行的工作时间,且石某林当时具有蚌埠交行营销二部经理的身份,并在借条上盖有营销二部的印章,但是刘某淮作为具有完全民事行为能力的人,从事个体经营职业,应当知道向个人借款并支付高额利润不属于蚌埠交行的经营范围,并且刘某淮出借百万巨款既未通过银行转账支付,也未要求石某林出具任何银行单据,其未尽到合理的注意义务,在主观上具有过失。”

三、建设工程施工合同司法实践中的表见代理认定

施工合同中表见代理的司法认定由于牵涉到表见代理的外观表象、善意无

---

① 程某石与何某国、郑某霞等民间借贷纠纷申请再审案,最高人民法院(2015)最高法民申字第1938号民事裁定书。

② 刘某淮与交通银行股份有限公司蚌埠分行民间借贷纠纷申请再审案,最高人民法院(2013)最高法民申字第312号民事裁定书。

过失的综合判断，体现出比理论分析更为复杂的特性。通过对最高人民法院施工合同案例中涉及表见代理认定的判决梳理，我们发现在审判实践中，通常无权代理行为模型中只要存在上述表见外衣类型两种以上，且交易相对人确实不知且不应知行为人无代理授权的事实，法官即能形成无权代理构成表见代理的自由心证。为了厘清有关判决中对表见代理要件的认定思路，此部分实践考察仍然遵循表见外衣的认定、善意无过失的认定等分别予以解析。

（一）表见外衣的认定

在无权代理行为模式中，只要无权代理行为存在身份型表见外衣、信物型表见外衣、历史交易信赖型表见外衣、关联交易信赖型表见外衣、沉默信赖型表见外衣、行为认可型表见外衣、履行方式、履行地点、履行时间信赖型表见外衣七种类型中任意两种及以上的表见外衣，法院即可进一步形成该无权代理行为构成表见代理的内心确认。

1. 身份型表见外衣与沉默信赖型表见外衣的重合

（1）北京城建集团有限责任公司、安徽大宁路港工程设备有限公司建设工程施工合同纠纷案①

判决认为："涉案城建公司项目部系由城建公司设立，具体对外负责工程的组织、管理和施工。邹某寿、林某武以该项目部名义与大宁公司签订《基层、底基层施工合同书》及《补充协议》，虽然在该合同书及补充协议签订时并未加盖项目部公章，但上述合同书及补充协议系以城建公司项目部名义签订，且邹某寿和林某武作为该项目部代表签字，大宁公司有理由相信邹某寿有权代表项目部对外签订合同。大宁公司从邹某寿和随岳南公司领取款项，并不当然影响大宁公司与城建公司间的法律关系。上述合同书及补充协议签订后，大宁公司根据合同约定进场施工，城建公司及城建公司项目部不仅未就此提出异议，城建公司项目部在施工过程中还与大宁公司有函件往来，而且城建公司项目部还向大宁公司支付了部分工程款，因此二审判决认定邹某寿以城建公司项目部名义与大宁公司签订《基层、底基层施工合同书》及《补充协议》构成表见代理并无不当。城建公司作为项目部的设立者，应承担相应的给付工程款责任。"

---

① 北京城建集团有限责任公司、安徽大宁路港工程设备有限公司建设工程施工合同纠纷再审审查与审判监督案，最高人民法院（2019）最高法民申981号民事裁定书。

可见,法院认定构成权利外观的因素包括行为人是项目部代表人、被代理人对交易相对人义务履行的沉默、被代理人通过付款行为追认三个因素,分别属于身份型表见外衣、沉默信赖型表见外衣以及《民法典》第503条[①]中被代理人通过履行合同义务对无权代理人订立合同的追认。"无权代理人以被代理人的名义订立合同,被代理人已经开始履行合同义务的或者接受相对人履行,视为对合同的追认。"

(2)中铁北京工程局集团有限公司、迅通(西安)仓储发展有限公司建设工程施工合同纠纷案[②]

判决认为:"姜某桂、刘某胜于2013年1月25日签名的借据上载明的247,200元借款是否应认定为中铁公司的借款。这份借据上记载的借款单位为中铁航空港北京第五分公司,虽没有中铁公司盖章确认,但姜某桂、刘某胜在'西安工地项目代表'处签名。迅通公司主张姜某桂为中铁公司在涉案项目中的工地项目代表,并提交了姜某桂作为中铁公司代表参加工程监理例会等证据,本院对这一事实予以认定。结合协议书签订于2012年5月18日,该借据的形成时间为协议书签订约半年后的2013年1月25日,迅通公司委托代理人在一审对此质证时主张当时临近春节,这笔费用是代中铁公司解决员工工资、劳务费等问题以及当时中铁公司项目部没有公章,由中铁公司项目代表签字认可等意见较为合理,应予采信。中铁公司虽不认可该笔款项为迅通公司向其支付的,但是并不否认姜某桂、刘某胜为其公司员工的这一事实,且当事人提交的证据如签证单等都有姜某桂、刘某胜二人作为中铁公司的代表签字,以上事实足以构成表见代理,综上,一审判决认定该笔借款为迅通公司向中铁公司支付的工程款亦无不当。"

本案中,构成权利外观的因素包括行为人为项目代表人、行为人以被代理人的名义与交易相对人签证往来但被代理人却未提出任何异议,分别属于身份型表见外衣、沉默信赖型表见外衣,法院认定构成表见代理。

---

① 《民法典》第503条规定:"无权代理人以被代理人的名义订立合同,被代理人已经开始履行合同义务或者接受相对人履行的,视为对合同的追认。"

② 中铁北京工程局集团有限公司、迅通(西安)仓储发展有限公司建设工程施工合同纠纷案,最高人民法院(2018)最高法民终96号民事判决书。

(3)云南珑邦建设工程有限公司、昭通市大龙洞福安艺术陵园开发有限公司建设工程施工合同纠纷案①

判决认为:"珑邦公司认为何某文不构成表见代理,但根据《项目协议》的约定,何某文为项目经理,施工中,何某文多次以施工负责人名义签收通知、出具承诺、提交退场申请、签署退场工程量说明、收取工程款等。虽然《项目协议》约定何某文无权收取工程款项,但珑邦公司并未向福安艺术陵园告知过何某文的代理权限,也未对何某文和福安艺术陵园公司的上述行为提出过异议。因此,福安艺术陵园有理由相信案涉项目施工中何某文代表珑邦公司,何某文的行为构成表见代理。"

本案中,构成权利外观的因素包括行为人为项目负责人、行为人已被代理人的名义超越代理权限向交易相对人收取工程款之时或之后的一段时间内被代理人从未对此表示反对或否认,分别属于身份型表见外衣、沉默信赖型表见外衣,法院认定构成表见代理。

2. 信物型表见外衣、身份型表见外衣及行为认可型表见外衣的重合——江西省中盛建筑集团有限公司、中贤建筑集团有限公司建设工程施工合同纠纷案②

判决认为:"关于刘某福与中盛公司之间是否存在表见代理的问题。首先,案涉'江西中盛九江职业大学新校区五标段项目部'章在案涉工程建设过程中的多种文件中被多次使用,结合刘某福是中盛公司授权的案涉中盛九江职大新校区五标段项目部负责人的事实,现有证据不能认定案涉'江西中盛九江职业大学新校区五标段项目部'章是假章。其次,刘某福作为诉争五标段项目负责人,中盛公司无证据证明赵某红知晓刘某福与中盛公司的内部约定,赵某红有理由相信刘某福有权与其办理案涉工程的结算事宜,故刘某福与赵某红约定调整结算金额计算方案,确定已付、欠付工程款金额等行为均对中盛公司构成表见代理,对中盛公司产生约束力。即使中盛公司后又通过登报的方式,声明刘某福个人无权单独对项目进行结算,但中盛公司刊载公告系在刘某福与赵某红进行结算之后,而2017年9月1日刘某福与赵某红的结算,仅是在原结算的基

---

① 云南珑邦建设工程有限公司、昭通市大龙洞福安艺术陵园开发有限公司建设工程施工合同纠纷再审审查与审判监督案,最高人民法院(2017)最高法民申2315号民事裁定书。

② 江西省中盛建筑集团有限公司、中贤建筑集团有限公司建设工程施工合同纠纷再审审查与审判监督案,最高人民法院(2019)最高法民申318号民事裁定书。

础上将中盛公司中标的五标段和中贤公司中标的四标段护理学院中专部工程分开结算，且此次结算结果减轻了中盛公司的负担。综上，对中盛公司主张其与刘某福之间不构成表见代理的申请再审理由，本院不予支持。”

在该案中，构成有权代理权利外观的因素包括：加盖项目公章、行为人是项目负责人、被代理人对交易相对人的结算行为予以认可，分别属于信物型表见外衣、身份型表见外衣及行为认可型表见外衣，因而亦可认定构成表见代理。

3. 两项信物型表见外衣的重合——中科建设开发总公司、华通鑫海源（宁夏）建设工程有限公司建设工程施工合同纠纷案①

判决认为：“原审判决依据查明事实，认定中科建公司给华通鑫海源公司和武德鑫的授权以及《劳务分包协议书》上所盖‘中科建设开发总公司中卫香山国际城商住楼工程建设项目部’印章，使华通鑫海源公司从客观上有理由相信此系中科建公司签订合同的真实意思表示，进而认定表见代理成立，适用法律并无不当。故中科建公司该项再审请求不符合《中华人民共和国民事诉讼法》第二百条第六项再审情形，本院不予支持。”

在本案中，构成代理权利外观的因素包括被代理人对行为人出具的授权委托书、被代理人向行为人交付公章，该两项因素都属于信物型表见外衣，法院认定构成表见代理。

4. 身份型表见外衣、信物型表见外衣的重合

（1）中十冶集团有限公司、夏某举建设工程施工合同纠纷案②

判决认为：“本案各方当事人争议的问题在于，袁某和以中十冶成都分公司名义与夏某举签订《S302 线通江县城过境公路大房沟隧道工程劳务分包初步协议》以及向夏某举收取履约保证金 800 万元的行为，是否构成表见代理。首先，夏某举提供的证据能够证明袁某和具有代理中十冶成都分公司与其签订案涉协议的授权表象。袁某和在与夏某举签订案涉协议时向夏某举出示的三份材料，中十冶成都分公司中十冶成分司发（2013）3 号文件证明袁某和是该分公司聘任的副总经理，中十冶成都分公司中十冶成分司发（2014）1 号文件证明该分

---

① 中科建设开发总公司、华通鑫海源（宁夏）建设工程有限公司建设工程施工合同纠纷再审审查与审判监督案，最高人民法院（2020）最高法民申 1317 号民事裁定书。

② 中十冶集团有限公司、夏某举建设工程施工合同纠纷再审案，最高人民法院（2019）最高法民再 199 号民事判决书。

公司任命袁某和为四川省通江县 S302 线县城过境公路建设项目的指挥长，全权负责本项目，《通江县 S302 线县城过境公路建设项目工程施工内部承包协议书》证明袁某和内部承包该工程。虽然三份材料上中十冶成都分公司的印章与公安局备案印章不一致，但中十冶公司在另案中并未否定其效力，且中十冶公司在本案中虽主张印章是袁某和伪造的，但其没有提供充分证据加以证明。夏某举提供的证据能够证明袁某和具有代理中十冶成都分公司与其签订案涉协议的授权表象。”

在本案中，构成授权表象的因素包括行为人为项目负责人、行为人持有项目部公章，分别构成身份型表见外衣、信物型表见外衣，法院认定其构成表见代理。

(2)长春建工新吉润建设有限公司、朱某云建设工程施工合同纠纷案①

判决认为：“本案中，一审法院查明，2014 年 3 月 26 日，金业学校与新吉润公司润鹏分公司就案涉工程签订《总承包协议书》，约定案涉工程由新吉润公司润鹏分公司承建。《总承包协议书》加盖了金业学校及新吉润公司润鹏分公司的公章，并有王某全和金业学校的法定代表人杨某武的签字。新吉润公司虽主张《总承包协议书》上加盖的新吉润公司润鹏分公司的公章涉嫌伪造，但并未提供证据证明其主张。2014 年 4 月 4 日，王某全以新吉润公司润鹏分公司的名义与朱某云签订《工程施工补充协议》，将案涉工程转包给朱某云。因前述《总承包协议书》中加盖了新吉润公司润鹏分公司的公章以及王某全的签字，朱某云基于相信王某全具有新吉润公司的代理权限而与王某全签订《工程施工补充协议》，一审法院据此认定王某全的行为构成表见代理，理据适当。此外，一审法院审理期间，朱某云提交了新吉润公司出具的《法人授权委托书》(编号:031)，载明新吉润公司委托王某全、张某为新吉润公司签订经济合同的代理人，代理权限为金业学校培训基地项目事宜，代理人在代理权限内签订的合同，由新吉润公司负责承担责任，代理期限为 2014 年 4 月 8 日至 2014 年 5 月 11 日。”

本案中，构成表见代理客观表象的因素包括行为人在《总承包协议书》上的签字可认定为行为人为项目代表人，《补充协议》加盖了被代理人的公章，分别属于身份型表见外衣、信物型表见外衣，法院认定构成表见代理。

---

① 长春建工新吉润建设有限公司、朱某云建设工程施工合同纠纷再审审查与审判监督案，最高人民法院(2019)最高法民申 5788 号民事裁定书。

5. 历史交易信赖型表见外衣、沉默信赖型表见外衣的重合——茂名市建筑工程总公司深圳分公司、茂名市建筑工程总公司建设工程施工合同纠纷案①

判决认为:“虽然茂建深圳分公司未向庞某新出具签收工程款的书面授权,但根据原审已查明的事实,其已授权庞某新参加合同及相关协议的签字。且在前述授权出具之前,庞某新即已作为茂建深圳分公司的委托代理人,代表该公司于2000年5月19日与黄金台公司签订案涉《深圳市建设工程施工合同》。案涉工程从合同签订、材料采购、施工管理、工程款往来、开工到竣工验收,持续数年,均由庞某新以茂建深圳分公司的名义履行,此间亦有该公司的其他工作人员参与其中,茂建深圳分公司应可知晓庞某新的上述代理行为,但其并未对此作出否定的意思表示。故原判决认定庞某新签收工程款的行为构成表见代理,有事实和法律依据。据此,原判决认定黄金台公司支付给庞某新的40,427,642元款项为该公司已付案涉工程款,并无不当。”

在本案中,构成有权代理权利外观的因素包括在以往的历史交易中行为人的代理行为得到被代理人的认可、在后来的交易活动中行为人仍然以被代理人的身份实施民事行为且被代理人对此知晓但不予以否认,分别属于历史交易信赖型表见外衣、沉默信赖型表见外衣,法院认定构成表见代理。

6. 信物型表见外衣、历史交易信赖型表见外衣的重合——重庆市龙煌实业有限责任公司、重庆西南铝装饰工程有限公司装饰装修合同纠纷案②

判决认为:“关于龙煌公司新提交的证据是否足以推翻原审判决。针对龙煌公司新提交的证据,西南铝公司已向本院提交相应质证意见。经本院审查,龙煌公司新提交的部分证据在原审中已提交,不属于再审新证据。其中《关于同意重新雕刻“龙煌公司”印章的批复》系资产处置组向重庆市峻坤实业有限公司出具的内部批复,并不能证明西南铝公司知悉龙煌公司内部替换公章的事宜。即使和解协议签订时邬某富不再担任龙煌公司的法定代表人,其行为也应构成表见代理,西南铝公司有理由相信其签署相关协议的行为可以代表龙煌公司。故龙煌公司新提交的证据不能推翻二审判决,本院不予采信。”

---

① 茂名市建筑工程总公司深圳分公司、茂名市建筑工程总公司建设工程施工合同纠纷再审审查与审判监督案,最高人民法院(2018)最高法民申1381号民事裁定书。

② 重庆市龙煌实业有限责任公司、重庆西南铝装饰工程有限公司装饰装修合同纠纷再审审查与审判监督案,最高人民法院(2018)最高法民申259号民事裁定书。

本案中，构成权利外观的因素包括行为人持有公章、行为人曾经为有权代表后代表权被撤销但该事实未被交易相对人知悉，分别属于信物型表见外衣、历史交易信赖型表见外衣，法院认定构成表见代理。

（二）“善意无过失”的认定

对表见代理中相对人是否善意无过失，是对相对人在订立协议时主观心态的判断，应结合案件的相关事实予以判定。[①] 在判断“善意无过失”时，应判断交易相对人的实际主观状态，若交易相对人实际确实不知道行为人无权代理，结合交易相对人对代理权认知的主客观状态，应认定构成表见代理；但是，如果交易相对人本来基于表见事由相信行为人有代理权，但后来在某种情形下“特别”地知道了行为人为无权代理，如行为人特意告知、被代理人主动披露公示或交易文件中某份文件载明了行为人无代理权的事实，交易相对人的“善意”转化为“恶意”，此时交易相对人与行为人实施的民事行为属于自涉风险，不在表见代理的保护范围之列。

1.“善意”的认定

（1）无印章、无授权也无职务身份，不能使一般理性人产生有权代理的内心确认

江苏南通三建集团有限公司与山东菏建建筑集团有限公司买卖合同纠纷案[②]的判决认为：“三建公司一、二审中并未举证证明发包人告知其葛某平身份……三建公司仅举证了葛某平签字和加盖未证明属于菏建公司印章的购买清单这一仅具有客观表象形式的证据，而未证明其善意且无过失地相信葛某平具有代理权，且尽到了相对人合理的注意义务。因此，三建公司提交的新证据不能认定葛某平系项目负责人，也不能认定葛某平的行为构成表见代理，不足以推翻原判决。”

亳州市成业建材销售有限公司、安徽水利开发股份有限公司分期付款买卖合同纠纷案[③]的判决认为：“李某并不持有案涉丁家坑项目部印章，也没有安徽

① 长沙市建设工程集团有限公司、长沙市建设工程集团有限公司二分公司建设工程施工合同纠纷再审案，最高人民法院（2016）最高法民再346号民事判决书。

② 江苏南通三建集团有限公司与山东菏建建筑集团有限公司买卖合同纠纷申诉、申请案，最高人民法院（2016）最高法民申3293号民事裁定书。

③ 亳州市成业建材销售有限公司、安徽水利开发股份有限公司分期付款买卖合同纠纷再审审查与审判监督案，最高人民法院（2019）最高法民申687号民事裁定书。

建工出具的授权委托书等身份证明材料。成业公司提交的《钢材销售合同》复印件上的'安徽建工集团亳州市丁家坑综合改造房建工程项目部'印章应系此后补盖。成业公司在签订合同时，未审查李某的授权，未要求安徽建工盖章，没有尽到注意义务，并非善意无过失，二审法院认定李某签订案涉《钢材销售合同》的行为不构成表见代理并无不当。"本案中，行为人与交易相对人签订合同时，行为人未加盖被代理人印章、也不具有被代理人的职务身份、代理授权，不足以使一般理性人产生有权代理的内心确认。

(2)仅持有公章，不具有代理授权或职务身份，不能使一般理性人产生有权代理的内心确认

再审申请人陈某因与被申请人睢宁县新城建筑工程有限公司及一审被告睢宁县步鑫房屋租赁有限公司，一审第三人宿迁市达宇建筑安装工程有限公司、蔡某鼎、刘某、葛某甫建设工程施工合同纠纷案[①]的判决认为："综合以上事实，刘某既不是新城公司工作人员，也没有新城公司授权委托，陈某仅以刘某持有和使用新城公司项目部印章以及施工工地的标牌及有关施工资料即主张有理由相信刘某有权代表新城公司，其行为构成表见代理，依据不足。二审裁定认定蔡某鼎、刘某、葛某甫的行为不构成表见代理并无不当。"

(3)无代理人身份，无授权，亦不持有印章，不能使一般理性人产生有权代理的内心确认

克拉玛依市丰业节能建材有限公司、永升建设集团有限公司买卖合同纠纷案[②]的判决认为："客观上，陈某国在与丰业公司签订《销售合同书》时，没有出示任何证明其与永升公司有关的身份证件或授权文件；且在永升公司的《投标书》以及《建筑工程内部承包合同》中也没有任何关于陈某国的授权规定。陈某国并未持有具有代理意义的介绍信、授权委托书、印鉴等，也没有证据证明其作为永升公司的业务员与丰业公司有永升公司承认的长期业务往来等。丰业公司在签约时并未对陈某国的身份、权限尽合理的审查责任，也没有要求陈某国出

---

① 再审申请人陈某因与被申请人睢宁县新城建筑工程有限公司及一审被告睢宁县步鑫房屋租赁有限公司，一审第三人宿迁市达宇建筑安装工程有限公司、蔡某鼎、刘某、葛某甫建设工程施工合同纠纷再审审查案，最高人民法院(2016)最高法民申2928号民事裁定书。

② 克拉玛依市丰业节能建材有限公司、永升建设集团有限公司买卖合同纠纷再审审查与审判监督案，最高人民法院(2014)最高法民申字第536号民事裁定书。

示任何与永升公司有关的身份证明或授权文件，故丰业公司在主观上并非善意且无过失的。”

2.“无过失”的判断——注意义务的差别化

交易相对人主观上是否属于“无过失”的客观标准，是以交易相对人是否已“合理谨慎地审查行为人的代理权限、避免自己进入无权代理关系而陷入追责窘迫之境地”为判断依据的。但实践中，交易相对人的这一注意义务程度又会因交易类型、履行惯例的不同有别，也会因相对人的交易经验、风险判断能力相异，这便意味着，注意义务的差别化实际是对“无过失”实践判断的关键要素。

以行为人以被代理人的名义为他人的债权提供担保为例，若被代理人为法人的，法律原则上要求交易相对人应当尽到核查行为人是否具有代表被代理人对债务进行担保的真实授权的合理审慎义务，[①]但即便如此，不同交易相对人的注意义务程度也不相同。

若交易相对人为一般自然人，法律要求其对行为人代理权审查的注意义务较低。在签订担保合同的过程中，只要行为人具有被代理人的法定代表人、项目负责人、股东、董事长、总经理等的代表身份、出示被代理人的公章或持有被代理人的授权委托书、营业执照三种表见外衣的其中两种，就足以构建并形成交易相对人认为其有权代理的初始印象；或者，即使行为人的表见外衣只有上述三种情况（身份、授权、印章）的其中一种，但是在后续履行合同的过程中行为人以被代理人的名义从事有关合同内容的活动，被代理人既不提出相反的意思表示，或者又接受了交易相对人的履行行为，或者甚至主动向交易相对人履行合同义务、承担合同责任的，针对行为人的无权代理行为，被代理人每一次的默示、每一次的接受履行，甚至是每一次的主动履行，都是对交易相对人认为行为人有权代理的印象的深度刻画，都是对该合同状态由效力待定过渡为有效的效力补强。此时，法律不要求交易相对人对于行为人代理授权的审查有较高的注意义务，交易相对人不需要行为人进一步出示被代理人明确授权行为人代表其对外为他人债权提供担保的书面文件，也不需要行为人提供被代理人股东会或董事会通过行为人以公司名义对外为他人债权提供担保的会议决议文件，即可

---

① 《公司法》对于公司法人对外为他人债权提供担保规定了严格的限制，即必须要经过董事会、股东会或股东大会决议的表决通过，而非公司单独股东、董事长、总经理甚至法定代表人所能独自决定。

认定行为人确定享有合法代理权。

在游某琼与福建省万翔房地产开发有限公司、翁某金等民间借贷纠纷案[①]的判决中，法院认为："万翔公司是否应当承担合同义务，应当判断翁某金的行为是否符合《合同法》第四十九条关于表见代理的规定。构成表见代理必须符合两个条件：一是代理人表现出了其具有代理权的外观；二是相对人相信其具有代理权且善意无过失。虽然2006年修订后的《公司法》第十三条规定公司法定代表人可以由董事长、执行董事或者经理担任，但从实践情况来看，在公司设有董事长的情况下，由董事长担任公司法定代表人的情况是普遍现象。并且，董事长虽不一定同时担任公司法定代表人，但根据《公司法》的有关规定，其相较于公司其他管理人员显然享有更大的权力，故其对外实施的行为更能引起交易相对人的合理信赖。同时，翁某金还是万翔公司的股东，且在签订涉案担保合同时持有万翔公司的公章，尽管刑事判决已经认定该公章为翁某金私刻，但结合翁某金在万翔公司所任特殊职务以及股东身份等权利外观，已经足以让交易相对人游某琼产生合理信赖，让其负有对公章真实性进行实质审查的义务，对于相对人要求过于严苛，不利于保护交易安全。综上，本院认为，翁某金的行为已构成表见代理，万翔公司应对翁某金的涉案债务承担担保责任。"

若交易相对人为专门从事贷款经营业务的商事法人主体，由于其对公司法人为他人债权提供担保的交易惯例及法律限制具有较充分的认知，因此，法律对其在接受行为人以公司法人名义提供的担保时，对该行为人的代理权限有进一步的谨慎审查义务。此时，如行为人提供担保时仅出示被代理人的公章与授权委托书，抑或出示被代理人的公司章程、贷款卡、股东出资信息、统一社会信用代码等相关材料证明自己与被代理人之间存在某种紧密的特殊关系，或进一步披露自己具有被代理人的总经理、董事长甚至股东的身份，都不足以说明法人具有对外为他人债权提供担保的意思。理由在于，根据客观标准进行判断，具有一般表见标志的身份、公章或授权书所包含的信息与股东会、董事会决议包含的信息不同，仅凭身份、公章与授权，不足以使具有处理贷款业务丰富经验的一般商事主体获取作为被代理人的公司具有以自己的资产为他人债权作保

① 游某琼与福建省万翔房地产开发有限公司、翁某金等民间借贷纠纷申诉、申请案，最高人民法院(2016)最高法民申733号民事裁定书。

的意思，并进一步相信行为人有权代表被代理人为他人债权提供担保。若交易相对人不进一步要求行为人提供被代理人针对该笔担保交易的明确授权或出示被代理人股东会或董事会同意担保的会议决议即与行为人进行交易的，足以说明其对于行为人的无权代理未尽合理审慎义务，属于重大过失，则不应构成表见代理。

比如，在江西宏安房地产开发有限责任公司、南昌县兆丰小额贷款股份有限公司企业借贷纠纷案①判决中，法院认为："首先，张某生挂靠宏安公司开发城北汽车站地产项目的事实，使张某生享有以宏安公司名义对外开展与该房地产开发有关的通常经营业务的代理权外观，但该代理权外观并不能延展至为他人提供担保这一特别事项方面。其次，张某生虽然持有宏安公司的印章，但兆丰公司作为实际知道法律对公司为他人提供担保存在须经公司机关决议的法定要求的专业贷款经营机构，应当知道公章不能等同于公司决议。在张某生所提交的材料既不能证明其系宏安公司的股东，又不能证明其系宏安公司的实际控制人的情况下，在2012年4月17日签订合同至2012年9月29日实际发放贷款这一长达五个多月的时间内，既未向宏安公司核实张某生的代理权限，亦未要求张某生出示委托书、公司决议等能够证明代理权限存在的证据，兆丰公司的行为既与其公司经营业务特性不符，也未尽通常情形下的注意义务。本案中，只要兆丰公司向宏安公司做一核实了解，就可以获悉张某生的行为系无权代理，由此可以认定，兆丰公司对张某生的无权代理行为至少属于因重大过失而不知。"

从案件判决中可以看出，法院的认定有两个层次：首先，考察的是代理行为所涉的交易性质，并以此作为一般善良理性人可以作出判断的依据。尽管行为人具有代表法人经营开发房地产项目的授权，但本案行为人的行为是以法人的名义为他人债权提供担保，而该授权并不能及于对外为他人债权提供担保的事项，这是一般善良理性人便可以得出的结论，交易相对人理应具有该最低程度的判断能力。其次，考察交易相对人的主体性质，并以此作为专业人士应当作出判断的依据。本案的交易相对人是专门从事贷款经营业务的商事法人主体，

① 江西宏安房地产开发有限责任公司、南昌县兆丰小额贷款股份有限公司企业借贷纠纷再审案，最高人民法院(2017)最高法民再209号民事判决书。

具有高度的专业性，应当知道《公司法》对于法人对外提供债权担保的特别限制，也应当敏锐地发现行为人未出示被代理人的股东会或董事会决议，仅凭公章与授权不足以说明被代理人有为其债权提供担保的真实意愿。这是法律针对交易相对人的特殊身份所要求的进一步深度判断。但是，交易相对人在行为人仅提供项目开发经营的授权载体、未出示被代理人同意对外为他人债权提供担保的股东会决议或董事会决议时就认为行为人有权代表被代理人作保，该认定既不符合一般商事交易的判断习惯，也不符合专业职务素养的合理判断规则，不满足主观为"善意无过失"的客观标准，因此不得主张构成表见代理。

但是，值得注意的还有另外一种情形，即若在一般理性人或善良管理人看来，行为人以被代理人的名义与交易相对人进行的交易活动极其不合常理、违背交易惯例甚至有损于被代理人的利益，站在被代理人的立场可以判断其不可能承诺交易的，法律便不关注交易相对人对行为人的代理权限的注意义务，而是直接要求其不与行为人交易，否则属于主观恶意，性质为自涉风险，不适用表见代理制度。此时，即使行为人存在一般情形的授权外观，也不能认定构成表见代理。理由在于，在此种情境下，若交易相对人仍坚持与行为人交易，其对于行为人是否具有有权代理的认知明显属于"明知被代理人不可能针对此交易授权行为人代理其身份为之但是仍要与行为人建立交易关系使自己陷入无权代理、索权困难的境地"，构成主观故意，与表见代理要求的"善意无过失"相差甚远，其不可以受表见代理制度的保护。正如寿光广潍汽车销售服务有限公司、潍坊广潍汽车销售服务有限公司、潍坊广潍汽车销售服务有限公司寿光分公司因与王某江、梁某国民间借贷纠纷再审案①判决所阐释的那样："从一般社会常识判断，任何公司通常都不会在不问借款金额、借款用途、借款期限、还款资金来源等条件，亦即对主债权债务的状况一无所知的情况下，轻易授权其聘用的经理对外提供担保。何况像本案这样，金额巨大的主债务已处于不能清偿状态，且主债务人恰恰就是公司聘用的经理，就更难轻易相信公司会同意该经理以授权代理人的身份在《借款协议》上加盖公司公章为自己的个人债务提供担

---

① 寿光广潍汽车销售服务有限公司、潍坊广潍汽车销售服务有限公司、潍坊广潍汽车销售服务有限公司寿光分公司因与王某江、梁某国民间借贷纠纷再审案，最高人民法院（2016）最高法民再207号民事判决书。

保。因此，作为相对人的王某江，应当知道梁某国在《借款协议》上加盖寿光广潍公司公章提供担保的行为，是无权代理行为。换言之，王某江不属于善意无过失的相对人，不能得到表见代理制度的保护。”王某奎、马某里股权转让纠纷二审案[①]判决也表达了相同的观点：“当时，王某奎已经预见到了的马某里的收购行为可能失败，马某里的收购行为失败，必然致其持有的股权份额过少，无法履行其向王某奎转让股权的义务。而《担保合同》约定的宜顺公司为马某里提供担保的即是马某里向王某奎转让股权。在此种情形下，王某奎明知宜顺公司承担责任的可能性很大，而马某里当时持有宜顺公司股权比例过低，宜顺公司提供担保是否真实意思表示，王某奎应谨慎审查。宜顺公司为马某里提供担保，对马某里有利，但有损于宜顺公司其他股东和债务人利益。王某奎称其依据的董事会决议中并不包括为马某里提供担保的授权，王某奎应审查宜顺公司是否有公司决议同意为马某里提供担保，但在签订案涉《担保合同》时，王某奎只知道马某里是宜顺公司的实际控制人，而不知道宜顺公司的法定代表人是谁，亦未审查宜顺公司是否有同意该项担保的决议，就轻信马某里有代理宜顺公司提供该项担保的权利，本院不予认可。”

（三）权利外观责任的可归责性认定

最高人民法院的多项判决均对表见代理中被代理人的可归责性进行了阐述。

中十冶集团有限公司、夏某举建设工程施工合同纠纷再审案[②]判决如此表述：“中十冶成都分公司有重大过错。中十冶成都分公司与袁某和签订《通江县S302线县城过境公路建设项目工程施工内部承包协议书》是为了规避施工人应具备相应建设资质的法律规定，其有过错。中十冶成都分公司在该项目工程无法开工后，未退还袁某和的保证金，而是决定该保证金退还由袁某和自行想办法。中十冶成都分公司以书面协议解除《通江县S302线县城过境公路建设项目工程施工内部承包协议书》，却放任袁某和持有中十冶成都分公司中十冶成分司发（2013）3号文件、中十冶成分司发（2014）1号文件，使袁某和具有代理中十冶成都分公司的授权表象，其有过错。中十冶成都分公司作为专业的建设单

① 王某奎、马某里股权转让纠纷二审案，最高人民法院（2018）最高法民终298号民事判决书。

② 中十冶集团有限公司、夏某举建设工程施工合同纠纷再审案，最高人民法院（2019）最高法民再199号民事判决书。

位，在从业中不遵守法律关于禁止借用建设资质的规定，在企业管理中不规范经营，导致本案纠纷的发生，具有重大过错。……综上，袁某和以中十冶成都分公司名义与夏某举签订《S302 线通江县城过境公路大房沟隧道工程劳务分包初步协议》以及向夏某举收取履约保证金 800 万元的行为，构成表见代理。”该案中，首先，被代理人违法出借施工资质，其与行为人的挂靠关系也使交易相对人认为行为人有合法授权；其次，被代理人管理不善，放任行为人手持加盖被代理人公章的文件与交易相对人进行交易，违反了善良管理人的注意义务，对于行为人形成有权代理的权利外观具有重大过失；最后，被代理人从行为人处收取了交易相对人交付的财物，在合同不具备履行条件时又不退回，使行为人无法履行对交易相对人的返还义务，致使纠纷产生。因此，为惩罚被代理人的过错行为，法院认定行为人的无权代理行为构成表见代理，要求被代理人承担合同责任。

陈某清与汕头市达濠建筑总公司买卖合同纠纷审判监督案①中法院认为：“本案达濠公司对达濠公司北京分公司及其负责人胡某和的管理行为存在如下明显过错。第一，在达濠公司与胡某和的承包期限于 2007 年 2 月到期前后，达濠公司与胡某和之间未能完整交接，达濠公司从胡某和处收回了胡某和于 2004 年刻制的达濠公司北京分公司印章和财务专用章（以下简称 04 年财务章），但未能及时收回胡某和于 2004 年刻制的达濠公司北京分公司合同专用章（以下简称 04 年合同章）；第二，2007 年 5 月 31 日达濠公司北京分公司工商年检相关材料和 2007 年 7 月 17 日胡某和代表达濠公司北京分公司与杨某锡等签订的达濠公司北京分公司第八项目部承包经营协议书中，均加盖了上述 04 年合同章；第三，从胡某和承包期满后到本案所涉交易及纠纷发生，达濠公司一直未能及时办理北京分公司的工商变更登记，胡某和仍然是工商登记记载的北京分公司负责人，其对外仍有权代表北京分公司开展经营活动；第四，迟至 2008 年 2 月 18 日本案一审诉讼庭审时，胡某和仍然代表达濠公司北京分公司与达濠公司委托代理人同时出庭，且达濠公司一方对胡某和代表北京分公司的身份问题当庭并无异议；第五，在杨某锡以达濠公司北京分公司第八项目部名义与京顺泽公

---

① 陈某清与汕头市达濠建筑总公司买卖合同纠纷审判监督案，最高人民法院（2015）最高法民抗字第 2 号民事判决书。

司开展钢材购销交易中，达濠公司北京分公司向京顺泽公司开具了日期为 2008 年 1 月 16 日的转账支票一张，且该转账支票经法院委托鉴定，其上加盖的达濠公司北京分公司财务章恰恰是前述达濠公司已于 2007 年 1 月从胡某和处收回的 04 年财务章。其次，正是由于达濠公司对北京分公司及其负责人胡某和的上述管理过错，使杨某锡对外具有了其有权代表达濠公司北京分公司第八项目部的权利外观，陈某清基于对此种权利外观的信赖参与到案涉交易，其有理由相信杨某锡具有代理权，不应认定陈某清对此负有过错。”该案中，因被代理人存在未及时收回代表其身份地位的公章等管理不善的情形，又未能及时申请变更分支机构负责人工商登记，才使行为人表面上具有了有权代表被代理人的权利外观。基于被代理人的上述重大过失，法院直接认定行为人构成表见代理，要求被代理人承担合同责任。

可见，行为人具有有权代理的授权外观、交易相对人主观上为“善意无过失”、被代理人对于行为人的授权外观具有可归责性是表见代理的构成要件，属于静态要素；而法官根据交易相对人与被代理人提供的证据判断行为人的无权代理行为是否进一步构成表见代理是形成内心确认的过程，则属于动态心证。静态因素经过动态心证过程被化解为具体案件的判断要素，动态心证也可拆解为一系列的动作：首先，交易相对人提出，行为人以被代理人的名义与其从事交易活动，并提供证据证明交易行为发出的民事主体与交易文件载明的民事主体一致时，法官可形成构成代理的内心确认；其次，被代理人提出，针对该笔交易，其从未对行为人事先授权且事后无追认的，法官可形成该代理属于无权代理的内心确认；再次，交易相对人提供证据证明，行为人在与交易相对人交易时，出示了证明其行为属于代表行为或职务行为的身份证明文件，或被代理人的印鉴、加盖被代理人公章的各种授权文件、介绍信、空白收据、空白合同书等授信物，或交易人提供证据证明，针对其与行为人的交易，被代理人具有未提出任何异议、接受交易相对人的履行或甚至主动履行合同义务的行为，法官即可形成行为人具有代理授权外观的内心确认；复次，若被代理人不能提供证据证明交易相对人在与行为人交易时主观状态属于“恶意”，或“善意有过失”的，法官即可认为该无权代理构成表见代理具有高度可能性；最后，若法官站在一般理性人、善良管理人的角度，认为根据行为人所呈现的授权外观，交易相对人确实没有进一步核实行为人具体代理权限的注意义务，或有证据证明被代理人对于行为人形成授权外观有重大过失以上的过错，法院即可认为本交易属于表见代理具有高度盖然性，进而认定构成表见代理。

四、建设工程施工合同中伪造公章对表见代理认定影响的实践分析

如前所述，我国法院对于表见代理的认定秉承的是“综合认定”的原则，即不是凭借单一的“行为人持有公章”、“行为人持有授信文件”或“行为人具有职务身份”等因素直接认定表见代理，而是根据行为人的授权外观、交易相对人善意无过失的主观状态、被代理人对行为人形成授权外观的可归责程度，以及合同签订时间、合同履行地点、合同履行方式、标的物用途等多重因素的交互影响、穿插作用来综合认定是否构成表见代理的；在认定是否满足表见代理构成要件之一即“足以使交易相对人相信行为人为有权代理的授权外观”时，也不是凭借单一的行为人具有被代理人的代表身份/职务身份、行为人持有被代理人的公章印鉴或授权文件就认定行为人具有足以使交易相对人对授权产生合理信赖的客观表象的，而是从行为人的代表身份/职务身份、行为人持有的印鉴、授权委托书、盖章空白文件等授信物、被代理人在与其他第三人从事的关联交易中对行为人的真实授权、历史交易中对行为人曾经的真实授权、对行为人以其名义与交易相对人发生交易的默示，以及接受交易相对人的履行甚至主动履行合同义务等客观因素的综合叠加来认定行为人是否具备权利外观。

由此可见，表见代理是综合多种因素相互作用的认定结果，“行为人持有公章”作为多重因素之一，对于表见代理的形成不具直接的、唯一的作用力，在审查行为人的交易行为是否构成表见代理时，公章之真假及使用效力本身就是一个重要的判定因素，单以表见代理的证成结果确认公章效力，或者仅以公章真伪这一要素对表见代理进行结果论证，忽略了公章效力与表见代理之间的互证关系。[①] 我们也无法直接得出“行为人持有的被代理人的公章为假，所以不构成表见代理”或“行为人持有的被代理人的公章为真，所以构成表见代理”的粗浅结论；而只能从法院如何根据“行为人所盖之章为假”这一因素来认定是否构成表见代理，来探寻公章真伪对于表见代理的作用与影响。

---

① 参见陈甦：《公章抗辩的类型与处理》，载《法学研究》2020 年第 3 期。

1. 公章作为唯一的表见外衣认定因素时,伪造公章所为的行为不能成立表见代理。上文已述及,司法实践中行为人的代理行为通常只有具备多种表见外衣中的任意两种(或以上)时,才能形成"足以使交易相对人对有权代理产生合理信赖的授权外观";若相对人仅凭公章这一单独因素建构信任,属于过于轻信,在公章为假的情形下,不能构成受法律保护的合理信赖。[①] 因此,若行为人的代理行为不具备其他表见因素,仅存在"行为人持有被代理人公章"这一唯一的表见因素,不具备其他认定"构成足以使交易相对人产生有权代理合理信赖的授权外观"的表见因素的,就算该公章为真,也不能有效形成有权代理的授权外观,遑论公章为假。最高人民法院对此在多个案例中有所明确。

在江苏宏大建设集团有限公司、汕头公路桥梁工程总公司建设工程施工合同纠纷再审审查与审判监督案[②]中,法院认为,"1998 年 11 月 30 日,姚某宏以汕头公司潮阳分公司名义与泰山公司项目经理部签订合同,泰山公司将案涉工程分包给汕头公司潮阳分公司施工。1999 年 12 月 28 日,姚某宏又以汕头公司潮阳分公司名义与江苏公司苏州分公司签订合同,将其所承包工程内的桩基工程分包给江苏公司苏州分公司施工。经江苏省如皋市人民检察院技术鉴定证明,姚某宏在案涉工程中提供的资质等级证书、法人营业执照、职务登记证、授权委托书等资料上加盖的'汕头公司潮阳分公司'公章均系伪造,且姚某宏并非汕头公司潮阳公司的职员。因此,姚某宏私刻'汕头公司潮阳分公司'公章与江苏公司签订的《内部承包协议》及相关的结算协议,行为后果应当由姚某宏承担,二审法院认定江苏公司与汕头公司之间不存在建设工程施工合同关系,并无不当。"本案中,行为人不具有能够代表被代理人的职务身份,也无被代理人交付的真实的授权委托书;被代理人从未对行为人真实授权,也未对行为人的代理行为予以认可。因此,仅凭行为人持有的被代理人的"假公章"这一依据,当然不足以认定行为人已具备授权外观。

在刘某、唐某童建设工程施工合同纠纷再审审查与审判监督案[③]中,法院也

---

① 参见陈甦:《公章抗辩的类型与处理》,载《法学研究》2020 年第 3 期。

② 江苏宏大建设集团有限公司、汕头公路桥梁工程总公司建设工程施工合同纠纷再审审查与审判监督案,最高人民法院(2018)最高法民申 3948 号民事裁定书。

③ 刘某、唐某童建设工程施工合同纠纷再审审查与审判监督案,最高人民法院(2019)最高法民申 1347 号民事裁定书。

是如此判定:“涂某猛未获得中遂公司贵州分公司任何书面授权,中遂公司贵州分公司负责人唐某贵虽然口头允许涂某猛挂靠中遂公司承建工程,但唐某贵并非中遂公司法定表代表人或委托代理人,且涂某猛系私刻中遂公司贵州分公司金桐项目专用章,故一、二审法院认定涂某猛与中遂公司之间不存在挂靠关系并无不当。刘某也未举证证明唐某贵知道涂某猛以中遂公司贵州分公司的名义与九龙公司签订了《贵州九龙农业循环经济综合项目工程合同》,其主张构成表见代理,缺乏事实根据。因涂某猛、刘某与中遂公司之间不成立挂靠关系也不构成表见代理,原审法院不支持中遂公司及中遂公司贵州分公司承担连带责任适用法律并无不当。”显然,该案行为人与被代理人无特殊的身份关系,也不持有被代理人的真实授信文件;被代理人从未对行为人真实授权,也从未对行为人的代理行为予以认可。因此,仅凭行为人私刻被代理人的公章,不足以认定行为人已形成足以使交易相对人相信其为有权代理的授权外观。

2. 行为人具有除公章外其他类型表见外衣足以使其具有有权代理授权外观的,如交易相对人为善意无过失,直接成立表见代理,公章的真伪对表见代理的认定不产生影响。

基于实践中两种或以上表见外衣因素便可认定表见代理的做法,如行为人具有公章外其他类型的表见外衣结合足以形成使交易相对人相信其为有权代理的授权外观,且交易相对人确实不知其为无权代理,可直接认定成立表见代理。在此情况下,构成表见代理的因素已十分充足,是否存在“行为人持有被代理人公章”这一认定授权外观的因素都不影响表见代理的认定,也就意味着,即便行为人以不持有被代理人公章,或所持公章为伪造,被代理人的“行为人所持公章为伪造”为由的抗辩均不会被法院支持。

最高人民法院在福建凯灏劳务工程有限公司与中交一公局第五工程有限公司、陕西省交通厅利用外资项目办公室等建设工程施工合同纠纷二审案①判决中认为:“经审理查明,2009 年 10 月 21 日至 2012 年 3 月 22 日,凯灏公司向陈某福出具七份《法人授权委托书》(授权)载明,授权陈某福以凯灏公司的名义,代表凯灏公司参与、办理包括案涉工程洽商、施工组织、竣工交验及结算工程款

---

① 福建凯灏劳务工程有限公司与中交一公局第五工程有限公司、陕西省交通厅利用外资项目办公室等建设工程施工合同纠纷案,最高人民法院(2016)最高法民终 227 号民事裁定书。

等内容在内的相关合同签订履行事宜……陈某福系凯灏公司的代理人，自始参与并负责案涉合同的相关履行事宜，中交一公局五公司有理由相信陈某福代表凯灏公司从事相关民事行为……陈某福签订案涉《合同终止协议书》并未超出《法人授权委托书》的授权范围，且该两份《合同终止协议书》签订的时间是2013 年 1 月 14 日且加盖了凯灏公司的公章。退一步言之，即便如凯灏公司主张的存在加盖在《合同终止协议书》上的公章为陈某福私刻的情形，亦不影响《合同终止协议书》的效力。"就本案来看，行为人持有授权委托书并在委托授权范围内从事合同有关的履行行为，且被代理人对此未提出任何异议，行为人呈现的"授权"及"默示"的表见外衣足以使交易相对人认为其具备有权代理的授权外观，且交易相对人确实不知其无权代表被代理人，因此法院认定构成表见代理，并认为公章的真伪对协议的效力定性没有意义。

李某胜与延边房地产有限公司建设工程施工合同纠纷案①中，行为人是被代理人的经理，具有职务身份，并以被代理人的名义与交易相对人订立合同；后虽然被代理人撤销了行为人的职务身份，但该事实并未为交易相对人知悉，因此，交易相对人基于行为人的"职务身份"及"历史交易的合法授权"产生了行为人有权代理的合理信赖，足以认定构成表见代理，此时公章的真伪对本交易的定性不具有影响力，因此对于被代理人提交行为人伪造公章的证据，法院不置可否。该案判词如此表述："本院询问得知，延房公司已向公安机关举报车某明伪造公章、职务侵占、合同诈骗和虚假诉讼，要求追究车某明的刑事责任，公安机关对延房公司公章被伪造案已受理……本案车某明系代表延房公司与李某胜签订《工程承包合同书》，延房公司授权车某明负责销售和收款工作，车某明还以延房公司经理的名义与李某胜于 2010 年 1 月 20 日签订了《房屋顶工程款协议书》，用房产抵顶部分工程款。因此，车某明在与李某胜签订结算书时的行为仍然代表了延房公司……即便签订结算书时车某明无延房公司授权、已离开延房公司，因延房公司并无证据证实车某明在签订结算书时就其无延房公司的授权、已离开延房公司的事宜向李某胜进行了披露……车某明的行为也足以构成表见代理，其行为的后果亦应由延房公司承担。"

① 李某胜与延边房地产有限公司建设工程施工合同纠纷申诉、申请案，最高人民法院（2016）最高法民申 3152 号民事裁定书。

3. 若“行为人持有公章”是交易行为构成表见代理的必备要素之一，虽被代理人提出行为人所使用的公章为伪造的抗辩，但未能提供相应证据证明的，法院可以直接推定公章为真，并结合行为人的其他类型的表见外衣认定构成表见代理。

上文已述及，在欠缺“行为人持有被代理人公章”这一要素的情况下，若行为人所呈现的其他类型的表见外衣足以形成令交易相对人相信其为有权代理的授权外观的，那么“公章的真伪”这一要素不在法院在认定表见代理时所考虑的范围；但是，根据法院的综合判断，在欠缺“行为人持有被代理人公章”这一要素的情况下，若行为人所呈现的其他类型的表见外衣不足以形成令交易相对人相信其为有权代理的授权外观的，法院在判定交易是否构成表见代理时，会将“行为人持有假公章”这一要素考虑进去。

但是，根据《中华人民共和国民事诉讼法》（以下简称《民事诉讼法》）及其司法解释确立的“谁主张，谁举证”的规则①，当事人对于自己提出的诉求，有义务提供证据证明该诉求所依据的事实存在；若当事人不能充分履行举证义务的，应承担举证不能的不利后果。因此，被代理人若主张行为人的代理行为为无权代理或不构成表见代理的，应从“行为人不存在足以使交易相对人相信其为有权代理的授权外观”“交易相对人实际上明知行为人不具有代理授权”或“被代理人对于行为人所呈现的授权外观已尽到合理的防范义务”三个角度举证说明其不构成表见代理。其中，“行为人所持的被代理人的公章为假”，是被代理人据以从“行为人不存在足以使交易相对人相信其为有权代理的授权外观”这一角度中撕破行为人表见外衣的集中突破点。但是，若被代理人仅是提出“行为人所持的被代理人的公章为假”而不能提供充分证据证明的，法院则不会采纳其主张，而是直接坚持公章为真章的预设，将并结合行为人所呈现的其他表见外衣认定行为人的代理行为已具备有权代理的授权外观，进而可能形成交易构成表见代理的高度盖然性内心确认。

例如，在长春建工新吉润建设有限公司、朱某云建设工程施工合同纠纷再

---

① 《民事诉讼法》第67条第1款规定：“当事人对自己提出的主张，有责任提供证据。”《民诉法解释》第90条规定：“当事人对自己提出的诉讼请求所依据的事实或者反驳对方诉讼请求所依据的事实，应当提供证据加以证明，但法律另有规定的除外。在作出判决前，当事人未能提供证据或者证据不足以证明其事实主张的，由负有举证证明责任的当事人承担不利的后果。”

审审查与审判监督案[①]中，法院判决认为："2014 年 3 月 26 日，金业学校与新吉润公司润鹏分公司就案涉工程签订《总承包协议书》，约定案涉工程由新吉润公司润鹏分公司承建。《总承包协议书》加盖了金业学校及新吉润公司润鹏分公司的公章，并有王某全和金业学校的法定代表人杨某武的签字。新吉润公司虽主张《总承包协议书》上加盖的新吉润公司润鹏分公司的公章涉嫌伪造，但并未提供证据证明其主张。2014 年 4 月 4 日，王某全以新吉润公司润鹏分公司的名义与朱某云签订《工程施工补充协议》，将案涉工程转包给朱某云。因前述《总承包协议书》中加盖了新吉润公司润鹏分公司的公章以及王某全的签字，朱某云基于相信王某全具有新吉润公司的代理权限而与王某全签订《工程施工补充协议》，一审法院据此认定王某全的行为构成表见代理，理据适当。此外，一审法院审理期间，朱某云提交了新吉润公司出具的《法人授权委托书》（编号：031），载明新吉润公司委托王某全、张某为新吉润公司签订经济合同的代理人，代理权限为金业学校培训基地项目事宜，代理人在代理权限内签订的合同，由新吉润公司负责承担责任，代理期限为 2014 年 4 月 8 日至 2014 年 5 月 11 日。"在此案中，被代理人出具《法人授权委托书》授权行为人以其名义与案外第三人签订《总承包协议书》，并有被代理人的盖章与行为人的签字作为确认；后行为人又以被代理人的名义与交易相对人订立《工程施工补充协议》，基于被代理人对行为人在与案外第三人交易中授权的真实性，以及《总承包协议书》与《工程施工补充协议》之间的关联性，交易相对人产生了行为人为有权代理的合理信赖；虽然被代理人主张行为人签订协议所使用的公章系伪造的，但未能提供充分证据予以证明，因而法院基于交易相对人对"行为人持有公章""被代理人在关联交易中对行为人真实授权"的授权外观的合理信赖，认定构成表见代理，并无不当。

重庆华城富丽房地产开发有限公司、中建五局第三建设有限公司建设工程施工合同纠纷二审案[②]亦是如此。该案判决认为："重庆信托公司、老虎资产公司、华城富丽公司已经通过其签订的《合作备忘录》《增资协议》的约定，授权以

---

① 长春建工新吉润建设有限公司、朱某云建设工程施工合同纠纷再审审查与审判监督案，最高人民法院（2019）最高法民申 5788 号民事裁定书。

② 重庆华城富丽房地产开发有限公司、中建五局第三建设有限公司建设工程施工合同纠纷案，最高人民法院（2016）最高法民终 486 号民事判决书。

陈某为主的华城富丽公司原有经营管理人员行使包括工程建设、合同签署等在内的日常经营管理权，故陈某有权代表华城富丽公司就涉案项目选择施工单位、签订施工合同。……至于加盖于《项目施工合同》《补充协议》上的华城富丽公司的印章，虽然并非交由重庆信托公司保存管理的备案印章，但并无证据证明该印章系陈某伪造，且基于陈某的身份，中建五局三公司对于不知道该印章并非备案印章亦不存在过错，故加盖于《项目施工合同》《补充协议》上的华城富丽公司的印章并非备案印章这一事实，不影响涉案合同的效力。一审法院未同意华城富丽公司印章鉴定的申请，并无不当。"本案中，行为人具有法人授权的职务身份，虽然被代理人提出行为人所持法人公章为伪造，但并未提供证据证明，因此法院认定行为人以"职务身份"并出示"法人公章"，交易相对人有理由相信其为有权代理，故可认定构成表见代理。

4. 若"行为人持有公章"是交易行为构成表见代理的必备要素之一，也确有证据证明行为人所使用公章系伪造的，是否构成表见代理的，取决于交易相对人是否知情(或应当知情)。

(1)交易相对人对公章为伪造不知情的，不影响表见代理的认定

首先，根据一般理性人、善良管理人的认知，公章具有双重效力：一为"代表法人意志、显示法人身份"的绝对公信效力，二为"谁持有法人公章谁就能在一定程度上代表该法人人格"的高度授信效力。鉴于公章具备对外代表法人人格的强大公信效力，其外观形式即公章的真伪对一般理性人凭借公章认定法人身份所施加的影响则会被极大地削弱。商业交易实践中，一个法人同时拥有多枚公章几乎成为交易主体间心照不宣的共识，甚至已是某种"交易习惯"，轻易地否认公章效力将直接影响交易行为的效力，不利于交易安全；其次，对公章真伪的鉴定属于高度专业范畴，非一般交易主体肉眼可辨，过分强调公章真伪无异于将严苛的辨伪义务强加于交易主体，既脱离交易主体的能力不足实际局限，又大幅增加交易滞后的时间成本与真伪鉴定的经济成本。① 因此，即使行为人持有的被代理人公章为伪造私刻，只要行为人还存在除"公章"要素之外的其他类型的表见外衣，"假公章"与其他类型表见外衣二者结合也足以形成使交易相

① 参见刘恋、梁宵：《论盖章行为法律后果归责下表见代理与职务行为的适用》，载《法制与经济》2020 年第 10 期。

对人相信行为人为有权代理的授权外观。此时,只要交易相对人对伪造私刻公章的事实不知情,或被代理人无法提供证据证明交易相对人对“假公章”的事实应当知情,即可认定构成表见代理。

北辰正方建设集团有限公司、枣庄杰辉置业有限公司建设工程施工合同纠纷再审审查与审判监督案①中,法院认为:“本案中,一审法院查明的事实表明,任某占以北辰公司名义与汪某东签订协议所盖公章均系伪造,且任某占没有出具北辰公司的相关授权手续。但由于北辰公司与杰辉公司签订的《建设工程施工合同》上加盖有北辰公司真实公章,任某占在委托代理人处签字,二审法院据此认为汪某东有理由相信任某占有代理北辰公司处理涉案工程的权限,作出该代理行为有效的认定,并无明显不妥。北辰公司主张汪某东不是善意相对人,任某占行为不应构成表见代理。但北辰公司提出的《项目承包协议书》存在倒签,汪某东应知另有施工方,以及北辰公司退回汪某东保证金500万元等事实尚不足以证明汪某东是在明知或者理应知道任某占没有代理权情形之下与其签订《项目承包协议书》。此前双方签订《项目承包协议书》《协议书》《解约退款协议》时,并无充分证据表明汪某东明知或应知任某占不具有代理权,北辰公司主张汪某东不是善意相对人,理据不足。任某占代理行为有效,北辰公司即是《项目承包协议书》《协议书》《解约退款协议》的合同相对方,应承担合同约定的相关退款义务。”在该案中,行为人与案外第三人订立的《建设工程施工合同》中盖有被代理人的真实公章且由行为人以委托代理人身份签名,说明行为人具有真实授权;后行为人又以被代理人的名义与交易相对人签订《项目承包协议书》,虽然该笔交易中所使用的被代理人公章为伪造私刻,但是该事实并未为交易相对人知悉。因此,客观上,基于被代理人对行为人与案外第三人订立《建设工程施工合同》时予以有效授权的真实性,以及《建设工程施工合同》与《项目承包协议书》之间的关联性,行为人已对交易相对人呈现出了“关联交易真实授权”的表见外衣,再加上行为人在与交易相对人订立《项目承包协议书》时出示了被代理人的公章,结合该“关联交易真实授权”要素与“公章”要素,交易相对人有理由相信行为人具有真实代理授权;主观上,被代理人也无法提供充分证

---

① 北辰正方建设集团有限公司、枣庄杰辉置业有限公司建设工程施工合同纠纷再审审查与审判监督案,最高人民法院(2019)最高法民申3319号民事裁定书。

据证明交易相对人明知公章是伪造私刻的事实,可直接认定行为人的行为构成表见代理。

中国新型房屋集团有限公司、中国建筑西南勘察设计研究院有限公司建设工程施工合同纠纷再审审查与审判监督案①判决认为:“中新房集团公司申请再审的主要理由是被申请人西南勘察公司提供的《授权委托与承诺书》已经被证实是伪造的,并且申请人已经申请将该涉嫌伪造公司公章的犯罪线索移送公安机关查处。根据原审查明的事实,《授权委托及承诺书》上加盖的中新房集团公司印章与中新房集团公司在公安机关备案印章确实存在不一致的情形。本院认为,在此情况下,中新房集团公司仍应当对本案所涉中新房投资公司债务承担连带责任。主要依据如下:首先,一审法院已查明,中新房集团公司在北京市公安局印鉴留存印章与《授权委托与承诺书》上加盖印章,编号仅有一位之差,仅凭视觉难以判断印章编号不一致。其次,中新房集团公司中标四川巴万高速公路项目确为真实,且中新房集团公司向中新房投资公司出具《关于投资建设四川省巴中至万源项目的批复》亦为真实,据此,西南勘察公司有足够理由相信《授权委托与承诺书》的真实性,要求西南勘察公司再将该《授权委托及承诺书》上加盖的中新房集团公司印章与中新房集团公司在北京市公安机关备案印章予以核对,不符合一般交易惯例,亦加重了其注意责任和成本。综上,西南勘察公司在合同审查签订过程中已经尽到了善意相对人的合理注意义务。”本案中,《授权委托与承诺书》这一授信文件中加盖的公章为伪造,该授信文件的形式存在瑕疵,不足以认定行为人具有真实代理权。但是行为人中新房投资公司是被代理人中新房投资公司的子公司,并持有被代理人交付的与交易有关的文件,该行为人与被代理人的“身份关系”以及“交易文件”已对《授权委托书与承诺书》证明被代理人具有真实授权这一事实的效力进行补充增强;且公章虽为伪造,但被代理人并未提供证据证明交易相对人对此知情且应当知情。因此,基于行为人所呈现的“持有授权委托书”以及“持有公章”这两种信物型表见外衣,足以使交易相对人相信其有权代理,且交易相对人确实不知公章为假,可认定构成表见代理。

---

① 中国新型房屋集团有限公司、中国建筑西南勘察设计研究院有限公司建设工程施工合同纠纷再审审查与审判监督案,最高人民法院(2020)最高法民申116号民事裁定书。

（2）交易相对人知道或应当知道公章系伪造的，不构成表见代理

如行为人确实私刻假章以被代理人的名义与交易相对人进行交易，且相对人对行为人刻制假章的事实知情的，则不构成表见代理。其理由在于，交易相对人对“假公章”知情的事实可以刺破行为人因“持有公章”而呈现的表见外衣，此时“公章”这一要素已经不能作为“行为人具有足以使交易相对人相信其为有权代理的授权外观”的认定依据。若行为人仅具备某一种类型的表见外衣，对于认定构成合理信赖的授权外观难免孤木难支。在此情形下，客观上无授权外观，主观上无善意，不构成表见代理。

例如，在北辰正方建设集团有限公司、汪某东建设工程施工合同纠纷再审案①中，判决认为：“本院认为，北辰公司虽没有授权任某占正式签订涉案工程施工合同并履行合同，但因北辰公司与杰辉公司签订的《建设工程施工合同》上北辰公司公章真实，且有任某占签名，汪某东作为相对人有理由相信任某占对北辰公司有代理权，据此，其与任某占签订《项目承包协议》《解约退款协议》等协议时，任某占的代理行为有效。但双方在签订《补充协议书》时，汪某东已被告知任某占自始即不具有北辰公司合法授权，亦明知任某占与其签订协议所使用的北辰公司公章均系伪造，汪某东仍然要求任某占以北辰公司名义与其签订对北辰公司权益有损的协议，主观上明显不具有善意，一审法院对任某占签订该协议的代理行为效力的认定以及《补充协议书》对北辰公司是否具有拘束力等认定不清。”后（2019）最高法民申3319号判决中重申了该事实：“2013年12月19日，任某占以北辰公司名义与汪某东签订《补充协议书》中记载双方所签订的《项目承包协议书》上北辰公司的合同专用章系伪造，该《补充协议书》对北辰公司没有拘束力。”本案中，尽管被代理人对行为人与案外第三人的交易进行了授权，且该交易同行为人与交易相对人的交易具有关联性，因此基于对该“关联交易真实授权”的认知，交易相对人可能产生行为人有代理权限的初步印象，加之行为人出示的被代理人公章，相对人可以基于“公章”这一授信物与对“关联交易真实授权”的信赖进一步产生行为人有权代理的内心确认。但是，当交易相对人已被告知公章为假时，其主观不再是善意的，“公章”这一认定授权外观的

① 北辰正方建设集团有限公司、汪某东建设工程施工合同纠纷再审案，最高人民法院（2016）最高法民再181号民事裁定书。

要素也随即不复存在，仅凭对“关联交易真实授权”的信任，不足以使交易相对人产生行为人为有权代理的合理信赖，故不可认定构成表见代理。

5. 若行为人持伪造公章与交易相对人进行交易，被代理人明知但不提出任何异议、否认或反对的；或被代理人也使用该伪造公章实施交易行为的，公章可以作为表见外衣认定中的一个要素，与其他类型外衣结合认定构成表见代理。

鉴于“假公章”为伪造私刻，外在形式存在缺陷，对认定法人意志的效力显然弱于“真公章”，但是，被代理人对于“假公章”的态度可以对“假公章”的表见效力进行补充增强，使“假公章”的效力等同于“真公章”。相关司法实践显示，能够补强“假公章”效力的“被代理人对‘假公章’的态度”包括两种：一为对于行为人使用被代理人的“假公章”、以被代理人的名义对外从事交易活动的行为，被代理人对此知情，但是从未表示过任何异议或作出反对或否认的意思表示的；二为不仅行为人使用被代理人的“假公章”以被代理人的名义从事交易活动，被代理人自己也使用该枚“假公章”对外实施交易行为的。做出此种认定的原因在于：根据交易习惯，一个法人有且应当仅有一枚对外生效的公章，且为避免交易秩序的混乱，法人负有维护该枚生效公章对外代表其人格的完整性、唯一性的义务，如法人明知行为人私刻公章代表其对外从事交易活动的，应对外告知该枚私刻印章不具有代表法人人格的对外效力，使交易相对人知悉该枚印章不能代表法人的真实意思表示；若法人对于行为人对外使用私刻印章而不作任何表示的，为保护交易相对人对“公章是代表法人身份的典型标志”这一固定认知，进而维护交易的安全性、稳定性，认定该私刻印章通过法人的不作为默示而具有“真公章”的效力。因此，审判实务已基本上将行为人伪造印章被代理人知情未反对视为一种客观型权利外观，发生与无权代理人加盖单位真实印章一样的效果。① 此外，行为人使用“假公章”以被代理人的名义对外实施民事行为，被代理人也使用该枚“假公章”对外交易的，视为被代理人以使用行为对“假公章”的效力进行追认，“假公章”的瑕疵因使用追认这一行为被修正，效力等同于“真公章”。而且，一旦行为人使用“假公章”所确认的多个民事行为中的某一民事行为被代理人以明示认可、默示认可或实施行为追认的，被代理人对某一民事行为认可的效力及全部的民事行为。也就是说，在所有“假公章”所确认的

① 参见周清林：《伪造印章下的表见代理构造》，载《法商研究》2020 年第 2 期。

民事行为中,法律不允许被代理人对部分民事行为认可,又对其他部分民事行为以“假公章”为理由拒绝认可其效力,这既违反“禁反言”的规则,也使交易活动的效力处于极度不稳定的状态,而且使被代理人具有选择权,导致被代理人可以对主张权利、获得利益的部分民事行为予以认可,而对履行义务、承担责任的部分交易活动予以否认,这对交易相对人极不公平。因此,即使行为人以被代理人的名义与第三人发生交易关系时所使用的被代理人公章为私刻伪造,但若被代理人对此明知却不否认,或被代理人甚至自己也使用该伪造私刻的公章的,“假公章”对于认定被代理人真实意愿的效力通过被代理人的态度被补强,与“真公章”的效力等同。

汪某雄与重庆群洲实业(集团)有限公司、朱某德建设工程施工合同纠纷案[①]判决认为:“重庆群洲公司申请再审认为,编号为‘50010218011375’的公章为伪造,并提交重庆市涪陵区人民法院(2015)涪法刑初字第00510号《刑事判决书》,重庆市第三中级人民法院(2015)渝三中法刑终字第00226号《刑事裁定书》,认为梁某霖已经构成伪造公司印章罪。因此,梁某霖利用伪造的公章出具的授权委托书委托朱某德签订工程施工协议及相关结算协议,行为后果应当由梁某霖及朱某德自行承担。本院经审查,编号为‘50010218011375’的公章在重庆群洲公司的经营活动及诉讼活动中均曾使用过。2013年6月24日,重庆群洲公司使用该编号的公章与云南省大理州漾濞县普坪发电有限公司签订《大理州漾濞县普坪电站工程施工合同》,漾濞县普坪发电有限公司随后支付给重庆群洲公司的工程款均进入重庆群洲公司云南分公司的账户,工程款的收款收据上均盖有该编号的公章,重庆群洲公司并未提出异议。云南省大理市人民法院受理的(2014)大民二初字第188号案件中,重庆群洲公司作为被告参加诉讼,其提供的《企业法人营业执照》《组织机构代码证》《授权委托书》复印件上,均盖有编号为‘50010218011375’的公章,重庆群洲公司对该公章的使用亦未提出异议。上述证据表明,重庆群洲公司对该公章的存在、使用是知晓的。尽管其主张公章伪造,但其在明知该公章存在并使用的情况下,未采取措施防止相对人的利益损害,朱某德使用编号为‘50010218011375’的重庆群洲公司印章签订

---

① 汪某雄与重庆群洲实业(集团)有限公司、朱某德建设工程施工合同纠纷申诉、申请案,最高人民法院(2016)最高法民申255号民事裁定书。

履行合同的行为应当认定为重庆群洲公司的行为，原审法院未追加发包人作为共同被告及未中止审理并无不当。”该案中，被代理人对于行为人私刻被代理人的公章并使用是知情的，但是被代理人从未提出过任何异议、否认表示或反对意见，加上行为人出具有被代理人的授权委托书，导致交易相对人相信行为人具备有权代理的授权外观。出于保护交易相对人的合理信赖，以及对于被代理人在行为人形成授权外观上的主观过错的否定，法院认定行为人构成表见代理，具有充分理由。

江苏大都建设工程有限公司、江苏大都建设工程有限公司靖江分公司建设工程施工合同纠纷再审审查与审判监督案①判决中认为：“根据原审法院查明，在本案合同缔约过程中，沙某博提供了大都公司的资质证书、营业执照、组织机构代码证、授权委托书等加盖大都公司印章的文件。在施工过程中，亦存在其他加盖大都公司印章的文件，如《关于成立大都公司长沙工程处的通知》《关于设立长沙恒大雅苑54# - 60#项目经理部的通知》《内部承包经营合同书》《安全生产协议》以及认可恒大雅苑54# - 60#项目部公章的授权书、朱某所持的介绍信、在开立银行账户过程中留存的大都公司的开户资料等。双方最初签订的《联合施工协议》中也加盖了大都靖江分公司的印章。原审法院对双方存有争议的相关文件中的印章真实性问题进行了鉴定，形成[2011]28号、[2011]78号、[2012]1号、[2017]1717号鉴定文书。综合鉴定情况和全案所存的印章情况，虽然沙某博提供的资质文件、授权委托书中加盖的印章为吴某私刻形成，但授权委托书中加盖的大都公司法定代表人签章未被鉴伪，上述其他多份从大都靖江分公司获得的资料中的大都公司印章未被证实为私刻。同时，吴某私刻的印章还被大都公司用在其他对外合同中，且效力未被否定。现大都公司以部分文件印章不真实为由主张其对涉案工程不知情、不应承担责任，理据不足，本院不予支持。”该案中，行为人持有被代理人的授权委托书并使用“假公章”以被代理人的名义与交易相对人实施交易行为，被代理人自己也使用该枚“假公章”对外订立民事协议，相当于被代理人以使用行为追认了“假公章”的合法效力，此时交易相对人内心因被代理人对“假公章”的使用追认行为已形成了“‘假公

① 江苏大都建设工程有限公司、江苏大都建设工程有限公司靖江分公司建设工程施工合同纠纷再审审查与审判监督案，最高人民法院(2019)最高法民申1614号民事裁定书。

章'='真公章''"的内心确认。因此,基于行为人出示"授权委托书"及"公章",交易相对人有理由相信行为人为有权代理,法院认定本案构成表见代理,并无不当。

综合上述案例可以发现,行为人所持有的被代理人的公章,无论该公章是实际备案的真章,还是伪造私刻的假章,对于认定是否构成表见代理的作用是微乎其微的:首先,虽然没有"行为人持有被代理人公章"这一表见因素,但行为人的其他类型的表见因素结合起来足以形成使交易相对人相信其为有权代理的授权外观并进一步能成立表见代理的,无论公章或真或伪,"公章"这一表见因素对于认定表见代理都没有意义;其次,被代理人提供证据证明"行为人所盖公章为伪造私刻"的举证义务在现实中的履行困难重重,一般难以办到;最后,只要交易相对人确实不知公章为假的情况,法院通常也不会仅因公章为假就否定表见代理的存在。况且在实践中,被代理人还经常"明知名义被冒用、公章被私刻但却不表示任何异议"或"自己也对外使用伪造私刻的公章实施交易行为"对"假公章"的效力不断补强,进一步将无权代理往构成表见代理的方向推动。

由此可知,我国法院对表见代理的认定仍然采取"综合认定"的方式:"假公章"对于表见代理的认定不存在直接否定的消极作用;当行为人仅具备"持有被代理人公章"这一授权外观认定要素时,即使该枚公章为真,也不足以使交易相对人产生行为为有权代理的合理信赖,"真公章"对表见代理也缺乏直接肯定的积极作用。公章的真伪之于表见代理的认定影响,应当融入表见代理综合认定的框架中考量,不可孤立地以"真假"论"是非"。

五、建设工程施工合同中公章使用的实务建议

(一)实践考察的直接结论

公章真伪对于认定表见代理,进而对于认定合同效力的实践考察表明了以下问题。

在有权代理下,被代理人对行为人具有真实授权的意思表示,以公章确认该意思表示只是一种外在表现形式,因此被代理人自愿对行为人授权的真实意志这一实质要件完全可以覆盖公章真伪这一形式要件对认定代理行为效力的作用力;简言之,有权代理下无论公章真伪,代理行为均对被代理人具有约

束力。

在无权代理下，一方面，即使行为人持有的被代理人公章为真章，但是行为人仅持有公章但不具备其他类型的表见外衣的，不足以形成使交易相对人产生其为有权代理的合理信赖的授权外观，也不能进一步认定构成表见代理，因此不能得出“持有真章一定构成表见代理”的结论；另一方面，即使行为人持有的被代理人公章是其伪造私刻的，但是若行为人还存在其他类型的表见外衣，公章形式上的真伪也不能对其公信效力及授信效力产生实质影响，若交易相对人确实对“公章为假”的事实不知情，便足以认定构成表见代理，因此也不能得出“持有假章一定不构成表见代理”的结论。

进言之，判断以“假公章”所为行为是否构成表见代理，不仅要看“假公章”是否形成了足以使交易相对人相信行为人为有权代理的授权外观，还要看交易相对人在主观上对“假公章”的事实是否明知或应知，而这又回归到了认定表见代理的传统路径，即无论公章的形式为真或为假，在判断行为人的无权代理行为是否进一步构成表见代理时，都绕不开对行为人授权外观、交易相对人主观善意无过失、被代理人对授权外观具有非难性三个构成要件的判断。

（二）建设工程施工合同公章使用实务建议

由于公章的真伪在法院认定表见代理过程中的直接作用十分有限，无法得出非此即彼的直接结论；但考虑到建设工程施工领域中，假公章的存在和使用不仅扰乱了建筑市场秩序，承包人也可能因被认定为表见代理关系中的“被代理人”而被动卷入诉讼并遭受经济损失，因此，依据法院认定表见代理的要素，并结合建设工程施工活动的实际进行建设性研究，以有效防范相关法律风险实为必要。

建设工程施工活动中，施工总承包人从业主发包人处承接工程后，往往通过非法转包、违法分包、内部分包等形式将工程全部或部分转交由包工头承建，或是包工头借用施工总承包人的资质直接从发包人处承接工程。此时，包工头往往会相应获得施工总承包人赋予的职务身份——被任命为工程项目负责人、工程总经理或其他形式的授权——有权代表施工总承包人负责工程建设的相关活动，即具备“授信文件”这一信物型表见外衣或“职务身份”这一身份型表见外衣。在工程施工过程中，包工头可能会私刻公章，以施工总承包人的名义对外购买建材、承租机械、劳务分包、借入资金、达成结算合意；尽管这些交易活动未获得施工总承包人的事前授权或事后追认,但结合之前已获得的“授信文件”或已形成的“职务身份”,其可能直接对建材商、出租人、分包承包人或出借人显示出具有施工总承包人真实授权的代理权利外观,并进一步对施工总承包人构成表见代理,导致将施工总承包人拖入巨额付款责任或超额还款责任的旋涡中。为此,施工总承包人至少应当从以下方面对包工头可能实施表见代理行为所带来的风险进行防范。

1. 在公章管理上,应重视工程项目部公章的作用,避免将项目部公章直接交由包工头管理和使用

我国发现,在施工活动承接实践中,承包人往往以“以包代管”,不重视公章的使用与合同的管理,如此“甩手掌柜”的做法,由于公章具有绝对的公示公信效力及高度的授信效力,即使包工头所使用的施工总承包人公章为私刻的,也不能使施工总承包人完全避免被认定构成表见代理进而免于承担合同责任。因此,施工总承包人不应将工程项目部的公章直接交由包工头管理和使用,避免其随意使用项目部公章所实施的、违背总承包人本身意志的民事行为被视为施工总承包人的行为并为此负责;同时施工总承包人应加强工程项目部对外交易活动的监督管理,防止包工头私刻项目部公章并对外使用。

2. 在人事任命方面,尽量避免任命包工头为自身工作人员

《民法典》第 170 条规定,“执行法人或者非法人组织工作任务的人员,就其职权范围内的事项,以法人或者非法人组织的名义实施的民事法律行为,对法人或者非法人组织发生效力。法人或者非法人组织对执行其工作任务的人员职权范围的限制,不得对抗善意相对人”。因此,公司法人的工作人员对外实施与其职务有关的公务行为时,视为公司法人的行为,公司法人应对职务行为所产生的法律后果负责。正因如此,施工总承包人应当避免任命包工头为自己的工作人员。在内部,施工总承包人应避免与包工头签订劳动合同、避免为其购买社会保险;在外部,施工总承包人应避免向包工头交付聘用书或委任状,且不要在任何公共场所公示包工头为项目负责人或项目经理的相关信息避免因包工头对外的民商事活动构成职务行为而承担责任。

3. 在制作授信文件方面,不将加盖公章的空白授信文件交付包工头,签字盖章应亲力亲为

《民法典》第 162 条规定:“代理人在代理权限内,以被代理人名义实施的民

事法律行为,对被代理人发生效力。”根据上述法律规定,在真实授权范围内,代理人以被代理人的名义实施的民事行为所产生的法律效力由被代理人承受,因此施工总承包人应避免将加盖公章的空白合同书、空白收据、空白授权委托书、空白委托代理函等授信文件交付包工头;在与业主签订建设工程施工合同时,施工总承包人应亲力亲为,或指派自己的员工前往签字盖章,杜绝包工头在“委托代理人”处签字,避免包工头形成在关联交易具有真实授权的表见外衣。

为了便捷签约,即使施工总承包人一定要给包工头出具授权委托书、委托代理函等授权文件的,也应当在该授信文件中明确授权范围,如包工头仅有权代表施工总承包人与业主签订工程第一手发承包合同,但无权对外代表施工总承包人对外借款或对外转分包等,使交易相对人知悉包工头的代理权限范围,防止包工头越权代理,消除“交易相对人主观善意无过失”对认定表见代理的隐患。

4. 在施工管理方面,加强过程管理和监督,及时避免包工头使用伪造公章对外交易

在实践中,施工总承包人将工程项目转交给转承包人、挂靠人、分包承包人后,往往既不亲自施工,也不对施工活动进行监督管理,而是由后者自主施工、自主经营、自担风险、自负责任。如此“甩手掌柜”的做法,导致其对包工头在对外签订买卖、租赁、转分包协议等时使用伪造公章、冒用承包人名义的行为毫不知情,只有在被其中某些交易相对人告上法庭后,才发现自己被动卷入了如此多的“拔出萝卜带出泥”的债务。

应该说,即使施工总承包人仅收取施工资质使用费或转包分包管理费,不实际负责项目施工,也应当派遣自己信任的工作人员对项目的施工活动进行监督管理,一旦发现包工头对施工总承包人有私刻公章、伪造授权、冒用名义对外交易的情形的,应立即制止并上报施工总承包人。施工总承包人不认可这些被包工头代理实施的交易行为的,应及时介入交易活动,对交易相对人披露自己的身份,并告知其包工头为无权代理,消除交易相对人的“主观善意”对构成表见代理的风险。

5. 在履约方面,应规范履约过程管理,避免因存在实际履行或追认行为等被认定表见代理

施工总承包人除应派遣信任的工作人员对包工头的施工活动进行监督管

理外，在施工过程中还应注意如下事项：(1)若发现包工头冒用施工总承包人的名义对外从事交易活动，不应放任不管，愿意追认的施工总承包人应及时追认，不愿意追认的施工总承人应及时告知交易相对人；(2)对于第三人送至工地的建筑材料、小型设备等货物，施工总承包人的工作人员应及时清点，并保留相应证明收货数量的收据，避免包工头与材料商虚构供货数量套取款项的情形发生；(3)针对包工头要求施工总承包人向第三人付款的请求，应在付款中备注“依包工头指示”支付，避免该付款行为被认定为对包工头与交易相对人的无权代理行为的追认而导致合同有效；(4)若施工总承包人不同意包工头向下转包或再行分包的，对于交易相对人交付的履约保证金，应拒绝收取，同时也不应通过自己的账户将包工头交付的履约保证金支付给业主，在业主被列入违法失信名单时，避免因构成表见代理而成为首要还款责任人。

第二部分

工程价款支付、受领相关问题

专题四

建设工程施工合同纠纷中的"工程款"与"借款"的性质认定实务研究

建设工程施工合同法律关系中,承包人的主要义务是依约按时按量按质完成施工任务并交付质量合格的工程,发包人的主要义务是支付工程款。但在很多情况下,双方对于工程价款的结算往往掺杂了当事人另行达成的借款合意,双方支付收受的工程款可能混入借款性质的款项;在实务中,往往会发生结算时发包人要求以其对承包人的借款债权抵销承包人对其的工程款债权、发包人主张其在承包人施工过程中某几笔支付的款项属于支付借款而非支付工程款等情形。此时,应如何确定当事人是否实际上达成了借款意思表示的一致?如何确定当事人支付的每笔款项实际是工程款还是借款?结算时,发包人能否以其对承包人的借款债权针对承包人对其的工程款债权行使抵销权?这些问题的回答,均需结合理论对实践的考察来进行。

一、借款合同与建设工程施工合同的性质与区别

(一)借款合同的性质

《民法典》第667条规定:"借款合同是借款人向贷款人借款,到期返还借款并支付利息的合同。"根据法律规定,借款合同是指当事人一方按约定将一定种类和数量的货币转移给他方,他方到期后返还货币的协议。[①] 借款合同当事人的权利义务相对简单,出借人的主要义务是按约足额向借款人支付借款,借款

① 参见佘延满、马俊驹:《民法原论》(第4版),法律出版社2010年版,第664页。

人的主要义务是按时向出借人足额返款借款本金并支付借款利息；出借人不得预先在本金中扣除借款利息，借款人不得违反约定用途使用借款，否则应向对方承担相应的违约责任。通常而言，借款合同当事人合意的达成与还款行为都较简单、直接，往往仅需双方谈判交涉一次即可实现。

（二）建设工程施工合同的性质

《民法典》第788条第1款规定："建设工程合同是承包人进行工程建设，发包人支付价款的合同。"建设工程施工合同的权利义务较为复杂，除了承包人按时交付质量合格、符合发包人使用要求的工程的主要义务以及发包人按约按时支付工程款的主要义务外，承包人还需承担质量保修义务、施工安全保障义务、配合发包人施工检查义务等附随义务，发包人还需承担按时交付满足施工条件的工作面、交付施工图纸、配合承包人完成分部分项工程验收、隐蔽工程验收、组织竣工验收、不随意干涉承包人施工活动等的附随义务。因此，建设工程施工合同具备以下基本特征：（1）属于整体性合同；（2）目的是完成某项工程建设；（3）承包人完成该协议的目的是获取相应酬金；（4）工程款通常采取分期支付的方式；（5）协议履行过程中双方存在密切的互动，权利义务处于动态的变化中。①

建设工程施工合同中的工程款结算与支付也较为复杂，需经历发包人与承包人长期频繁交涉、达成合意的过程，双方的请款、付款、建立结算合意的行为相互穿插作用、交错影响，最终实现双方当事人的利益平衡状态。

（三）借款合同与建设工程施工合同的区别

借款合同产生的款项性质为借款，建设工程施工合同产生的款项性质为工程款，二者具有以下本质区别：（1）产生原因不同。借款基于出借人支付借款的行为而产生，工程款基于承包人建设施工的行为而产生。（2）对价不同。借款的对价是借款本金以及在借款期间内出借人未能使用借款的资金占用损失（利息），工程款的对价是承包人施工完成的合格工程量。（3）利息计算方式不同。在对利息计取约定不明的情况下，若为自然人之间的借款关系，视为没有利息；若为非自然人之间的借款关系，则根据当地或者当事人的交易方式、交易习惯、市场报价利率等因素确定利息；若为施工合同关系，则按照中国人民银行发布

---

① 参见杨晓蓉：《建设工程合同的原理与实务——以关系契约理论为视角》，人民法院出版社2018年版，第48页。

的贷款市场报价利率。(4)未约定利息的法律效果不同。当事人对利息支付没有约定的,在借款合同关系下,视为没有利息;在施工合同关系下,则按照中国人民银行发布的贷款市场报价利率。

二、借款与工程款的实务认定

在实务中,施工合同当事人的价款结算可能既包含针对工程款的结算,也包含针对借款的结算,在发包人向承包人支付的款项既包括工程款又包括借款支出或借款还款的情形下,在确定当事人之间的法律关系,界定发包人支付的款项是工程款还是借款时,可以分两种情形予以讨论:第一种情形是承包人向发包人出借资金;第二种情形是发包人向承包人出借资金。

(一)承包人向发包人出借资金

若发包人的资金不足以开发整个建设项目,往往可能向承包人借款,对该"借款"的性质,发包人通常会主张为"工程垫资"而非"一般借款"。其理由在于:当事人在借款合同中约定的借款利息一般较高,《最高人民法院关于审理民间借贷案件适用法律若干问题的规定》(2020 年第一次修正)出台前,以"年利率 24%"作为民间借贷利息的保护上限;[①]该规定以及其后的《最高人民法院关于审理民间借贷案件适用法律若干问题的规定》(2020 年第二次修正)均以"合同成立时一年期贷款市场报价利率四倍"作为民间借贷利息的保护上限;[②]根据《建设工程司法解释一》第 25 条的规定,垫资利息的保护上限为"同类贷款利率或者同期贷款市场报价利率",[③]由此导致工程垫资利息的保护上限远低于民间借贷利息的保护上限,发包人主张承包人出借的资金性质为工程垫资款的,可

---

① 《最高人民法院关于审理民间借贷案件适用法律若干问题的规定》(法释〔2015〕18 号)第 26 条第 1 款规定:"借贷双方约定的利率未超过年利率 24%,出借人请求借款人按照约定的利率支付利息的,人民法院应予支持。"

② 《最高人民法院关于审理民间借贷案件适用法律若干问题的规定》(2020 年第一次修正)第 26 条以及《最高人民法院关于审理民间借贷案件适用法律若干问题的规定》(2020 年第二次修正)第 26 条规定相同:"出借人请求借款人按照合同约定利率支付利息的,人民法院应予支持,但是双方约定的利率超过合同成立时一年期贷款市场报价利率四倍的除外。前款所称'一年期贷款市场报价利率',是指中国人民银行授权全国银行间同业拆借中心自 2019 年 8 月 20 日起每月发布的一年期贷款市场报价利率。"

③ 《建设工程司法解释一》第 25 条第 1 款规定:"当事人对垫资和垫资利息有约定,承包人请求按照约定返还垫资及其利息的,人民法院应予支持,但是约定的利息计算标准高于垫资时的同类贷款利率或者同期贷款市场报价利率的部分除外。"

以减轻其还款义务。

1. 工程垫资的基本概念及特征

虽然“工程垫资款”与“一般借款”本质上都属于发包人对承包人的欠款，但是二者的产生原因、对价义务与所属法律关系却大相径庭。“工程垫资款”在诸多判决中均有描述：(1)(2019)最高法民申3284号裁定书认为：“工程垫资是指在工程项目建设过程中，承包人利用自有资金为发包人垫资进行工程项目建设的费用。”①(2)(2017)最高法民终225号判决书认为：“工程垫资是指发包人不支付工程预付款，至进度款，由承包人带资（垫资）施工的行为。”②(3)海南省高级人民法院(2019)琼民终250号判决认为：“垫资是指承包方在签订合同后，不要求发包方先支付工程款或支付部分工程款，而是利用自有资金先进场施工，至工程施工到一定阶段或全部完工后，由发包方再支付垫付的工程款。借款是借款人向出借人借款，到期返还借款并支付利息。”③(4)广西壮族自治区高级人民法院(2016)桂民终410号判决认为：“垫资是指承包方在合同签订后，不要求发包方先支付工程款或者支付部分工程款，而是利用自有资金先进场进行施工，待工程施工到一定阶段或者工程全部完成后，由发包方再支付垫资的工程款。”④

由“工程垫资”的上述定义可知，其具有如下特点：第一，工程垫资需实际用于工程项目建设施工活动中；第二，工程垫资基于承包人的施工行为而产生；第三，承包人已按约施工完成了一定工程量，但发包人却未向承包人支付相应工程款的，发包人所欠付的工程款，属于工程垫资的范畴；第四，工程垫资是发包人对承包人的工程欠款，其对价是承包人施工完成的相应工程量，而非承包人对发包人出借的资金，即工程垫资中不应出现承包人对发包人的转款、付款或资金出借行为。

---

① 福建省九建建筑工程有限公司、福建省九建建筑工程有限公司北海分公司建设工程施工合同纠纷再审审查与审判监督案，最高人民法院(2019)最高法民申3284号民事裁定书。

② 贵州建工集团第一建筑工程有限责任公司、松原市金滩源房地产开发有限公司建设工程施工合同纠纷案，最高人民法院(2017)最高法民终225号民事判决书。

③ 广西政通工程股份有限公司、海南万基威置业有限公司建设工程施工合同纠纷案，海南省高级人民法院(2019)琼民终250号民事判决书。

④ 海天建设集团有限公司、北海穗丰房地产开发有限责任公司建设工程施工合同纠纷案，广西壮族自治区高级人民法院(2016)桂民终410号民事判决书。

2. 工程垫资与发包人借款的区别

结合借款的一般特征，工程垫资款与借款的实质区别为：(1)工程垫资基于承包人实施履行施工义务、完成一定的工作量的行为而产生，而借款基于承包人实施的款项出借行为而产生。(2)在工程垫资关系中，不可能出现承包人向发包人支付款项的行为；而在借款合同关系中，一定会出现承包人向发包人的付款行为。(3)工程垫资款本质上是发包人应当支付而未予支付的工程款，而借款本质上是发包人应当返还却未返还的欠款。(4)工程垫资款一定是在施工活动中用于支付材料款、机械租赁款、劳务费、农民工工资、措施费、规费等为满足施工活动所必须支出的费用，而发包人向承包人借入的借款不一定用于工程活动中，有可能被发包人挪作他用，流向其他投资领域。(5)若发包人确实将向承包人借入的款项以“工程款”的方式支付给承包人的，只能说明发包人履行了施工合同的付款义务，但发包人基于借款合同而负担的借款返还义务仍未消灭；换言之，承包人的工程款债权得以清偿，但是借款债权仍然存在。若发包人欲以一次付款义务的履行，将“借款”与“垫资款”两个概念混淆，主张消灭承包人的借款债权与工程款债权两个债权的，法院应不予支持。

3. 结论

在实践中，发包人对承包人有资金借支需求的，往往会在建设工程施工合同之外与承包人另行达成借款的合意，并订立名为“工程垫资协议”实为“借款合同”的书面合同，在合同中约定还款日期及还款利息。根据合同约定，承包人通过银行转账或交付现金的方式向发包人支付借款，发包人也对承包人支付的借款实际控制并使用支配的，双方实际上在建设工程施工合同之外另行成立了资金借贷的法律关系。由于此部分的欠款是基于承包人向发包人出借资金的行为而产生，而非基于承包人的施工行为而产生；此部分欠款的对价是承包人将资金出借给发包人使用并产生资金占用费用，而非承包人施工完成了对应的合格工程量，因此此部分欠款的性质为“一般借款”，而非“工程垫资”。在此前提下，发包人以承包人向其出借的借款资金的性质为“工程垫资”为由请求将借款利息下调为原《建设工程司法解释》第6条规定的“中国人民银行发布的同期同类贷款利率”的，与基本事实不符，适用法律错误，法院应不予支持。

据此，发包人要求承包人以出借一定数目的款项为名进行“垫资”，作为项目的建设资金时，法院在认定这是“借款”还是“垫资款”时，应考察该笔资金的实际用途，进而确定相关款项的性质。①

（二）发包人向承包人出借资金

在建设工程施工过程中，发包人与承包人建立了建设工程施工合同法律关系，若在双方施工法律关系存续期间，承包人又向发包人借入资金的，该部分借款极易与发包人向承包人支付的工程款发生款项性质混淆。此时应当讨论的是，发包人向承包人支付款项的性质是借款还是工程款？若认定为借款，发包人在结算时能否行使抵销权将其对承包人的借款债权与承包人对其的工程款债权两相抵扣？

1. 发包人支付款项性质的实务认定

建设工程施工活动中发包人向承包人支付工程款的惯例是将整个项目的工程款拆分为预付款、进度款与结算款。首先，发包人一般应当在开工日期 7 天前向承包人支付工程预付款，并有权在进度款中按比例扣回预付款金额；发包人可以要求承包人提供预付款保函，作为预付款专款专用的担保。其次，在施工过程中，发包人应当根据承包人提交的进度付款申请，按照承包人编制的、经双方认可的支付分解表向承包人支付工程进度款；发包人可以要求承包人提供履约保证金或履约保函，作为承包人的履约担保。最后，经双方竣工结算后，发包人应当按照双方结算合意约定的金额在扣除了质量保证金后向承包人支付工程结算款；质量保证金可以由履约保证金转化而来，也可以由发包人另行扣除。因此，建设工程施工合同法律关系下的发包人与承包人的交易模式是“先做工，后给钱”，也就是先由承包人垫资施工，再由发包人按照已完合格工程量按比例支付工程款。

在实务中，若承包人因资金短缺向发包人申请借款或提前预支工程款的，由于双方对该部分款项性质所达成的合意往往并不明确，该款项到底属于借款还是工程款的边界也十分模糊。考察审判实践，可以发现法院通常从以下角度认定发包人支付款项的性质。

（1）针对某几笔发包人向承包人支付的款项，双方有利息约定，或发包人要求承包人另行支付利息而承包人亦实际支付的，该几笔付款应为借款而非工程款。

发包人向承包人支付工程款是发包人针对承包人的施工义务履行的对价

---

① 参见王登山：《如何认定名为借款实为垫资？》，载《中国建筑金属结构》2021 年第 3 期。

义务，承包人已按约施工完成相应工程量的，发包人应当支付工程款，承包人无须支付额外的利息。在发承包双方最终办理结算或依约支付工程进度款之前，发包人往往采取“预借工程款”的形式向承包人支付工程款，该“预借工程款”本质上是承包人依施工合同约定、履行了施工义务后可以获得的对价，而非基于新的借款合同关系而形成，故承包人无须支付利息。[①] 换言之，工程款的支付通常不与利息相关。但若双方约定，承包人应对发包人支付的某笔或某几笔特定款项支付利息的，与工程款支付习惯不符，即使该部分款项的转款备注或收据记录上载明为“工程款”，也应当认定为借款。

比如，(2019)最高法民申1884号判决认为：“恒达信海南分公司出具的《承诺书》载明：应恒达信海南分公司要求，名邦公司将向文昌市农村信用合作联社的贷款中的5000万元以工程款的形式作为对恒达信海南分公司的借款，恒达信海南分公司向名邦公司提供发票，并承担借款利息。合同签订后，名邦公司向恒达信海南分公司支付了5000万元款项，恒达信海南分公司也依约于2014年3月至10月期间分八次向名邦公司支付了十个月的利息。《借款合同》《承诺书》以及恒达信海南分公司支付利息的事实可以相互印证。恒达信公司与名邦公司之间虽然也签订了书面的《施工合同》，但恒达信海南分公司出具的《承诺书》及其支付利息的事实，可以证明5000万元款项形式上为工程款，实系借款。”[②]

再如，(2019)最高法民再340号判决认为：“虽借款单未载明出借人，但祥和公司持有该借款单，且其亦提供证据证明已按照借款单载明的数额向高某利出借款项的事实，故从初步证据显示，双方之间存在债权债务关系。高某利辩称案涉款项系三秦公司以借款单的方式支付其在民乐花苑项目的工程款，并非借款法律关系，但并未提交相关证据证明祥和公司受三秦公司委托向其支付工程款，亦不能证明祥和公司与民乐花苑项目存在关联；同时，即便系祥和公司代三秦公司支付工程款，借款单上亦无必要约定利息，而案涉4份借款单上均约定月息3%，不符合支付工程款的惯例。另外，虽借款单上载明借款用途系民乐花苑工程相关开支，但该借款单系高某利自行书写，其向祥和公司借款，款项借到之后的具体用途，应属高某利自行决定的问题，不能据此即认定该款系三秦公

---

① 参见秦昕：《防范化解预借工程款的法律风险》，载《现代交际》2019年第20期。

② 福建省恒达信装饰工程有限公司、海南名邦旅业开发有限公司借款合同纠纷再审审查与审判监督案，最高人民法院(2019)最高法民申1884号民事裁定书。

司支付的工程款,故高某利的答辩意见缺乏证据支持。”①

又如,(2020)最高法民申9号判决认为:“经审查,2015年5月29日,荣宇公司与世博公司签订案涉补充协议第五条第四款约定:‘承包人需要投融资人提前支付工程款时,经投融资人同意并支付后,承包人按提前支付工程款金额向投融资人支付每日1‰的资金占用费。提前支付的工程款不超过工程合约价款的30%,时间不得超过3个月。’2015年6月19日至2017年3月15日世博公司出具的21张《收据》上均载明收到荣宇公司借款。2017年3月30日,赖某河与任某签字确认的《对账单》及此后赖某河和胡某等人对《对账单》签字确认过程中,均对案涉借款本息进行了确认。原审判决认定案涉民间借贷法律关系成立,并不缺乏证据证明。”②

(2)支付款项的主体非工程发包人,所支付的款项应为“借款”而非工程款。

根据合同相对性原理,工程款的支付主体是发包人。若付款主体非发包人而是与发包人有关联的主体(如发包人的股东、实际控制人)等,由于发包人与发包人的股东或实际控制人分属不同的民事主体,即使承包人与发包人的股东或实际控制人约定所付款项的性质为“工程款”,也应当认定为“借款”。

(2018)最高法民申1221号判决认为:“关于案涉款项的性质。张某、中太集团均主张案涉款项在到期后应由借款结转为工程款。经查,该理由不能成立。首先,根据合同的相对性原理,支付工程价款是发包方金利集团而非屠某根的责任。屠某根即使系金利集团的实际控制人,但两者属相互独立的民事主体,按合同约定支付工程价款是金利集团的责任,该责任并不能任意转嫁给屠某根个人。其次,本案在施工过程中存在两种不同形式的借款。根据张某在申请再审时提交的相关‘工程借款单’‘借据’等,张某、中太集团除通过借款协议向屠某根个人借款外,还向金利集团提出了借支部分工程款的请求,并约定在‘总工程量结算时统一扣除’或‘从以后工程款中扣回’,也未约定借款的期限和利息等,这部分借款均符合向发包方借支工程款的情形。再次,案涉借款协议中的款项不应被理解为借支的工程款。与上述‘工程借款单’‘借据’不同的是,

---

① 榆林市祥和建工路桥集团有限公司、高某利民间借贷纠纷再审案,最高人民法院(2019)最高法民再340号民事裁定书。

② 云南省世博工程总承包有限公司、云南荣宇实业集团投资有限公司借款合同纠纷再审审查与审判监督案,最高人民法院(2020)最高法民申9号民事裁定书。

案涉借款协议的出借人是屠某根而非金利集团，款项均从屠某根个人账户汇出，并且约定了借款的利息或期限，与施工单位向发包方借支工程款的通常情形不符。借款协议虽对担保方式约定为‘乙方用金利国际城项目工程款做还款担保，可在金利国际城项目工程款中扣除’，但该条款是对借款人、担保人还款资金来源的强调，在借款到期后屠某根有利用职权从金利集团应付工程价款中自行扣除的权利，而不能理解为借款到期后即自动结转为工程款。最后，从中太集团在他案中的诉求来看，案涉款项并未被其作为金利集团已付工程款予以扣除，张某在申请再审时提交的‘金利公司支付中太公司工程款明细表’中也未将案涉款项记为‘预付工程款’或‘工程款借款’，说明双方对案涉款项性质的认识开始并无分歧，实际上张某在本案起诉前也曾向屠某根个人归还了总计460.4万元的部分本金利息，而没有作为借支的工程款在工程结算时予以扣除。因此，原判决对案涉款项性质的认定并无错误。”①

(2019)最高法民终1572号裁判认为：“瑞富公司上诉称华宸公司法定代表人范某胜的个人账户明细中，李某为向范某胜的转款应视为华泽公司向华宸公司支付的工程款。对此本院认为，李某为虽曾是华泽公司的法定代表人，范某胜虽是华宸公司的法定代表人，但公司与个人是两个不同的民事主体。根据瑞富公司整理的账户明细，范某胜该个人账户中收到李某为的大部分款项备注信息显示为‘借款’，范某胜转出款项明细中的交易备注信息中部分显示工程款，但仅凭范某胜个人账户借、贷明细中的备注信息，不能证明转账款项是华泽公司向华宸公司支付的工程款。”②

(3)发承包双方达成在承包人应得工程款中扣除承包人借款的合意的，发包人支付的借款视为支付工程款。

如发包人与承包人双方达成“在发包人应支付的工程款中扣除”“在双方进行工程款结算时扣除”之类意思表示的一致的，虽约定为“借款”，发包人支付的款项也应认定为“工程款”。

(2019)最高法民再179号判决认为：“关于许某强向罗某所借三笔数额分

---

① 张某、中太建设集团股份有限公司民间借贷纠纷再审审查与审判监督案，最高人民法院(2018)最高法民申1221号民事裁定书。

② 宁夏瑞富山水置业有限公司(原宁夏庆华置业有限公司)、华宸建设集团股份有限公司建设工程施工合同纠纷案，最高人民法院(2019)最高法民终1572号民事判决书。

别为200,000元、200,000元、1,400,000元的款项,虽然形式上体现为许某强与罗某个人之间的借款,但本质上应属华洋公司以借款形式支付给中煤地公司的工程款。理由如下:其一,许某强系中煤地公司任命的案涉项目行政经理,罗某系华洋公司一方人员,三笔借款均发生在案涉项目进行期间,借条中明确载明如逾期未还款则从案涉工程款中扣除。且借条原件由华洋公司持有,中煤地公司未提交证据证明罗某向许某强主张过该三笔借款。其二,华洋公司一审中提交的陈某计于2010年6月22日领取304,670元的领款单和转款凭证,其中274,670元系由罗某账户转入陈某计账户,该款项系华洋公司代中煤地公司向陈某计支付的工程款。中煤地公司认可前述领款单及转款凭证的真实性,表明其对罗某代表华洋公司经手案涉工程款项支付的事实知情且认可。因此,根据日常生活经验判断,前述借款本质上应属华洋公司以借款形式支付给中煤地公司的工程款,应计入华洋公司已付工程款。"①

(2020)最高法民申2856号判决认为:"关于同泽房产公司法定代表人余某军出借30万元给案外人沈某余的借款性质问题。《借条》承诺'如未归还在当次工程款中扣除',工程项目部负责人在借条中的备注系附加了该30万元从工程款中扣除的条件,对这一附加条件,应当由条件附加方渝万建设公司证明条件是否达成,二审判决将该笔款项计入已付工程款不违反举证分配规则。"②

(4)承包人将借入的款项用于工程项目施工活动的,可以将该借款认定为工程款;若承包人无法提供证据证明将发包人支付的款项用于工程项目施工活动的,则应认定为名为"工程款"实为"借款"。

第一,双方约定的工程支付期限届至,存在发包人欠付承包人工程款的事实,承包人向发包人申请付款后,将借支的款项未用于个人开销或挪用他处而是用于施工支出的,即使双方约定发包人向承包人支付的款项为"借款",也应认定该款项为"工程款",承包人不应支付利息。

(2019)最高法民申2298号裁判认为:"关于本案诉争借款是否可以抵扣工程欠款、是否应当计收利息的问题。本院认为,二审判决认定邵某军向金陵建

---

① 陕西华洋投资开发有限公司、中煤地建设工程有限公司建设工程施工合同纠纷再审案,最高人民法院(2019)最高法民再179号民事判决书。

② 重庆市渝万建设集团有限公司建设工程施工合同纠纷再审审查与审判监督案,最高人民法院(2020)最高法民申2856号民事裁定书。

工集团所借款项应当自借款发生之日起，从金陵建工集团欠付邵某军的工程款中予以抵扣，并无不当，理由如下：首先，邵某军虽以借款单的形式向金陵建工集团支取款项，并就利息和还款时间作出了承诺。但根据2012年金陵建工集团与华扬公司的对账情况以及会议纪要，可以认定金陵建工集团欠邵某军工程款。其次，邵某军在借款前，先向金陵建工集团请求支付下欠工程款未果，才以出具借款单的方式向金陵建工集团借支工程款。其所借款项是用于解决本案建设工程欠付农民工工资及材料款问题。最后，诉争的借款实际并未进入邵某军的个人账户，而是由金陵建工集团直接支付给农民工及材料商。此外，虽然邵某军在借款时出具承诺书，承诺支付利息并自愿承担违约责任，但是案涉借款自出借之日就已经抵扣金陵建工集团欠付邵某军的工程款，不应当再计付利息。金陵建工集团关于邵某军应当按照承诺书的约定支付利息的再审申请理由不能成立，本院不予支持。”①

(2019)最高法民终583号裁判认为：“天誉合公司通过监管账户直接支付给国贸公司5300万元+2110万元+125,514,133元=199,614,133元，国贸公司对此无异议，本院予以确认。此外，国贸公司还收到天誉合公司的借款共计1390万元，国贸公司对于收到前述款项并无异议，且该费用直接用于案涉工程，具有预付工程款的性质，本院认为应计入国贸公司已收到的工程款中，即天誉合公司已付款金额为199,614,133元+1390万元=213,514,133元。一审法院对此予以认定并无不当。国贸公司关于1390万元不应在本案中直接抵扣的意见，于法无据，本院不予采信。”②

第二，若当事人无法提供证据证明发包人支付的款项用于工程施工活动中的，该发包人所付款项应认定为“借款”而非“工程款”。

(2019)最高法民申1827号裁判认为：“雨生公司主张项目借款的依据是李某华出具的收据及支票存根，上述证据可以证明李某华借款15万元，但不足以证明所涉借款用于案涉工程，故二审判决未将上述借款计入已付工程款，并无

---

① 江苏省金陵建工集团有限公司、邵某军建设工程施工合同纠纷再审审查与审判监督案，最高人民法院(2019)最高法民申2298号民事裁定书。

② 重庆国际贸易集团有限公司、贵州省金沙县天誉合投资管理有限责任公司建设工程施工合同纠纷案，最高人民法院(2019)最高法民终583号民事判决书。

不当。”①

(2019)最高法民申4324号裁判认为:“关于与李某有关费用的认定问题。根据原审法院查明的事实,92万元借款与案涉工程款并无关联;茂盛公司并未举证证明226万元借款与涉案工程存在关联或实际用于涉案工程;14,160.7元等其他费用与案涉工程款项的性质并不一致;茂盛公司对于71,405元餐饮费是否实际发生并未举证证明。原审法院结合证据情况,对于上述款项进行了逐项审查核实,在茂盛公司未举证证明上述款项与本案工程有关或实际运用于案涉工程建设时,未将上述款项认定为支付工程款,并无不当。茂盛公司关于原审法院选择性认定李某签字内容且举证责任分配错误的主张,应不予采信。”②

(5)根据双方当事人的转款备注认定支付款项的性质。

出于尊重双方的意思自治的考虑,法院也会根据双方当事人的转账备注或收据记录载明的款项性质来认定发包人的付款性质,若转账备注或收据凭证载明的来往款性质为“工程款”,则直接认定为工程款;若转账备注或收据记录载明的来往款性质为“借款”,则直接认定为借款。

(2020)最高法民申1220号判决认为:“关于邓文某、邓武某、邓金某收取的款项问题。悦生创展公司提交的《借支单》《借款借据》《收款收据》注明了邓文某等三人收取的款项105,000元用于案涉工程,且邓某峰亦在一审庭审中确认邓文某等三人参与了案涉工程施工,因此在江西建工公司未提供相关证据予以反驳的情况下,原审判决认定该款项属案涉工程款,并无不妥。”③

(2020)最高法民申908号裁判认为:“关于已付工程款金额的认定问题。女皇公司与宏盛公司之间除本案建设工程施工合同纠纷外,还存在借款关系。双方之间款项往来的付款凭证,有的记载款项用途为工程款,有的记载为借款或者空白。原判决将付款凭证上明确记载用途为工程款的26,899,075元款项认定为已付工程款金额,而对于无法证实为支付工程款的其他款项未作认定,

---

① 大连雨生实业有限公司建设工程施工合同纠纷再审审查与审判监督案,最高人民法院(2019)最高法民申1827号民事裁定书。

② 蓝田县茂盛置业有限公司、陕西建工第三建设集团有限公司建设工程施工合同纠纷再审审查与审判监督案,最高人民法院(2019)最高法民申4324号民事裁定书。

③ 江西省建工集团公司、清远市悦生创展房地产有限公司建设工程施工合同纠纷再审审查与审判监督案,最高人民法院(2020)最高法民申1220号民事裁定书。

并无不当。对未作认定的款项,原判决亦已释明,女皇公司可另循法律途径解决。”①

综上所述,在认定发包人付款款项的性质,属于“工程款”还是“借款”时,应从以下几个方面判断。

(1)发包人付款是否依附有“承包人支付利息”的约定。工程款的对价是工程量,承包人按约施工完成相应工程量的,发包人应当支付工程款,承包人无须就发包人的付款行为额外支付利息;若双方约定承包人需针对发包人的付款行为支付利息的,发包人的付款应认定为借款。

(2)发包人的转账备注信息与承包人的收款凭证信息。双方当事人来往款的书面证据所记载的款项信息能够证明当事人对来往款项性质认定的真实意思表示,若发包人的转账信息或承包人的收款信息记载发包人所付款项为“借款”的,应认定付款为借款。

(3)发包人所付款项的用途。工程款是基于承包人从事施工活动所产生的款项,若承包人未将发包人所支付的款项用于施工过程所产生的材料或工程设备购买开支、劳务费支出、机械设备租赁的,则可以认定发包人的付款为支付借款。

(4)付款的主体是否为施工合同中的“发包人”。发包人是工程款支付的义务主体,若向承包人付款的主体并非发包人,而是发包人的实际控制人、股东等与发包人有关联的主体,且没有委托代付的书面证据的,该与发包人有关联的主体向承包人所支付的款项也不应认定为工程款。

(5)双方是否存在“将已付款从应付工程款中扣除”的约定。若双方达成了“将发包人付款从应付工程款中扣除”的合意,则可以认定双方存在将发包人所付款项认定为工程款的意思表示,为尊重当事人的意思自治,可认定发包人所付款项为工程款。法院在认定发包人付款是“借款”还是“工程款”时,会根据以上基本事实、双方举证程度,结合双方当事人的诉讼地位优劣、实体利益平衡进行综合分析作出判定。

除此之外,法院还从当事人之间的借款协议是否满足借款合同的基本特

① 陕西建设工程施工合同纠纷再审审查与审判监督案,最高人民法院(2020)最高法民申908号民事裁定书。

征，当事人之间是否存在以借款方式支付工程款的交易习惯，以及借款与工程款之间的数额是否存在钩稽关系等方面进行判断。[①]

2. 发包人是否能以其对承包人的借款债权作为主动债权从而针对承包人对其的工程款债权行使抵销权

（1）抵销权概述

抵销，是一种使合同的权利义务终止的原因，从广义上讲，是指二人互负债务场合，依一方意思表示或者双方的合意，使彼此债务全部或者部分地归于消灭。[②] 抵销分为合意抵销与法定抵销，《民法典》第 569 条规定："当事人互负债务，标的物种类、品质不相同的，经协商一致，也可以抵销。"此为"合意抵销"；《民法典》第 568 条规定："当事人互负债务，该债务的标的物种类、品质相同的，任何一方可以将自己的债务与对方的到期债务抵销；但是，根据债务性质、按照当事人约定或者依照法律规定不得抵销的除外。当事人主张抵销的，应当通知对方。通知自到达对方时生效。抵销不得附条件或者附期限。"此为"法定抵销"。

在法定抵销的条件下，所衍生的权利为抵销权。抵销权是指满足法定抵销的条件时，依一方当事人单方意思表示就能够发生抵销法律效果的权利。抵销权的本质为形成权，行使抵销权人的债权称为"主动债权"，被动接受抵销权行使效果的债权称为"被动债权"。当满足法定抵销条件时，主动债权人一旦行使抵销权，无须经被动债权人的同意，自然发生主动债权与被动债权在主动债权人行使抵销权的意思表示范围内归于消灭的法律效果。

主动债权人行使抵销权的，应满足何种法定抵销条件？根据抵销的基本法理，法定抵销条件包括积极要件与消极要件，积极要件又称"抵销适状"，即适合抵销的状态，根据《民法典》第 568 条的规定，"抵销适状"的构成要件如下。

第一，需两个民事主体彼此互相享有有效的债权、负担有效的债务。主动债权必须处于诉讼时效保护期内；若主动债权人以诉讼时效届满的债权为依据行使抵销权的，则剥夺了被动债权人的诉讼时效抗辩权，除非被动债权人明确表示同意抛弃其时效利益，否则一方当事人以诉讼时效届满的主动债权向对方

---

① 参见北京以安律师事务所：《探秘工程款与借款》，载《混凝土世界》2018 年第 10 期。

② 参见韩世远：《合同法总论》（第 3 版），法律出版社 2011 年版，第 545 页。

行使抵销权的,法院应不予支持。

第二,双方互负债务的种类相同。在实践中,债务的给付包括四种类型:一为金钱的支付,如银行转账、支付现金等;二为物的交付,如某种实体物的转移占有等;三为实施某种行为,如提供法律服务、提供演出服务、提供招投标代理服务等;四为不实施某种行为,如停止侵权、排除妨害等。能够发生法定抵销的债务,必须是种类相同的债务,且一般为金钱债务。在该要件下,只要双方互负的债务均为金钱债务即满足,不再做进一步的严格要求,如不再要求两个金钱债务的发生原因一致、金额一致、履行方式一致、履行地点一致等。

第三,行使抵销权的主动债权必须已届清偿期。主动债权的履行期限必须已届至,若主动债权人以未到达履行期限的债权行使抵销权的,则剥夺了被动债权人的期限利益,除非被动债权人明确表示同意抛弃其期限利益;但是,法律允许在被动债权未届清偿期的情形下,主动债权人行使抵销权,因为这是主动债权人放弃其期限利益的表现,在不损害他人权益的情况下,法院不禁止民事主体放弃自己的权益。

《民法典》第568条的"但书"规定,"但是,根据债务性质、按照当事人约定或者依照法律规定不得抵销的除外",此为抵销权行使的消极要件,主要包括以下几种情形。

第一,依照法律规定不得抵销。用于保障被动债权人基本生存权利,如购买生活必需品或抚养、赡养近亲属的生活费债权不得抵销,相类似的立法精神来源于《民事诉讼法》第250条第1款的规定"被执行人未按执行通知履行法律文书确定的义务,人民法院有权扣留、提取被执行人应当履行义务部分的收入。但应当保留被执行人及其所扶养家属的生活必需费用",以及第251条第1款的规定"被执行人未按执行通知履行法律文书确定的义务,人民法院有权查封、扣押、冻结、拍卖、变卖被执行人应当履行义务部分的财产。但应当保留被执行人及其所扶养家属的生活必需品"。

第二,依照债务性质不得抵销。依照债务的性质不得抵销的情形有三种:一是附有抗辩权的主动债权。抗辩权包括三类,诉讼时效抗辩权、合同履行抗辩权与先诉抗辩权,主动债权人以附有抗辩权的主动债权行使抵销权的,剥夺了被动债权的抗辩权利,使法律设置抗辩权的目的落空,因此附有抗辩权的主动债权不允许抵销。二是依行使目的不得抵销的债权。合同约定双方互负竞业禁止义务、互负保密义务的，若不现实地履行，则不能实现当事人约定的目的，故不允许相互抵销。三是根据故意侵权行为产生的损害赔偿请求权。若允许依故意侵权行为产生的债权发生抵销的法律效果的，不仅使受害人的权利不能快速弥补，而且会不当地诱发故意侵权行为，如不还钱即砍手砍脚，这是立法所不允许的，故不允许以故意侵权所产生的损害赔偿债权发生抵销的效果。

第三，依照当事人约定不得抵销。抵销权是当事人的民事权利，法律不禁止民事主体通过合意的方式放弃自己的民事权利。当事人在合同中约定双方互负的债务不得抵销的，未违反法律强制性规定，约定有效。除非双方经合意变更该约定，否则双方应严格执行"不得抵销"的约定，即使一方当事人的主动债权已到达"抵销适状"的状态，另一方当事人不同意抵销的，法院也应不予支持。

(2)发包人的借款债权与承包人的工程款债权相互抵销的实务认定

若发包人在竣工结算前向承包人支付的多笔款项被认定为支付工程款的，那么该几笔付款可以从发包人应当支付的工程欠款中扣除，这自不待言；但是，如果发包人在承包人施工过程中向承包人支付的款项被认定为借款的，那么在双方结算时，发包人能否以其对承包人的借款债权作为主动债权，针对承包人对其的工程款债权行使抵销权？

针对上述问题，审判实践中法院有以下几种处理方式。

一是当事人在补充协议、借款协议等书面文件中约定"若承包人未归还借款的，发包人有权从承包人应得工程款中扣除"或类似约定的，视为双方已就彼此的借款债权与工程款债权达成抵销的合意。在双方结算时，发包人主张行使抵销权，即要求其对承包人的借款债权与承包人对其的工程款债权在借款数额范围内等额抵销的，应予以支持。

若当事人的借款合意中存在"将借款债权与工程款债权两相抵扣"或类似意思的约定的，视为双方存在相互抵销的事先合意，此为"合意抵销"，请求权基础即为《民法典》第465条第2款规定："依法成立的合同，仅对当事人具有法律约束力，但是法律另有规定的除外。"发包人可以以事先约定的抵销合意为依据，请求将借款债权与工程债权两相抵扣，法院应予支持；并且，若双方当事人的借款合意中存在"将借款债权与工程款债权两相抵扣"或类似意思的约定，一方当事人主张抵销，另一方当事人以其不同意为由拒绝抵销的，法院应驳回拒绝抵销的请求。

（2019）最高法民申4223号判决认为：“《中华人民共和国合同法》第九十九条规定：‘当事人互负到期债务，该债务的标的物种类、品质相同的，任何一方可以将自己的债务与对方的债务抵销，但依照法律规定或者按照合同性质不得抵销的除外。’原审已查明，2013年5月31日龙星房地产公司与吴某善签订的《借款协议》及2016年4月23日吴某善出具的《借条》均约定借款期限为三个月。同时《借款协议》第四条约定：‘如乙方到期无法清偿借款本息，乙方同意按借款额的日千分之一支付滞纳金，并以所承建的甲方及河北道和房地产开发有限公司开发的小区项目工程款作为还款保证，直至还清甲方借款本息及滞纳金为止。’《借条》显示‘……如到期不能还款，本人自愿用此款的三倍抵顶位于邯郸市展北路中央公司项目的工程款’。而2013年8月18日案涉工程竣工验收合格后，龙星房地产依约应当支付工程款至95%，龙星房地产公司、吴某善互负到期债务。原判决基于双方的合同约定，根据已查明的相应款项的支付情况，综合双方诉讼过程中关于债务抵销的意见，认定1500万元及10万元的借款已经与到期的工程款抵销，符合法律规定及本案实际情况，并无不当。”①

（2019）最高法民申693号判决认为：“根据案涉《借款委托》，欣茂公司共借给宏大公司2053.2万元，但欣茂公司提供的付款凭证显示，其实际向宏大公司转账共1740万元。《借款委托》约定‘借款使用期为6个月，实际借款金额以借款票据为准，月息叁分，按6个月计算一次性预付利息给欣茂公司’，1740万元6个月利息为313.2万元。原审判决认定双方借款存在预扣利息的情况，并不缺乏理据。依据本院《关于审理民间借贷案件适用法律若干问题的规定》第二十七条之规定，宏大公司应按实际借款金额返还借款。本案双方当事人同意用借款抵扣工程款，应以欣茂公司实际借款数额确定已付工程款金额。欣茂公司主张借款利息应计入已付工程款，缺乏事实根据和法律依据。”②

二是若诉讼纠纷的案由为建设工程施工合同纠纷，当事人之间不存在“发包人的借款在承包人应得工程款中予以扣除”或类似意思的约定，虽然发包人

---

① 邯郸市龙星房地产开发有限公司、邯郸市邯三建筑工程有限公司建设工程施工合同纠纷再审审查与审判监督案，最高人民法院（2019）最高法民申4223号民事裁定书。

② 四川省遂宁市欣茂房地产开发有限公司建设工程施工合同纠纷再审审查与审判监督案，最高人民法院（2019）最高法民申693号民事裁定书。

以其借款债权作为主动债权行使抵销权，但双方就借款数额存在争议，且承包人拒绝将借款债权与工程款债权两相抵销的，鉴于借款合同纠纷与建设工程施工合同纠纷不属于同一个诉讼标的，法院有理由驳回发包人针对借款返还的诉讼请求，并告知发包人有另行起诉的权利。

我国民事诉讼的审理原则为“不告不理”，即法院不能针对当事人未提出的诉讼请求行使审判权。承包人起诉发包人索要工程款的，诉讼纠纷应定性为建设工程施工合同纠纷，不涉及借款纠纷的处理。若在施工合同纠纷的审理过程中，针对原告提出的工程款支付请求，被告以原告对被告负担有借款债务为由主张抗辩或提起反诉的，法院可以以“本案为建设工程施工合同纠纷，被告的诉讼请求涉及借款纠纷，不属于本案审理范围”为由，不予审理。

(2019)最高法民申 691 号判决认为：“涉案 150 万元收据载明用途为借款，红光公司并未举证证明该 150 万元借款用于涉案工程，在梅龙公司不同意该 150 万元中的 63.5 万元在本案中抵扣欠付工程款情形下，二审法院告知红光公司另行主张并无不当。”①

(2019)最高法民终 63 号判决认为：“关于工程款支付金额问题。原审认定女皇公司已付工程款为 26,899,075 元，女皇公司对此提出异议，认为双方确认宏盛公司已付款总额为 84,999,075 元，由于双方之间还存在借款关系，按照原审判决的认定，用于偿还借款本息的金额达 5810 万元，远远超过本金 3000 万元的借款本息，故有一部分付款不应计入偿还借款本息，也证明了原审认定已付工程款金额有误。二审庭审后，双方当事人曾一致同意就偿还借款本息情况进行核对，并同意借款本息之外的已付款余额无论付款凭证是否记载了支付工程进度款均应计入已付工程进度款。经双方当事人核对，由于对借款本金是 3000 万元还是 3500 万元有异议，故仍然无法确定有多少已付款金额可以在原审认定的基础上再计入已付工程进度款。因此，由于本案双方当事人之间还存在有争议的借款法律关系，故原审判决以付款凭证记载内容为准计算已付工程款金额并无不当。至于女皇公司在借款法律关系项下是否多支付了款项的问题，女皇

---

① 池州市红光置业有限公司建设工程施工合同纠纷再审审查与审判监督案，最高人民法院(2019)最高法民申 691 号民事裁定书。

公司可以另循法律途径解决。”①

三是虽然当事人未达成“发包人的借款在承包人应得工程款中予以扣除”的合意,但是双方的工程款欠款数额明确,发包人对承包人的借款数额也明确的,从提高诉讼效率、减少当事人的争议纠纷并减轻当事人人讼累的角度,发包人提出将其向承包人出借的借款在承包人应得的工程款中予以扣除的,应予支持。

(2019)最高法民终92号判决认为:“关于驻马店公路公司二审期间提交的三张总金额为15万元的借据应否视为已付工程款问题。因王某如对该三张借据真实性不持异议,且该借款发生在工程施工过程中,三张借条均载明的是‘今借到财务’,表明该借款应属预支工程款,而非一般的借贷关系。为避免诉累,对驻马店公路公司提出的该15万元应从工程款中抵扣的主张,本院予以支持。”②

(2020)最高法民申1227号裁判认为:“关于175万元保证金问题。因马某忠曾四次向农垦公司借款130万元,另应向农垦公司交纳招标服务费31,888.83元,为提高诉讼效率,二审判决将该两笔款项从农垦公司应返还马某忠的保证金中予以扣减,并无不当。双方对保证金的利息并无约定,且马某忠在本案中并未提出反诉,故马某忠要求农垦公司按照月息二分支付利息,缺乏合同及法律依据。”③

三、小结

在承包人进行施工活动的过程中,针对发包人对承包人的付款,若法院认定该款项的性质为支付工程款的,那么在竣工结算或退场结算时,发包人当然有权将该笔款项从承包人应得工程款中予以扣除;若法院认定该笔款项的性质为按照双方资金借贷使用合意而授意的支付借款的行为,笔者认为,在结算时,发包人也有权按照双方约定的本金及利息数额将该笔款项在承包人应得工程

① 福建宏盛建设集团有限公司、陕西女皇实业有限公司建设工程施工合同纠纷案,最高人民法院(2019)最高法民终63号民事判决书。

② 王某如、韩利军建设工程施工合同纠纷案,最高人民法院(2019)最高法民终92号民事判决书。

③ 马某忠、宁夏农垦建设有限公司建设工程施工合同纠纷再审审查与审判监督案,最高人民法院(2020)最高法民申1227号民事裁定书。

款中予以抵扣。理由在于:首先,发包人对承包人享有借款债权,承包人对发包人享有工程款债权,双方互负债务。只要发包人对承包人的借款债权未过诉讼时效,则承包人不享有时效抗辩权,即可以作为主动债权与承包人的工程款债权进行抵销。其次,根据双方的交易习惯,发包人对承包人的工程款债务以及承包人对发包人的借款债务都是以支付金钱的方式履行,双方债务的种类与品质相同,满足"抵销适状"的第二个要件。再者,只要借款债权已届清偿期,发包人就有权以该借款债权作为主动债权对承包人的工程款债权行使抵销权;退一步而言,即使发包人在出借资金时未约定承包人返还借款的时间,根据《民法典》第511条的规定"履行期限不明确的,债务人可以随时履行,债权人也可以随时要求履行,但是应当给对方必要的准备时间",只要发包人给够承包人必要的还款准备时间,时间届满,发包人也可直接行使抵销权。最后,发包人与承包人之间的工程款债权与借款债权在性质上不属于不得抵销的债权,只要双方当事人不存在排除抵销权适用的约定,发包人均可以以其对承包人的借款债权作为主动债权针对承包人的工程款债权行使抵销权。

并且,虽然借款法律关系与建设工程施工法律关系分属不同的诉讼标的,根据《民事诉讼法》的相关规定,在工程款诉讼纠纷审理过程中,法院有理由、也有权力不予理会当事人另行主张的借款纠纷处理请求。但是,笔者认为,在处理此类问题时,从减轻当事人讼累负担、提高当事人争议解决效率的角度考虑,当发包人与承包人互负债务时,法院也应当积极查明发包人的借款事实与欠付工程款事实、承包人与发包人是否达成以借款抵销工程款的合意以及根据发包人付款的时间、付款的前因后果等因素判定发包人付款的实际性质,促进当事人达成抵销的合意,或当主动债权满足"抵销适状"的情形时,积极认可主动债权人行使抵销权,而不是一味地以"借款纠纷不属于本案审理范围,当事人可另案起诉"为由驳回当事人的起诉,这样,才能实现快速解决纠纷、减少当事人诉讼成本的目的。

专题五

建设工程施工关系下工程款代收行为的有效性实务研究

我国建设工程施工活动所产生的关系不仅是发包人与承包人之间单一的法律关系,而是掺杂了多元主体的复合法律关系。一方面,由于建设工程的施工包括机械设备的使用租赁、建设材料的采购、专业工程的分包以及劳务用工等内容,因此建设工程施工活动也涉及承包人分别与设备租赁商、材料供应商、劳务分包商及专业分包商之间建立的法律关系;另一方面,由于我国建设工程施工活动的层层转包、违法分包、借名挂靠等的现象层出不穷、屡禁不止,因此建设工程施工活动也涉及承包人分别与处于层层转分包、挂靠链条下游的转承包人、违法分包的承包人、挂靠人等实际施工人之间形成的法律关系。

鉴于建设工程施工活动性质的多元性,以及建设工程法律关系的庞杂性,发包人向承包人支付工程款的行为也不仅仅是发包人直接向承包人付款那么简单,也掺杂发包人直接向项目负责人、实际施工人、专业分包商、劳务分包商、建筑工人、材料供应商、设备租赁商等的付款行为,在建设工程施工合同本身并不包含上述主体的情况下,发包人向上述主体的直接付款,是否构成发包人对承包人的有效付款,能否要求在承包人应得工程款中予以扣除,这些问题对于承包人实现合同权益至关重要。

一、工程款代收行为与代理制度概述

在发包人负有对承包人付款义务的前提下,发包人对实际施工人、分包商、材料供应商、设备租赁商等建设工程施工活动下游主体的付款行为是否构成其对承包人的有效支付，其实是上述建设工程施工活动相关第三方是否有权代理承包人收取、受领发包人支付的工程款的问题，必然涉及《民法典》第161、162条规定的代理制度。因此应当首先对代理制度的基本问题进行回顾，并用于后续之实务分析。

(一)代理的基本含义

代理，是指代理人于代理权限内，以本人(被代理人)名义所为之意思表示或所受意思表示，直接对本人(被代理人)发生效力。代理行为虽系代理人的行为，但依代理制度的作用，效果直接归属于本人(被代理人)。[①] 代理制度的功能是使不具备相应民事行为能力或从事特定交易活动所要求的专业素质、时间精力的民事主体能够通过代理人即受托人的设置满足其民事交往需求，使民事活动的法律效果归属于自己，实现自己的交易目的。可以说，代理制度是私法自治的实施手段，有助于扩大私人自治空间。[②]

在代理关系中，被代理人与受托人之间建立的是委托合同关系，基于委托合同关系，受托人取得被代理人的代理授权；《民法典》第162条规定："代理人在代理权限内，以被代理人名义实施的民事法律行为，对被代理人发生效力。"代理的效果归属于被代理人，即因代理行为所产生的权利由被代理人享有，因代理行为所产生的义务由被代理人承担。因此，虽然交易行为由受托人实施，但是交易行为所产生的民事法律关系仅存在于被代理人与相对人之间，与受托人无关，受托人既不基于交易活动获得权利也不承受义务。可以说，在代理关系中，交易行为的自由意志源自被代理人(大部分情况)或与受托人(小部分情况)但包含意思表示的交易行为却由受托人作出，而交易行为所产生的法律效果却直接归属于被代理人。

(二)代理的构成要件

受托人实施代理行为所产生的法律效果归属于被代理人，代理行为产生效力的前提如下。

1. 就受托人以被代理人的名义对外实施民事活动的事项，被代理人与受托人已达成委托授权的合意，且合意的内容不违反法律规定。《民法典》第161条

---

① 参见王泽鉴：《债法原理》(第2版)，北京大学出版社2013年版，第266页。

② 参见朱庆育：《民法总论》(第2版)，北京大学出版社2016年版，第328页。

规定:“民事主体可以通过代理人实施民事法律行为。依照法律规定、当事人约定或者民事法律行为的性质,应当由本人亲自实施的民事法律行为,不得代理。”被代理人委托受托人以被代理人名义对外实施民事活动并承诺受民事活动的约束的行为是其意思自治的表现,不违反法律强制性规定,在一般情形下为有效的民事行为;但是,根据《民法典》第 153 条“违反法律、行政法规的强制性规定的民事法律行为无效。但是,该强制性规定不导致该民事法律行为无效的除外。违背公序良俗的民事法律行为无效”的规定,被代理人授权的内容不得违反法律强制性规定和违背公序良俗,如被代理人委托受托人为其非法运输武器、贩卖毒品或走私货物等,否则所签订的委托合同因违反法律强制性规定而无效。

2. 受托人获得委托人赋予的以其名义实施民事活动的代理权,并在该代理权限的范围内从事交易行为。《民法典》第 171 条第 1 款规定:“行为人没有代理权、超越代理权或者代理权终止后,仍然实施代理行为,未经被代理人追认的,对被代理人不发生效力。”首先,在民事行为的实施主体与交易效果的承受主体相互分离的情况下,为了保护交易相对人,受托人需以被代理人的名义从事交易活动,让交易相对人知悉真正的交易主体,才能使民事行为的法律效果直接归属于被代理人。其次,受托人以被代理人的名义实施的交易行为不能脱离被代理人授权意志的范围,否则构成无权代理,在被代理人不追认的情况下,原则上受托人实施的代理行为不对被代理人发生法律约束力,但受托人的代理行为构成表见代理的除外。

3. 受托人以被代理人的名义与相对人实施的交易行为是出于被代理人与交易相对人的真实意思表示,且该意思表示不违反法律强制性规定。一方面,《民法典》第 143 条规定:“具备下列条件的民事法律行为有效:(一)行为人具有相应的民事行为能力;(二)意思表示真实;(三)不违反法律、行政法规的强制性规定,不违背公序良俗。”民事行为生效的前提之一是民事行为的作出是当事人基于内心真实意思的行为表达,并非外力的强迫所致,如当事人受到欺诈、胁迫,或当事人存在误解、显失公平等,否则民事行为的效力有瑕疵,当事人有权撤销民事行为,让民事行为自始不发生任何法律效力;另一方面,承前所述,民事法律行为不得违反法律强制性规定,若受托人与交易相对人实施的交易行为有损于国家利益、社会公共利益、他人合法权益或违反法律、行政法规的强制性规定的,该交易行为自始不发生效力,也不可能对被代理人生效。

综上所述，原则上，代理产生法律效力的前提是，被代理人与受托人之间的委托合同有效，受托人在被代理人的授权范围内以被代理人的名义实施民事行为，并且，受托人以被代理人的名义与交易相对人建立的民事交易关系不违背法律强制性规定与公序良俗。

二、第三人代收款项构成发包人对承包人的有效付款的认定依据

在建设工程施工合同关系下，原则上，发包人对承包人负有工程款支付义务，若发包人直接对与施工活动相关的下游分包商、包工头、建筑工人、项目经理、设备租赁商、材料供应商、出借人等主体付款的，不构成对承包人的有效支付。原因在于承包人才是与发包人订立建设工程施工合同的交易相对人，根据合同的相对性，承包人才是发包人的工程款债权人；相应地，发包人是承包人的付款义务人，因此发包人直接向承包人支付工程款才能使承包人的工程款债权得以满足，未经承包人同意的，发包人对他人的付款行为不对承包人产生债务清偿的效力。

然而，在审判实践中，对于发包人对与施工活动相关的下游分包商、包工头、建筑工人、项目经理、设备租赁商、材料供应商、出借人等主体的付款是否构成对承包人的有效支付的认定，有四种处理方式：一为借助转分包行为、建材采购行为、设备租赁行为、借款行为等与施工行为在事实上的牵连性以及上述行为所衍生的层层付款、价款转付的传递性，认定发包人对上述下游主体的付款构成其对承包人的有效支付；二为借助挂靠施工情形下挂靠人与发包人之间构建的事实合同关系认定发包人对实际施工人的付款构成其对承包人的有效付款；三为借助承包人与下游主体之间达成的委托付款与委托收款的意思表示的一致，认定发包人对上述下游主体的付款构成其对承包人的有效支付；四为借助表见代理制度，认定发包人对虽不具有代理权，但却具有承包人授权外观的当事人的付款行为构成对承包人的有效付款。因此，在认定发包人向第三人的付款是否构成其对承包人的有效付款的问题上，不存在绝对认定有效或绝对认定无效的单一情形。

（一）构成有效付款的依据之一：分包行为、租赁行为、采购行为与施工行为的牵连性

为了履行建设工程施工合同中约定的建造义务并向发包人交付质量合格

的建设工程，除了施工行为外，承包人还需实施以下行为：第一，为保证工程建造施工活动的顺利进行而委托的服务，包括委托施工图设计服务，委托勘察服务、委托工程全过程咨询服务、委托招投标代理服务等；第二，与建设工程本身有关的采购行为，包括建筑材料、工程设备的购买，以及大型施工机械设施的租赁；第三，因自身能力不足或时间精力不允许导致难以亲自实施部分或全部施工活动而对外进行的合法或非法的施工转分包行为，包括专业工程分包、劳务分包等，甚至也涉及违法分包、非法转包等。

上述行为与施工活动存在千丝万缕、盘根错节的联系，首先，无论是设计勘察服务委托、招投标代理服务委托、全过程法律咨询服务委托，还是建材购买行为、机械租赁行为，抑或是施工转包、劳务分包等，均是为了保证施工活动的顺利进行、工程成果的完整交付而进行的交易，如果没有上述交易行为，承包人的施工活动难以为继，也无法按照约定向发包人履行交付质量合格工程的义务；其次，基于上述交易行为所产生的款项，包括委托服务报酬、采购费用、租赁费用或分包费用等，均包含在承包人应得工程款的范围中，承包人在上述交易中支付的价款来源于发包人支付的工程款，即发包人对承包人的付款行为与承包人对分包商、材料商、租赁商等下游主体的付款行为有相关性与传递性；最后，上述交易活动所提供的劳务活动、建筑材料、施工设备都已添附、物化到承包人承建、发包人所有的建设工程中，形成有价值、有意义的建筑实体，并通过建筑实体这一介质，承包人可以换取工程价款，发包人可以获得建设工程的交换价值与使用价值。换言之，上述交易活动均是为了达到同一个最终目的，即发包人能够获得并使用质量符合安全标准、满足“发包人要求”的建设工程，承包人能够基于发包人建设目的的实现获得工程价款。

据此，基于上述行为与施工活动的牵连性、由上述行为产生的付款行为与工程款支付行为的传递性，以及承包人是上述交易行为所产生利益的最终受益者等的事实，法院往往会认定，发包人对分包商、材料商、租赁商的付款构成其对承包人的有效付款。

1. 专业分包的工作内容属于承包人的总承包范围的，基于专业分包活动与总承包活动的关联性以及总承包人费用与专业分包费用的付款传递性，法院认定发包人对分包人的付款构成其对承包人的有效付款，应在承包人应得工程款中予以扣减。

比如,(2018)苏民终 860 号判决书认为:“本院认为,银泉公司提交的建苑公司锦绣世家项目部与飞龙门窗签订的关于 61 幢别墅门窗的《施工承包合同》以及作为合同附件的各施工队组承包范围内的门窗面积和价格表虽系复印件,但与班圣杰公司和各施工队组的对账单能相互印证,共同证实班圣杰公司将 61 幢别墅的门窗专业分包给飞龙门窗,并在与各施工队组结算时将门窗部分的工程款予以扣减,上述对账单上扣减的门窗面积与作为合同附件的各施工队组承包范围内的门窗面积一致,形成证据链,足以证实原属于各施工队组施工范围内的门窗最终系由飞龙门窗实际施工。因未减项的门窗工程属于班圣杰公司承包范围内的工程,而班圣杰公司的施工队组最终未施工,班圣杰公司也未提交由其他分包人施工了门窗的证据,本院依据现有证据,确认该部分门窗最终系由班圣杰公司专业分包给飞龙门窗进行了施工。班圣杰公司在举证期限内未能提交门窗工程已经由其另行支付的付款凭证,故对银泉公司主张向飞龙门窗支付的 48 万元应计入已付工程款的请求,本院予以支持。关于银泉公司支付给高某的防水费用 45.445,245 万元。银泉公司主张涉案 61 幢别墅的防水工程系由吴某发转包给绿踪公司施工,故银泉公司支付给绿踪公司负责人高某的 45.445,245 万元应认定为已付款。班圣杰公司抗辩认为,防水合同是吴某发个人签订,不能代表班圣杰公司,防水工程款已经由班圣杰公司代各个班组支付。本院认为,防水系班圣杰公司承包范围内的工程,银泉公司提交的班圣杰公司与各施工队组的对账单显示,班圣杰公司将防水工程款从支付给各施工队组的工程款中扣除,证实防水部分并非五个施工队组实际施工,班圣杰公司也在对账单中载明‘以上价格已由建苑公司代为支付’,本院在举证期限内要求班圣杰公司提交支付防水工程款的相关凭证,但班圣杰公司未能提交。结合银泉公司提交的吴某发与绿踪公司的防水工程合同、绿踪公司出具的防水工程决算单等证据,应当认定防水工程最终系由绿踪公司实际施工,银泉公司向绿踪公司负责人高某付款,系为涉案工程所需,本院确认银泉公司支付给高某的 45.445245 万元应认定为已付款。”①

2. 施工总承包的承包人对其专业分包的分包承包人负有分包费用支付义

① 扬州市班圣杰建筑工程有限公司(原扬州市建苑建筑工程有限公司)、兴化市银泉置业有限公司建设工程施工合同纠纷案,江苏省高级人民法院(2018)苏民终 860 号民事判决书。

务，分包承包人将劳务部分又分包给下游劳务队但未支付劳务费用，承包人代分包承包人向劳务队付款的，该付款行为构成承包人对分包承包人的有效付款。

比如，(2017)最高法民申 1025 号判决认为："应抵扣第三方劳务队(肖某华)的工程款15 万元。融海建筑公司提交的2009 年4 月20 日《保证书》系由横店建筑公司项目经理葛某华作为保证方、融海建筑公司作为担保方向劳务队肖某华出具，承诺'劳务队在2009 年4 月 30 日之前浇注完上海花园 10 号楼储备室东单元混凝土之后 7 天之内对其劳务队所做工程量及决算产值认可，并于 15 日内支付其劳务队所有工程款'；2009 年 5 月 3 日的《支付证明》亦由横店建筑公司、融海建筑公司、肖某华三方代表签字确认，内容表明融海建筑公司向肖某华支付了 15 万元；2009 年 11 月 15 日的《结算单》虽未加盖横店建筑公司印章，但有融海建筑公司工程项目部盖章和肖某华签字确认。根据上述 2009 年 4 月20 日《保证书》、2009 年 5 月 3 日《支付证明》以及 2009 年 11 月 15 日《结算单》，可以证明融海建筑公司已根据《保证书》向第三方劳务队(肖某华)实际支付了 15 万元劳务费，且该笔付款得到横店建筑公司项目经理葛某华签字确认，理应作为代付款予以抵扣。"①

3. 发包人在法院强制执行过程中向分包商的付款视为发包人对承包人的有效付款，即使未得到承包人的同意，发包人对分包商的已付款金额应当从承包人应得工程款中扣除。

比如，(2019)最高法民终 1667 号判决认为："恩施州税务局于 2018 年 2 月13 日代中建六局二公司向相关分包单位共计支付的 150 万元工程款应于 2018 年 2 月 13 日抵扣本案应付工程款。理由如下：首先，已生效的湖北省恩施土家族苗族自治州中级人民法院作出的(2018)鄂 28 民终 207 号民事判决书、(2018)鄂 28 民终 202 号民事判决书、(2018)鄂 28 民终 203 号民事判决书、(2019)鄂 28 民终 1120 号民事判决书中分别确认：恩施州税务局于 2018 年 2 月13 日向分包单位直接支付工程款共计 150 万元，各分包单位予以认可，该款可由各方当事人在工程结算时予以抵扣或在执行过程中予以扣减。其次，武汉广

---

① 山东融海建筑有限公司、浙江横店建筑工程有限公司建设工程施工合同纠纷再审审查与审判监督案，最高人民法院(2017)最高法民申 1025 号民事裁定书。

安公司、武汉高盛公司、武汉翔胜公司、恩施翔宇公司向湖北省恩施市人民法院分别提交的《强制执行申请书》中,明确表示:申请强制执行的工程款已扣除恩施州税务局于2018年2月13日代中建六局二公司分别向武汉广安公司支付的20万元,向武汉高盛公司支付的30万元,向武汉翔胜公司支付的20万元,向恩施翔宇公司支付的40万元。鉴于该150万元工程款已由恩施州税务局于2018年2月13日代中建六局二公司向相关分包单位支付,相关分包单位均予以认可且在中建六局二公司与分包单位的执行案件中进行了抵扣,即可视为恩施州税务局于2018年2月13日向中建六局二公司履行了给付150万元工程款的义务。”①

4.法院认为发包人对材料供应商支付的材料款构成其对承包人的有效付款,应在承包人应得工程款中予以扣除。

比如,(2020)最高法民申670号裁判认为:“……第二,关于黄某海再审主张二审判决在一审认定的盛东公司欠付工程款数额中,错误地扣减了商品砼垫款20万元、垫付借款250万元、垫付水电费234,887.1元、代发工人工资15万元以及代付商品砼款100万元共计4,084,887.1元的问题。一审法院组织双方对盛东公司已付款金额进行了对账,并对盛东公司已支付及欠付的工程款数额进行了认定。商品砼垫款20万元、垫付借款250万元、垫付水电费234,887.1元这三笔款项未计入盛东公司的已付款中,二审法院认为黄某海称其2016年3月28日出具的支款条系盛东公司强迫但未能举证证明,结合双方的陈述及提交证据情况,认定三笔付款的真实性并从盛东公司尚欠款项数额中扣除,并无不当。代发工人工资的15万元系盛东公司在相关部门监管协调下支付给了施工工人,且黄某海认可该施工班组的真实性,故虽无黄某海明确授权,亦应当认定为盛东公司的已付款并在尚欠工程款数额中予以扣减。黄某海曾于2016年1月29日出具证明,同意将商品砼款从工程款中扣除。黄某海申请再审提及的商品砼款100万元系盛东公司在一审庭审核对已付款金额之后,于2018年1月24日支付给河北垚利混凝土有限公司的,二审法院将其认定为盛东公司已付工程

---

① 中建六局第二建筑工程有限公司、国家税务总局恩施土家族苗族自治州税务局建设工程施工合同纠纷案,最高人民法院(2019)最高法民终1667号民事判决书。

款,并无不当。”①

5. 在实务中,法院不仅会认定发包人对劳务分包商、材料供应商、设备租赁商的付款构成其对承包人的有效付款,并且会以《保障农民工工资支付条例》的规定为依据认定发包人对建筑工人支付的工资支出也构成其对承包人的有效付款。

为了保障建筑工人的工资利益,国务院于 2019 年 12 月 30 日颁布的《保障农民工工资支付条例》中重申“农民工有按时足额获得工资的权利。任何单位和个人不得拖欠农民工工资”。该条例第 36 条明确,若下游实际施工人、专业分包商或劳务分包商欠付建筑工人工资的,建设单位(发包人)与施工总承包单位将作为农民工工资债务清偿的第一主体,对存在违法转分包项目的农民工工资承担支付义务。② 据此,即使发包人与建筑工人不存在直接的合同关系,为了保障建筑工人的利益,维护社会稳定,发包人也有义务直接向建筑工人承担工资债务清偿责任。之所以会出现拖欠建筑工人工资的情形,往往是因为承包人对分包工作监管不妥当、不精细,过失放任包工头恶意挪用工程款所致,承包人对此具有主观过错,即如果承包人能够加强对分包工作的管理,严格控制监督包工头的工资支付行为,就不会发生拖欠工人工资的不良现象。因此,发包人对建筑工人支付工资的行为,构成其对承包人的有效支付,已付工人工资应从承包人应得工程款中予以扣除。

比如,(2019)最高法民申 6164 号判决认为:“关于天辰公司向顾某付支付的 145 万元及 10 万元的问题。首先,本案一、二审审理过程中,145 万元款项的支付有相应的取款及转账凭证、顾某付出具的承诺书、贾汪区住建局出具的证明等证据为据。世联公司申请再审提供顾某付的单方说明并不足以推翻原审中可以相互印证的证据材料所反映的顾某付已经收到 145 万元款项的事实。世联公司以天辰公司庭审陈述不一致而否认天辰公司实际支付 145 万元的再审申请主张亦不能成立。10 万元款项的支付亦有借款申请书、收据为证,亦足以认

---

① 黄某海、河北盛东房地产开发有限公司建设工程施工合同纠纷再审审查与审判监督案,最高人民法院(2020)最高法民申 670 号民事裁定书。

② 《保障农民工工资支付条例》第 36 条第 1 款规定:“建设单位或者施工总承包单位将建设工程发包或者分包给个人或者不具备合法经营资格的单位,导致拖欠农民工工资的,由建设单位或者施工总承包单位清偿。”

定顾某付已经收到该笔款项。其次,根据一、二审查明的事实,虽然案涉建设工程款施工合同系世联公司与天辰公司所签,但实际是顾某付挂靠世联公司名义承建,顾某付是实际施工人。上述 145 万元、10 万元均是在顾某付欠付工人工资的情况下由天辰公司支付,均是与涉案工程有关的款项,故二审判决认定天辰公司向顾某付支付上述 155 万元应视为有效支付本案工程款,并无不当。"①

又如,(2019)最高法民申 4682 号裁判认为:"关于焦点二,因肖某忠、罗某生未及时支付民工工资,导致民工上访,伍某方根据相关行政部门的要求,代支付了民工工资,可以从其应支付肖某忠、罗某生的工程款中予以抵扣。伍某方代付的民工工资有衡阳市住建局政策法规科证明、民工工资收款收据等证据证明,一审法院还对领款人进行了询问,原审法院综合证据予以认定,并无不当。虽然申请人提交的一审庭审笔录中记载伍某方陈述其实际付了工程款 1459 万元,但同时强调"要跟银行对账才能认定",也未明确其中是否包括垫付的民工工资。肖某忠、罗某生再审审查中提交的单包劳务工资支付情况、已付工程款明细表、银行流水等材料不能证明肖某忠、罗某生支付的款项中包含了伍某方垫付的民工工资,不能推翻原审判决。肖某忠、罗某生关于原审判决认定伍某方已支付工程款金额错误的再审理由不成立。"②

(二)构成有效付款的依据之二:实际施工人与发包人的之间建立的事实合同关系

建设工程中的挂靠,是指无资质或低资质的自然人、合伙组织或企业,通过协议的形式依附于有资质或者高资质的建筑施工企业,并以后者的名义对外承揽工程,包括但不限于参与投标、订立合同、办理有关施工手续、从事施工等活动。③ 使用有资质的他人名义订立合同的主体称为挂靠人,出借资质给挂靠人使用的主体称为被挂靠人。

在挂靠施工模式下,首先,挂靠人与被挂靠人往往会签订《内部承包合同》等名为"内部承包"实为"资质借用"的挂靠协议,挂靠人与被挂靠人之间形成的

---

① 江苏世联建工集团有限公司、徐州市天辰昶瀚地产有限公司建设工程施工合同纠纷再审审查与审判监督案,最高人民法院(2019)最高法民申 6164 号民事裁定书。

② 肖某忠、罗某生建设工程施工合同纠纷再审审查与审判监督案,最高人民法院(2019)最高法民申 4682 号民事裁定书。

③ 参见常设中国建设工程法律论坛第八工作组:《中国建设工程施工合同法律全书词条释义与实务指引》,法律出版社 2019 年版,第 144 页。

是施工资质有偿使用的合同关系，被挂靠人提供资质与名义给挂靠人使用，作为对价，挂靠人向被挂靠人支付管理费。其次，被挂靠人与发包人订立建设工程施工合同，其是建设项目名义上的承包人，与发包人之间形成的是名义上的建设工程施工合同关系。至于挂靠人与发包人之间构成何种法律关系，有观点认为，鉴于挂靠人与被挂靠人共用资质，挂靠人借用被挂靠人的名义与发包人订立施工合同，施工合同上显示的合同主体是被挂靠人而非挂靠人，因此挂靠人与发包人之间不存在直接的法律关系，施工合同不在挂靠人与发包人之间直接产生约束力，挂靠人不得直接依据施工合同向发包人主张付款权利；①还有的观点认为，虽然发包人与挂靠人之间不存在名义上的合同关系，但是挂靠人的身份为实际施工人，是实际投入财力、物力、人力履行施工义务的主体，也是实际受领工程款的最终主体，发包人作为享受建设工程所带来的使用价值或交换价值的最终受益人，与作为实际施工人的挂靠人形成的是事实合同关系。②

在审判实践中，有不少法院支持第二种观点，认为发包人与挂靠人之间成立事实合同关系，发包人可以向直接向挂靠人支付工程款，且其向挂靠人的付款行为构成其对承包人（被挂靠人）的有效付款。

比如，（2018）最高法民申 5763 号判决认为："如前所述，案涉施工合同虽无效，新宇公司作为承包人，依法仍有权参照合同向发包人旺福公司主张欠付工程款。但因案涉工程系由实际施工人彭某秋借用新宇公司资质施工完成，则新宇公司向旺福公司主张欠付工程款时，对旺福公司已向彭某秋支付的工程款，也应当认定为本案已付工程款。原判决将有项目部盖章、虽无项目部盖章但有彭某秋或其女儿彭某签字确认、无项目部盖章且无彭某秋签字但确系为案涉工

---

① 《重庆市高级人民法关于一中法院民四庭〈关于挂靠施工的建设工程施工合同纠纷中挂靠人和被挂靠人是否均有权向发包人主张权利的咨询报告〉的答复》规定："在挂靠施工的建设工程施工合同纠纷案件中，存在两个不同的合同关系，即发包人、总承包人、分包人、转包人与被挂靠人之间的建设工程施工合同关系，挂靠人与被挂靠人之间的挂靠合同关系，两个合同关系的主体、权利、义务、责任均不相同，不能因为具有挂靠的事实就直接认定发包人和被挂靠人之间的合同关系的当事人是发包人和挂靠人。"《江苏省高级人民法院审判工作座谈会纪要（2009 年）》第四部分第 2 条规定"挂靠人以被挂靠人名义订立建设工程施工合同或者其他合同的，因履行该合同产生的风险，由被挂靠人承担；因工程质量问题产生的责任，由挂靠人和被挂靠人共同承担。"

② 参见邬砚：《建设工程合同纠纷 254 个裁判规则深度解析》（第 2 版），法律出版社 2019 年版，第 289～290 页；最高人民法院：《挂靠关系中实际施工人主张权利不同裁判观点》，载《建筑时报》2021 年 2 月 1 日，第 3 版。

程开支的支付凭据,均认定为旺福公司已付款并无不当。新宇公司在再审申请中提出旺福公司受彭某秋委托直接向他人支付的部分款项不属于案涉工程款、相关证据系伪造,均未提供证据证明。旺福公司在二审时提交了付款委托书、收据、转账凭证等证据证明已付款情况,彭某秋在庭审中进行了质证和确认,结合新宇公司自认已付的款项,原判决最终确认旺福公司已付工程款为281,845,622.36元,超付工程款2,071,235.36元,并无不当。故,新宇公司关于旺福公司直接支付给彭某秋的款项不能认定为工程款的再审理由不能成立。"①

又如,(2016)苏民终288号判决认为:"60万元是否属于已付工程款的问题。为证明该60万元属于已付工程款,昂内公司提交了转账支票、收条、进账单各一份,转账支票上载明收款人为中成公司高新区分公司,用途为工程款,由沈某明签字,请款单上在昂内公司审批后领款人一栏由沈某明签字。本院认为,虽然中成公司于2014年7月17日发函告知昂内公司取消沈某明的一切代理权,并指示昂内公司进度款及余款汇入中成公司专有账户。但由于沈某明系涉案工程实际施工人,昂内公司要求将该60万元视为已付工程款并无不当。"②

(三)构成有效付款的依据之三:依承包人或实际施工人的委托指示向第三人付款

承前所述,根据《民法典》的规定,民事主体可以通过代理制度实施民事行为,承包人对分包商、材料商、租赁商、实际施工人、农民工负有付款义务的,可以委托发包人代为支付;发包人受承包人的委托向上述主体的付款行为所产生的法律效力直接归属于委托人——承包人,即发包人的付款行为视为承包人对下游主体的付款,也构成发包人对承包人的有效付款。

比如,(2018)最高法民终852号判决认为:"本案中,依据双方补充协议约定及实际履行情况,案涉工程商品砼为甲指代扣材料。根据昆泰公司、崇建公司、银龙公司签订的《预拌混凝土买卖三方合同》以及昆泰公司、崇建公司、金坤公司签订的《预拌混凝土买卖三方合同》,商品砼货款由昆泰公司在工程款中代

---

① 湖南新宇建筑工程有限公司、彭某秋建设工程施工合同纠纷再审审查与审判监督案,最高人民法院(2018)最高法民申5763号民事裁定书。

② 江苏省中成建设工程总公司与苏州昂内房地产开发有限公司建设工程施工合同纠纷案,江苏省高级人民法院(2016)苏民终288号民事判决书。

扣并支付给商砼供货方，各方对于商砼款的支付方式已经做出安排和约定，原审认定案涉商品砼价款在案涉工程款中予以扣除，并无不当，崇建公司主张不应将案涉商品砼的价款从工程总造价中扣除的上诉理由不能成立。”①

又如，(2018)川民终 706 号判决认为：“大西南公司上诉认为‘新兴公司2009 年 3 月 20 日代付诉讼费 5 万元、2009 年 3 月 13 日代付诉讼费 5 万元、2009 年 3 月 20 日支付巴家渡沙场砂石款 20 万元均是陈某均退场后彭某义施工期间费用，与本案无关。’新兴公司上诉认为‘2009 年 3 月 20 日新兴公司代大西南公司支付巴家渡沙场砂石款 20 万元属有效付款’。对此本院认为，2009 年 3 月 20 日和 2009 年 3 月 13 日新兴公司分别代付诉讼费 5 万元，大西南公司工作人员曾某胜以大西南公司名义出具的付款委托书以及新兴公司向四川省成都市金牛区人民法院提供的进账单、大西南公司向新兴公司出具的收条能够相互印证，原判予以确认并无不当。2009 年 3 月 20 日新兴公司支付巴家渡沙场砂石款 20 万元，大西南公司工作人员曾某胜以大西南公司名义出具了付款委托书以及大西南公司向新兴公司出具了收条，新兴公司补证提交了 2009 年 3 月 20 日中国工商银行客户存款对账单和进账回单，前述证据能够形成证据锁链证明新兴公司支付巴家渡沙场砂石款 20 万元的事实，但不足以证明系支付陈某均施工期间的砂石款，原判对该款不予确认正确。”②

在司法实践中，不少法院认可挂靠人等实际施工人与发包人存在事实合同关系进而认可实际施工人的工程款债权人地位。在法院认可实际施工人地位的前提下，发包人依实际施工人的委托付款指示向下游材料商、分包商、劳务组的付款行为或支付农民工工资的行为也构成发包人对承包人的有效支付。

再如，(2017)最高法民提 183 号判决认为：“金鸟公司关于该笔代付费用不符合法律规定和合同约定，不应计入已付款的主张不成立。十字铺茶场代付该笔费用，虽然未按照双方 2010 年 10 月 22 日签订的《建设工程施工合同》专用条款第 47 条约定，将该笔款项汇入金鸟公司所属账户。但金鸟公司向十字铺茶场出具的《关于不拖欠农民工工资的承诺》明确表示如拖欠农民工工资，同意十字

---

① 北京崇建工程有限公司、唐山昆泰房地产开发有限公司建设工程施工合同纠纷案，最高人民法院(2018)最高法民终 852 号民事判决书。

② 成都双流新兴建材有限公司、四川大西南工程建设开发有限责任公司建设工程施工合同纠纷案，四川省高级人民法院(2018)川民终 706 号民事判决书。

铺茶场直接从结算款中扣留拖欠的金额。在郎溪县建筑工程质量安全监督管理局、郎溪县人社局、郎溪县住建委召开的十字铺茶场绿魁花园廉租房农民工工资会议上，金鸟公司亦派人参加，对郎溪县人社局和郎溪县住建委向十字铺茶场下发的《关于垫付农民工工资的函》及《十字铺茶场二期廉租房拖欠农民工工资清单》的事实完全知晓，并积极履行了工程款申请手续。郎溪县人社局和郎溪县住建委根据国务院关于农民工工资的相关规定，要求十字铺茶场垫付农民工工资是履行政府行政管理职责，并未侵犯金鸟公司的权益。金鸟公司在一审起诉状中亦明确认可十字铺茶场垫付的农民工工资1,375,499.12元，现否认该笔费用已支付，有违诚实信用原则。"①

(四)构成有效支付的依据之四:第三人代替承包人的收款行为构成对承包人的表见代理

代理分为有权代理与无权代理，有权代理的法律效果归属于被代理人，无权代理的法律效果原则上归属于代理人，与被代理人无关，仅在被代理人事后追认的情况下，其法律效果才归属于被代理人。但在无权代理进一步构成表见代理的情况下，即使被代理人未进行事后追认，其法律效果也直接由被代理人承受。表见代理，是指行为人未取得被代理人的合法授权，但是行为人在与第三人从事交易活动时具备被代理人的授权外观，使交易第三人在主观上产生行为人具有被代理人的合法授权的合理信赖。为了保护交易第三人的合理信赖，维护交易安全，行为人实施的表见代理行为的法律效果直接归属于被代理人，由被代理人承担。

表见代理的构成要件有三:一为行为人以被代理人名义实施的交易行为构成无权代理。二为在客观上行为人存在具有被代理人真实授权的授权外观，如行为人持有代理权凭证，典型者如授权委托书、印章、介绍信;被代理人明知无权代理而容忍;被代理人将行为人置于某种通常伴有代理权的职衔地位等②。三为与行为人发生交易关系的第三人确实基于行为人的授权外观产生了行为人有权代理的合理信赖，且第三人确实不知道行为人实施的交易行为为无权代理行为。在同时满足上述要件的情形下，行为人实施的无权代理行为构成表见

---

① 安徽省十字铺茶场、合肥建工金鸟集团有限公司建设工程合同纠纷再审审查与审判监督案，最高人民法院(2017)最高法民提183号民事判决书。

② 参见王浩:《"有理由相信行为人有代理权"之重构》，载《华东政法大学学报》2020年第4期。

代理。在建设工程施工活动中,工程项目经理为承包人合法聘用的职工,主要负责工程项目施工的质量控制、安全监管、统筹协调、索赔督促等工作,具有承包人合法赋予的职务身份,在承包人职务授权的范围内有权以承包人的名义从事交易活动;且一般情况下工程项目经理往往持有项目公章,项目经理为建设工程项目负责人的这一事实往往会在工地现场公示,因此原则上工程项目经理对外从事交易活动时往往具备承包人的授权外观,往往被视为行使职务行为,使第三人有理由相信工程项目经理的交易行为即为承包人借由工程项目经理作出的真实意思表示。

在很多情况下,发包人对工程项目经理的付款视为其对承包人的有效付款,承包人对下游转承包人、违法分包的承包人、挂靠人等实际施工人所聘用工作人员的付款也视为承包人对上述主体的有效付款。

比如,(2012)苏民终字第 0121 号判决认为:“关于已付工程款问题。经二审庭审核对,双方对于原审法院认定的其他已付款项均无异议,刘某云只是对金某清领取的 57.780,55 万元和南京基泰装饰设计有限公司(以下简称基泰公司)截留的 56.4 万元不予认可,理由是金某清领取的上述款项没有用于涉案工程,贾汪医院对基泰公司的付款对刘某云不构成有效支付。对此,本院认为,金某清与刘某云之间的《业务合作协议书》因违反法律的强制性规定,应当认定为无效,但鉴于涉案工程经竣工验收合格,可以参照合同约定结算工程价款。参照上述协议,金某清作为涉案工程的项目经理,有权收取涉案工程款,贾汪医院也有权向金某清支付工程款,至于项目经理金某清是否将上述 57.78055 万元用于涉案工程,属于施工组织的内部管理问题,其主张在已付工程款中扣除,没有法律依据,本院不予支持。”①

又如,(2019)最高法民申 702 号裁判认为:“关于林某悌、许某盛的领款和黄某航、许某盛领取的材料是否应计入林某全已领取工程款的问题。林某全认可许某盛、黄某航等人是其聘用的工作人员,许某盛、黄某航所领取的是材料款,材料的范围包括主材、其他材料、沙石材料、炸药等,所购的材料均为施工所用,且领款行为发生在案涉工程施工期间,故二审判决认定上述材料款应当由

---

① 刘某云与徐州市贾汪区人民医院建设工程施工合同纠纷上诉案,江苏省高级人民法院(2012)苏民终字第 0121 号民事判决书。

林某全负担,并在路桥公司应付工程款中予以抵扣,并无不当。”①

还有一种情况是,工地的项目经理并不是承包人依《劳动法》合法聘用、受承包人公司制度管理、接受承包人发放的工资福利且接受承包人为其购买社保的工作人员,而是挂靠人、转承包人等实际施工人。为了提高管理效率、减少管理成本,承包人往往承认上述实际施工人在施工项目中的实际负责人、主要管理人或项目经理的地位,并在工地现场公示出来,这业已成为我国施工管理的常态。虽然为了监管需要承包人往往致函发包人告知其不得向直接向实际施工人付款,发包人向实际施工人付款的承包人将不予认可,但是实际施工人仍然具有代表承包人接收工程款的授权外观的,如承包人对实际施工人收取的某几笔工程款予以认可、实际施工人给发包人的付款收据上加盖了项目公章、实际施工人将从发包人处收取的工程款用于项目施工活动、承包人撤回对实际施工人的授权后未及时向发包人披露等。为了保护发包人基于上述事实形成的实际施工人有权代表承包人收取款项的合理信赖,法院将发包人向实际施工人支付的工程款从承包人应得工程款中予以扣除,符合《民法典》第 172 条②的规定,具有合法依据。

比如,(2018)最高法民再 431 号裁判认为:“本院认为,银河公司虽与盛宇公司签订《工程转包协议》,终止双方的建筑工程施工合同,但是之后银河公司的人员及设备并未撤出工程场地,银河公司堆沟新城玉融广场项目资料专用章仍然保留在实际施工人谢某元手中,并由其继续施工。同时,2014 年 4 月 4 日之前,谢某元作为案涉项目的实际施工人,由其代表银河公司收取案涉工程款。在 2014 年 4 月 4 日之后,银河公司并未指定相应新的收款方式以及新的收款人,且银河公司亦认可盛宇公司于 2014 年 10 月 21 日支付 200 万元的收条,在该收条上谢某元是以案涉项目经理的身份签字。加之,盛宇公司给付的工程款也未超出《工程转包协议》约定的代付范围。故二审法院认定谢某元签字确认并领取的 22,910,699 元工程款应视为盛宇公司向银河公司支付的工程款,并无不当,本院予以维持。银河公司关于二审法院认定的实际退场时间错误,谢某

---

① 林某全建设工程施工合同纠纷再审审查与审判监督案,最高人民法院(2019)最高法民申 702 号民事裁定书。

② 《民法典》第 172 条规定:“行为人没有代理权、超越代理权或者代理权终止后,仍然实施代理行为,相对人有理由相信行为人有代理权的,代理行为有效。”

元领取的工程款中仅有1966万元支付给了银河公司等申请再审理由，因缺乏事实和法律依据，本院不予支持。”①

三、第三人代收款项不构成发包人对承包人有效付款的认定依据

很多情况下，在综合分析所有案件事实后，认定发包人对第三人的付款构成其对承包人的有效付款与事实不符、违背承包人的真实意思表示或对承包人不公平的，法院也会作出相反的认定，即发包人对他人的付款不对承包人发生效力，其裁判理由中往往包括与“合同相对性”不符、承包人已告知发包人不得向有关联的实际施工人支付工程款、发包人向第三人支付的款项性质不属于工程款、从发包人处受领工程款的第三人未将款项用于项目施工活动等。

（一）不构成有效付款的理由之一：发包人与受领款项的第三人不具有合同关系

《民法典》第465条规定：“依法成立的合同，受法律保护。依法成立的合同，仅对当事人具有法律约束力，但是法律另有规定的除外。”合同仅对订立合同的当事人产生法律效力，与第三人无关，合同条款不能对第三人进行约束，此为合同的相对性。建设工程施工合同也是如此，仅能约束订立建设工程施工合同的发包人与承包人，发包人要求按约完成合同约定的工程量并保障工程质量合格的施工请求权仅针对承包人行使，承包人要求按约足额支付工程款的付款请求权仅针对发包人行使，不得对建设工程施工合同以外的第三人行使权利要求其承担义务。据此，建设工程施工合同的当事人为发包人与承包人，不包括转承包人、挂靠人及违法分包的承包人等实际施工人，故发包人的付款行为仅能向承包人发出；在承包人未事前同意或事后追认的情况下，发包人对转承包人、挂靠人及违法分包的承包人等实际施工人的付款不构成其对承包人的有效付款。

比如，(2019)最高法民申6732号裁判认为：“上述司法解释有关发包人在欠付工程价款范围内对实际施工人承担责任的规定是对合同相对性原则的突破，在适用时应当予以严格限制。首先，《最高人民法院关于审理建设工程施工

① 江苏银河建设集团有限公司、连云港盛宇置业有限公司建设工程施工合同纠纷再审案，最高人民法院(2018)最高法民再431号民事判决书。

合同纠纷案件适用法律问题的解释》第二十六条全文是:'实际施工人以转包人、违法分包人为被告起诉的,人民法院应当依法受理。实际施工人以发包人为被告主张权利的,人民法院可以追加转包人或者违法分包人为本案当事人。发包人只在欠付工程价款范围内对实际施工人承担责任。'从文义解释来看,该条款直接适用于实际施工人以诉讼方式向发包人主张权利的情形。而对于实际施工人非以诉讼方式向发包人主张权利的情形,并不能直接适用。其次,挂靠施工情况下,虽然实际施工人直接组织施工,但对外仍然是以承包人的名义,承包人可能会因实际施工人的行为对外承担法律责任,也即承包人对建设施工合同的履行具有法律利益。如容许发包人随意突破合同相对性,直接向实际施工人付款,则可能会损害承包人的权益。故在缺乏正当理由情况下,发包人不能未经承包人同意,违反合同约定直接向实际施工人支付工程款。故在天瑞公司与鹏腾公司在施工协议中明确约定了支付工程款的开户银行及账号情况下,二审判决认定天瑞公司应当按约定方式支付工程款并无不当。此外,除案涉项目外,项某戗还为天瑞公司施工附属工程,天瑞公司亦负有向项某戗支付附属工程款的义务。因此,二审判决认为天瑞公司未经鹏腾公司同意直接向项某戗或其指定第三人的付款不属于对本案工程款的有效支付,并无不当。"①

再如,(2020)粤民申1985号裁判认为:"本案的事实表明,钟某明与云东海花园公司之间无合同关系,亦无充分的证据证明六建公司授权云东海花园公司直接向钟某明支付涉案的工程款,且如前所述,各方当事人均参与签订的14份《工程款抵扣购房款协议》约定,再审申请人尚欠的工程款仍按照涉案工程合同执行,并未约定向钟某明支付。再审申请人主张其有正当理由向钟某明支付工程款,理据不足,其申请再审提交的证据不足以改变六建公司与再审申请人作为涉案工程合同的当事人根据合同相对性所确立的债权债务关系,亦不足以推翻二审判决。在没有充分证据表明再审申请人直接向钟某明支付工程款的行为系得到六建公司同意的情况下,再审申请人的付款行为不属于对本案工程款的有效支付,二审判令再审申请人向六建公司支付相应工程款项没有明显

① 淮安市天瑞房地产开发有限公司、淮安市鹏腾建筑工程有限公司建设工程施工合同纠纷再审审查与审判监督案,最高人民法院(2019)最高法民申6732号民事裁定书。

不当。”①

（二）不构成有效付款的理由之二：承包人已在施工合同或补充协议中明确约定发包人应当将工程款支付至承包人的指定账户中

根据《民法典》第795条的规定，工程款支付方式属于建设工程施工合同的核心条款，当事人应当按照合同约定履行合同义务，若承包人在施工合同或补充协议中约定发包人应当将工程款支付至承包人的指定账户中的，该约定对双方当事人具有约束力，发包人只有按照合同约定的付款方式向承包人支付工程款的，才视为其正确履行了付款义务；若发包人向他人付款的，该付款行为不构成对承包人的有效付款，发包人应当承担其对承包人的逾期付款违约责任。

比如，（2015）民申字第602号裁定认为：“本院认为……第三，双方当事人在合同补充条款中约定‘发包人应把工程款汇入承包方指定的账户内，否则承包人可以作为未收到工程款处理。发包方不得以任何理由直接借款给项目部，否则承包人将不承担由此产生的任何责任’。上述约定对于双方当事人均具有约束力。在此前提下，金正基公司仍然存在向项目部直接付款的情况。双方当事人为此发生争议。原判决已经将其中有精工公司追认的付款认定为有效付款，只是将与既有合同约定不符，又未得到精工公司追认的1,284,686.4元，未计入金正基公司已付款数额中。原判决作上述处理有合同依据，并非认定基本事实缺乏证据，亦非适用法律不当。故对于金正基公司的上述再审申请理由，本院不予支持。”②

再如，（2017）赣民终391号裁判认为：“二、关于大顺公司、华茂公司以借款形式支付给李某、李某华等人的款项能否认定为对南昌一建支付的工程款的问题。双方当事人在《建设工程施工合同》‘补充协议条款’中约定：‘本工程所有工程款（含保证金）支付必须转至承包人指定账户，发包人如未按要求转账，视为发包人违约，由此产生的一切后果均由发包人独自承担。’从该条款的用语以及后果的约定分析，南昌一建只认可以转入其指定账户的方式支付工程款，不认可其他方式支付工程款。如发包人以合同约定以外的其他方式支付工程款，

① 佛山市三水云东海花园房地产开发有限公司、四川省第六建筑有限公司建设工程施工合同纠纷再审审查与审判监督案，广东省高级人民法院（2020）粤民申1985号民事裁定书。

② 徐州金正基房地产开发有限公司与浙江精工世纪建设工程有限公司建设工程施工合同纠纷申请再审案，最高人民法院（2015）最高法民申字第602号民事裁定书。

必须经承包人的同意、追认或基于法定事由才构成有效支付。本案南昌一建对大顺公司、华茂公司向李某、李某华支付的款项始终不认可是向其支付的工程款,大顺公司、华茂公司也没有证据证明将款项支付给李某、李某华具有法定事由。因此,大顺公司、华茂公司的主张不予支持。”①

(三)不构成有效付款的理由之三:承包人已向发包人发函告知实际施工人的真实身份以及实际施工人无权收取工程款事宜

《最高人民法院关于当前形势下审理民商事合同纠纷案件若干问题的指导意见》第13条规定:“合同法第四十九条规定的表见代理制度不仅要求代理人的无权代理行为在客观上形成具有代理权的表象,而且要求相对人在主观上善意且无过失地相信行为人有代理权。合同相对人主张构成表见代理的,应当承担举证责任,不仅应当举证证明代理行为存在诸如合同书、公章、印鉴等有权代理的客观表象形式要素,而且应当证明其善意且无过失地相信行为人具有代理权。”第14条规定:“人民法院在判断合同相对人主观上是否属于善意且无过失时,应当结合合同缔结与履行过程中的各种因素综合判断合同相对人是否尽到合理注意义务,此外还要考虑合同的缔结时间、以谁的名义签字、是否盖有相关印章及印章真伪、标的物的交付方式与地点、购买的材料、租赁的器材、所借款项的用途、建筑单位是否知道项目经理的行为、是否参与合同履行等各种因素,作出综合分析判断。”要使无权代理行为进一步构成表见代理,还必须满足交易第三人确实不知道且不应当知道代理人的交易行为非基于被代理人的真实授权这一要件。据此,承包人已向发包人披露转承包人、违法分包的承包人以及挂靠人等实际施工人的真实身份,且告知上述实际施工人没有权利代表承包人收取工程款的,发包人不具有认为实际施工人有权代承包人收款的主观善意,其主张其对实际施工人的付款构成对承包人的有效付款并要求将对实际施工人对的付款从应付工程款中扣除的,法院不予支持。

1. 实际施工人存在挪用工程款、损害承包人利益的行为,承包人向发包人发函要求发包人不得直接向实际施工人支付工程款并告知其缘由,故发包人在明知其向实际施工人转款的行为会损害承包人合法权益的前提下仍向实际施

① 南昌市第一建筑工程公司、江西大顺房地产开发有限公司建设工程施工合同纠纷案,江西省高级人民法院(2017)赣民终391号民事判决书。

工人支付工程款的，其主观上不构成善意，甚至存在恶意损害承包人工程款债权的嫌疑，故其向实际施工人的付款不构成其对承包人的有效付款。

(2019)最高法民申4968号裁定认为："关于广联公司向实际施工人刘某权支付的600万元是否视为有效付款的问题。尽管双方实际履行的备案合同《建设工程施工合同》中并无涉案工程款必须汇付至指定银行账户的约定。但亚坤公司于2012年10月29日向广联公司发函，明确要求广联公司将涉案工程款汇付至其指定银行账户，否则一概不予认可。广联公司于2012年10月30日签收。原审据此认定广联公司在2012年10月30日后对刘某权的两次付款共计600万元对亚坤公司不生效，并无不当。广联公司主张的三点理由均不成立。1.广联公司主张亚坤公司仅系被挂靠企业，收取固定费用，所以对刘某权付款并不损害亚坤公司权益。对此，本院认为，尽管亚坤公司此前曾委托刘某权代为收取工程款，但其后因刘某权存在挪用工程款之行为，亚坤公司向广联公司发函明确要求广联公司直接对亚坤公司付款，广联公司即有义务依据亚坤公司要求向其直接付款。并且2012年11月7日发生的560万元付款确实被刘某权挪用于归还他人借款，已然损害亚坤公司利益……3.广联公司以2011年12月28日刘某权向其出示的亚坤公司出具的《委托》载明'考虑到项目负责人来回奔波劳累，建设单位在支付该项目工程款时该项目负责人自行处理，一切后果由我单位承担'，以及亚坤公司账户经常被查封为确保工程顺利进行而向刘某权付款为由，主张亚坤公司系知悉并同意广联公司直接对刘某权付款。本院认为，该《委托》的出示时间为2011年12月28日，而亚坤公司向广联公司就付款事项的发函时间为2012年10月29日，因此可以认定亚坤公司于2012年10月29日发出的函件已经撤销了2011年12月28日的《委托》，即撤销对刘某权的代收款委托授权。对此事实，广联公司在应知且明知的情况下，仍旧向刘某权付款，不构成善意，付款对亚坤公司不发生效力。至于亚坤公司账户是否经常被查封，系其内部经营治理问题，与广联公司对其付款责任无直接关联。"①

2.发包人在明知实际施工人有挪用公款的犯罪嫌疑记录且其向实际施工人转款会切实损害承包人利益的前提下仍向实际施工人打款的，不构成其对承

① 蒙城广联置业有限公司、安徽亚坤建设集团有限公司建设工程施工合同纠纷再审审查与审判监督案，最高人民法院(2019)最高法民申4968号民事裁定书。

包人的有效支付。

(2017)最高法民申1922号判决认为:"关于刘某春施工部分的工程款问题。盛宇公司与东山公司是案涉施工合同法律关系的主体,第三人刘某春与盛宇公司、东山公司均无直接的合同关系,其凭借的仅为第三人王某波的授权委托书。在王某波涉嫌犯罪之前,东山公司在2010年9月4日收到盛宇公司公函,盛宇公司明确表明,未经其同意,东山公司不得向项目部、项目经理(即王某波)及其他任何个人拨款。王某波涉嫌犯罪被立案侦查后,盛宇公司又屡次发函,明确提出已免去王某波项目负责人职务,并对其个人委托及聘用的其他人员不予认可。东山公司在明确知晓盛宇公司上述意见情况下却仍继续向第三人刘某春付款,该付款行为不能认为是对盛宇公司工程款的有效支付和结算。因此,东山公司认为因2010年8月13日后实际施工均系刘某春所为,2010年9月4日之后均是对刘某春施工部分的付款,与盛宇公司无关的主张不能成立,本院不予支持。"①

这一情况的例外是,虽承包人已实际发函告知发包人不得直接向实际施工人付款,但其存在怠于向实际施工人付款的行为且导致建筑工人讨薪的现象发生的,承包人怠于付款的行为构成发包人直接向实际施工人付款的直接原因,承包人对此具有过错,因此发包人对实际施工人的付款构成其对承包人的有效付款。如(2018)苏民终860号判决认为:"关于银泉公司对已付款的异议,主要涉及对实际施工人的付款是否认定为已付款的问题。本院认为,承包人依据建设工程施工合同要求发包人支付工程款,发包人主张将其已向分包人、实际施工人支付的工程款予以抵扣的,应当审查合同的约定以及发包人是否有证据证明其支付有正当理由。因涉案建设工程施工合同有效,发包人应当按照合同约定的付款方式付款。即使存在发包人发包后,承包人将工程再行转包的情况,根据合同相对性的原则,发包人的付款对象也只应是承包人以及承包人指定的收款人,只有在承包人委托代付、经承包人许可或支付有正当理由的情况下,才能越过承包人直接向实际施工人付款,并且应当对付款用途进行严格的审查。本案中,银泉公司的付款并未完全依据双方的约定进行,存在向实际施工人直

① 单县东山房地产开发有限责任公司、山东盛宇建设集团有限公司建设工程施工合同纠纷再审审查与审判监督案,最高人民法院(2017)最高法民申1922号民事裁定书。

接付款的情形。如前所述,因2012年8月10日的委托付款函有效,银泉公司根据委托付款函上载明的要求向五个实际施工的班组负责人付款,应视为得到了班圣杰公司的委托,但2013年5月20日之后,班圣杰公司已经发出律师函明确要求银泉公司不得再向实际施工人付款。银泉公司在收到律师函(即2013年5月20日)之后,原则上不应再向实际施工人付款。但是,鉴于案涉工程全部由班圣杰公司违法分包、转包,现场管理混乱,班圣杰公司确实存在没有及时支付工程款,而造成民工讨薪的事件,在此情况下,在收到律师函之后银泉公司向实际施工人的付款,有正当理由的应当据实认定。"①

(四)不构成有效付款的理由之四:实际施工人受领工程款的行为不构成对承包人的表见代理且未得到承包人的同意或追认

实际施工人超越承包人的授权范围与发包人发生收付款等交易关系的,构成无权代理;实际施工人代表承包人受领工程款的授权外观不足以使发包人相信其为有权代理甚至发包人明知实际施工人不具有真实授权的,不构成表见代理。在成立无权代理的前提下,若承包人未事前同意或事后追认的,实际施工人代表承包人接受发包人支付的款项的行为不直接对承包人发生效力,即发包人对实际施工人的付款不构成其对承包人的有效付款。

比如,(2016)最高法民申2323号判决认为:"砀山阳光公司主张,依据阮某东以昆鹏建筑公司名义与其签订的《关于解除砀山阳光花园工程施工合同的协议书》,涉案450万元工程款应抵扣阮某东个人借款。首先,根据查明的事实,昆鹏建筑公司向阮某东出具的授权委托书中载明阮某东的代理权限为:就砀山经济开发区明珠小区工程的竞争性谈判、施工、竣工和保修,以昆鹏建筑公司的名义签署谈判书,进行谈判、签署合同和处理与之有关的一切事宜。该权限并不涉及工程款的接收或冲抵等事宜,且明确限于明珠小区工程,而非阳光花园工程。因此阮某东不具有代表昆鹏建筑公司与砀山阳光公司签订案涉《关于解除砀山阳光花园工程施工合同的协议书》并以其向砀山阳光公司管理层个人的借款冲抵工程款的权限。其次,根据查明的事实,阮某东在《关于解除砀山阳光花园工程施工合同的协议书》中加盖的昆鹏建筑公司公章系其私刻,在砀山阳

---

① 扬州市班圣杰建筑工程有限公司(原扬州市建苑建筑工程有限公司)、兴化市银泉置业有限公司建设工程施工合同纠纷案,江苏省高级人民法院(2018)苏民终860号民事判决书。

光公司将阮某东个人借款450万元冲抵涉案工程款之前，昆鹏建筑公司曾经以阮某东伪造该公司印章并以公司名义对外借款，涉嫌职务侵占、合同诈骗罪为由向公安机关报案，公安机关立案后曾经到砀山阳光公司调查取证。一、二审判决认定砀山阳光公司在已知阮某东私刻印章的情况下，仍将涉案工程款冲抵阮某东个人借款，不具有善意，并无不当。一、二审判决根据司法鉴定意见书中对《关于解除砀山阳光花园工程施工合同的协议书》中昆鹏建筑公司公章的鉴定结论、昆鹏建筑公司对阮某东的授权范围、一审庭审中砀山阳光公司关于阮某东个人借砀山阳光公司副总经理刘某等人450万元款项用于阳光花园工程的陈述、昆鹏建筑公司对《关于解除砀山阳光花园工程施工合同的协议书》不予追认等事实，综合认定涉案《关于解除砀山阳光花园工程施工合同的协议书》中将有关涉案450万元工程款冲抵阮某东个人借款的约定无效，进而判令砀山阳光公司向昆鹏建筑公司支付工程款有相应的事实和法律依据，并无不当。砀山阳光公司再审申请理由不能成立。"①

（五）不构成有效付款的理由之五：发包人对实际施工人的付款未用于工程建设项目的施工活动中

建设工程施工合同的核心权利义务是承包人施工完成合同约定的工程且符合国家标准或约定标准，作为对价，发包人按约按时足额向承包人支付工程款。据此，实际用于工程项目建设施工费活动的款项，如人工费的支出、材料的购买以及机械设备的租赁或购买等，才能构成工程款的一部分，属于承包人应得的款项。若发包人主张向第三人支付的款项构成承包人应得的工程款且应当计入已支付工程款范畴的，应当提供证据证明发包人向该第三人支付的款项确实用于工程建设项目中，否则法院有理由认为，发包人向第三人支付的款项与承包人无关，其无权要求将该款项从承包人应得工程款中予以扣除。

比如，(2018)苏民终860号裁判认为："吴某发和江某祥是委托付款函中确定的实际施工班组负责人，但在银泉公司收到律师函之后还继续向实际施工班组付款，应当提交证据证实付款的必要性，以及所付款项确实用于了涉案工程。但银泉公司仅提交了吴某发、江某祥的收条，且大多数收条上均注明是借款，不

---

① 安徽昆鹏建筑安装有限公司与安徽省砀山阳光房地产开发有限公司建设工程施工合同纠纷申诉、申请案，最高人民法院(2016)最高法民申2323号民事裁定书。

能证实付款的依据，也不能证实所付款项用于涉案工程，应自行承担不当付款的责任。故对银泉公司基于2013年5月20日后支付给吴某发、江某祥的款项应计入已付款的上诉请求，本院不予支持……关于银泉公司支付给潘某才的40万元、解某国的11万元以及李某张的10万元。银泉公司主张支付给潘某才的40万元系61幢别墅门头的工程款、支付给解某国的11万元系保温材料的工程款、支付给李某张的10万元系土方开挖的费用，班圣杰公司不予认可，认为付款无依据，也不能证实用于涉案工程。本院认为，潘某才、解某国和李某张并非委托付款函上注明的施工队组负责人，银泉公司亦未能提交相应证据证实上述款项确实用于涉案工程，故对银泉公司主张上述款项应认定为已付款的上诉请求，没有充分证据证明，本院不予支持。"①

还有一种情况是，若分包承包商所承接完成的施工工作范围不在承包人的承包工作范围之列，就说明承包人在工程发包时或投标报价时未能将该部分分包工程的费用予以充分考虑并合理计算进施工总包的工程价款中，因此发包人就该超出施工总承包承接工作范围的分包工作向分包承包商支付的工程款不视为其对承包人的有效付款。如(2019)最高法民申5682号裁定认为："关于183,347元款项应否予以扣除的问题。1.关于地下车库监控摄像系统采购的33,000元。聚尔溢公司与天河公司签订的《建设工程施工合同(Ⅱ标补充协议地下车库)》第六条关于工程承包范围约定：'19轴人防工程以东至33轴以西2.5m处地下车库非人防部分施工图纸范围内的全部内容，包括结施、建施、水、电(含弱电)、暖通(不含锅炉)、消防等。'从该约定内容可知，地下车库监控摄像系统的采购不属于天河公司工程承包范围，因此，聚尔溢公司主张应从天河公司应付工程款中扣除该33,000元，缺乏合同依据，其申请理由不能成立。2.关于聚尔溢公司支付的50,000元推拉门定金。关于推拉门是否属于天河公司施工范围，双方在签订的《建设工程施工合同》中未作出明确约定，在聚尔溢公司未进一步举证证明推拉门属于天河公司施工范围情形下，聚尔溢公司主张将该项费用从应付工程款中予以扣除缺乏事实依据。"②

---

① 扬州市班圣杰建筑工程有限公司(原扬州市建苑建筑工程有限公司)、兴化市银泉置业有限公司建设工程施工合同纠纷案，江苏省高级人民法院(2018)苏民终860号民事判决书。

② 河南天河建设工程有限公司、河南聚尔溢实业有限公司建设工程施工合同纠纷再审审查与审判监督案，最高人民法院(2019)最高法民申5682号民事裁定书。

（六）不构成有效付款的理由之六：发包人向第三人履行义务后所产生的对价欠款性质不属于工程欠款且未得到承包人的抵扣认可

在很多情况下，基于实际施工人或项目经理就是承包人所承接建设项目的主要负责人的认识，以及出于实际施工人或项目经理有权划扣承包人应得工程款的合理信赖，发包人往往会给予实际施工人或项目经理某些利益，如向他们提供借款，或为他们办理发包人自身开发的商品房的网签公示、预告登记或过户登记手续，并通过项目经理或实际施工人承诺将价款从承包人应得工程款中予以扣除作为其实现借款债权或房款债权的途径。若出现上述情形，一方面，鉴于工程款债权的对价是基于施工行为所产生的建筑实体成果，而借款债权的对价是本金的支出与利息的孳生、房款债权的对价是商品房，两者的性质不一样，不可混为一谈。另一方面，借款债权、房款债权在发包人与项目经理或实际施工人之间产生，与承包人无关；而工程款债权在发包人与承包人之间产生，与项目经理或实际施工人无关，发包人主张将其借款债权、房款债权与承包人的工程款债权两相抵扣的，没有事实及法律依据。故在承包人未予事先同意或事后追认的情况下，发包人主张将实际施工人或项目经理欠付的借款本金及利息或购房款用于抵扣承包人应得工程款的，法院不予支持。

比如，（2019）最高法民终940号裁判认为："关于大理汇宁主张应扣减借给许某德的600万元。本院认为，许某德虽然曾代表杭州建工与大理汇宁签订《项目工地移交协议书》，但并不能具体认定其有权代表杭州建工对外借款。且根据《借款协议》的约定，该笔600万元借款为许某德以个人名义所借。故大理汇宁主张该笔借款应计入工程价款予以抵扣不能成立。"①

四、《建设工程司法解释一》第43条及《民法典》第535条是否构成发包人以"第三人代收工程款构成有效付款"为由抗辩承包人的付款请求的请求权基础

在司法实践中，发包人往往以其向项目经理、实际施工人、材料供应商、设备租赁商、劳务分包商等主体的付款行为是上述主体行使代位权，或以《建设工

① 杭州建工集团有限责任公司、大理汇宁房地产开发有限公司建设工程施工合同纠纷案，最高人民法院（2019）最高法民终940号民事判决书。

程司法解释一》第 43 条为依据行使工程款债权的法律后果为由,主张其对上述主体的付款构成其对承包人的有效付款,借以抗辩承包人的付款请求。此时,发包人的主张是否构成合理抗辩?

(一)《建设工程司法解释一》第 43 条是否构成发包人的有效抗辩依据

在施工活动中的关系构成"发包人—承包人—实际施工人"的转分包链条模式时,发包人往往会主张其向实际施工人支付的工程款是实际施工人根据《建设工程司法解释一》第 43 条行使工程款债权的法律后果,故其向实际施工人的付款构成其向承包人的有效付款。

但是笔者认为,《建设工程司法解释一》第 43 条规定:"实际施工人以转包人、违法分包人为被告起诉的,人民法院应当依法受理。实际施工人以发包人为被告主张权利的,人民法院应当追加转包人或者违法分包人为本案第三人,在查明发包人欠付转包人或者违法分包人建设工程价款的数额后,判决发包人在欠付建设工程价款范围内对实际施工人承担责任。"该条有严格的适用条件。首先,该条的"实际施工人"仅包括违法分包、非法转包以及借用资质行为下的违法分包承包人、转承包人及挂靠人,不包括合法劳务作业分包及合法专业工程分包的承包人,故合法分包下的劳务作业承包人、专业工程承包人不具有使用该条的余地。其次,该条规定,"发包人在欠付建设工程价款范围内对实际施工人承担责任"的前提是"实际施工人以发包人为被告主张权利",即实际施工人与发包人的欠款付款纠纷应当已进入诉讼活动中,实际施工人才有权以该条为依据向发包人主张工程款权利。若实际施工人仅是以发出通知或催告而非以提起诉讼的形式要求发包人付款的,不存在适用该条主张权利的前提条件。最后,适用该条的前提还包括"法院应当查明发包人欠付转包人或者违法分包人建设工程价款的数额",但在很多情况下,发包人在不知尚欠承包人多少工程款的情况下就直接向实际施工人付款,存在损害承包人工程款债权利益的风险。

综上所述,在不满足《建设工程司法解释一》第 43 条严格的适用条件的情形下,发包人以其向实际施工人的付款是基于实际施工人依据《建设工程司法解释一》第 43 条行使工程款债权而产生的法律后果为由,主张其对实际施工人的付款构成对承包人的有效付款的,法院应不予支持。

（二）《民法典》第535条是否构成发包人的有效抗辩依据

在司法实践中，还有一种情况是，若构成"发包人—承包人—合法分包商/材料供应商/设备租赁商"的交易合作模式的，发包人往往会主张其向合法分包商、材料供应商、设备租赁商等交易下游主体支付的款项是该交易下游主体根据《民法典》第535条行使代位权的法律后果，故其向实际施工人的付款构成其向承包人的有效付款。

笔者认为，《民法典》第535条规定："因债务人怠于行使其债权或者与该债权有关的从权利，影响债权人的到期债权实现的，债权人可以向人民法院请求以自己的名义代位行使债务人对相对人的权利，但是该权利专属于债务人自身的除外。代位权的行使范围以债权人的到期债权为限。债权人行使代位权的必要费用，由债务人负担。相对人对债务人的抗辩，可以向债权人主张。"该条也具有严格的适用条件。首先，合法分包商、材料供应商、设备租赁商等交易下游主体行使债权的核心前提是"承包人怠于行使其对发包人的工程款债权"，虽然此处的"怠于行使"不是指承包人未通过发函催告或发出通知的方式行使债权，而是指承包人未通过诉讼或仲裁的方式行使债权，但是对于行使代位权的交易下游主体而言，要证明"承包人怠于行使工程款债权"还是有一定难度的，在未能证明"承包人怠于行使"的情况下，下游交易主体没有向发包人行使代位权的余地；其次，根据法律规定，作为债权人的下游交易主体行使代位权的前提是"向人民法院请求以自己的名义代位行使"，即代位权只能通过诉讼方式行使，在承包人不予认可即发包人、承包人与下游交易主体未达成三方合意的前提下，下游交易主体不得以仅与发包人达成合意的方式行使代位权；最后，《民法典》之所以规定代位权应当以提起诉讼的方式行使，就是为了便于法院查清债权人与债务人、债务人与次债务人之间的欠款事实，并在此基础上作出平衡三方利益的公正判决。发包人在向合法分包商、材料供应商、设备租赁商等交易下游主体付款时，往往没有充分获悉承包人与上述主体之间的义务履行状况与收付款情况，如此草率的付款行为会损害承包人的利益，与代位权制度的立法本意及规范目的不符。因此在承包人不同意的情况下，发包人根据上述交易下游主体的请款要求直接向其付款的行为不能对承包人产生合法效力。

综上所述，在不满足《民法典》第535条严格的适用条件的情形下，发包人以其向合法分包商、材料供应商、设备租赁商等交易下游主体的付款是基于该交易下游主体依据《民法典》第535条行使债权代位权而产生的法律后果为由，主张其对该交易下游主体的付款构成对承包人的有效付款的，法院不予支持。

五、承包人应对"第三人代收工程款构成发包人有效付款"这一不利判定的实务建议

承前所述，发包人向承包人以外的第三人的付款，既包括对转承包人、违法分包的承包人、挂靠人、项目负责人等实际施工人的付款，也包括对设备租赁商、材料供应商、劳务分包商、专业分包商等下游交易主体的付款，上述付款行为是否可以对承包人发生效力、视为发包人对承包人的有效付款，尚未形成统一的司法裁判规则，而是法院根据每个案件的综合事实、当事人之间的利益平衡、诉讼效率、意思自治原则、公平原则等因素予以个案认定。在此司法审判模式下，对于承包人而言，要想避免"发包人对其他第三人的支付构成其对承包人的有效支付，应当计入发包人已付工程款的范围中，从承包人应得工程款中扣除"的诉讼不利后果，承包人应当注意以下几点。

1. 在施工合同中明确发包人支付工程款的方式。在很多情况下，发包人往往架空承包人直接将工程款付给实际施工人，这将严重妨碍承包人管理职权的行使并侵害承包人的工程款债权。为了避免上述不利后果的发生，承包人可以在施工合同或其他补充协议中约定"发包人应当将工程款支付至承包人名下的某某账户（账号：×××××××），承包人将不认可发包人以其他方式支付工程款的行为"诸如此类的内容，明确约定发包人只能将工程款支付给承包人的付款方式，否则对承包人不发生效力，进而约束发包人，杜绝发包人向实际施工人支付工程款的可能。

2. 加强对劳务分包的控制管理，严格监管建筑工人工资到位情况。鉴于《保障农民工工资支付条例》规定建设单位与施工单位是建筑工人工资第一支付主体，只要出现建筑工人讨薪事件，那么发包人与施工总承包人即应承担首要的支付责任，且由于建筑工人闹事讨薪的情形往往是承包人未对劳务分包工作实施细致监管、未严格把控工人工资支付到位的管理过失所引起的，因此只要发包人因建筑工人讨薪而向建筑工人、劳务班主或包工头付款，且款项确实用于支付工人工资的，该付款均视为发包人向承包人的有效付款。因此，承包人应当注意：(1)在劳务分包时，应当仅分包人工劳务部分，而不采取大型周转

材料、主要机械设备、核心建材的分包方式。承包人分包采取的是“包工包料”的大包分包模式而不是仅“包人工”的劳务分包模式的，属于专业分包，一方面，很有可能产生因未取得发包人同意、构成二次分包或分包承包人不具备相应专业工程资质而导致分包合同无效的风险；另一方面，“包工包料”的分包模式导致管理粗放、监控疏漏，容易产生实际施工人擅自挪用工人工资引发工人讨薪社会事件的风险。(2)在分包合同中设置较密集的付款节点。密集的付款节点有利于承包人及时发现分包商资金使用不当的情形并快速采取资金监管措施，减小项目资金未专款专用而是被挪作他用的风险。(3)在分包合同中设置分包商未及时支付工人工资引发讨薪事件时分包商的违约责任，以违约责任条款督促分包商按约履行支付工人工资的义务。

3. 防止实际施工人及项目经理构成表见代理。实际施工人往往持有项目公章、具有承包人的职务身份、曾经代表承包人并以承包人的名义与发包人订立建设工程施工合同，甚至有的实际施工人还持有承包人的授权委托书、盖有承包人印鉴的空白合同书、介绍信的授信文件等，故实际施工人往往具备有权代理承包人的授权外观，此时即使实际施工人代承包人的收款行为非出于承包人的真实意思表示，该收款行为也对承包人发生效力，视为发包人已付工程款。因此，为了避免上述情况，承包人应当注意：(1)谨慎管理项目公章，不轻易将项目公章交由实际施工人管理。如若发现实际施工人实施通过冒用名义、私刻公章、虚构授权、伪造签名、滥用身份等方式以承包人的名义对外租赁设备、购买材料的行为的，及时向交易相对人发函告知实际施工人为无权代理，并及时以实际施工人伪造印章为由向公安机关报案。(2)不轻易与实际施工人签订劳动合同，不为实际施工人发放工资、购买社保，不将内部承包协议交由实际施工人保管等，使实际施工人不具备职务授权的外观。(3)承包人应亲自与发包人订立建设工程施工合同，避免建设工程施工合同有实际施工人的签章或出现实际施工人为项目负责人、项目经理的信息。(4)针对实际施工人的付款请求，一律注明是“代实际施工人支付”，并要求实际施工人出具其签章的付款委托书，避免因付款追认的履行行为而使实际施工人的对外交易行为对承包人发生效力。

4. 严格遵守诚实信用原则，不拖欠材料款、设备租赁款等。《民法典》第7条规定：“民事主体从事民事活动，应当遵循诚信原则，秉持诚实，恪守承诺。”承包人购买材料、租赁设备、雇佣劳务的，应当严格遵守诚实信用原则，按照合同约定及时支付材料费、租赁费及人工费，否则材料供应商、设备租赁商、劳务分包商等下游交易主体转而向发包人索要款项的，不仅法院会认定发包人支出的该笔款项构成其对承包人的有效支付，而且承包人还需承担逾期付款的利息，甚至存在上述下游交易主体与发包人恶意串通虚报价格的风险。若承包人由于自身原因或发包人付款不到位等导致自身支付能力不足的，承包人可以委托发包人代其支付，在委托付款协议中明确发包人向下游交易主体支付的款项及相应扣除的工程款项，防止承担逾期付款的违约责任并避免发包人与第三人恶意串通的风险。

第三部分

工程价款权利实现与救济相关问题

专题六

建设工程以物抵债协议问题研究

发包人不能依约足额支付承包人的工程款时,双方往往会签订以房抵工程款的“以物抵债”协议,变更工程款的清偿方式,以转移实物所有权的方式代替工程款的现金支付。以物抵债协议不同于一般的买卖合同,其是否具有债务清偿效果以及能否直接产生物权变动效果等问题直接关涉以物抵债协议双方权利义务的实现。实践中,承包人工程款债权的最终实现不仅会受制于以物抵债协议在法律上能否成立、生效,还取决于以物抵债协议法律效力的内容等多重因素,是建设工程实践领域极具研究意义的问题。本部分将从以物抵债协议的基本问题出发,结合建设工程审判实践中案例的分析,对以物抵债协议的成立、性质、效力以及权属变动效果等问题向协议当事人提供实践建议,尽量避免纷争。

一、以物抵债协议概述

(一)以物抵债协议的含义

合同法中给付义务的类型有许多种,包括金钱支付义务、实物交付义务、劳务提供义务、成果交付义务、权利移转义务等,合同法信奉意思自治原则,当事人可以以一致的意思表示,合意变更原合同义务的给付类型,如将金钱支付义务变更为实物交付义务或劳务提供义务、将实物交付义务变更为成果交付义务等。此类以他种给付替代原定给付的类型,法律均不禁止。

以物抵债协议,即是当事人以实物交付义务替代原定金钱支付义务所达成的合意。其中,原定的金钱支付义务是当事人合意变更前的债务清偿方式,又称“旧债”,属于“原定给付义务”;取而代之的实物交付义务是当事人合意变更后的债务清偿方式,又称"新债",属于"他种给付义务"。以物抵债协议的履行效果为,根据当事人之间的约定,债务人一旦将实物交付义务履行完毕后,原定金钱支付义务即在约定的清偿范围内等额消灭。以物抵债协议属无名合同,其适用规则原则上由当事人在协议中确定,在特殊情况下,则由人民法院参照民法的基本原则、当事人之间的权利义务平衡、当事人真实的意思表示以及合同的履行情况等因素认定。

(二)以物抵债协议的成立

根据《民法典》的规定,一般合同的成立原则上需双方当事人通过"一方当事人发出要约""另一方当事人对此承诺"的方式达成订立合同的合意,①且合意的内容中至少包含"合同当事人"、"确定的标的"以及"标的数量"时,合同方才成立。②

对于以物抵债协议而言,除双方当事人需达成以物抵债意思表示的一致外(遵循合同订立的要约承诺规则),司法实践中一般还要求合意的内容明确,包含明确的债权债务关系、确定的抵债物以及通过新债的履行达到旧债消灭的效果的意思表示等,以物抵债协议方才成立。如因欠缺以物抵债协议的成立要件,当事人主张双方应按照以物抵债的协议履行义务承担责任的,法院不予支持。

1. 双方当事人未达成明确以物抵债的合意的,以物抵债协议不成立

合意是合同存在和成立的基石,欠缺合意也是合同成立的最大障碍。在以物抵债协议中,判断双方是否确实存在"以物抵债",即新的代物清偿的合意至关重要,实践中也有诸多当事人的以物抵债主张因被认定欠缺明确合意而无法得到支持的判例。就现有判例来看,以物抵债协议的成立不仅需要双方当事人的合意,而且这种合意应当在协议中具有清晰的表示或有明确的证据予以支撑,无其他辅助证据的口头协议主张较难得到支持。

---

① 《民法典》第471条规定:"当事人订立合同,可以采取要约、承诺方式或其他方式。"第483条规定:"承诺生效时合同成立,但是法律另有规定或者当事人另有约定的除外。"

② 《民法典》第470条规定:"合同的内容由当事人约定,一般包括以下条款:(一)当事人的名称或者姓名和住所;(二)标的;(三)数量;(四)质量;(五)价款或者报酬;(六)履行期限、地点和方式;(七)违约责任;(八)解决争议的方法。当事人可以参照各类合同的示范文本订立合同。"《合同法司法解释二》(已失效)第1条规定:"当事人对合同是否成立存在争议,人民法院能够确定当事人名称或者姓名、标的和数量的,一般应当认定合同成立。但法律另有规定或者当事人另有约定的除外。"

在(2017)最高法民申2187号判决中,法院认为:“以物抵债须有原债关系存在,双方达成代物清偿合意,与原约定的给付内容不同,以代替原定给付。本案中,王某宇与薪丰公司签订的《买卖合同书》及王某宇向薪丰公司出具的1000万元收条,以及《买卖合同书》约定出卖方王某宇享有优先购买权的内容等,可以看出,双方之间不具有代物清偿的合意。薪丰公司于2014年7月1日与王某宇签订租赁合同,承租案涉粮库及设备,明确约定了租期和租金,而《买卖合同书》实际签于2015年2月24日,故即使薪丰公司实际占有案涉粮库资产,也是基于租赁合同。薪丰公司主张《买卖合同书》系双方以物抵债的买卖合同的主张不能成立。”①

(2017)最高法民申1070号判决则认为:“关于置信公司与博亿公司是否存在以物抵债合意的问题,秦某平提供的证据也仅是证实双方法定代表人有口头上的合意,但在博亿公司否认的情况下,该事实亦不能得到确认。因此,二审判决认定秦某平不能提供证据证实双方签订《商品房买卖合同》时置业公司与博亿公司已就工程款问题进行了结算、双方已经达成用641万元工程欠款抵顶购房款的意思表示,并无不当。秦某平申请再审提交了两份证据材料,经审查,第一份证据也仅能证实置信公司实际施工‘普罗旺世’项目的事实,不能证实博亿公司是否欠付工程款以及欠付的具体数额;第二份证人证言亦不足以认定置信公司与博亿公司达成以物抵债的合意。因此,该两份证据不能推翻二审判决认定的事实。”②

2.一方当事人发出以物抵债要约,另一方当事人未作出承诺的,以物抵债协议不成立

遵循一般合同成立的“承诺主义”,以物抵债协议司法实践中判断协议是否成立也同样关注一方当事人的以物抵债要约是否得到了对方当事人的承诺。从司法实践看来,一方发出要约,另一方当事人未作出承诺,或承诺未能够达到十分明确的程度时,均可能导致以物抵债协议被认定不成立。

在(2019)最高法民申4385号判决中,针对当事人依据人民法院对双方当

---

① 梨树县薪丰粮业有限公司借款合同纠纷再审审查与审判监督案,最高人民法院(2017)最高法民申2187号民事裁定书。

② 秦某平、河南博亿置业有限公司商品房销售合同纠纷再审审查与审判监督案,最高人民法院(2017)最高法民申1070号民事裁定书。

事人所做的执行笔录中对方当事人对以物抵债表达“听清”的行为成立以物抵债，并要求行使相应抵销权的主张，法院判定认为“听清”不能被解释为“同意”，双方并未达成以物抵债的合意。法院在判词中写道：“经审查，2015 年 6 月 16 日，贵州省贵阳市南明区人民法院分别组织陶某和永兴公司在法院执行局 206 室进行询问并作出执行笔录。陶某的执行笔录载明：‘执：以物抵债的申请是否是你的真实意思表示？陶某：是的。’永兴公司的执行笔录载明：‘执：现本院责令你公司三日内清偿本案的债务，如不能清偿，本院将依法裁定用上述车库以物抵债，是否听清？永兴公司：听清。’执行笔录中明确载明永兴公司对‘用上述车库以物抵债’的回答是‘听清’而不是同意，不足以据此认定陶某与永兴公司就‘以物抵债’达成合意。因此，陶某不能依据执行笔录对永兴公司主张‘以物抵债’的抵销权。”①

(2019)最高法民申 4730 号判决中，由当事人法定代表人单方出具的同意以物抵债的“承诺函”（实际性质应为“要约”）并未得到对方公司的确认，因此双方未达成以物抵债的协议。法院在判决中表述说：“2013 年 1 月 14 日，桂溪公司法定代表人林某军向广厦公司出具承诺函，称 2012 年 11 月 23 日所签订的付款协议应付款项约 700 万元，因不能按时付款，同意用万嘉世贸广场的住宅作担保并承诺保证在春节前把应付的款项付清，如没有付清，就用等额商品房抵扣，如不同意就等春节后付款，延期付款按广厦公司、惠三公司、桂溪公司三方约定计息。该承诺函系桂溪公司法定代表人林某军单方面出具，广厦公司并未予以确认，桂溪公司亦未实际履行承诺。二审判决据此认为桂溪公司与广厦公司未达成以物抵债的协议，未支持惠三公司要求将该 700 万元从总货款中予以扣减的主张，并无不妥。”②

3. 协议中欠缺通过实物交付义务的履行在约定范围内等额消灭金钱支付义务的意思表示的，以物抵债协议不成立

在以物抵债协议中合意的判定上，除笼统地以物抵债表达外，更应当明确以“实物交付”消灭原有金钱支付义务的意思表达，方能对法院认定以物抵债协

---

① 陶某、贵阳万隆委托寄卖有限公司所有权纠纷再审审查与审判监督案，最高人民法院(2019)最高法民申 4385 号民事裁定书。

② 福建省惠三建设发展有限公司、漳州市龙文区桂溪房地产开发有限公司买卖合同纠纷再审审查与审判监督案，最高人民法院(2019)最高法民申 4730 号民事裁定书。

议的有效成立起到积极的促进效果。在下列判例中，最高人民法院均未确认以物抵债协议成立，其原因即在于双方对以物抵债的合意表达均未能明确以物抵债的核心要义，即以实物交付等额消灭金钱交付义务，导致这一合意无法独立于原合同的履行而存在。

（2019）最高法民终1342号判决认为："田某妹与昆都公司签订《车位认购确认书》《商品房购销合同》，目的均是买卖车位，其内容也与一般不动产买卖合同无异，其特殊之处只是部分价款的支付方式为过渡费折抵。但《车位认购确认书》和《商品房购销合同》中均没有任何确认、清理、消灭双方债权债务的意思表示和约定，且在债权金额超过车位价款的情况下田某妹仍需支付部分现金，因此过渡费抵扣部分价款的约定只能视为买卖合同价款支付方式的特别约定，不足以据此认定整个交易为以物抵债，农行安宁支行的相关上诉理由不能成立。"①

（2017）最高法民申974号判决认为："该协议第一条、第二条约定：罗某愿意用其拥有股权的丽江金林公司开发项目的商品房顶抵前述债务，杨某民指定毛某甲、毛某乙、张某某为商品房购销合同的签订人；罗某抵偿杨某民债务的金额为商品房购销合同中的房价总额。上述两条约定确实有以房抵债的内容，但因该协议系多个条文组成，需结合协议全文来理解双方签订协议的真实意思表示。该协议第五条、第七条约定，罗某或相关方在协议签订之日起四个月内偿还全部借款本息，否则杨某民有权选择自行处置上述抵债房屋或要求继续偿还借款本息；本协议作为原借款合同的从合同，原借款合同及相应保证合同、担保函等仍然有效，相关方有义务积极筹款按原约定偿还借款本息，杨某民也有权按原约定随时要求偿还借款本息；若杨某民得到部分偿还，及时配合将相应比例的房屋退还罗某。可以看出，协议作为原借款合同的从合同，重申了罗某需按照原约定继续偿还借款本息，签订《商品房购销合同》后罗某偿还全部借款本息的义务仍然存在，并没有产生债务已经抵偿的结果。因此，从协议整体约定来看，杨某民的本意并非支付对价购买商品房，其真实意思仍是要求罗某偿还借款本金及利息，双方签订协议的目的是保障杨某民的债权得以顺利受偿。故

① 中国农业银行股份有限公司安宁市支行、田某妹案，最高人民法院（2019）最高法民终1342号民事判决书。

一、二审判决认定该协议并非以物抵债协议，而是保障债权实现的担保方式，并无不当。”①

4. 协议欠缺“明确的债权债务关系”以及“确定的抵债物”，以物抵债协议不成立

以物抵债协议中“物”和“债”作为相互抵顶的标的，均应是明确与确定的。通常“债”源自原有合同关系，相对较为明确；而“物”就应当成为订立以物抵债协议中格外关注的内容，如果“物”不存在、不确定，就会导致以物抵债协议在事实上无法履行。因此，是否“存在确定的抵债物”也是司法实践中判断以物抵债协议能否成立的关键因素。

(2019)最高法民申 5468 号判决认为双方“尚未形成债权债务关系”以及“房屋亦未建成”，以物抵债协议的基本内容均未确定：“关于双方当事人对欠付工程款是否达成了以物抵债协议的问题。本案中，双方于 2011 年 9 月 18 日签订的《昌吉商业广场建安工程建设工程施工合同补充协议》约定：‘本工程竣工后，结算审核完成后在合同约定的时间内，甲方（蒙奇房产公司）不能按时按量地支付乙方（和兴祥建筑公司）工程款时，甲方可以将已竣工的可以投入使用的成品（如商场以及产权式酒店）等，按欠付的乙方工程款等价转交至乙方名下，转交价格按当地市场行情下浮 15%，甲方无偿配合乙方营销，物业管理由甲方管理。’该协议签订时，案涉工程刚开始施工，双方尚未形成债权债务关系，房屋亦未建成，以物抵债协议应当具备的基本内容均未确定。据此，二审法院认定案涉《昌吉商业广场建安工程建设工程施工合同补充协议》不具备以物抵债协议的基本内容，不能认为双方就案涉工程欠款达成了以商品房抵偿的合意，该认定并无不当，本院予以维持。”②

（三）以物抵债协议的生效

《民法典》第 502 条第 1 款规定：“依法成立的合同，自成立时生效，但是法律另有规定或者当事人另有约定的除外。”以物抵债协议的生效是指以物抵债协议不具备无效、效力待定或可撤销、可变更的事由，自成立之时自动地、确定

---

① 杨某民与罗某、罗某等民间借贷纠纷申诉、申请案，最高人民法院(2017)最高法民申 974 号民事裁定书。

② 奇台县蒙奇房地产开发有限公司建设工程施工合同纠纷再审审查与审判监督案，最高人民法院(2019)最高法民申 5468 号民事裁定书。

地、当然地发生法律认可并受法律保护的效力。该效力体现为对订立以物抵债协议当事人的拘束力,以及一方当事人未按以物抵债协议履行约定义务时另一方当事人请求法院对其强制执行的强制力。根据司法判例,以物抵债协议为诺成合同(理由在下文详述),原则上诺成合同自成立时生效,因此以物抵债协议亦自成立时即发生效力,非经当事人撤销或存在无效事由,当事人应当受以物抵债协议的约束,并依诚实信用原则履行协议约定的义务。

(四)以物抵债协议的无效

若以物抵债协议存在合同无效事由的,其自始地、确定地、当然地不发生任何法律效力。根据《民法典》第 153 条第 1 款的规定,“违反法律、行政法规的强制性规定的民事法律行为无效。但是,该强制性规定不导致该民事法律行为无效的除外”,发包人与承包人就发包人欠付的工程款所签订的以物抵债协议因具有特殊属性,极易在以下三个方面触发合同无效法律条款的适用,导致以物抵债协议部分或全部无效。

1. 以物抵债协议因属于《民法典》第 401 条规定的流押、第 428 条规定的流质而不直接产生物权变动的效力

流押、流质,是指债务履行期限届满前抵押合同、质押合同当事人约定当抵押人、出质人不能履行到期债务时,由抵押权人、质权人直接取得抵押物或质物所有权。然而根据《民法典》第 401 条“抵押权人在债务履行期限届满前,与抵押人约定债务人不履行到期债务时抵押财产归债权人所有的,只能依法就抵押财产优先受偿”的规定,第 428 条“质权人在债务履行期限届满前,与出质人约定债务人不履行到期债务时质押财产归债权人所有的,只能依法就质押财产优先受偿”的规定,法律并不承认上述约定的物权归属效力,仅赋予其优先受偿效力,即债权人不得主张担保物归其所有,但是可以就担保物经清算程序后的所得价款优先受偿。其理由在于:首先,债务履行期限届满前,担保物明确具体的市场价值仍未确定,若履行期限届满后确定下来的担保物价值明显高于债权人的债权数额,根据流质、流押条款的约定使债权人直接取得担保物所有权的,对债务人显失公平;其次,在债权债务关系中,债权人处于优势地位,债务人处于劣势地位,债务人可能迫于债权人的压力而签订流质、流押条款,有失公平。

从某种程度上来说,虽然,《民法典》第 401、428 条的条文规定不能直接推论得出“流质、流押条款无效”的结论,法律也未明确禁止债务履行前以房抵偿

工程款；[①]但是，当事人签订流质、流押条款意欲产生的法律后果是使债权人取得担保物的所有权，实现流质、流押条款的“物权归属效力”；而《民法典》却直接规定流质、流押条款只能产生担保物的优先受偿效力。因此也可以说，《民法典》是通过肯定流质、流押条款产生唯一性的“优先受偿效力”从而否定流质、流押条款根据当事人意思产生“物权归属效力”的，其条文隐含着“流质、流押条款无效”的意思。

故此，工程款支付期限届满前，发包人与承包人订立的“若发包人届期不按约足额支付工程款的，承包人即取得为发包人所有的某某动产或某某不动产的所有权作为原定工程款债务的抵偿，原定工程款债务即在等额范围内相应消灭”以物抵债协议，表面上是“以物抵债”，实质上确是“流质流押”。依据法律规定，承包人不能直接取得抵债物的所有权，但是针对其合法的工程款债权，承包人可以利用抵债物实现相当于担保物权的优先受偿效力，即承包人虽不得向法院主张抵债物归其所有，但是可以向法院申请拍卖、变卖或折价处理抵债物，并就抵债物经清算程序的所得价款请求法院优先满足其债权。

2. 以物抵债协议因属于《最高人民法院关于审理商品房买卖合同纠纷案件适用法律若干问题的解释》（以下简称《商品房买卖合同解释》）第 2 条的规定情形而无效

《商品房买卖合同解释》（2020 年修正）第 2 条规定：“出卖人未取得商品房预售许可证明，与买受人订立的商品房预售合同，应当认定无效，但是在起诉前取得商品房预售许可证明的，可以认定有效。”

因此，如发包人与承包人达成竣工结算协议后，发包人无力履行工程款支付义务，针对其所欠付工程款债务向承包人请求以自身所开发售卖的商品房抵顶所欠款项，双方就此达成“以房抵款”合意的，表面上签订的是“以房抵款”协议，实质上已符合“商品房买卖合同”的特征（只不过是购房款转换为工程款而已），发、承包双方应进入《商品房买卖合同解释》的约束调整范围。

青海高院（2012）青民一终字第 67 号判决便如此认定，法院认为，虽然盛名公司与金坛公司同意将该款变为借款并签订以房抵款协议及认购书，但根据《商品房买卖合同解释》第 2 条（2020 年修正后仍为第 2 条）的规定，因金坛公司

---

① 参见潘军锋：《建设工程价款结算审判疑难问题研究》，载《法律适用》2019 年第 5 期。

未提供盛名公司在出卖该房屋时已取得商品房预售许可证明及事后已取得的证据，且该三份认购书缺乏商品房买卖合同的构成要件，金坛公司与盛名公司之间约定对该款以相应房屋予以冲抵的意思表示及签订的三份认购书无效。[①]

另外，(2018)最高法民申 4305 号判决也持相同观点，认为，如罗某峰所述，其与侯某某签订的房屋买卖合同实质是以物抵债协议……根据《商品房买卖合同解释》第 2 条(2020 年修正后仍为第 2 条)的规定，新华公司与侯某某签订的房屋买卖合同无效，侯某某并未据此取得物权期待权，罗某峰主张其通过与侯某某签订房屋买卖合同继而取得物权期待权，没有法律依据。"[②]

3. 以物抵债协议因违反《招标投标法》第 46 条的规定、属于《建设工程司法解释一》第 2 条的情形而无效

为了维护公平、公开、公正的招投标市场环境，保障投标人的公平竞争权，《招标投标法》不允许招投标双方签订背离招投标文件以及中标文件实质性内容的其他协议。因此，《招标投标法》第 46 条第 1 款规定："……招标人和中标人不得再行订立背离合同实质性内容的其他协议。"《建设工程司法解释一》第 2 条第 2 款规定："招标人和中标人另行签订的建设工程施工合同约定的工程范围、建设工期、工程质量、工程价款等实质性内容，与中标合同不一致，一方当事人请求按照中标合同确定权利义务的，人民法院应予支持。招标人和中标人在中标合同之外就明显高于市场价格购买承建房产、无偿建设住房配套设施、让利、向建设单位捐赠财物等另行签订合同，变相降低工程价款，一方当事人以该合同背离中标合同实质性内容为由请求确认无效的，人民法院应予支持。"

关于建设工程施工合同的实质性内容，《建设工程司法解释一》第 2 条第 1 款的规定也已经明确，"发包人、承包人订立与招投标文件或中标文件载明的工程范围、建设工期、工程质量、工程价款不一致的建设工程施工合同，应当以招投标文件或中标文件作为合同义务履行的依据以及工程价款结算的依据"，因此，工程范围、建设工期、工程质量、工程价款属于建设工程施工合同的实质性

---

① 金坛建工集团有限公司、山西龙翼房地产开发有限公司、青海鑫和房地产开发有限公司与西宁盛名房地产开发有限公司建设工程施工合同纠纷上诉案，青海省高级人民法院(2012)青民一终字第 67 号民事判决书。

② 罗某峰、车某玲申请执行人执行异议之诉再审审查与审判监督案，最高人民法院(2018)最高法民申 4305 号民事裁定书。

内容。

换言之，如果工程为必须招标的工程项目，尚未竣工验收，在工程款支付期限届满前，承包人与发包人签订以房抵顶工程款的以物抵债协议，将金钱支付义务替换为实物交付义务，这种对工程价款支付方式的变更将构成对建设工程施工合同的实质性内容变更，从而极易触犯法律规定而导致协议无效。

二、以物抵债协议的性质

在以物抵债协议的审判实践中，与协议的性质相关的问题存在较多争议，如以物抵债协议是否以实物的交付或公示登记作为生效要件；以物抵债协议生效后，债权人能否请求债务人履行原定债务；以物抵债协议生效后，债权人能否自动取得抵债物的所有权等。

（一）以物抵债协议为诺成合同

1. 以物抵债协议不符合实践合同的特征

诺成合同与实践合同相对应，是指当事人一旦达成意思表示的合意，合同即刻成立，而后者是指除当事人达成意思表示的一致外，尚需交付标的物或完成其他给付行为才能成立的合同。例如《民法典》第 586 条第 1 款、第 890 条以及第 679 条下的定金合同、保管合同和自然人之间的借款合同都属于实践合同。

理论及实务中认定以物抵债协议为实践合同的观点，理由在于以物抵债协议的目的是清偿原定债务，若不以抵债物的交付或过户作为合同成立要件的，无法实现债务清偿的目的，合同就不具备任何意义。但是，以物抵债协议应属诺成合同，经当事人意思表示一致成立，并不以实物的交付或过户作为以物抵债协议的生效要件，理由如下：

首先，以物抵债协议不具备实践合同应有的特点。根据《民法典》的规定，实践合同的特点有二：第一，当事人对权利的主张和义务的履行必须围绕合同标的物开展，只有一方当事人现实交付合同标的物的，当事人才能实现合同目的。如保管合同的目的在于保管人为委托人提供保管服务，保管义务的履行必须以保管人现实地占有保管物为前提，这要求委托人现实地向保管人交付保管物；定金合同的目的在于担保主合同的订立，担保效力的实现必须以接受定金的一方现实地持有定金为前提，这要求交付定金的一方现实地向接受定金的一方交付定金。第二，实践合同具有持续性，其权利的实现及义务的履行需持续一段时间方能满足合同目的，该持续时间由当事人协商一致确定。如保管义务的履行以合同约定的保管期间为限，借款人持有借款的期间以合同约定的借款期间为限，接受定金的一方持有定金的时间以定金合同生效至当事人订立主合同的期间为限，其合同目的非一时的、短暂的履行行为所能实现。而以物抵债协议的目的是通过抵债物的过户或交付以清偿原定债务，仅凭一时的、单一的实物交付或实物过户行为即能实现合同目的。因此，以物抵债协议具有一时性，虽符合实践合同的第一个特点，却不满足实践合同“持续性”的要求，因此不应视为实践合同。

其次，以物抵债协议与性质为诺成合同的买卖合同高度类似。《民法典》第467 条第 1 款规定：“本法或者其他法律没有明文规定的合同，适用本编通则的规定，并可以参照适用本编或者其他法律最相类似合同的规定。”以物抵债协议的基本权利义务内容包括债务人将抵债物的交付或过户，债权人支付对价，该对价支付义务已由债权人通过其他方式清偿，如提供劳务、交付成果等，在建设工程施工合同中，债权人一般为承包人，其已通过交付合格的建设工程成果作为抵债物的对价；而买卖合同的主要权利义务内容包括出卖人交付买卖标的物，买受人支付等额的价款。可以看出，以物抵债协议与买卖合同高度类似。根据《民法典》第 467 条第 1 款的规定，以物抵债协议为无名合同，认定其性质时，可以参照与其最类似的买卖合同的规定。买卖合同为诺成合同，因此以物抵债协议也应为诺成合同。

再次，将以物抵债协议认定为实践合同有碍于当事人意思自治的实现。民事私法领域将“意思自治”奉为金科玉律，要求当事人诚实守信、信守承诺，且要求第三人尊重当事人依其真实意志发生法律效力的结果，不允许第三人随意介入及干涉。以物抵债作为一种清偿旧债的手段，其双方合意的目的在于以替代物的给付消灭旧债，但由于替代物给付本身需要以合同法关系为基础，如果强令合同不成立实质上削弱了意思自治的效力。合同法本就充分蕴含着合同自由的法律精神，如果单从保护债务人利益的角度出发，否定意思自治的效力，对合同成立自由予以限制，将与倡导合同自由的价值体系相矛盾。①

---

① 参见姚辉、阙梓冰：《从逻辑到价值：以物抵债协议性质的探究》，载《学术研究》2020 年第 8 期。

最后，将以物抵债协议认定为诺成合同更有利于保障债权人的利益。根据权利义务对等原则，由于债权人已率先履行了合同义务，而债务人未履行相应的对价义务，此时债权人处于劣势地位，债务人处于优势地位，因此《民法典》原则上侧重保障债权人的利益。若将以物抵债协议认定为实践合同，那么债务人需完成交付抵债物或将抵债物过户给债权人后以物抵债协议才生效；若债务人未交付或未过户的，一方面，以物抵债协议将一直处于成立但不生效的状态，债权人无法根据以物抵债协议请求债务人承担将抵债物交付或过户的继续履行责任，此时债权人少了一道实现债权的保障；另一方面，由于以物抵债协议不生效，其中的违约责任条款也无法适用，债权人无法根据以物抵债协议对债务人苛以惩罚从而迫使债务人信守承诺、履行合同，也不利于便捷效率地解决民事纠纷。然而，若将以物抵债协议认定为诺成合同，即使债务人不将抵债物交付或过户给债权人，债权人也可以根据生效的以物抵债协议要求债务人承担继续履行、损害赔偿、支付违约金等违约责任，而这些违约责任的后果反过来又能促使债务人诚信履约，此时债权人的债权利益才得以全面的、充分的保障。因此，将以物抵债协议定性为诺成合同，才能更好地保障债权人的利益。

2. 以物抵债诺成合同的性质在司法实践中得到确认

在司法审判实践中，绝大部分最高人民法院的判例均认为，以物抵债协议为诺成合同，而非实践合同；原则上，以物抵债协议经当事人达成合意即成立，成立即生效。

最高法（2015）民申字第385号判决认为："案涉《房地产买卖契约》，从形式上看，系房屋买卖合同；从其发生原因上看，是万洲公司以房屋抵偿所欠工程款的协议，即以转移一定面积房屋的所有权替代原工程款的给付。在我国现行法上，无专门针对以物抵债协议的规定，属于无名合同。在法律适用上，无名合同首先应适用与其目的和性质最相接近的有名合同的规范，同时合同法总则的规范也应适用。案涉《房地产买卖契约》在性质和功能上与买卖合同最为接近，在法律无明确规定和当事人无例外约定的情况下，合同自双方合意达成之时即成立并生效，宫某杰有权请求万洲公司履行该协议所约定的义务。万洲公司主张该协议为实践性合同，未实际履行前合同不具有法律效力的主张，无法律依据，不能成立。”①

(2016)最高法民终字第484号判决认为:“以物抵债,系债务清偿的方式之一,是当事人之间对于如何清偿债务作出的安排,故对以物抵债协议的效力、履行等问题的认定,应以尊重当事人的意思自治为基本原则。一般而言,除当事人明确约定外,当事人于债务清偿期届满后签订的以物抵债协议,并不以债权人现实地受领抵债物,或取得抵债物所有权、使用权等财产权利,为成立或生效要件。只要双方当事人的意思表示真实,合同内容不违反法律、行政法规的强制性规定,合同即为有效。本案中,兴华公司与通州建总呼和浩特分公司第二工程处2012年1月13日签订的《房屋抵顶工程款协议书》,是双方当事人的真实意思表示,不存在违反法律、行政法规规定的情形,故该协议书有效。”②

(2017)最高法民申128号判决认为:“堂皇公司因债务清偿期限届满无力偿还借款,经与张某华协商出具案涉《承诺书》,约定以堂皇公司开发的商品房抵顶1250万元债务,同时约定了抵债房屋的移转和过户程序,及双方在此过程中的权利义务和违约责任,并由黄某乐对违约赔偿责任承担连带保证责任。该《承诺书》系各方当事人真实一致的意思表示,且不违反法律、行政法规的强制性规定,对当事人具有约束力。原审法院关于‘从抵债的目的来看,以物抵债具有实践性。若仅有合意,未转移物权,则债务未消灭,抵债的目的未达成,债务人仍可另行选择偿债方式,即以物抵债协议并不产生强制履行的效力’的认定,缺乏法律依据。”③

(2018)最高法民再50号判决认为:“原判决认定案涉四方协议及商品房合同虽成立但并未生效的理由是:四方协议本质上是以物抵债协议,是实践性合同,因案涉协议约定的房屋物权未完成转移登记,清偿行为尚未完成,因此,四方协议未生效,而商品房合同系四方协议的从合同,四方协议未生效,商品房合同亦未能生效。本院认为,本案四方协议涉及多方当事人间多个债权债务关系清偿安排,是各方当事人的真实意思表示,并未违反法律法规的强制性规定,并

① 山东山水水泥集团有限公司、济宁山联海经贸有限公司房屋买卖合同纠纷案,最高人民法院(2015)最高法民申字第385号民事判决书。

② 通州建总集团有限公司与内蒙古兴华房地产有限责任公司建设工程施工合同纠纷案,参见《最高人民法院公报》2017年第9期。

③ 张某华、常德堂皇置业有限公司房屋买卖合同纠纷再审审查与审判监督案,最高人民法院(2017)最高法民申128号民事裁定书。

不以协议约定的房屋物权转移登记为生效要件。原判决认定四方协议虽成立但并未生效的观点欠妥,应认定四方协议已生效。华康公司与江山重工公司之间的商品房合同并非约定房屋归债权人所有,该买卖合同并非以物抵债合同,其效力也不受债务履行期限是否届满的限制。……即使房屋物权未完成转移登记,亦不影响商品房合同的效力。华康公司在原审中依据商品房合同的约定,要求江山重工公司履约并承担违约责任的反诉请求,实际上亦属于认为该商品房合同已经生效。因此,原判决认定商品房合同未生效错误,应认定商品房合同已经生效。"①

(2019)最高法民申4976号判决认为:"本院经审查认为,赵某兵向一审法院提起诉讼,请求茂森公司按《还款协议》约定,将其开发的'都市岸泊'二楼加层的7000平方米商铺交付给赵某兵;将7000平方米商铺及已交付的9套住宅的房产证办理至赵某兵名下;由茂森公司承担自2012年5月1日起,以本金3960万元为基数,按年利率24%支付违约金至履行完毕止。一审法院经审理认为,茂森公司与赵某兵签订的《还款协议》系以物抵债协议,需以协议的现实履行为成立要件,因双方约定的以房抵债协议未履行完毕,该协议未能成立。一审法院向赵某兵释明其可依据原债权主张权利,赵某兵仍坚持依以房抵债方式履行,一审法院判决驳回赵某兵的诉讼请求。赵某兵不服一审判决,提起上诉。二审法院经审理认为,该《还款协议》成立并生效,但因协议所约定房屋交付条件尚未成就,故对赵某兵的履行请求未予支持,二审法院判决驳回上诉,维持原判。"②

(二)以物抵债协议为新债清偿

新债清偿,是指当事人将原定给付义务合意变更为他种给付义务,原定给付义务又称为"旧债",他种给付义务又称为"新债",新债未实际履行完毕的,则旧债与新债同时存在;新债已实际履行完毕的,则新债与旧债同时归于消灭的民事行为。与新债清偿相对应的概念为"债的更改",其与新债清偿的含义类似,唯一不同之处是,签订债的更改协议后,即使新债未实际履行完毕,旧债也

---

① 湖北江山重工有限责任公司、襄阳市慧江混凝土有限公司房屋买卖合同纠纷再审案,最高人民法院(2018)最高法民再50号民事判决书。

② 荆门市茂森房地产开发有限公司、赵某兵合同纠纷再审审查与审判监督案,最高人民法院(2019)最高法民申4976号民事裁定书。

自债的更改协议生效之时起自动消灭，此时债权人只能请求债务人履行新债，不得请求债务人履行旧债。

有不少学者认为以物抵债协议本质上应为债的更改，理由是以物抵债协议是当事人变更债务清偿方式的协议，其真实的意思表示是以他种给付义务将原定给付义务取而代之，通过履行他种给付义务实现合同目的。但有的学者认为，债务人虽然交付了不同于原给付的他种给付，但旧债务不因此而当然消灭，仅仅是债权人首先努力以他种给付实现自己的债权，但未果时，债权人仍有权请求债务人清偿旧债权；①还有的学者认为，在替代物有瑕疵的情形下，应允许给予债权人两种救济途径的选择权，不仅包括买卖合同上的瑕疵担保责任，而且还能直接要求原债所负担的给付。②

笔者认为，若将以物抵债协议定性为新债清偿，则自以物抵债协议生效之时，新债与旧债有效并存，而同时存在两种不同的债务清偿方式可以更进一步提升债务人的履行能力，降低债务人的履行难度，使债权人的债权更容易受偿。因此，将以物抵债协议认定为新债清偿，可以更大程度、更加全面地保障债权人利益。当然，若当事人达成合意，明确约定自以物抵债协议生效时原定给付义务自动消灭，债权人仅能请求债务人履行新债的，该约定并不为法律禁止，应尊重当事人的意思自治，认定该以物抵债协议构成债的更改；但是，原则上，以物抵债协议的性质应当为新债清偿，经当事人合意变更后而成立他种给付义务，作为新增加的债务清偿方式，与原定给付义务并存，共同保障债权人债权的实现。

在司法审判实践中，绝大部分最高人民法院的判例均认为，出于保护债权人利益的规范目的，在当事人未有明确约定以物抵债协议为债的更改的情形下，以物抵债协议原则上应为新债清偿。

（2017）最高法民申1070号判决认为："关于以物抵债协议不能履行后的处理问题，因秦某平与博亿公司签订的《商品房买卖合同》并未约定因此而消灭相应金额的工程款债务，因此该协议属于新债清偿协议，秦某平所称的旧债同时存在。现由于博亿公司将《商品房买卖合同》约定的商品房出售于第三人，导致

---

① 参见崔建远：《以物抵债的理论与实践》，载《河北法学》2012年第3期。

② 参见肖俊：《代物清偿中的合意基础与清偿效果研究》，载《中外法学》2015年第1期。

合同不能实际履行，此种情况下，秦某平主张抵顶的工程款并未得到清偿，相关权利人可以根据相关建设工程施工合同另行主张。”①

（2018）最高法民终190号判决认为：“偿债方式的更改需要当事人达成一致意见，该条约定并未有以资产抵债取代或优先于给付货币偿债的内容，不能得出2016年1月1日后山煤集团必须首先通过‘以物抵债’方式实现其债权的结论。从两种偿债方式的关系来看。《会议纪要》第二条约定了给付货币偿还债务，第四条又约定了以抵押资产的等值部分抵偿债务。在双方没有明确约定以资产抵债取代或优先于给付货币偿债的情形下，以资产抵债应当是除给付货币偿债外另行增加的偿债方式，一审判决认定双方当事人形成了两种清偿债务方式，两种清偿债务方式处于衔接并存状态，并无不当。因双方形成《会议纪要》的目的是全盛公司返还山煤集团4.5亿元合作款本息，现山煤集团并未通过履行《会议纪要》实现债权，全盛公司4.5亿元债务并未消灭，山煤集团从自身利益角度出发选择以给付货币作为实现其债权的方式，应予支持。”②

（2019）最高法民申1335号判决认为：“关于王某应否向金星公司承担偿还本金2000万元及利息责任的问题。根据二审查明的事实，王某与金星公司签订《借款合同书》，向其借款6000万元，王某已偿还借款本金4000万元和部分利息。后双方签订《协议书》《补充协议》，约定王某以其持有的股权和房产抵偿借款本息，但前述股权至今尚未办理工商变更登记。第一，王某与金星公司所签订的《协议书》《补充协议》中并未约定原借贷关系消灭，仅变更还款方式，双方之间的借贷关系仍然存在。”③

但是，若当事人明确约定自以物抵债协议生效之时原定给付义务自动消灭的，该约定有效，应尊重当事人真实的意思表示，认定该以物抵债协议构成债的更改，此时债权人无权请求债务人履行原定给付义务，只能要求债务人履行变更后的他种给付义务。

（2017）最高法民申2480号判决认为：“根据原审法院查明的事实，2011年

---

① 秦某平、河南博亿置业有限公司商品房销售合同纠纷再审审查与审判监督案，最高人民法院（2017）最高法民申1070号民事裁定书。

② 山西煤炭进出口集团有限公司、山西全盛房地产开发有限公司合同纠纷案，最高人民法院（2018）最高法民终190号民事判决书。

③ 神木县金星小额贷款有限公司、王某借款合同纠纷再审审查与审判监督案，最高人民法院（2019）最高法民申1335号民事裁定书。

4月至2012年6月间，杜某与殷某银之间形成借款关系。其后，双方于2012年9月6日签订以房抵债协议，由殷某银以其所有的位于枣庄市薛城区燕山路东侧384号的楼房北数第二间（上下共三层）抵偿该借款本金及利息。根据协议约定，协议生效，杜某对殷某银的债权转化为房屋转让的对价，双方之间基于借款所形成的债权债务关系已被以房抵债协议中的权利义务关系取代。闫某苓关于杜某与殷某银之间系代物清偿关系、在未办理物权转移手续前债务人不履行以物抵债协议的债权人不得要求继续履行抵债协议或要求确认所抵之物归自己、但可以要求履行原债权债务合同的主张，与当事人约定不符，亦无法律依据，本院不予采信。”①

（三）以物抵债协议签订后，若无法履行新债的，应当履行旧债

《民法典》第515条规定：“标的有多项而债务人只需履行其中一项的，债务人享有选择权；但是，法律另有规定、当事人另有约定或者另有交易习惯的除外。享有选择权的当事人在约定期限内或者履行期限届满未作选择，经催告后在合理期限内仍未选择的，选择权转移至对方。”

以物抵债协议原则上为新债清偿，协议成立并生效后，旧债务与新债务同时存在，根据《民法典》第515条的规定，在当事人未另有约定的情况下，债务人可以根据自身履行能力或出于方便履行的考虑选择优先履行新债务抑或是优先履行旧债务；若债务人在履行期限届满后仍未做出明确选择并实际履行债务的，选择权转移至债权人，在约定的清偿范围内，债权人有权要求债务人履行新旧债务之中的任意一种，债务人不得拒绝。

根据《民法典》条文的精神，我们认为，若当事人签订以物抵债协议后，债务人的履行能力变弱，或出现履行不能的客观情形，导致债务人无法履行变更后的他种给付义务的，债权人当然有权请求债务人履行原定给付义务，债务人应当按债权人的要求履行，不得拒绝。

首先，原则上，以物抵债协议为新债清偿，自以物抵债协议生效后，原定给付义务并不自动消灭，而是与变更后的他种给付义务同时有效存在，当他种给付义务无法清偿时，债权人当然有权要求债务人履行原定债务。

其次，虽然原则上以物抵债协议中的旧债务与新债务并存，但是通过探究

---

① 闫某苓、杜某再审审查与审判监督案，最高人民法院（2017）最高法民申2480号民事裁定书。

债权人内心的真实意愿，可以发现，原定给付义务所对应的债权是债权人签订原合同最真实的意思表示，是债权人最愿意、最希望实现的债权；而他种给付义务所对应的债权是债权人根据债务人的请求、出于对现实的让步妥协而退而求其次的选择，因此相较于变更后的他种给付义务，原定给付义务具有受偿上的优先性，在债务人不能履行变更后的他种给付义务时，债权人当然有权请求其与债务人之间的关系回归到原定债权债务关系的状态中。

综上，在以物抵债协议中，若债务人无法履行新债的，债权人有权请求债务人履行旧债，该请求权的行使不以以物抵债的解除为前提，且债务人不得拒绝，也不得以他种给付义务的有效成立为由对抗债权人要求其履行旧债务的请求。回到建设工程施工活动中，付款期限届至，发包人尚欠承包人工程款未付清，即使承包人与发包人签订了“以房抵款”等以物抵债协议，若发包人不现实地交付抵债物或将房产过户给承包人的，承包人亦有权请求发包人支付工程款。

在司法审判实践中，双方当事人签订以物抵债协议后，债务人拒绝履行、无法履行变更后的他种给付义务，债权人请求债务人履行原定债务的，法院予以支持。

(2018)最高法民终190号判决认为：“全盛公司提出《会议纪要》第四条约定‘如2015年房地产市场形势依然低迷，全盛公司不能按时全部付款，2016年1月1日将未付资金的1.1倍用抵押资产的等值部分按以上存量资产品种搭配归还山煤集团’，系双方只能首先通过‘以物抵债’方式清偿债务的约定。因双方形成《会议纪要》的目的是全盛公司返还山煤集团4.5亿元合作款本息，现山煤集团并未通过履行《会议纪要》实现债权，全盛公司4.5亿元债务并未消灭，山煤集团从自身利益角度出发选择以给付货币作为实现其债权的方式，应予支持。”①

(2019)最高法民申1335号判决认为：“王某与金星公司签订《借款合同书》，向其借款6000万元，王某已偿还借款本金4000万元和部分利息。后双方签订《协议书》《补充协议》，约定王某以其持有的股权和房产抵偿借款本息，但前述股权至今尚未办理工商变更登记。第一，王某与金星公司所签订的《协议

① 山西煤炭进出口集团有限公司、山西全盛房地产开发有限公司合同纠纷案，最高人民法院(2018)最高法民终190号民事判决书。

书》《补充协议》中并未约定原借贷关系消灭，仅变更还款方式，双方之间的借贷关系仍然存在。第二，一、二审庭审中，双方对王某向金星公司借款6000万元、就该借款已偿还本金4000万元并支付利息至2012年5月30日的事实不持异议，而至今《协议书》中约定用以抵债的股权尚未办理变更登记，已远远超出协议约定的履行期限，以物抵债协议目的不能实现，故金星公司选择依据《借款合同书》向王某主张承担偿还本息的责任，有事实和法律依据。由上，二审法院认定王某与金星公司成立合法、有效的民间借贷关系，其应向金星公司承担偿还本金2000万元及利息的责任，并无不当。"①

(2019)最高法民申5485号判决认为："《协议书》关于两期债务履行的约定，均系以物抵债性质的合意，在吉运公司未按合同约定交付抵债物时，中广投公司以原债权债务关系即以现金方式要求吉运公司履行，符合法律规定。吉运公司关于原判决的债务履行方式与《协议书》约定的债务履行方式相悖的主张，本院不予支持。综上，原判决认定中广投公司依法取得对吉运公司的债权，判令吉运公司向中广投公司履行清偿债务本金及利息的义务，并无不当。"②

并且，以物抵债制度并不要求债权人对抵债物进行变价和清算。在债务人不能履行原债的情况下，债务人通过以物抵债协议获得替代给付的权利，也没有面临遭受暴力盘剥的道德风险，不应增加债权人负担，要求其管理和清算，剥夺其从替代物的溢价中获利的机会，甚至要求债权人承担由于变价义务所产生的损害赔偿责任。③

（四）以物抵债协议仅产生债权，不产生物权

1. 债权的产生

《民法典》第118条规定："民事主体依法享有债权。债权是因合同、侵权行为、无因管理、不当得利以及法律的其他规定，权利人请求特定义务人为或者不为一定行为的权利。"第119条规定："依法成立的合同，对当事人具有法律约束力。"第465条规定："依法成立的合同，受法律保护。依法成立的合同，仅对当

---

① 神木县金星小额贷款有限公司、王某借款合同纠纷再审审查与审判监督案，最高人民法院(2019)最高法民申1335号民事裁定书。

② 吉运集团股份有限公司、刘某考债权转让合同纠纷再审审查与审判监督案，最高人民法院(2019)最高法民申5485号民事裁定书。

③ 参见肖俊：《以物抵债裁判规则的发展趋势与建构方向——2011～2019年最高人民法院审判经验的考察与分析》，载《南大法学》2020年第1期。

事人具有法律约束力,但是法律另有规定的除外。”第509条第1款规定:“当事人应当按照约定全面履行自己的义务。”

债权是债权人要求债务人实施某种行为或不实施某种行为的权利。债权具有以下几个特征:(1)债权是请求权,即债权人请求债务人为或不为一定行为的权利;(2)债权具有积极性,债权的实现与满足依赖于债务人作出的履行行为;(3)债权具有相对性,即债权只能针对特定的债务人行使,债权的相对人为特定债务人;(4)债权具有兼容性,即同一物上可以成立数个内容相同的债权;(5)债权具有平等性,即当债务人的资产不足以清偿其多个债权人的债权时,所有的一般债权人仅能按比例同时受偿,不存在受偿的先后顺序。

根据《民法典》的规定,合同仅能产生对合同当事人的约束力,该约束力的表现形式为当事人需根据合同约定行使债权,履行债务。以物抵债协议是当事人将原定给付义务变更为他种给付义务所达成的合意,本质上属于合同。因此,以物抵债协议仅能产生约束力,换言之,以物抵债协议仅能产生债权请求权。

2. 物权的产生

《民法典》第114条规定:“民事主体依法享有物权。物权是权利人依法对特定的物享有直接支配和排他的权利,包括所有权、用益物权和担保物权。”第208条规定:“不动产物权的设立、变更、转让和消灭,应当依照法律规定登记。动产物权的设立和转让,应当依照法律规定交付。”第209条第1款规定:“不动产物权的设立、变更、转让和消灭,经依法登记,发生效力;未经登记,不发生效力,但是法律另有规定的除外。”第224条规定:“动产物权的设立和转让,自交付时发生效力,但是法律另有规定的除外。”

物权是权利人对特定物享有的直接支配和排他的权利。物权具有以下几种特征:(1)物权是支配权,即物权的行使无须他人同意,权利人可以依照自身意愿自由行使对标的物的占有、使用、收益、处分的权利;(2)物权具有消极性,物权的实现无须依赖他人的履行行为,仅需要他人不以作为打扰权利人行使物权,即以消极的不作为行为尊重权利人行使物权即可;(3)物权具有绝对性,即物权的相对人为不特定的大多数人;(4)物权具有不相容性,即同一物上不能成立多个性质相同的物权;(5)物权具有优先性,即当债务人的财产不足以覆盖多个债权人的债权时,担保物权人的债权可以优先于一般债权人的债权得到清偿。

根据《民法典》的规定，物权的产生来源于物权变动行为，即登记或交付，详言之，即不动产物权的设立源自不动产登记手续的完成，动产物权的设立源自动产交付手续的完成。因此，物权的产生仅与是否完成不动产登记或动产交付手续有关，与合同是否有效成立无关。

3. 以物抵债协议不能产生物权，仅能产生债权

在建设工程施工合同关系中，有不少承包人认为，自己与发包人签订“以房抵款”等以物抵债协议后，就自动取得对抵债房屋的所有权，这里存在严重的误区。如上文所述，以物抵债协议的本质为合同，合同仅能产生债权；物权的产生源自动产交付或不动产登记手续的完成，与合同是否有效成立无关。因此，以物抵债协议仅能产生债权效力，不能产生物权效力。此处的“债权效力”，是指承包人与发包人就发包人欠付工程款范围签订“以房抵款”等以物抵债协议的，承包人仅能请求发包人将自有的抵债房屋变更登记到承包人的名下，换言之，承包人仅取得要求发包人完成变更登记行为的债权请求权；此处的“物权效力”，是指只有发包人现实地完成将抵债房屋变更登记到承包人名下的手续，使承包人成为抵债房屋的登记权利人的，承包人才能获得抵债房屋的完整物权。在学理上，“发包人现实地完成将抵债房屋变更登记到承包人名下的手续”称为“债务的履行”，“承包人成为抵债房屋登记权利人”称为“债权的实现”，“承包人取得对抵债房屋的完整物权”称为“物权的取得”，“债权的实现”有赖于“债务的履行”，“债权的实现”的后果为“物权的取得”。因此，仅凭以物抵债协议，不足以使承包人对抵债物取得物权权利，需完成动产交付或不动产登记手续后，承包人才取得抵债物的完整物权。此外，仅仅是对以物抵债协议进行备案，也不能起到公示的作用，备案仅是行政管理的手续，不能使以物抵债协议产生担保物权的效力。①

在司法审判实践中，当事人未完成动产交付或不动产登记手续，债务人以“签订了以物抵债协议”为由请求法院认定其对抵债物享有物权的，法院不予支持。

(2019)最高法民申771号判决认为：“无论是以物抵债还是折价抵偿，黄某

---

① 参见刘辉：《工程款以房抵债后如何认定破产债权》，载《法制博览》2020年第17期。

波、集洲公司签订《商品房买卖合同》的真实目的是消灭洪力公司与集洲公司之间的工程款债权,故有别于一般的房屋买受人与出卖人签订房屋买卖合同的行为。而本案所涉房屋并未办理房屋所有权转移登记,未发生物权变动的效力,故以物抵债或折价抵偿的行为并未最终完成。在这种情况下,如果洪力公司仅因案涉《商品房买卖合同》即享有优于蜀通公司对集洲公司工程款债权的权益,则显然有违债权平等受偿的基本原则。”①

(2019)最高法民申6438号判决认为:“佰亿公司与华琦公司、陈某、尚某某签订的《执行和解及合作协议书》,是华琦公司与佰亿公司之间、佰亿公司与陈某、尚某某之间形成的以物抵债协议。自各方达成协议时起,陈某、尚某某即取得交付案涉资产的债权请求权。虽然该协议书中项目合作部分约定,陈某、尚某某以取得的案涉资产出资,与华琦公司合作成立新华琦公司,公司名称及注册资本不变,但现有证据无法证明陈某、尚某某已履行股东变更手续及完成股权变更登记,也无法证明新华琦公司依约合法设立。故关于合作成立新华琦公司的约定并未实际履行。陈某、尚某某在案涉资产未实际交付的情况下,仅能基于以物抵债协议取得对案涉资产的债权。”②

(2020)最高法民申61号判决认为:“本案中,一方面,颜某明未提供证据证明案涉房屋系由王某玉转卖的事实具有高度可能性,故其应当根据《最高人民法院关于适用〈中华人民共和国民事诉讼法〉的解释》第九十条的规定,对此承担举证不能的不利后果。另一方面,即使颜某明主张其系通过王某玉转卖的方式买受案涉房屋成立,盛景公司通过以房抵债的方式将房屋抵偿给王某玉,但并未进行相应的权属转移登记,王某玉并未取得案涉房屋的所有权,其就案涉房屋与盛景公司之间仍然是债权债务关系。”③

(五)以物抵债协议产生的新债务未实际履行的,旧债务并不消灭

实务中,有不少债务人认为,签订以物抵债协议后,即使债务人既未履行原合同约定的原定给付义务,也未履行以物抵债协议约定的他种给付义务的,原

---

① 四川洪力消防工程有限责任公司、四川省蜀通建设集团有限责任公司再审审查与审判监督案,最高人民法院(2019)最高法民申771号民事裁定书。

② 吉林华琦葡萄酒酿造有限公司、唐某娜合同纠纷再审审查与审判监督案,最高人民法院(2019)最高法民申6438号民事裁定书。

③ 执行案外人、中国华融资产管理股份有限公司重庆市分公司申请执行人执行异议之诉再审审查与审判监督案,最高人民法院(2020)最高法民申61号民事裁定书。

定给付义务也可以在他种给付义务的范围内自动消灭，该观点亦存在严重错误。

如上文所述，原则上，以物抵债协议成立并生效后，在存在合同原定给付义务的基础上，新增加了合意变更后的他种给付义务，两种类型的给付义务同时成立并有效兼容，由当事人择一行使或履行。因此，以物抵债协议的有效成立并不导致原定给付义务的消灭，能够使原定给付义务消灭的前提只能是债务人完成了债务履行行为，该履行行为可以是针对原定给付义务的履行，也可以是针对合意变更后的他种给付义务的履行。在建设工程施工合同关系中，原定给付义务履行的标志是发包人向承包人按约足额支付工程款，他种给付义务履行的标志是发包人将抵债物交付给承包人或将抵债物变更登记在承包人名下，只有完成以上履行行为中的任意一种，原定给付义务与他种给付义务才在发包人完成履行行为的范围内同时等额消灭。

在司法审判实践中，债务人既未履行原定金钱支付义务，也未履行合意变更后的实物交付或过户义务，却主张原定金钱支付义务在以物抵债约定的范围内等额消灭的，法院不予支持。

（2018）最高法民终397号判决认为："经查，因盛世豪龙公司未按约定支付工程款，故向李某香、李某星借款2000万元以支付拖欠万城公司的工程款，为担保该笔借款的归还，双方签订关于两幢商铺的《商品房买卖合同》，同时又签订了《借款协议书》，约定该两幢商铺抵押登记的价格不作为购买人的实际价格，只能抵顶2000万元。但在上述协议签订后至今，该两套房产并未办理至李某香、李某星名下，李某香、李某星也未实际占有该房产，双方在诉讼中对以该房产抵顶工程款的数额存有争议，故可以确认上述协议并未实际履行，一审判决对该协议中约定的商铺或商铺所对应的价款不予认定为已付款，并无不妥。"①

（2019）最高法民终1349号判决认为："经查，根据黄山名人公司与江苏苏兴公司签订的《工程款抵扣购房款协议二》的约定，黄山名人公司以其开发的金龙岛项目的68套房产抵扣其应付工程款68,996,390元，但经双方确认，仅过户了5套房产、完成抵房备案手续24套，该29套房屋价款共计31,120,125.40

① 甘肃万城建筑工程有限责任公司、甘肃盛世豪龙房地产开发有限公司建设工程施工合同纠纷案，最高人民法院（2018）最高法民终397号民事判决书。

元,其余房屋均未办理备案手续及交付。根据《工程款抵扣购房款协议二》第五条的约定,因黄山名人公司原因导致房屋出现无法过户的情形,江苏苏兴公司有权要求黄山名人公司继续承担清偿工程款的义务。上述协议未实际履行完毕,且黄山名人公司未提供相关证据证明剩余房产未办理备案及交付是江苏苏兴公司的原因所致,故黄山名人公司在上述协议未实际履行完毕的情况下不能免除其支付该部分工程款的义务,一审法院认定金龙岛项目房产抵扣工程款金额为实际履行的31,120,125.40元并无不当。"①

(2019)最高法民申3106号判决认为:"观筑公司主张该证据能够证明本案已付及欠付工程款应重新统计,一审判决结果错误。经查,该证据载明了S-3商业门市面积及总价,其上有观筑公司法定代表人田某东申请以该商业门市抵顶工程款的手书以及四建公司副总经理金某明的签名。该证据从内容上看可以表明双方达成了以物抵债协议,但双方约定的抵顶款项是否应计入已付工程款从而消灭相应金额的债务,取决于该以物抵债协议是否已实际履行。首先,该证据只能证明当事人有同意抵顶的意思表示,不能证明已经实际发生了抵顶的事实。其次,四建公司在本案一、二审中,均未提出以该商业门市作为已付工程款。最后,该商业门市仍属观筑公司所有,并未归属于四建公司或由四建公司实际占有使用,以物抵债的约定未得到履行。因此,观筑公司提交的证据不能证明其已通过以物抵债方式支付相应的工程款,无法推翻原审认定的欠款事实。"②

三、以物抵债的实体效力

以物抵债的实体效力,是指当事人签订的以物抵债协议在实体法上可以取得何种法律效果,包括债权效力与物权效力。债权效力包括以物抵债协议是否直接产生债权人要求债务人交付抵债物或将抵债物变更登记到债权人名下的债权请求权、债务人将合意变更后的他种给付义务履行完毕后是否可以要求债权人返还抵债物等问题;物权效力包括以物抵债协议是否直接使债权人取得抵

① 江苏苏兴建设工程有限公司、黄山市黄山区名人国际艺术家庄园置业有限公司建设工程施工合同纠纷案,最高人民法院(2019)最高法民终1349号民事判决书。

② 酒泉观筑房地产开发有限责任公司建设工程施工合同纠纷再审审查与审判监督案,最高人民法院(2019)最高法民申3106号民事裁定书。

债物的所有权、以物抵债协议可以使债权人取得何种类型的物权权利等问题。

由于我国《民法典》限制了流押、流质条款的效力，且《民法典》针对物权的设立、变更、消灭有“动产交付”“不动产登记”的物权变动手续要求，因此在债务履行期限届满前签订的以物抵债协议与在债务履行期限届满后签订的以物抵债协议的效力大相径庭，且针对已完成物权变动手续的以物抵债协议与未完成物权变动手续的以物抵债协议，法院也有迥然不同的处理结果。因此，在分析以物抵债的实体效力时，应以“债务履行期限是否届满”“当事人是否完成抵债物物权变动手续”作为分界点，逐一分析不同类型的以物抵债协议的债权效力及物权效力。

（一）债务履行期届满后签订的以物抵债协议

1. 当事人未完成抵债物物权变动手续

《九民纪要》第 44 条第 1 款规定：“当事人在债务履行期限届满后达成以物抵债协议，抵债物尚未交付债权人，债权人请求债务人交付的，人民法院要着重审查以物抵债协议是否存在恶意损害第三人合法权益等情形，避免虚假诉讼的发生。经审查，不存在以上情况，且无其他无效事由的，人民法院依法予以支持。”

根据《九民纪要》的规定，当事人在债务履行期限届满后签订以物抵债协议的，进入诉讼程序后，法院应当重点审查以物抵债协议的效力——原则上，该以物抵债协议有效，法院应予支持；但是，如以物抵债协议存在恶意串通损害他人利益等无效事由的，法院应驳回当事人的诉讼请求。这样规定的理由如下。

首先，在债权效力方面，若无其他无效事由，债务履行期届满后签订的以物抵债协议自成立时生效，直接产生债权人要求债务人将抵债物交付或变更登记到其名下的债权请求权。债务履行期届满后，就债务人尚未履行完毕的债务，当事人签订以物抵债协议的，由于债权人对债务人的债权性质及债权数额均已确定，且抵债物的市场价值也已明确固定，不会发生抵债物的价值与债权数额不匹配导致对债务人显失公平的后果，因此债务履行期届满后签订的以物抵债协议不构成流质、流押条款，可以产生符合当事人真实意思表示的效力；换言之，若不具备其他无效事由，债务履行期届满后签订的以物抵债协议自协议成立时生效，表现为协议当事人应受生效协议的约束，债权人有权请求债务人交付动产抵债物，或请求债务人将不动产抵债物过户登记至债权人名下，法院应予以支持。

其次,在物权效力方面,由于债务履行期届满后签订的以物抵债协议不构成流押、流质条款,以物抵债协议可以依当事人的意思自治产生抵债物的"物权归属效力"。承前所述,流押、流质条款对债务人产生显失公平的后果,因此《民法典》规定签订流质、流押条款的法律后果是当事人不能依其意思自治实现流质、流押条款的"物权归属效力",但是可以利用担保物实现其"优先受偿效力";而债务履行期届满后签订的以物抵债协议不构成流质、流押条款,若无其他无效事由,以物抵债协议生效,则可以顺理成章地依当事人的意思自治产生"物权归属效力",该"物权归属效力"的表现为:根据债权人的请求,债务人将抵债物交付给债权人或将抵债物过户登记在债权人名下的,债权人可以取得抵债物的完整所有权。

最后,《民法典》第154条规定:"行为人与相对人恶意串通,损害他人合法权益的民事法律行为无效。"合同当事人恶意串通,签订合同损害他人合法权益的,该合同无效。在现实中,有不少当事人为了阻止第三人对抵债物主张合法权利,故意倒签以物抵债协议阻止第三人对抵债物的取得,这符合《民法典》第154条"行为人与相对人恶意串通,损害他人合法权益"的法律前提,该以物抵债协议应为无效合同。因此,《九民纪要》规定,以物抵债纠纷进入民事诉讼程序后,法院应当审查以物抵债协议的效力,若发现以物抵债协议存在恶意串通损害第三人合法权益的情形的,应依职权认定该以物抵债协议无效,驳回债权人要求债务人交付抵债物或将抵债物变更登记在债权人名下的诉讼请求;若法院发现以物抵债协议不存在任何无效事由的,应支持债权人要求债务人交付或变更登记的诉讼请求。

2. 当事人已完成抵债物物权变动手续

《第八次全国法院民事商事审判工作会议纪要》(以下简称《八民纪要》)第17条规定:"当事人在债务清偿期届满后达成以房抵债协议并已经办理了产权转移手续,一方要求确认以房抵债协议无效或者变更、撤销,经审查不属于合同法第五十二条、第五十四条规定情形的,对其主张不予支持。"

在实践中,以下情形十分常见:在债务履行期限届满后,债权人与债务人签订了以物抵债协议,债务人也根据以物抵债协议的约定将抵债物交付债权人或为债权人办理变更登记;之后,抵债物价格上涨,债务人反悔,单方认为以物抵债协议无效或显失公平，又提起诉讼要求法院判令债权人返还抵债物或将抵债物变更登记恢复至债务人的名下。对于这种情况，法院往往不予支持，理由如下。

首先，若以物抵债协议不存在合同无效事由的，自成立时生效。《民法典》第 144 条规定："无民事行为能力人实施的民事法律行为无效。"第 146 条第 1 款规定："行为人与相对人以虚假的意思表示实施的民事法律行为无效。"第 153 条规定："违反法律、行政法规的强制性规定的民事法律行为无效。但是，该强制性规定不导致该民事法律行为无效的除外。违背公序良俗的民事法律行为无效。"第 154 条规定："行为人与相对人恶意串通，损害他人合法权益的民事法律行为无效。"根据《民法典》的规定，只有无民事行为能力人订立的合同、当事人基于虚假的意思表示订立的合同、违反法律及行政法规的效力性强制性规定的合同、违背公序良俗的合同以及损害他人合法权益的合同才无效；以物抵债协议若不具备上述无效事由的，应自成立时生效。

其次，若以物抵债协议不存在合同可撤销事由的，自成立时生效。《民法典》第 147 条规定："基于重大误解实施的民事法律行为，行为人有权请求人民法院或者仲裁机构予以撤销。"第 148 条规定："一方以欺诈手段，使对方在违背真实意思的情况下实施的民事法律行为，受欺诈方有权请求人民法院或者仲裁机构予以撤销。"第 149 条规定："第三人实施欺诈行为，使一方在违背真实意思的情况下实施的民事法律行为，对方知道或者应当知道该欺诈行为的，受欺诈方有权请求人民法院或者仲裁机构予以撤销。"第 150 条规定："一方或者第三人以胁迫手段，使对方在违背真实意思的情况下实施的民事法律行为，受胁迫方有权请求人民法院或者仲裁机构予以撤销。"第 151 条规定："一方利用对方处于危困状态、缺乏判断能力等情形，致使民事法律行为成立时显失公平的，受损害方有权请求人民法院或者仲裁机构予以撤销。"根据《民法典》的规定，只有在基于重大误解所签订的合同、基于受欺诈所签订的合同、基于受胁迫所签订的合同以及权利义务显失公平的合同中，当事人才具有合同撤销权；以物抵债协议若不具备以上合同可撤销事由的，应自成立时生效。

最后，依法成立并生效的以物抵债协议对当事人具有约束力，当事人应当依诚实信用原则履行以物抵债协议约定的义务；当事人履行完毕后，应尊重并以不作为的形式维持以物抵债协议履行后的财产归属状态，不得要求对方返还。《民法典》第465条规定:"依法成立的合同,受法律保护。依法成立的合同,仅对当事人具有法律约束力,但是法律另有规定的除外。"当事人达成以物抵债的合意后,以物抵债协议不存在无效事由或可撤销事由的,自达成以物抵债合意时生效。以物抵债协议的生效体现在对当事人的法律约束力上,即当事人应当依诚实信用原则履行以物抵债协议约定的义务,不得作出违反协议约定的行为。《民法典》第557条第1款第1项规定:"有下列情形之一的,债权债务终止:(一)债务已经履行;……"债务人向债权人交付抵债物,或将抵债物变更登记到债权人名下的,属于对有效的以物抵债协议实施履行行为,根据《民法典》的规定,债务人对债务履行完毕后,合同权利义务终止,当事人应当依诚实信用原则尊重并维持以物抵债协议被依法履行后的财产归属状态,不得反悔并要求债权人返还抵债物或将抵债物恢复登记到债务人名下,否则有违诚实信用原则。

综上所述,债务人通过交付抵债物或将抵债物变更登记到债权人名下的方式履行有效的以物抵债协议后,除以物抵债协议确有无效事由或可撤销事由外,债务人又要求债权人返还抵债物或将抵债物恢复登记到债务人名下的,法院不予支持:

(2018)最高法民再123号判决认为:"在发生诉讼之前,本鲁克斯公司已经通过汉盛公司的协助,将案涉房屋所有权转移给了陈某波,亦即双方对于以物抵债的约定已经履行完毕。此项实际履行以物抵债约定的行为,是双方对于案涉房屋进行折价的确认,一方面确认了折价的价格,另一方面确认了以所折价格清偿本鲁克斯公司部分债务,至此已经不复存在流抵押禁止的问题。本鲁克斯公司在以物抵债已经完成之后提起本案诉讼,实质上是对于案涉房屋折价的反悔,该项反悔违背诚实信用原则,其主张没有法律依据,本院不予支持。"①

(2019)最高法民终231号判决认为:"《合作备忘录》中约定广东广弘公司向广弘国鼎公司汇入1700万元用于清偿智亿大厦负一层、二层按揭贷款,代偿债务的先决条件是贵阳国鼎公司将案涉房产作价抵偿给广弘国鼎公司。广东广弘公司已经履行《合作备忘录》中约定的合同义务。《合作备忘录》第1条至

① 深圳本鲁克斯实业股份有限公司、陈某波所有权确认纠纷再审案,最高人民法院(2018)最高法民再123号民事判决书。

第7条的内容已由各方达成(2006)黔高民二初字第22号民事调解书,且已履行完毕,即《合作备忘录》约定的第1条至第7条内容,三方已经履行完毕。综上,基于各方当事人达成以物抵债协议并实际履行的客观事实,贵阳国鼎公司要求广弘国鼎公司返还案涉房产的请求,于法无据,本院不予支持。本院审查后认为,虽然一审法院对《合作备忘录》性质的理解有瑕疵,但其裁判结果对贵阳国鼎公司权利并未造成实质性影响,故此问题不足以导致本院更改一审的裁判结果。"①

(二)债务履行期届满前签订的以物抵债协议

1. 债务人未完成抵债物物权变动手续

《九民纪要》第45条规定:"当事人在债务履行期届满前达成以物抵债协议,抵债物尚未交付债权人,债权人请求债务人交付的,因此种情况不同于本纪要第71条规定的让与担保,人民法院应当向其释明,其应当根据原债权债务关系提起诉讼。经释明后当事人仍拒绝变更诉讼请求的,应当驳回其诉讼请求,但不影响其根据原债权债务关系另行提起诉讼。"

《九民纪要》第71条第1款规定:"债务人或者第三人与债权人订立合同,约定将财产形式上转让至债权人名下,债务人到期清偿债务,债权人将该财产返还给债务人或第三人……合同如果约定债务人到期没有清偿债务,财产归债权人所有的,人民法院应当认定该部分约定无效,但不影响合同其他部分的效力。"

如上文所述,当事人在债务履行期届满前签订的以物抵债协议对债务人显失公平,属于流质、流押条款,根据《民法典》对流质、流押条款的规定,流质、流押条款不能产生符合当事人意思自治的"物权归属效力",即债务履行期届满债务人不清偿债务的,债权人不能取得抵债物的所有权;但是流质、流押条款能够产生"优先受偿效力",即债务履行期届满债务人不清偿债务的,债权人可以要求对抵债物进行拍卖、变卖、折价处理,并就抵债物经清算程序所得价款优先受偿。

鉴于《民法典》不承认债务履行期届满前签订的以物抵债协议依当事人真

① 贵阳国鼎家用电器贸易有限公司、贵州广弘国鼎投资有限公司合同纠纷案,最高人民法院(2019)最高法民终231号民事判决书。

实意思表示而产生的“物权归属效力”，只赋予债务履行期届满前签订的以物抵债协议以担保物的“优先受偿效力”，据此我们可以得出结论，债务履行期届满前签订的以物抵债协议不依当事人的意思自治发生效力。《九民纪要》第 71 条第 1 款直接规定，债务履行期届满前，当事人签订以物抵债协议的，法院应当认定协议无效。

根据《民法典》的规定，只有合法生效的合同才能产生债权请求权，但是债务履行期届满前签订的以物抵债协议为无效协议，且《中华人民共和国担保法》（已失效）第 40 条规定：“订立抵押合同时，抵押权人和抵押人在合同中不得约定在债务履行期届满抵押权人未受清偿时，抵押物的所有权转移为债权人所有。”第 66 条规定：“出质人和质权人在合同中不得约定在债务履行期届满质权人未受清偿时，质物的所有权转移为质权人所有。”因此当事人在债务履行期届满前签订的以物抵债协议并不能产生债权人要求债务人完成抵债物物权变动手续的债权请求权，即债权人不得要求债务人交付抵债物，或要求债务人将抵债物变更登记在债权人名下；由于以物抵债协议原则上属于新债清偿，若当事人未明确约定“自以物抵债协议生效时原定债务自动消灭”，即使当事人签订的以物抵债协议生效，原定债务也不自动消灭，而是与变更后的他种给付债务同时存在，作为并存的债务清偿方式供当事人择一选择。因此。当事人在债务履行期届满前签订以物抵债协议的，债权人虽然不能请求债务人履行合意变更后的他种给付义务，但是仍然有权要求债务人履行原定债务。

由此，根据《九民纪要》第 45 条的规定，当事人在债务履行期届满前签订以物抵债协议，以物抵债纠纷进入诉讼程序后，债务人尚未完成抵债物物权变动手续，债权人请求债务人交付抵债物或将抵债物过户登记到债权人名下的，法院不予支持；但是，债权人可以要求债务人履行原债权债务关系产生的原定债务，法院应当依法审理。

2. 债务人已完成抵债物物权变动手续

《九民纪要》第 71 条第 1 款规定：“债务人或者第三人与债权人订立合同，约定将财产形式上转让至债权人名下，债务人到期清偿债务，债权人将该财产返还给债务人或第三人，债务人到期没有清偿债务，债权人可以对财产拍卖、变卖、折价偿还债权的，人民法院应当认定合同有效。……”

《九民纪要》第 71 条第 2 款规定：“当事人根据上述合同约定，已经完成财产权利变动的公示方式转让至债权人名下,债务人到期没有清偿债务,债权人请求确认财产归其所有的,人民法院不予支持,但债权人请求参照法律关于担保物权的规定对财产拍卖、变卖、折价优先偿还其债权的,人民法院依法予以支持。债务人因到期没有清偿债务,请求对该财产拍卖、变卖、折价偿还所欠债权人合同项下债务的,人民法院亦应依法予以支持。”

根据当事人签订以物抵债协议时真实的意思表示,债权人通过以物抵债协议意欲达成的目的是取得抵债物的完整所有权,作为其债权的满足;债务人通过以物抵债协议意欲达成的目的是以交付抵债物或将抵债物变更登记的方式清偿其债务,终止双方的债权债务关系。但如上文所述,债务履行期届满前签订的以物抵债协议,对债务人显失公平,属于流质、流押条款,法律规定其为无效合同,不能根据以物抵债协议当事人的意思自治产生“物权归属效力”——即使债务人依照以物抵债协议向债权人交付抵债物或将抵债物过户登记到债权人名下,债权人也不能当然取得抵债物的完整所有权。

然而,动产的交付及不动产的登记是设立、变更或消灭物权的必经程序,此处的“物权”不仅包括“所有权”,也包括“他物权”中的“抵押权”与“质权”。在我国《民法典》体系中,物权包括所有权与他物权,他物权包括抵押权、质权等担保物权。所有权体现的是物权的“物权归属效力”,即权利人可以对标的物主张具备完整的占有权能、使用权能、收益权能及处分权能的所有权的效力;担保物权体现的是物权的“优先受偿效力”,即债务履行期届满债务人不清偿债务的,权利人可以针对标的物申请进入拍卖、变卖或折价处理的清算程序,并就标的物经清算程序所得价款请求优先全额满足其债权的效力。因此,物权变动手续既包含所有权的物权变动手续也包含担保物权的物权变动手续。《民法典》第402条规定:“以本法第三百九十五条第一款第一项至第三项规定的财产(指建筑物和其他土地附着物、建设用地使用权、海域使用权——编者注)或者第五项规定的正在建造的建筑物抵押的,应当办理抵押登记。抵押权自登记时设立。”第429条规定:“质权自出质人交付质押财产时设立。”此处担保物权的物权变动手续规定与所有权的物权变动手续规定一致,均为“动产需交付”或“不动产需登记”,因此,动产的交付也可以产生质权设立的效果,不动产的登记也可以产生抵押权设立的效果。

如前文所述,虽然,债务履行期届满前的以物抵债协议符合《民法典》第

401、428条的规定构成流质、流押条款，不利于债务人利益，属于无效条款，即便债务人已将抵债物交付给债权人，或将抵债物过户登记到债权人名下，该物权变动手续也不产生“物权归属效力”，债权人也不当然取得抵债物的所有权；然而，由于债务人已完成抵债物的物权变动手续，并且所有权的物权变动手续与担保物权的物权变动手续一致，为了尊重当事人签订以物抵债协议的意思自治，进一步保障债权人利益，即使债务履行期届满前签订的以物抵债协议不能产生使债权人取得抵债物所有权的“物权归属效力”，法律也退而求其次，赋予债权人类似于抵押权、质权等担保物权的“优先受偿效力”，即虽然债权人不得主张抵债物归其所有，但是债权人可以请求对抵债物拍卖、变卖或折价处理，并就抵债物经清算程序所得价款优先受偿。

当事人在债务履行期届满后签订以物抵债协议，若债务人未完成抵债物物权变动手续的，债权人无法取得抵债物的所有权，但是债权人有权请求债务人交付抵债物或将抵债物变更登记到债权人名下；若债务人已完成抵债务物权变动手续的，则债权人取得抵债物的所有权，以物抵债协议履行完毕，债务人应当依诚实信用原则维持以物抵债协议经有效履行后产生的抵债物权利归属的最终状态，不得要求债权人返还。

当事人在债务履行期届满前签订以物抵债协议，若债务人未完成抵债物物权变动手续的，由于债务履行期届满前签订的以物抵债协议为无效协议，债权人不得要求债务人交付抵债物或将抵债物变更登记到债权人名下满足其债权；若债务人已完成抵债物物权变动手续的，即使抵债物已交付债权人或已变更登记到债权人名下，债权人也无法主张抵债物归其所有，但是可以根据《民法典》第401、428条规定的“流质、流押条款的优先受偿效力”，主张对抵债物享有类似于担保物权的优先受偿权，即债权人可以请求对抵债物进行拍卖、变卖或折价处理，并就抵债物经清算程序所得价款优先获得债权受偿。

四、与以物抵债协议相关的诉讼程序

本部分讨论的主要问题是，当事人之间的债权债务争议进入诉讼程序后，在审理阶段，若当事人达成以物抵债协议，法院在程序上会有何种处理结果？在执行阶段，若当事人达成以物抵债执行和解协议，法院会有何种处理结果？当事人可以依以物抵债协议申请法院启动何种诉讼程序保障自身利益？

（一）审理阶段的以物抵债协议

1. 关于在审理阶段达成以物抵债协议后的撤诉

《九民纪要》第 44 条第 2 款规定："当事人在一审程序中因达成以物抵债协议申请撤回起诉的，人民法院可予准许。当事人在二审程序中申请撤回上诉的，人民法院应当告知其申请撤回起诉。当事人申请撤回起诉，经审查不损害国家利益、社会公共利益、他人合法权益的，人民法院可予准许。……"

首先，当事人在一审审理过程中达成以物抵债协议的，可以申请撤诉。《民事诉讼法》第 336 条第 1 款规定："宣判前，原告申请撤诉的，是否准许，由人民法院裁定。"当事人通过达成以物抵债合意的形式处理双方之间的债权债务纠纷并申请撤诉的，属于对自身权利的自由处分，在不侵害国家利益、社会公共利益及他人合法权益的前提下，法院应当尊重当事人的意思自治，准许当事人的撤诉申请。因此，当事人在一审程序因达成以物抵债协议申请撤回起诉的，法院可予准许。

其次，若当事人的债权债务纠纷进入二审程序后，双方达成以物抵债协议的，应当撤回起诉，而非撤回上诉。《民诉法解释》（2022 年修正）第 336 条第 1 款规定："在第二审程序中，原审原告申请撤回起诉，经其他当事人同意，且不损害国家利益、社会公共利益、他人合法权益的，人民法院可以准许。准许撤诉的，应当一并裁定撤销一审裁判。"当事人在二审审理程序中因达成以物抵债合意而撤回上诉的，由于撤回上诉针对的对象仅为二审程序，不包括一审程序，经过一审审理程序产生的一审判决在法院准予撤回上诉之时发生效力，若针对当事人的债权债务纠纷，生效的一审判决与当事人在二审程序中达成的以物抵债协议的处理方式不一致的，为维护法院的权威性与公信力，只有生效的一审判决而非以物抵债协议能够发生强制力，这有悖于当事人通过以物抵债协议实现债权、消灭债务的初衷，违反当事人的意思自治。而当事人在二审审理程序中因达成以物抵债合意而撤回起诉的，由于撤回起诉同时针对法院的一审程序以及二审程序，法院在作出准予撤诉的同时需一并裁定撤销一审裁判，此时当事人可以直接根据其真实意思表示达成的以物抵债协议实现债权、消灭债务，不受法院生效文书的限制。因此，当事人在二审程序中达成以物抵债协议申请撤诉的，不应撤回上诉，而应撤回起诉。

综上，当事人的债权债务纠纷进入民事诉讼程序后，在最终生效判决作出之前，当事人达成以物抵债协议作为债权债务争议解决方式的，若处于一审审理阶段，当事人可以撤回起诉，若处于二审审理阶段，当事人应当撤回起诉而非撤回上诉。若该以物抵债协议不存在其他无效事由，且未损害国家利益、社会公共利益或他人合法权益的，法院应予准许。

2. 关于在审理阶段达成以物抵债协议后的调解

当事人的债权债务纠纷进入民事诉讼程序后，在最终生效判决作出之前，若当事人另行达成以物抵债协议作为其解决纠纷的处理方式，但又未申请撤诉的，此时产生以下两个实务问题：第一，当事人能否请求法院针对该以物抵债协议出具调解书？第二，对以物抵债协议进行确认的调解书是否属于《民法典》第229条规定的“导致物权设立、变更、转让或者消灭的”法律文书？

(1)关于法院出具调解书对以物抵债协议确认的问题

当事人的债权债务纠纷进入诉讼程序后，在法院审理阶段，当事人达成以物抵债合意的，由于以物抵债协议不具备调解书所具备的强制执行力，为了取得强制债务人履行以物抵债协议的司法效力，当事人往往请求法院出具调解书对该以物抵债协议予以司法确认，此时法院是否可以按照当事人的诉求，出具调解书对以物抵债协议进行确认？

《九民纪要》第44条第2款规定：“当事人在一审程序中因达成以物抵债协议……当事人不申请撤回起诉，请求人民法院出具调解书对以物抵债协议予以确认的，因债务人完全可以立即履行该协议，没有必要由人民法院出具调解书，故人民法院不应准许，同时应当继续对原债权债务关系进行审理。”

金钱之债具有可替代性，原则上不涉及对他人权利的侵犯；而以物抵债协议涉及对物权的处分，不具有金钱之债所具备的可替代性，极其容易发生当事人恶意签订以物抵债协议、低价处置抵债物以损害他人对抵债物享有的合法权益的情形。因此，当事人在诉讼审理阶段达成以物抵债协议的，由于法院难以审查判断该以物抵债协议是否存在恶意串通损害他人合法权益的无效情形，为了慎重起见，其不宜出具调解书予以确认；但是，法院可以建议当事人撤诉，告知当事人直接履行该以物抵债协议即可。当事人既不申请撤诉又执意要求法院出具调解书对该以物抵债协议予以确认的，法院不予准许，并按照当事人起诉时所主张的原债权债务关系继续审理。

（2）法院为确认以物抵债协议效力所作出的调解书的性质

在《九民纪要》出台之前，许多地方法院往往出具司法调解书对当事人在审理阶段达成的以物抵债协议进行效力确认，该以物抵债调解书是否属于直接产生物权变动效力的司法文书？

《民法典》第229条规定："因人民法院、仲裁机构的法律文书或者人民政府的征收决定等，导致物权设立、变更、转让或者消灭的，自法律文书或者征收决定等生效时发生效力。"

承前所述，原则上，《民法典》对物权变动生效有办理物权变动公示手续的要求，即动产经交付、不动产经登记后才发生物权设立、变更、转让或消灭的效果，未经交付或登记，物权变动不生效力。但是，法律也规定了某些特殊情况，该特殊情况与一般的物权变动公示方法具有同等效力，即使未经交付动产或办理不动产登记的程序，物权变动也发生效力。根据《民法典》第229条的规定，该特殊情况包括：当事人持有生效的司法文书，该司法文书可以直接导致物权设立、变更、转让或消灭的，与一般物权变动手续具有同等的公示效力，自当事人收到该司法文书之时起，即使当事人未办理动产交付或不动产登记的手续，当事人也可以依据该生效的司法文书直接取得物权。

然而，能够使当事人直接取得物权的司法文书，必须是"导致物权设立、变更、转让或者消灭"的司法文书，即属于具有物权效力的司法文书。而如上文所述，以物抵债协议属于合同，仅能产生一方当事人要求另一方当事人履行债务即要求对方交付动产或将不动产过户到债权人名下的债权请求权，而债权人是否能够取得抵债物的所有权，取决于债务人是否通过转移占有或申请变更登记的公示行为履行了以物抵债协议，与是否签订以物抵债协议无关。因此以物抵债协议仅能产生债权效力，不能产生物权效力。由此可推知，对以物抵债协议进行确认的调解书仅是赋予以物抵债协议"强制执行力"的外壳，未改变以物抵债协议本质上属于债权范畴的内在性质，因此法院根据以物抵债协议出具的调解书仅具有债权效力，不具有物权效力，不属于《民法典》第229条规定的"导致物权设立、变更、转让或者消灭的"法律文书，当事人仅能根据该以物抵债调解书申请强制执行，即以法院的强制执行力迫使债务人完成动产的交付手续或不动产的变更登记手续；在实体上，当事人不能根据该以物抵债调解书取得抵债物的所有权；在程序上，当事人不得以持有以物抵债调解书为由请求法院确认抵债物归其所有。

在司法审判实践中，当事人根据以物抵债调解书主张其对抵债物享有支配权等物权权利的，法院不予支持。

(2018)最高法民再445号判决认为："《中华人民共和国物权法》第二十八条规定：'因人民法院、仲裁委员会的法律文书或者人民政府的征收决定等，导致物权设立、变更、转让或者消灭的，自法律文书或者人民政府的征收决定等生效时发生效力。'该条规定虽未列举有关引起物权变动的生效法律文书的类型，但并不意味着包括调解书在内的所有法律文书均可导致物权变动，其重点在于强调物权变动的时间以法律文书生效时为准。至于何种生效法律文书能够导致物权变动，还应结合其他法律、司法解释的规定、基本的物权变动法理以及当事人之间的基本利益平衡和交易安全综合考虑。应当认为，导致物权变动的人民法院的法律文书，是指直接为当事人创设或者变动物权的判决书、裁定书、调解书，此类文书具有与登记等公示方法相同的效力，因而无须再进行一般的物权公示即可直接发生物权变动效力。因此，可以导致物权变动的生效法律文书必须具有直接导致物权变动的内容，并以此为限。为明晰该生效法律文书的范围，2016年3月1日实施的《物权法解释(一)》第七条规定：'人民法院、仲裁委员会在分割共有不动产或者动产等案件中作出并依法生效的改变原有物权关系的判决书、裁决书、调解书，以及人民法院在执行程序中作出的拍卖成交裁定书、以物抵债裁定书，应当认定为物权法第二十八条所称导致物权设立、变更、转让或者消灭的人民法院、仲裁委员会的法律文书。'虽然该解释对施行前已经受理、施行后尚未审结的一、二审案件，如本案，并不适用，但该解释与《中华人民共和国物权法》第二十八条的规定并不冲突，与前述对何种生效法律文书能够导致物权变动的认识亦一以贯之。具体到本案，案涉民事调解书是对鸿运来公司与姚某义达成的以物抵债调解协议的确认，而以物抵债调解协议的本质属于债的范畴，只能表明鸿运来公司与姚某义达成以土地使用权抵偿债务的利益安排，产生的直接后果是姚某义取得要求鸿运来公司转移案涉土地使用权的请求权。此时创设物权仍要按照法律规定的物权变动规则进行，即办理过户登记，方可发生物权变动之效果。在变更登记之前，案涉土地使用权仍属于鸿运来公司，姚某义享有的民事权益并不优于郭某田。”①

（二）执行阶段的以物抵债协议

在实务中，当事人的以物抵债争议进入执行程序后，一般会产生以下问题：第一，在执行阶段，当事人达成以物抵债和解协议的，法院能否以根据该以物抵债和解协议作出以物抵债裁定？第二，法院根据当事人达成的以物抵债执行和解协议作出的以物抵债裁定是否属于直接产生物权变动效力的司法文书？第三，针对法院对于抵债物作出的生效判决，第三人是否可以根据以物抵债协议享有的权利提起第三人撤销之诉？第四，针对法院对于抵债物的强制执行，当事人是否可以根据以物抵债协议享有的权利申请执行异议进而提起执行异议之诉？

1. 关于法院出具裁定书对以物抵债执行和解协议确认的问题

（1）一般情形

《最高人民法院关于执行和解若干问题的规定》（2020 年修正）第 1 条规定：“当事人可以自愿协商达成和解协议，依法变更生效法律文书确定的权利义务主体、履行标的、期限、地点和方式等内容。和解协议一般采用书面形式。”第 6 条规定：“当事人达成以物抵债执行和解协议的，人民法院不得依据该协议作出以物抵债裁定。”

如上文所述，以物抵债协议涉及对抵债物的处分，极易出现当事人恶意串通订立低价处分抵债物的以物抵债协议，从而阻挠、妨害案外当事人对抵债物行使合法权益的情形。为了维护司法权威，避免错判导致损害他人权益，在诉讼程序中，法院不宜出具各类司法文书对当事人达成的以物抵债合意予以确认，该类司法文书既包括审理阶段法院针对以物抵债协议出具的调解书，也包括执行阶段法院针对以物抵债执行和解协议出具的执行裁定书。

在司法实践中，当事人请求法院对以物抵债执行和解协议出具执行裁定书予以确认的，法院不予支持。

（2016）最高法执监 85 号裁定认为：“执行程序中，双方当事人协商以物抵债是一种私法行为，属于执行和解的一种形式，人民法院应当审查执行当事人抵债行为是否触犯第三人权益，不宜出具执行裁定予以确认，以防止当事人恶

---

① 郭某田、姚某义再审案，最高人民法院（2018）最高法民再 445 号民事判决书。

意串通损害第三人利益或者通过执行裁定来规避行政审查等情形发生。”①

(2016)最高法执监447号裁定认为:“关于以物抵债裁定的合法性。在执行程序中,双方当事人协商以物抵债是一种私法行为,属于执行和解的一种形式,人民法院一般不宜出具执行裁定予以确认。但由于法律并未作禁止性规定,在协议以物抵债事实客观存在并且已经部分实际履行的情况下,不宜仅以法律无明确规定为由撤销以物抵债裁定。”②

(2)特殊情形

根据《民诉法解释》(2022年修正)第489条“经申请执行人和被执行人同意,且不损害其他债权人合法权益和社会公共利益的,人民法院可以不经拍卖、变卖,直接将被执行人的财产作价交申请执行人抵偿债务。对剩余债务,被执行人应当继续清偿”、《民事执行中拍卖、变卖财产的规定》(2020年修正)第16条第1款“拍卖时无人竞买或者竞买人的最高应价低于保留价,到场的申请执行人或者其他执行债权人申请或者同意以该次拍卖所定的保留价接受拍卖财产的,应当将该财产交其抵债”以及《民诉法解释》(2022年修正)第490条“被执行人的财产无法拍卖或者变卖的,经申请执行人同意,且不损害其他债权人合法权益和社会公共利益的,人民法院可以将该项财产作价后交付申请执行人抵偿债务,或者交付申请执行人管理;申请执行人拒绝接收或者管理的,退回被执行人”的规定,原则上,若被申请执行的标的物不是金钱财产而是实物财产的,法院不得直接将该实物财产交予执行申请人用于抵偿债务,而是应当根据《民事诉讼法》第254条的规定“被执行人逾期不履行的,人民法院应当拍卖被查封、扣押的财产;不适于拍卖或者当事人双方同意不进行拍卖的,人民法院可以委托有关单位变卖或者自行变卖”、《民诉法解释》第486条的规定“人民法院在执行中需要拍卖被执行人财产的,可以由人民法院自行组织拍卖,也可以交由具备相应资质的拍卖机构拍卖”对执行标的物进行自行拍卖或委托拍卖,并按照各个债权人的先后受偿顺序将执行标的物拍卖所得价款交予债权人抵偿债务。

---

① 中国银行股份有限公司山东省分行与汇统房地产有限公司、烟台银信投资管理有限公司等金融借款合同纠纷、合同、无因管理、不当得利纠纷案,最高人民法院(2016)最高法执监85号执行裁定书。

② 山东黎明纺织有限公司破产管理人、哈密双银棉业有限责任公司买卖合同纠纷案,最高人民法院(2016)最高法执监447号执行裁定书。

但是，在例外情况下，执行申请人可以直接取得执行标的物的所有权以满足其债权。根据《民诉法解释》(2022 年修正)第 489、490 条的规定，该例外情况包括：①在不损害公共利益及他人合法权益的情况下，执行申请人与被执行人同意将执行标的物折价交予执行申请人抵偿债务；②在不损害公共利益及他人合法权益的情况下，且执行标的物在客观上无法拍卖、变卖的，即使被执行人不同意，只要执行申请人愿意，法院也可以直接将执行标的物交予执行申请人抵偿债务。出现上述情形时，执行申请人接收执行标的物的，与此同时，为了赋予以物抵债行为强制执行力，避免被执行人消极履行债务或履行债务后又反悔，从而快速便捷地实现生效判决所确定的内容，达到定分止争的目的，执行法院应当作出以物抵债的裁定，确认执行标的物的所有权转移至执行申请人。

因此，虽然法院不得对当事人达成的以物抵债执行和解协议出具裁定书予以确认，但是在不损害社会公共利益及他人合法权益的情况下，经双方当事人的同意，或执行标的物在客观上无法拍卖且经执行申请人的同意，法院可以作出以物抵债裁定，确定执行申请人取得执行标的物的物权权利，从而达到强制债务人按照生效判决的内容履行债务的效果。

2. 法院为确认以物抵债协议行为效力所作出的执行裁定书的性质

《民法典》第 229 条规定："因人民法院、仲裁机构的法律文书或者人民政府的征收决定等，导致物权设立、变更、转让或者消灭的，自法律文书或者征收决定等生效时发生效力。"

《最高人民法院关于适用〈中华人民共和国物权法〉若干问题的解释(一)》[以下简称原《物权法解释(一)》，已失效]第 7 条规定："人民法院、仲裁委员会在分割共有不动产或者动产等案件中作出并依法生效的改变原有物权关系的判决书、裁决书、调解书，以及人民法院在执行程序中作出的拍卖成交裁定书、以物抵债裁定书，应当认定为物权法第二十八条所称导致物权设立、变更、转让或者消灭的人民法院、仲裁委员会的法律文书。"

《民诉法解释》(2022 年修正)第 491 条规定："拍卖成交或者依法定程序裁定以物抵债的，标的物所有权自拍卖成交裁定或者抵债裁定送达买受人或者接受抵债物的债权人时转移。"

并非所有的生效法律文书都是与动产交付及不动产登记的物权变动公示方法具有同等效力、能够直接使物权变动发生效力的法律文书，只有具有"导致物权、设立、转让或者消灭”内容的法律文书才是符合《民法典》第229条规定的直接使物权变动生效的法律文书。根据《民诉法解释》(2022年修正)第491条的规定,在执行标的物拍卖阶段,法院依法定程序作出的以物抵债执行裁定送达债权人后,债权人取得执行标的物的所有权,因此,法院在执行阶段作出的以物抵债裁定书是“导致物权、设立、转让或者消灭”的法律文书,与交付、登记的物权变动公示手续具有同等效力,能够直接产生物权变动生效的效果。

在司法审判实践中,债权人收到法院在执行阶段作出的以物抵债执行裁定之时,即使抵债物尚未交付债权人或变更登记到债权人名下的,抵债物支配权也自动转移至债权人,其可以根据该以物抵债裁定书主张抵债物归其所有。

(2020)最高法执监25号裁定认为:“执行法院在执行过程中对案涉房产与土地,经过三次拍卖流拍后,以物抵债给申请执行人。关于以物抵债裁定的生效时间,根据《中华人民共和国物权法》第二十八条、《最高人民法院关于适用〈中华人民共和国民事诉讼法〉的解释》第四百九十三条、《最高人民法院关于人民法院民事执行中拍卖、变卖财产的规定》第二十九条第二款的规定,不动产拍卖成交或抵债后,该不动产的所有权自拍卖成交或者抵债裁定送达买受人或者承受人时起转移。即案涉房产与土地的所有权在以物抵债裁定送达给新华彩印厂时,物权所有权已经转移给新华彩印厂。”①

(2019)最高法行申4087号裁定认为:“本案中,根据一、二审法院查明的事实,原米泉市人民法院以(2002)米执字第431号民事裁定将案涉房屋抵债给案外人新疆汽车改装厂修配厂。该裁定已发生法律效力,且至今未有新的生效法律文书否定其效力,故案涉房屋所有权已经转移。新疆汽车改装厂修配厂取得案涉房屋产权后,经申请于2008年获颁米国用[2007]第8519号国有土地使用证。在此情况下,再审申请人起诉要求直接判决恢复其原有的集体土地建设用地使用证及私房产权证,明显缺乏事实根据及法律依据。”②

但是,若法院在执行阶段作出的以物抵债执行裁定书的内容仅是要求债务人履行债务或明确要求债务人完成交付行为或配合办理登记手续,并未直接裁

---

① 超群(中国)食品有限公司、灵宝市新华彩印厂加工合同纠纷案,最高人民法院(2020)最高法执监25号执行裁定书。

② 高某亮、刘某华再审审查与审判监督案,最高人民法院(2019)最高法行申4087号行政裁定书。

定抵债物归债权人所有的,该以物抵债裁定书不是"导致无权设立、变更、转让或者消灭的"法律文书,不直接产生物权变动效力。

(2019)最高法民申1087号裁定认为:"本院认为,根据(2003)一中执字第563号裁定书载明的内容,即'将泰丰公司所有的中国企业家大厦第六层的房屋产权过户给城建集团所有。相关手续由当事人自行办理',该裁定仅明确了泰丰公司应当履行将涉案房屋产权过户给城建集团的交付义务,并未直接裁定该房屋所有权归城建集团所有,故在性质上属于仅具有执行效力的法律文书,而非具有直接变更物权关系的形成裁定,城建集团仍需在泰丰公司履行完交付义务并办理过户登记完成物权变动公示后,才能依法取得所有权。因此,案涉(2003)一中执字第563号裁定不属于《最高人民法院关于人民法院民事执行中拍卖、变卖财产的规定》、《最高人民法院关于适用〈中华人民共和国民事诉讼法〉的解释》、《物权法》以及《物权法司法解释(一)》中规定的可以直接导致案涉房屋所有权变动的法律文书。故原审判定城建公司不能依据(2003)一中执字第563号民事裁定书直接取得案涉房屋所有权,并无不当。"①

(2019)最高法民终1819号判决认为:"关于岫岩县法院作出的(2016)辽0323民初321号民事调解书是否具有确认侯某珊系涉案股权权利人的效力问题。侯某珊主张上述生效民事调解书已经确认涉案股权归其所有。对此,本院认为,(2016)辽0323民初321号民事调解书仅是对双方当事人在自愿的基础上达成的股权转让协议内容的确认,并明确要求马某普应协助侯某珊办理股权变更登记的相关手续,故该调解书确定的是股权转让的请求权基础,并不能导致类似于物权变动的直接效果,在马某普将涉案股权变更登记至侯某珊名下前,侯某珊并不能当然取得涉案股权。故侯某珊的相关上诉理由亦不能成立,本院不予支持。"②

3. 以物抵债协议与第三人撤销之诉

第三人撤销之诉,是指对生效法律文书所针对的诉讼标的具有独立请求权的第三人或是生效法律文书对其实体权利产生不利效果的第三人,因不可归责

---

① 北京城建集团有限责任公司、北京泰丰房地产开发有限公司一般取回权纠纷再审审查与审判监督案,最高人民法院(2019)最高法民申1087号民事裁定书。

② 侯某珊、山东高速物流供应链有限公司案外人执行异议之诉案,最高人民法院(2019)最高法民终1819号民事判决书。

于自身事由无法参加诉讼(通常是因为不知道),但是该生效文书存在错误并侵犯其合法民事权利而提起的诉讼。第三人撤销之诉所要保护的第三人的“合法民事权利”多种多样,既包括人格权、身份权等人身权,也包括物权、债权等财产权,还包括商标权、著作权等知识产权。如上所述,以物抵债协议属于债权范畴,产生的是债权人要求债务人履行以物抵债协议即完成交付行为或配合完成过户手续的债权请求权,当然处于第三人撤销之诉所要保护的“合法民事权利”之列。因此,原则上,以物抵债协议的债权人具有第三人撤销之诉的适格原告身份,其有权以依据以物抵债协议所享有的债权请求权提起第三人撤销之诉。

但是,提起第三人撤销之诉的进一步实质性要素是,生效的法律文书确有错误并损害第三人的合法实体权利。承前所述,以物抵债协议属于债的范畴,仅产生债权效力,不产生物权效力,一方面,物权具有优先性,在法律上,物权优于债权受到保护;另一方面,在债权内部也有其受偿的优先顺序,如针对动产,留置权所担保的债权优先于质权、抵押权所担保的债权受偿,先设立质权所担保的债权优先于后设立抵押权所担保的债权受偿;如针对不动产,先完成抵押登记的债权优于后完成抵押登记的债权受偿,已抵押登记的债权优于未抵押登记的债权受偿;如针对在建工程,已支付大部分购房款的商品房消费者的债权优先于建设工程价款优先受偿权所担保的工程款债权受偿,工程价款优先受偿权所担保的工程款债权优先于抵押权担保的债权受偿等。以物抵债协议所产生的债权在性质上仅为一般债权,只能处于最后顺位并按比例平等受偿,相较于具有担保物权所保障的债权以及法定优先权所担保的债权,其不具有优先受偿的效力,也无通过法律优先保护的必要,即使生效法律文书确定担保物权人、法定优先权人得以充分实现其债权的内容确实影响了以物抵债协议债权人的债权受偿,但是法律规定以物抵债协议所产生的一般债权在受偿顺序上本就劣后于担保物权、法定优先权等优先债权,生效法律文书对优先债权受偿的确认也并就没有实质“损害”以物抵债协议产生的债权。因此,以物抵债协议的债权人的债权受偿顺序不具有优先性,其不得针对确认具有优先受偿效力的法定优先权或担保物权的生效文书提起第三人撤销之诉。

(2018)最高法民终235号判决认为:“关于本案德运公司主张撤销(2016)辽民终1049号民事判决实体性条件是否成立的问题。民事诉讼法第五十六条第三款规定的第三人撤销之诉的实体条件为:有证据证明发生法律效力的文书确有错误，且生效文书的错误内容损害第三人民事权益。这一起诉条件，实质上是指第三人与生效裁判内容要有法律上的利害关系。关于（2016）辽民终1049号民事判决是否损害德运公司民事权益的问题。受侵害的‘民事权益’通常是指侵权责任法第二条规定的民事权益，包括生命权、健康权、姓名权、名誉权、荣誉权、肖像权、隐私权、婚姻自主权、监护权、所有权、用益物权、担保物权、著作权、专利权、商标专用权、发现权、股权、继承权等人身、财产权益。此外，法律明确规定给予特别保护的债权，可以适用第三人撤销之诉，包括：法律规定的享有法定优先权的债权，主要有建设工程价款优先受偿权、船舶优先权；法律规定享有法定撤销权的债权，主要有债权人的撤销权、破产债权撤销权。对于普通金钱债权，原则上不适用第三人撤销之诉。本案中，德运公司主张的债权并不在第三人撤销之诉民事权益保护范围之列。另外，本案的特殊之处在于德运公司主张其债权已经进入执行阶段，经过司法拍卖流拍后应当以物抵债，不应受到其他权利的干扰。本院认为，拍卖成交或者依法定程序裁定以物抵债的，标的物所有权自拍卖成交裁定或者抵债裁定送达买受人或者接受抵债物的债权人时转移。本案中，德运公司是案涉房屋的申请执行人，但不能据此认定其对案涉房屋有专属的债权或物权权利。虽然客观上圣鑫公司在建设工程价款优先受偿后，德运公司债权的受偿可能受到影响，但是单纯事实上、经济上的影响并不构成‘法律上的利害关系’。综上，德运公司不符合第三人撤销之诉的实体性条件。”①

但是，在以物抵债协议所产生的一般债权之间，也有其内部受偿顺序。抵债物为商品房时，以物抵债协议与商品房买卖合同高度相似，容易引发“一房多卖”的问题。债务人对抵债物商品房实施“一房多卖”的行为时，将产生数个请求债务人将抵债物过户登记到债权人的名下的债权，这些债权的受偿顺序如下：①已办理房屋产权过户登记的当事人优先取得产权；②均未办理产权过户登记的，已办理房屋预告登记的当事人优先取得产权；③均未办理产权过户登记、预告登记的，先行合法占有房屋的当事人优先取得产权；④均未办理过户登记、预告登记、且均未合法占有的，先支付房屋价款的当事人取得产权；⑤均未

① 大连德运房地产开发有限公司、大连亚宸房地产开发有限公司第三人撤销之诉案，最高人民法院（2018）最高法民终235号民事裁定书。

办理过户登记、预告登记、且均未合法占有、支付价款的，协议成立在先的当事人取得产权。若生效的法律文书对顺位靠后的以物抵债协议债权人的债权受偿予以确认的，确实会侵害顺位在前的以物抵债协议债权人的债权利益，此时顺位在前的以物抵债债权人有权针对该生效法律文书提起第三人撤销之诉。

（2019）最高法民申 3215 号判决认为：“张某维与张某的以物抵债法律关系，与张某维同籍某永之间的房屋买卖合同关系均属于平等之债，应平等受保护，但因债的标的相同，两债只能择一履行，在履行利益上一般应优先保护已实际占有标的物且债权形成在先的债权人。张某基于以物抵债所享有的债权形成时间早于籍某永的债权，且张某有证据证明其实际占有案涉房屋，故在履行利益上应优先保护张某的债权。另案生效判决判令张某维向籍某永交付案涉房产，将导致张某的债权落空，债权将遭受侵害，故本案二审判决支持张某撤销之诉的诉讼请求，并无不当。”①

4. 以物抵债协议与执行标的异议之诉

实践中，当另案生效判决进入执行程序后，法院的执行行为涉及对抵债物的拍卖处分或交付处分的，以物抵债协议的债权人往往会以其持有以物抵债协议为由针对抵债物提起执行标的异议，阻却法院的执行行为，请求权基础往往是《最高人民法院关于适用〈中华人民共和国民事诉讼法〉执行程序若干问题的解释》（2020 年修正，以下简称《执行程序若干问题的解释》）第 14 条以及《最高人民法院关于人民法院办理执行异议和复议案件若干问题的规定》（2020 年修正，以下简称《执行异议和复议规定》）第 28、29 条。那么，债权人以以物抵债协议产生的权利提出执行标的异议进而提起执行标的异议之诉，能否得到法院支持？

（1）以《执行程序若干问题的解释》第 14 条为由提起执行标的异议

《执行程序若干问题的解释》第 14 条规定：“案外人对执行标的主张所有权或者有其他足以阻止执行标的转让、交付的实体权利的，可以依照民事诉讼法第二百二十七条的规定，向执行法院提出异议。”

《民诉法解释》（2022 年修正）第 463 条规定：“案外人对执行标的提出的异

① 藉某永、张某第三人撤销之诉再审审查与审判监督案，最高人民法院（2019）最高法民申 3215 号民事裁定书。

议,经审查,按照下列情形分别处理:(一)案外人对执行标的不享有足以排除强制执行的权益的,裁定驳回其异议;(二)案外人对执行标的享有足以排除强制执行的权益的,裁定中止执行。驳回案外人执行异议裁定送达案外人之日起十五日内,人民法院不得对执行标的进行处分。”

《执行异议和复议规定》第24条规定:“对案外人提出的排除执行异议,人民法院应当审查下列内容:(一)案外人是否系权利人;(二)该权利的合法性与真实性;(三)该权利能否排除执行。”

执行异议是指在执行程序中,当执行行为针对的是实务财产而非金钱债权时,案外人对执行财产享有某种合法的实体权利,法院对该执行财产的执行行为会侵害其对该执行财产所享有的合法实体权利而提出的异议。根据民事诉讼法及其司法解释的相关规定,能够提起执行标的异议的“合法实体权利”必须是“足以排除强制执行的权益”,或者说,该“合法实体权利”必须“足以阻止执行标的转让、交付”。要达到“足以阻止执行标的转让、交付”的程度,必须是具有排他性、独占性、任意支配性的实体权利。

在我国《民法典》体系中,所有权是权利人对标的物享有完整的占有、使用、收益、处分权能的独占支配、排他的权利;建设用地使用权、土地承包经营权等用益物权是权利人在约定范围内对用益物享有完整的占有、使用、收益、处分权能的独占支配、排他的权利;担保物权是用以保障债权实现、债务清偿的权利,不具有独占性,排他性;债权是请求债务人履行债务的权利,属于请求权,并非支配权。因此,“足以阻止执行标的转让、交付”的权利只能是所有权与部分用益物权,不包括担保物权及一般债权;只有所有权人与用益物权人才可以提起执行标的异议进而启动执行标的异议之诉,而担保物权人及一般债权人的权利不足以排除强制执行,不得提起执行标的异议。

承前所述,以物抵债协议属于债的范畴,仅能产生债权效力,即产生债权人要求债务人履行以物抵债协议的债权请求权。抵债物的取得依赖于债务人对以物抵债协议的履行行为,即完成物权变动的公示手续——动产交付,不动产登记;未经交付或登记,以物抵债协议的债权人不能取得抵债物的物权权利。因此,以物抵债协议产生的权利为债权,不是足以阻止抵债物转让、交付的权利,不足以阻止法院根据另案生效判决针对抵债物的强制执行,以物抵债协议的债权人不能以签订合法有效的以物抵债协议为由针对抵债物的执行提起执行标的异议。

司法实践中，案外人以其为以物抵债协议的债权人为由，提起执行标的异议要求排除对抵债物的强制执行的，不予支持。

(2019)最高法民申3249号裁定认为："本案中，即便西锦公司、渭泉公司与峰旭公司之间存在真实的以物抵债关系，当事人之间通过以物抵债的方式抵偿的也仅为西锦公司、渭泉公司对峰旭公司所享有债权，并不仅因抵债协议的形成而改变该债权的普通债权性质，在作为抵债物的案涉房屋未办理权属转移登记的情况下，抵债行为并未完成，故西锦公司、渭泉公司仍为峰旭公司的普通金钱债权人，其并不享有就案涉房屋排除强制执行并优先受偿的民事权益。"①

(2019)最高法民申1411号裁定认为："本院经审查认为，辽建门窗公司与长发九方公司在履行《塑钢门窗销售合同》《塑钢门窗安装合同》过程中，因长发九方公司资金紧张，双方约定长发九方公司以案涉三套房屋抵顶欠付辽建门窗公司的款项，并签订三份《印象江南认购书》。原审法院基于上述事实认定案涉《印象江南认购书》系以物抵债协议，并无不当。双方签订认购书后，并未办理案涉房屋的产权过户手续，辽建门窗公司未取得案涉房屋的所有权。以物抵债协议的目的是消灭金钱债，仅能产生债法上的效力，其权利的实现不应优先于另外一个金钱债权的实现。综上，原审法院认定辽建门窗公司的民事权益属于债权范畴，就案涉房屋不享有足以排除强制执行的民事权益，并无不当。"②

(2)以《执行异议和复议规定》第28、29条为由提起执行标的异议

《执行异议和复议规定》第28条规定："金钱债权执行中，买受人对登记在被执行人名下的不动产提出异议，符合下列情形且其权利能够排除执行的，人民法院应予支持：(一)在人民法院查封之前已签订合法有效的书面买卖合同；(二)在人民法院查封之前已合法占有该不动产；(三)已支付全部价款，或者已按照合同约定支付部分价款且将剩余价款按照人民法院的要求交付执行；(四)非因买受人自身原因未办理过户登记。"第29条规定："金钱债权执行中，买受人对登记在被执行的房地产开发企业名下的商品房提出异议，符合下列情

① 重庆市西锦石材销售有限公司、重庆渭泉石材有限公司申请执行人执行异议之诉再审审查与审判监督案，最高人民法院(2019)最高法民申3249号民事裁定书。

② 辽宁辽建门窗幕墙有限公司、李某芳再审审查与审判监督案，最高人民法院(2019)最高法民申1411号民事裁定书。

形且其权利能够排除执行的,人民法院应予支持:(一)在人民法院查封之前已签订合法有效的书面买卖合同;(二)所购商品房系用于居住且买受人名下无其他用于居住的房屋;(三)已支付的价款超过合同约定总价款的百分之五十。”

原则上,买受人与被执行人订立不动产买卖合同,但该不动产仍登记在被执行人名下、未变更登记到买受人名下的,说明未进行物权变动公示,买受人并未取得该不动产的物权权利,根据执行标的异议制度的规范目的,理论上买受人不得针对该不动产的强制执行提起执行标的异议。但是,不动产满足的是人民群众“衣食住行”中“住”的根本需求,是人民群众的安身立命之根本,也是整个社会安居乐业之基础,关系人民群众的基本生存利益与社会的和谐稳定;买受人购买不动产的通常目的也是实现不动产物权的使用权能,以满足其遮风避雨、遮阳避日之“居住”的基本需求,维持其基本生存需要。因此,为了保障不动产买受人的基本生存权利,维护社会稳定,立法需对不动产买受人予以特别保护,即就算未完成不动产物权变动公示手续、不动产买受人未实际通过变更登记行为获得不动产物权的,但是如果满足已签订有效买卖合同、已支付大部分价款、出于居住的目的而购买、非基于自身原因未办理过户登记等条件的买受人也可以基于其对不动产的“物权期待权”针对不动产的强制执行提起执行标的异议,因此民事诉讼法中的执行立法才有《执行异议和复议规定》第 28 条与第 29 条的规定。

在实践中,当抵债物为商品房等不动产时,在签订以物抵债或以房抵款协议后,虽然当事人未申请办理不动产变更登记、债权人仍未取得不动产的物权权利,但是有不少以物抵债债权人认为该以物抵债协议本质上属于不动产买卖合同或商品房买卖合同,若其进一步满足《执行异议和复议规定》第 28 条与第 29 条规定的“已支付大部分价款”“已合法占有的房屋”“非因自身原因未办理登记”等条件的,其对该不动产具有“物权期待权”,可以以其对不动产享有的“物权期待权”为由针对不动产的强制执行提起执行标的异议。但是,该观念存在误区。承前所述,《执行异议和复议规定》第 28 条与第 29 条的规范目的是保护出于实现不动产使用权能目的而购买不动产的买受人的债权利益,该债权利益必须包含出于居住目的或其他利用目的而使用该不动产的内容;而当事人签订以物抵债协议的目的是通过使债权人取得抵债物物权权利的形式使债权人的原定债权受偿,同时消灭债务人的原定给付义务与合意变更后的他种给付义务，终止双方的债权债务关系。简言之，《执行异议和复议规定》第 28 条与第 29 条保护的是出于"利用物"的目的而签订买卖合同的买受人，而以物抵债协议的签订目的是"清偿债"，因此以物抵债协议不能产生使法律优先保护、特别保护的"物权期待权"，以物抵债协议的债权人不得以《执行异议和复议规定》第 28 条与第 29 条为请求权基础针对抵款房的强制执行提出执行异议进而提起执行异议之诉。

《执行异议和复议规定》第 28 条与第 29 条仅保护出于"利用物"的目的而购买房屋的买受人所享有的权利，即类似债权性质的物权期待权，而对出于"清偿债"的目的签订以物抵债协议的债权人以其债权利益会受到侵害为由提起执行标的异议和行为，不予支持，理由在于：

首先，以物抵债协议的本质是合同，产生的权利仅为一般债权。如上所述，当事人签订以物抵债协议的目的是清偿原定债权、消灭原定与变更后的他种债务、终止双方的债权债务关系，因此以物抵债协议产生的权利为债权，即使当事人形式上签订的是"不动产买卖合同"，但内容仍然包含以该不动产的权属转移作为清偿原定债务手段的意思表示的，该不动产买卖合同核心本质仍为以物抵债协议，不能改变该"买受人"本身具有的"一般债权人"的地位属性。根据我国法律规定，物权的取得需完成动产交付及不动产登记的变动公示手续，未经交付或登记，不能取得相应的物权权利。因此，在债务人没有将抵债物交付或变更登记的情况下，以物抵债协议的债权人仅能取得一般债权，不能取得抵债物的物权，该一般债权不处于执行标的异议制度的保护范围之列。

其次，相较于债权，物权具备法律予以优先保护的充分理由。物权是支配权，保障的是财产静态的归属关系；债权是请求权，保障的是财产动态的流转关系。财产权属的确定性与稳定性是财产得以有效动态流转的必要前提，财产权属不清则财产流转名不正言不顺，不能得到法律支持。因此，相较于债权，物权具有优先性，该优先性体现在：第一，物权优先于债权得到法律保护；第二，物权所担保的债权优先于一般债权获得受偿。《执行异议和复议规定》第 28 条与第 29 条规定的不动产买受人"物权期待权"虽本质为债权，但其包含"利用物"的意思表示，是具有物权性质的债权；而以物抵债协议的债权人的意思表示仅是"清偿债"，是一般普通债权，因此相较于一般普通债权，具有物权性质的"物权期待权"应优先获得法律保护。因此，《执行异议和复议规定》第 28 条与第 29

条仅保护物权期待权人,不保护一般债权人。

最后,若使以物抵债协议的债权人直接取得优于其他债权的优先地位,会破坏我国法定物权变动公示手续的公信力。在我国债权规范体系中,只有享有法定优先权担保的债权、具有担保物权担保的债权才具有优先受偿的地位,而法定优先权的取得来源于法律自动赋予,担保物权取得来源于动产交付、不动产登记的法定公示手续的完成。若法律允许以物抵债协议的债权人直接获取优先于其他针对抵债物已完成物权变动公示手续的担保物权的债权的,会催生当事人为获得优先受偿地位恶意签订以物抵债协议,阻却已完成法定物权变动公示手续的合法权利人为实现其担保物权等物权利益而申请的强制执行的不利后果发生,如此将冲击权利人对物权变动法定公示的合理信赖,破坏我国物权变动公示制度的公信基础,扰乱物权归属的秩序,造成当事人之间的利益不平衡。因此,以物抵债协议的债权人并不能根据以物抵债协议取得优先于其他债权的地位,不得针对其他为实现担保物权或法定优先权而申请的强制执行提出执行异议进而提起执行异议之诉。

在司法实践中,以物抵债协议的债权人以《执行异议和复议规定》第 28 条与第 29 条为请求权基础、以自身对抵债物享有"物权期待权"为由针对抵债物的执行提起执行异议的,法院不予支持。

(2019)最高法民终 392 号判决认为:"本案二审争议焦点为:邓某六对案涉房屋是否享有足以排除强制执行的民事权益。对此,本院评述如下:《最高人民法院关于人民法院办理执行异议和复议案件若干问题的规定》第二十九条规定:……该规定适用的主体是与作为经营者的开发商签订商品房买卖合同的买受人,其所保护的是普通消费者对于商品房的基本居住需求。故邓某六主张依据该条规定排除强制执行,则应当对于其是否属于该条规定中的适格主体进行评判。从邓某六与金福地公司签订《商品房购销合同》等事实来看,该合同虽具有房屋买卖合同的外在形式,但实质是冲抵邓某六与天筑公司,以及天筑公司与金福地公司之间的债权债务。当事人的真实意思表示为以房抵债,即邓某六签订该合同的目的是实现债务的清偿。基于债的平等性,邓某六对金福地公司的债权并不较本案所涉执行债权更具有优先实现的价值利益。因此,邓某六依据《最高人民法院关于人民法院办理执行异议和复议案件若干问题的规定》第二十九条的规定主张排除强制执行，不能成立。”①

(2019)最高法民申4491号判决认为：“《最高人民法院关于人民法院办理执行异议和复议案件若干问题的规定》第二十九条的规定，是对房屋消费者的物权期待权的保护，而以物抵债协议首先以消灭金钱债务为目的，物的交付仅为以物抵债的实际履行方式，此即与《最高人民法院关于人民法院民事执行中查封、扣押、冻结财产的规定》《最高人民法院关于人民法院办理执行异议和复议案件若干问题的规定》中基于买卖产生的物权期待权有基础性的差别。因而，基于以物抵债而拟受让不动产的受让人，在完成不动产法定登记之前，该以物抵债协议并不足以形成优先于一般债权的权益。就本案而言，原审已查明，孟某明虽在查封前与梅林美公司签订了合同，并以工程款抵扣了全部购房款，但此房屋已于查封前抵押给了永城公司，并在鄂州市房屋产权登记中心办理了抵押登记，而且此房屋亦未交付孟某明居住。双方所签订的以工程款抵扣房款的买卖合同实际是孟某明实现自己债权的一种方式，孟某明并非购买房屋居住的消费者，故孟某明对涉案房屋亦不可能产生物权期待权。”②

(2018)最高法民申2639号裁定认为：“根据《最高人民法院关于人民法院办理执行异议和复议案件若干问题的规定》第二十八条的规定，申请人符合以下四个条件时，其执行异议方能成立：1. 在人民法院查封之前已签订合法有效的书面买卖合同；2. 在人民法院查封之前已合法占有该不动产；3. 已支付全部价款，或者已按照合同约定支付部分价款且将剩余价款按照人民法院的要求交付执行；4. 非因买受人自身原因未办理过户登记。本案中，王某与中海盛明置业并不存在商品房买卖关系，双方当事人之间的以物抵债协议是以消灭金钱债务为目的的债的履行方式，不能阻却有其他合法权利的第三人基于生效法律文书申请强制执行。”③

当事人的债权债务纠纷进入诉讼程序后，在审理阶段，若当事人达成以物抵债协议的，其不得请求法院出具调解书对该以物抵债协议予以确认；若当事

① 执行案外人、王某庸案，最高人民法院(2019)最高法民终392号民事判决书。

② 孟某明、黄石市黄石港区永诚小额贷款有限责任公司再审审查与审判监督案，最高人民法院(2019)最高法民申4491号民事裁定书。

③ 王某、青岛海宜林投资控股有限公司再审审查与审判监督案，最高人民法院(2018)最高法民申2639号民事裁定书。

人请求撤诉的,无论是在一审审理阶段还是二审审理阶段,其均应撤回起诉而非撤回上诉。若法院针对当事人达成的以物抵债协议出具调解书予以确认的,该调解书不是直接导致物权变动发生效力的法律文书,当事人不得以调解书的内容为依据主张抵债物归其所有。

在执行阶段,原则上,当事人不得请求法院对其达成的以物抵债执行和解协议出具执行裁定书予以确认;但是,在不损害社会公共利益、他人合法权益的情形下,经执行申请人与被执行人双方同意,或抵债物在客观上无法拍卖并经执行申请人同意,法院可以将执行标的物作价交予执行申请人抵偿债务并出具以物抵债裁定书予以确认,该以物抵债裁定书属于直接导致物权变动发生效力的法律文书。

以物抵债协议产生的权利为债权请求权,若生效的法律文书确有错误并侵害以物抵债债权人的债权利益的,债权人有权针对该生效法律文书提起第三人撤销之诉;但是,债权人不得以已签订合法以物抵债协议或对抵款房享有"物权期待权"为由针对抵债物的强制提起执行异议之诉。

五、实务操作建议

若工程款支付条件成就,发包人不具有现金付款的能力,提出以交付动产抵债物或将不动产抵款房登记在承包人的名下的方式抵偿工程款债务并请求订立"以房抵款"等以物抵债协议的,承包人应注意以下几个问题。

(一)关于以物抵债协议的成立问题

以金钱支付的方式履行工程款的支付义务称为"旧债",以交付抵债物给承包人或将抵债物过户登记到承包人名下的方式抵偿工程款的债务称为"新债",以物抵债协议的内容必须包含以新债的履行消灭旧债的双方合意,抵债物需合法存在且明确具体,否则会被法院判定该以物抵债协议不成立。

(二)关于以物抵债协议的性质问题

原则上,以物抵债协议为新债清偿,若无当事人的特别约定,以物抵债协议生效时原定工程款金钱支付义务并未消灭,而是与合意变更后的抵债物交付义务或抵债物变更登记义务同时存在,共同保障承包人工程款债权的实现;若发包人不履行交付或变更登记义务的,则原定工程款支付义务一直存在。但是若当事人特别约定自以物抵债协议生效之日起原定工程款金钱给付义务消灭的,该约定并不违反法律及行政法规的禁止性规定，应为有效，此时以物抵债协议构成债的更改。

承前所述，较之于债的更改，新债清偿能够更大程度保障承包人的工程款债权利益，因此承包人应注意，在订立以物抵债协议时，不应签订债的更改协议，而应签订新债清偿协议，明确约定在发包人将以物抵债协议约定的交付义务或变更登记义务履行完毕之前，承包人仍有权请求发包人以金钱方式支付工程价款。

（三）关于以物抵债协议的效力问题

以物抵债协议违反法律、行政法规的禁止性规定的，协议无效。因此，承包人在签订以物抵债协议时，应当注意以下问题。

首先，以物抵债协议必须是在工程款债务履行期限届满后签订，否则容易触发《民法典》规定的“流质、流押条款”及《建设工程司法解释一》规定的“黑白合同”条款的适用从而导致以物抵债协议无效。承包人在判断工程款债务的履行期是否届满时，应注意是否满足以下三个条件：第一，承包人已完成施工任务，向发包人交付质量合格的建设工程成果；第二，承包人与发包人已完成最终结算，明确欠付工程款的具体数额；第三，承包人与发包人约定的工程款支付履行期节点已届至或履行期限已届满。当事人只有在满足以上三个条件时签订以物抵债协议，才能进一步减小以物抵债协议被认定无效的风险。

其次，当抵债物为商品房时，该商品房的开发商需已合法取得预售许可证，否则会触发《商品房买卖合同解释》第 2 条规定的适用导致以物抵债协议无效；当然，若开发商在起诉前已取得商品房预售许可证的，以物抵债协议转化为有效合同。

最后，抵债物需是无任何权利瑕疵、能够保证权属转移无负担的“干净”财产，若抵债物上存在第三人的合法所有权或“物权期待权”，承包人对此明知还仍针对该抵债物与发包人签订以物抵债协议的，符合《民法典》第 154 条规定的“行为人与相对人恶意串通，损害他人合法权益”的适用前提，法律后果是物抵债协议无效。

（四）关于抵债物的权属问题

承包人与发包人就工程款债务的抵偿签订以物抵债协议时，应当注意抵债物必须是权属干净完整、权利无瑕疵的财产，这里的“权利无瑕疵”，是指抵债物应该是不存在承租权、不存在买受人的“物权期待权”、不存在其他工程价款优先受偿权也不存在抵押权的实物财产。

首先，若抵债物为不动产，该不动产上存在承租权的，根据《民法典》第725条规定的“买卖不破租赁”规则，承包人即使取得抵债物的所有权，也要继续承受该不动产上附着的出租义务，这对承包人通过对该抵债物进行下一手权属转让变现的流转行为造成很大的消极影响。

其次，若抵债物为承包人自己承建的商品房，发包人已将该商品房出售给其他消费者，且该消费者已与发包人签订合法买卖合同、支付大部分购房款的，根据《执行异议和复议规定》第29条的规定，为了保护消费者的利益，即使承包人就该商品房既享有基于以物抵债协议产生的债权，又享有基于承包人身份产生的工程价款优先受偿权，也不能对抗该买受人的“物权期待权”。

再次，若抵债物为他人承建的不动产，该不动产上存在其他承包人的工程价款优先受偿权的，鉴于我国执行标的异议制度不承认以物抵债协议的债权人具有与享有“物权期待权”的一般买受人的同等地位，即使承包人已与发包人订立有效的以房抵款合同，且承包人已通过“履行施工义务、交付合格工程”的方式全额支付购房款，承包人基于以房抵款协议所产生的债权也不能对抗其他承包人对该抵款房享有的工程价款优先受偿权。

最后，若抵债物为他人承建的不动产，该不动产上存在他人的抵押权的，鉴于，第一，《民法典》第406条第1款规定：“抵押期间，抵押人可以转让抵押财产。当事人另有约定的，按照其约定。抵押财产转让的，抵押权不受影响。”抵押权具有物上代位性，发包人以抵款房为他人办理抵押登记向他人贷款后，又与承包人签订以物抵债协议约定抵款房归承包人所有以抵偿工程款债务的，抵款房上附着的抵押权也随之转移，承包人应继受该抵款房的权利瑕疵。第二，《民法典》第406条第2款规定：“……抵押权人能够证明抵押财产转让可能损害抵押权的，可以请求抵押人将转让所得的价款向抵押权人提前清偿债务或者提存。转让的价款超过债权数额的部分归抵押人所有，不足部分由债务人清偿。”虽然法律规定抵押权人能够就发包人向承包人转让抵款房所获得的价款实现抵押权的物上代位效力，但由于承包人并非实际支付抵款房转让款而是以“交付合格工程成果”的方式履行对价义务，抵押权人往往不会向发包人主张权利，只会转而向承包人的抵债物主张物上代位权。第三，根据我国不动产制度的要求，在办理不动产过户登记之前，需将不动产上已经合法设立的抵押权全部清除，抵债物上如存在他人合法抵押权的，发包人无法为承包人申请办理抵债物过户登记。第四，如上文所述，若发包人未履行变更登记义务的，承包人根据以物抵债协议就抵债物所享有的权利为一般债权，且承包人是基于“清偿工程款债权”的目的订立以物抵债协议，不具有享有“物权期待权”的买受人地位，因此承包人就抵债物享有的一般债权不能对抗他人就该抵债物享有的抵押权，抵押权人就抵债物申请进入清算程序以实现其债权时，承包人不得以其签订以物抵债协议为由阻止程序进行或申请优先受偿。

因此，若抵债物存在以上权利瑕疵的情形，发包人请求承包人签订以物抵债协议的，承包人应当慎之又慎，三思而行；若承包人认为抵债物的权利瑕疵会导致其工程款债权产生不能足额受偿的现实风险，承包人可以要求发包人将抵债标的变更为其他权属“干净”的抵债物，或直接要求发包人提供其他债务履行的担保。

（五）关于抵债物的物权变动问题

鉴于我国法律对物权的取得有“动产交付”“不动产登记”的物权变动公示手续的要求，仅签订以物抵债协议仅能产生发包人要求承包人履行交付义务或变更登记义务的债权请求权，如果发包人未实际交付或申请变更登记的，并不能实际地使承包人取得抵债物的所有权，使承包人的工程款债权得以受偿。因此，仅签订以物抵债协议并不能使承包人高枕无忧，只要发包人一直未向承包人交付抵债物或将抵债物过户登记到承包人名下，且一直未以金钱支付方式履行欠付工程款债务的，则承包人的工程款债权一直处于不稳定的、无法落实的状态。在此，我们建议，签订以物抵债协议后，承包人应积极敦促发包人完成物权变动公示手续，即向承包人交付抵债物或将抵债物过户登记到承包人名下；若发包人消极履行的，承包人可以要求发包人提供其他债务履行的担保，如连带保证人、抵押物、质押物等。

此外，我们提醒承包人应格外注意的是，尽管《建设工程司法解释一》将优先受偿权的期限从原先规定的 6 个月延长至 18 个月，但是，承包人与发包人在达成工程价款结算合意后签订以物抵债协议，若发包人迟迟不履行抵债物交付义务或抵债物过户登记义务的，在发包人拖延履行以物抵债协议期间，18 个月的工程价款优先受偿权行使期间就在承包人不知不觉中被无声无息地错过了，此时承包人的债权将陷入“一无所有”的境地：一方面，虽然签订了以物抵债协议，但是发包人未履行交付或变更登记的义务，承包人根据该以物抵债协议仅享有一般债权；另一方面，虽然承包人基于其身份自动享有法定工程价款优先受偿权，但若的行使期限已过，承包人为工程价款优先受偿权所担保的工程款债权也将沦落为一般债权。此时即使承包人享有两个债权，也是两个一般债权，在多个债权的受偿顺序中属于垫底受偿地位，其工程款债权将存在不能受偿的现实风险。

针对以上问题，我们建议承包人与发包人签订以房抵款协议时，不将承包人自身作为抵款房变更登记的权利接受主体，而是约定发包人将抵款房过户登记给指定的、出于使用房屋目的而出资购买的、性质为自然人的第三人。进行如此约定对于承包人有以下益处：首先，《民法典》第 522 条第 1 款规定：“当事人约定由债务人向第三人履行债务，债务人未向第三人履行债务或者履行债务不符合约定的，应当向债权人承担违约责任。”承包人要求发包人将抵款房过户登记给其他自然人的，性质上属于“向第三人履行债务”，该约定不为法律禁止，为有效约定；其次，承包人与发包人签订“向第三人（实际为性质为自然人的第三买受人）履行”的以物抵债协议并约定发包人向第三买受人履行过户登记义务的，发包人必定会与该性质为自然人的第三买受人签订“向第三人（实际为承包人）履行”房屋买卖合同并约定第三买受人向承包人支付购房款，从而使承包人可以基于该房屋买卖合同从第三买受人处优先获得购房款，实质上也是承包人工程款债权实现的另一种方式；再次，第三购买人的自然人身份，更容易被法院认定为出于实现房屋居住权能目的并订立有效买卖合同、支付购房款而享有“物权期待权”的一般买受人，进而受到《执行异议和复议规定》第 28 条与第 29 条的保护；最后，具有“物权期待权”的第三购买人对抵款房的债权受偿地位既优先于其他承包人的工程价款优先受偿权，也优先于其他债权人的抵押权，可以直接对抗其他承包人与抵押权人，这是承包人所不具备的优势，对于消灭承包人对该第三购买人的债务、保持承包人工程款债权受偿状态的稳定性大有裨益。

专题七

承包人建设工程价款优先受偿权排除强制执行的程序路径研究

权利是国家通过法律赋予民事主体的利益，实体法对权利内容的宣誓，是静态的权利；程序法通过给予民事主体诉权的形式保障民事主体所享有权利的最终落实，可谓动态的权利。在现代社会，最终获得民事利益，大概率需民事主体积极行使动态权利，准确和适当地运用程序法手段，方能事半功倍。在建设工程领域，法律所规定的建设工程价款优先受偿权的权利内容通常是在静态权利意义上对权利的确认，而实践中，静态权利意义上的工程价款优先受偿权时常要在排除法院对标的工程强制执行的程序中以动态形式最终实现，因此，本部分拟对工程价款优先受偿权排除强制执行的可适用程序路径进行研究，探究如何动态实现工程价款优先受偿权这一静态权利。

一、问题的提出

建设工程实务中，发包人将在建工程抵押向银行借款的融资行为普遍存在，银行作为在建工程抵押登记的抵押权人，与发包人之间的借贷关系明晰，在建工程抵押权的权属也十分明确。如发包人在债务履行期限届满时无力清偿债务，银行通常会直接依据抵押权申请法院对在建工程进行拍卖、变卖和折价处理。但此时，在建工程可能已经竣工结算，发包人因清偿能力不足无法足额支付承包人工程款，承包人将面临如何对已被他人申请执行的建设工程行使工程价款优先受偿权以实现其工程款债权的问题。

这一问题的解决可以分为两个层面：第一，实体法层面，即银行所享有的抵押权与承包人所享有的工程价款优先受偿权这两种权利孰先孰后。这是此情形下实现承包人工程价款优先受偿权的基础，也只有法律规定工程价款优先受偿权优先于抵押权受偿的能力时，才有可能、有必要探讨二者出现冲突时如何实现工程价款优先受偿权的问题。第二，程序法层面，即在银行已经启动的执行程序中，承包人通过主张和行使哪些程序性权利，采用何种路径能够最终实现其工程价款优先受偿权。下文将围绕上述两个层面，分别从实体法和程序法视角探讨承包人工程价款优先受偿权排除强制执行的依据及路径。

二、实体法视角：承包人建设工程价款优先受偿权排除强制执行的请求权基础

上文已述及，工程价款优先受偿权是否优先于抵押权受偿是实体法层面的核心问题，为了全面理解两种权利的优先顺序，应当从工程价款优先受偿权的性质、特征出发进行考量。

（一）工程价款优先受偿权的内涵

1. 工程价款优先受偿权的定义

工程价款优先受偿权，是指建设工程施工合同的承包人按照约定履行建设工程的施工义务且工程质量符合约定或法定标准，发包人不按合同约定支付工程价款的，承包人就该承建的建设工程请求拍卖、变卖或折价处理，并就所得价款优先受偿的权利。[①] 工程价款优先受偿权系优先受偿权的一种，优先受偿权起源于罗马法上所承认的"不依时间评价而依原因评价的特权"，并为其后的大陆法系国家继受。[②]

工程价款优先受偿权设立的理论基础是"物化理论"，又称"增值理论"，[③] 即工程施工是承包人将资金、材料、劳力物化到建设工程中，使建设工程不断成

---

① 《民法典》第807条规定："发包人未按照约定支付价款的，承包人可以催告发包人在合理期限内支付价款。发包人逾期不支付的，除根据建设工程的性质不宜折价、拍卖外，承包人可以与发包人协议将该工程折价，也可以请求人民法院将该工程依法拍卖。建设工程的价款就该工程折价或者拍卖的价款优先受偿。"

② 参见常设中国建设工程法律论坛第八工作组：《中国建设工程施工合同法律全书词条释义与实务指引》，法律出版社2019年版，第407页。

③ 参见邬砚：《建设工程合同纠纷——254个裁判规则深度解析》，法律出版社2019年版，第211页。

型、不断增值的建设过程。法律赋予承包人建设工程价款优先受偿权，原因在于建设工程是承包人劳动投入人力、物力、财力而凝成的劳动结晶，没有承包人的劳动投入，就不会产生实体的建筑物，其他权利尤其是物权就失去了存在的基础。因此承包人的工程款债权在利益位阶中应该是第一位的，对其劳动投入使建设工程增值的部分，承包人有权行使工程价款优先受偿权。①

工程价款优先受偿权设立的现实基础是解决建筑领域拖欠工程款这一老大难问题。② 虽然建设工程对于拉动内需、带动经济、促进就业有不可替代的作用，但是巨额垫资、拖欠工程款已成为建设工程发承包市场前进道路上的“顽石”，使农民工工资不能按时支付，进而影响了社会稳定。因此，法律赋予承包人工程价款优先受偿权就是为了迅速、便捷地实现承包人的工程款债权，进而缓解拖欠农民工工资这一现象给社会稳定和谐带来的压力。

2. 工程价款优先受偿权的性质

承包人行使工程价款优先受偿权只是手段，通过工程价款优先受偿权实现其工程款债权才是目的。因此，本质上，工程价款优先受偿权是一种从权利，其功能是保障承包人工程款主债权的实现。鉴于工程价款优先受偿权具有担保的从权利属性，有的学者认为其本质为抵押权，③也有学者认为其本质为留置权。④ 前者的理由在于，抵押权的客体为不动产，建设工程在性质上也属于不动产，且均能够进入拍卖、变卖或折价处理的清算程序，并优先保障债权实现；⑤后者的理由在于，留置权需发生在承揽合同法律关系中，建设工程施工合同属于特殊的承揽合同，承包人作为承揽人，有权对发包人不支付工程款的建设工程行使留置权。

但是我国现有的抵押权与留置权法律制度尚不成熟，其法律框架体系尚无法将工程价款优先受偿权纳入为组成部分，若强行将工程价款优先受偿权并入

① 参见王旭军、梁静：《建设工程款优先受偿权之担保物权有机竞合论——对〈合同法〉第286条司法解释的反思》，载《法律适用》2004年第7期。

② 参见王建东：《评〈合同法〉第286条》，载《中国法学》2003年第2期。

③ 参见梁慧星：《合同法第二百八十六条的权利性质及其适用》，载《山西大学学报（哲学社会科学版）》2001年第3期。

④ 参见江平主编：《中华人民共和国合同法精解》，中国政法大学出版社1999年版，第223页。

⑤ 参见朱征夫、何海东等：《房地产开发经营中的合同问题》（第2版），法律出版社2005年版，第76页。

担保物权的体系框架中，会引发以下矛盾：首先，抵押权作为一种物权，需完成物权变动公示行为，即办理抵押权登记，才发生优先受偿的担保效力。也就是说，抵押权的取得需为法律行为；但是，承包人每施工完成1立方米的建设工程，就对该1立方米的工程享有工程价款优先受偿权，也就是说，工程价款优先受偿权的取得是基于承包人的施工行为，属于事实行为。其次，根据《民法典》第447条①的规定，留置权的客体只能为动产，留置权设立的前提是债权人获得对留置物的现实占有；而建设工程价款优先受偿权的客体为在建工程，性质为不动产。最后，抵押权、留置权作为物权的一种类型，也具有物权永久性，只要完成物权的公示手续，债务人不清偿债务的，抵押权、留置权就永久存在；根据《建设工程司法解释一》第41条②的规定，工程价款优先受偿权的行使期间为固定期间，即自发包人应当给付工程款之日起18个月。因此，工程价款优先受偿权作为一种特殊的从权利，不能纳入我国现有的担保物权法律体系中。

我们认为，建设工程价款优先受偿权不属于担保物权，其性质为法定优先权。法定优先权，是指不是基于当事人约定，而是基于法律的直接规定设立的、享有特殊债权的债权人依法就债务人的财产优先受偿的权利。根据我国法律规定，常见的法定优先权包括：《海商法》规定的"船舶优先权"，《民用航空法》规定的"民用航空器优先权"，《民法典》规定的"土地使用权出让金优先权"，《税收征收管理法》规定的"税收优先权"以及《建设工程司法解释一》规定的"已交付全部或大部分款项的商品房买受人（消费者）优先权"。工程价款优先受偿权基于立法者保护建筑工人工资利益、缓解建筑领域中建筑工人工资被拖欠的严重现象的特殊目的而设，理论基础来源于物化增值理论，并不依当事人的意思自治而设立、移转、消灭。因此，工程价款优先受偿权是为维护相对较为弱势的承包人利益，预防因工程款无法支付而导致的建筑工人利益受损及因之引发的社会稳定问题，由法律直接创设、规定的特别优先权。③ 将建设工程价款

---

① 《民法典》第447条规定："债务人不履行到期债务，债权人可以留置已经合法占有的债务人的动产，并有权就该动产优先受偿。前款规定的债权人为留置权人，占有的动产为留置财产。"

② 《建设工程司法解释一》第41条规定："承包人应当在合理期限内行使建设工程价款优先受偿权，但最长不得超过十八个月，自发包人应当给付建设工程价款之日起算。"

③ 参见周利明：《解构与重塑——建设工程合同纠纷审判思维与方法》，法律出版社2019年版，第605页。

的优先受偿权的权利性质归为优先权,更符合立法的价值取向和社会正义。①

3. 工程价款优先受偿权的特征

(1) 权利主体范围的特定化

根据《建设工程司法解释一》第 35 条“与发包人订立建设工程施工合同的承包人,依据民法典第八百零七条的规定请求其承建工程的价款就工程折价或者拍卖的价款优先受偿的,人民法院应予支持”以及第 37 条,“装饰装修工程具备折价或者拍卖条件,装饰装修工程的承包人请求工程价款就该装饰装修工程折价或者拍卖的价款优先受偿的,人民法院应予支持”的规定,享有工程价款优先受偿权的主体包括:与发包人具有直接施工合同关系的承包人;具备折价或拍卖条件的装饰装修工程的承包人。

司法解释并未明确规定实际施工人是否拥有工程价款优先受偿权,但通常观点认为,实际施工人是处于层层转包、违法分包、挂靠关系链条最末端的、对工程实际施工的主体,其显然不属于司法解释中“与发包人订立建设工程施工合同的承包人”,自然不拥有工程价款优先受偿权。但我们认为,根据物化增值理论,认定一个主体是否享有工程价款优先受偿权,就是考察其对建筑物价值的形成是否有实际贡献,而实际施工人是实际将金钱、物质、劳动物化到工程实体中并使建设工程增值的主体,因此其理应在其工程款债权范围内享有工程价款优先受偿权。②

(2)权利优先受偿范围的法定化

《最高人民法院关于建设工程价款优先受偿权问题的批复》(已失效)第 3 条规定:“建筑工程价款包括承包人为建设工程应当支付的工作人员报酬、材料款等实际支出的费用,不包括承包人因发包人违约所造成的损失。”此批复将发包人违约损失排除在工程价款优先受偿权受偿范围外,规定的工程价款范围也仅为列举式的“报酬、材料款”等实际支出的费用,实践中引发了较大争议。故而《建设工程司法解释一》第 40 条规定:“承包人建设工程价款优先受偿的范围依照国务院有关行政主管部门关于建设工程价款范围的规定确定。承包人就逾期支付建设工程价款的利息、违约金、损害赔偿金等主张优先受偿的,人民法

---

① 参见王勇:《建设工程施工合同纠纷实务解析》(第 2 版),法律出版社 2019 年版,第 363 页。

② 参见陈鑫范、王琦:《最高人民法院建设工程施工合同司法解释(二)实务操作与案例精解》,中国法制出版社 2019 年版,第 241 页。

院不予支持。”最高人民法院改变了对权利受偿的具体范围的审查方式,并以司法解释的形式将直接规定更改为指引式规定。据此,该权利优先受偿范围由国务院有关行政主管部门规定,体现司法与行政权力的配合,行政机关在规定优先受偿范围时,应遵照法律授权在职权范围内结合建筑市场的实际予以规范。然而,因履行建设工程施工合同过程中产生的违约行为所导致的利息责任、违约金责任及损害赔偿金责任,对建设工程的增值无积极助益;承包人仅可以在其劳动投入使建设工程增值的范围内享有优先受偿权,因此根据物化增值理论的内容,承包人不得就利息、违约金、损害赔偿金等享有工程价款优先受偿权。

(3)权利行使期限的法定化

《建设工程司法解释一》第 41 条规定:“承包人应当在合理期限内行使建设工程价款优先受偿权,但最长不得超过十八个月,自发包人应当给付建设工程价款之日起算。”若在发包人应当给付工程款之日起 18 个月内,承包人不行使工程价款优先受偿权的,该优先权在实体上消灭。上述 18 个月的期间不适用中断、中止和延长的规定。[①] 结合《建设工程司法解释一》第 27 条[②]的规定,在付款时间无约定或约定不明时,“发包人应当给付建设工程价款之日”包括以下情形:①若工程已交付的,为交付之日;②若工程未交付的,为承包人提交竣工结算文件之日;③若工程既未交付,当事人也未结算的,为当事人起诉之日。

(4)质量合格的未完工程享有工程价款优先受偿权

提供质量合格的工程,是承包人的首要义务,也是一份施工合同的根本目的之所在。建设工程价款优先受偿权作为一项法定权益得到保护的同时,承包人施工的建设工程项目也应当是合格的。[③] 根据《建设工程司法解释一》第 38 条“建设工程质量合格,承包人请求其承建工程的价款就工程折价或者拍卖的价款优先受偿的,人民法院应予支持”以及第 39 条“未竣工的建设工程质量合

---

① 参见周利明:《解构与重塑——建设工程合同纠纷审判思维与方法》,法律出版社 2019 年版,第 614 页。

② 《建设工程司法解释一》第 27 条规定:“利息从应付工程价款之日开始计付。当事人对付款时间没有约定或者约定不明的,下列时间视为应付款时间:(一)建设工程已实际交付的,为交付之日;(二)建设工程没有交付的,为提交竣工结算文件之日;(三)建设工程未交付,工程价款也未结算的,为当事人起诉之日。”

③ 参见朱树英、曹珊主编:《最高人民法院建设工程施工合同司法解释(二)理解适用与实务指南》,法律出版社 2019 年版,第 269 页。

格，承包人请求其承建工程的价款就其承建工程部分折价或者拍卖的价款优先受偿的，人民法院应予支持”规定，无论工程项目是否竣工，只要已完工部分工程质量合格，承包人即享有工程价款优先受偿权，但是其只能在施工完成且质量合格的工程范围内享有工程价款优先受偿权，对于未施工的部分或质量不合格的部分，承包人不享有工程价款优先受偿权。

（二）工程价款优先受偿权与抵押权的受偿顺位

对同一建设工程项目，既存在因发包人向银行融资银行而设立的银行对在建工程的抵押权，又存在承包人因建造工程项目而享有的工程价款优先受偿权时，若发包人的资产无法同时足额偿抵押权人银行与工程价款优先受偿权人承包人的债务时，抵押权与工程价款优先受偿权便产生了冲突。此时，两者应按照何种顺位规则受偿，抑或按比例受偿，是工程价款优先受偿权与抵押权的行使发生冲突时面临的基础性问题。

《建设工程司法解释一》第 36 条①的规定明确了两者的受偿顺位，即工程价款优先受偿权优先于抵押权受偿。这也意味着，当抵押权人与工程价款优先受偿权人就同一建设工程发生权利冲突时，无论抵押权设立于工程竣工之前还是之后，也无论抵押登记在承包人行使工程价款优先受偿权之前还是之后，在工程价款优先受偿权的行使期间内，就拍卖、变卖、折价处理同一建设工程所获得的价款，工程价款优先受偿权所担保的债权应优先于抵押权所担保的债权受到清偿。

我们认为，这一规定不仅明确了抵押权与工程优先权冲突时的解决原则，而且是符合工程优先权内涵的合理安排。

首先，从权利形成的过程来看，承包人对建设工程享有的权利是一种伴随建筑物物化成型过程产生的，初始的优先受偿权；第三人所享有的抵押权无论何时设立、何时登记，显然都晚于工程优先权的实质形成时间，故而不应对抗工程价款优先受偿权。根据物化增值理论，建设工程是承包人将人力、物力、财力物化成型的结果，承包人的“施工”行为是建筑物得以产生的前提行为，承包人也是基于“施工”这一事实行为而享有工程价款优先受偿权；正是基于“施工”行

① 《建设工程司法解释一》第 36 条规定：“承包人根据民法典第八百零七条规定享有的建设工程价款优先受偿权优于抵押权和其他债权。”

为所形成的建筑物,发包人才能向银行融资,银行所享有的抵押权标的也指向该建筑物,因而银行享有的抵押权是建立在承包人施工行为所形成的建筑物的基础上,其实质设立的时间要晚于工程价款优先受偿权的形成时间。

其次,从权利的特质来看,工程价款优先受偿权是法定优先权,而抵押权属于意定的优先权,法定权利优先于意定权利受偿,符合建设工程领域法定权利设置的本意。抵押权基于抵押人和抵押权人的约定而设立,体现当事人的意思自治,具有任意性,权利人可以基于其自由意志放弃该权利;但是,工程价款优先受偿权并不取决于发包人和承包人的协同意志,而是基于法律的规定而设立。而且,根据法律规定,承包人也不能以损害建筑工人利益为代价任意放弃或限制工程价款优先受偿权。故,工程价款优先受偿权担保的工程款债权也因其特质及所彰显的特定法意应当优先于抵押权担保的债权受偿。

三、程序法视角:承包人建设工程价款优先受偿权排除强制执行的救济路径选择

《建设工程司法解释一》第 36 条确定的工程价款优先受偿权优于抵押权受偿构成承包人实现工程价款优先受偿权的实体法请求权基础,但是,由于工程项目建设周期普遍较长,工程价款优先受偿权行使条件成就前工程抵押权可能就已经进入执行程序或执行完毕。现实中,执行完毕的案件多由于善意取得制度而无法回溯,而已经进入执行程序但未执行终结的案件中,承包人采取何种救济路径实现其工程价款优先受偿权尤其值得思考。例如,如承包人还未提起请求发包人支付工程价款的诉讼,或该项诉讼仍在审理过程中,能否在未取得生效法律文书对工程价款优先受偿权书面确认的情形下,通过行使诉讼法规定的程序权利阻却抵押权人对建设工程项目的执行,并最终实现其工程价款的优先受偿权。

实践中,为阻却已进入执行程序的抵押权实现以维护合法权利,享有工程价款优先受偿权的承包人通常启动的救济程序包括参与分配(分配方案异议之诉)、执行异议(执行异议之诉)以及申请法院启动再审。

(一)参与分配制度

参与分配制度,是指在执行程序开始后,被执行人的其他债权人在法定条件下向执行法院申请参与对执行财产的分配,以实现其债权的民事执行程序制

度。参与分配制度经过多次修改,在《民诉法解释》第 506 ~ 514 条得到了系统化的规定,尤其是对当事人如何申请参与执行分配以及执行程序与破产程序如何对口衔接的问题进行了明确规定。参与分配制度的另一核心设计在于,若执行法院根据多个债权人或执行申请人的申请启动参与分配程序后,对于法院拟订的财产分配方案,债权人、被执行人有异议的,可以提出分配方案异议;若法院对该分配方案异议作出裁定后,债权人、被执行人仍提出反对意见的,可进一步提起分配方案异议之诉。分配方案异议的"形式审查"搭配分配方案异议之诉的"实质审查",既满足了当事人对于通过申请执行实现其债权的效率要求,又有助于保障实体公平。

以被执行人的民事主体类型的不同作为标准,参与分配制度可分为企业法人被执行程序中的参与分配、自然人和其他组织被执行程序中的参与分配。以执行程序中案外债权人对执行标的享有权利性质的不同为标准,参与分配制度分为一般债权人参与分配制度、优先权债权人参与分配制度。前者债权人参与分配应当具备业已取得执行依据的要件,后者债权人参与分配仅须对被保全财产享有优先受偿权(法定优先权或担保物权)。根据参与分配的制度设计,享有优先受偿债权的案外人可在未取得执行依据的前提下直接向执行法院申请参与被执行标的物的分配,以实现优先债权;执行法院在收到优先受偿债权人的申请后,应将执行所得按照执行费用、优先受偿债权、普通债权的顺序进行分配。

(二)执行异议之诉

在民事执行程序中,对正在进行的执行程序,案外人有权提出异议。根据异议指向的不同,可分为对执行行为的异议、对执行标的的异议两种。前者的执行异议针对的内容为执行法院的执行行为违反现行法规定,若异议被驳回的,救济途径为申请复议;后者的执行异议针对的内容为执行法院对执行标的的执行行为将侵害其对执行标的享有的其他排他性物权,若异议被驳回的,救济途径为提出执行异议之诉、第三人撤销之诉或申请法院启动审判监督程序。

其中,执行异议之诉属审判程序,分为案外人异议之诉、申请执行人异议之诉两种。案外人异议之诉,是指案外人以其对执行标的享有足以排除强制执行的民事权益为由,请求法院排除对该执行标的之执行的诉讼。[1] 法院审查案外

[1] 参见肖建国主编:《民事执行法》,中国人民大学出版社 2014 年版,第 207 页。

人异议之诉的要件有二：一为案外人是否就执行标的享有民事权益；二为衡量案外人的民事权益的行使顺位是否优于执行申请人对执行标的权利。[①] 而申请执行人异议之诉系案外人以其对执行标的享有足以排除强制执行的权利为由提出异议，执行法院依此裁定中止执行后，申请执行人以其根据执行依据享有并确认的请求权向执行法院提出诉讼，要求判决准许执行该标的的诉讼。

执行异议之诉启动的前提系民事执行程序的案外人认为强制执行程序的实施，侵害了其对执行标的享有的民事实体权利，如果任由该执行程序进行会造成其民事实体权利无法实现或者存在无法实现的可能性，因此执行异议之诉的核心功能为保障案外人对执行标的的民事实体权利。由于民事诉讼和执行程序具有被动性的特点，因此对于诉讼程序或执行程序的开启，当事人的处分权尤为重要，法院启动程序均须依照当事人的申请；现代法律系统中，当事人对同一标的设定各种民事权利的情况越发常见，故而在以"先主张先受偿"为一般原则的执行程序中，法律引导当事人对享有权利的标的积极主张受偿权利，否则将承担丧失权利的不利后果。因此，在执行异议之诉的对抗中，实质上呈现出案外人主张的民事实体权利与申请执行人依执行依据取得的执行请求权之间的博弈。案外人若认为执行程序侵害其民事实体权利的，应积极主张异议，阻却对执行标的的执行。

（三）案外人申请再审

案外人申请再审系指必要共同诉讼人因不能归责于本人的事由而未参加诉讼，或提出执行异议被裁定驳回后认为原判决、裁定或调解书内容错误损害其民事权益，在法定期限内，依照审判监督程序提起再审的诉讼。

与参与分配制度、执行异议之诉制度相比较，案外人申请再审属于对执行程序中执行依据不认可，认为执行依据存在错误且损害其民事实体权益而提出的相应救济。

四、承包人工程价款优先受偿权排除强制执行程序路径的分析及实践

通过对相关判决的研究发现，各级法院针对承包人提起的上述救济程序的

---

① 参见刘颖：《论债权请求权人可否提起案外人异议之诉》，载《暨南学报（哲学社会科学版）》2020年第4期。

处理方式存在差异,所指示的有效救济途径不一。从各级法院的差异化案例分析中,我们试图揣摩承包人工程价款优先受偿权对抗强制执行的最优路径,以帮助实务操作者构建最优的诉讼策略。

(一)工程价款优先受偿权实现与执行异议之诉

1. 各级法院的司法实践

最高人民法院的相关判例显示,法院一般认为建设工程价款优先受偿权本质上属于债权,并非《执行程序若干问题的解释》(2020 年修正)第 14 条规定的"所有权或者有其他足以阻止执行标的转让、交付的实体权利",因此权利人不得以其享有的建设工程价款优先受偿权所担保的债权受损害为由对正在执行的标的提起执行异议之诉。但是,由于建设工程价款优先受偿权系法定优先权,享有建设工程价款优先受偿权的承包人可以根据《民诉法解释》(2022 年修正)第 506 条,即"被执行人为公民或者其他组织,在执行程序开始后,被执行人的其他已经取得执行依据的债权人发现被执行人的财产不能清偿所有债权的,可以向人民法院申请参与分配;对人民法院查封、扣押、冻结的财产有优先权、担保物权的债权人,可以直接申请参与分配,主张根据优先受偿权"的规定申请进入参与执行分配所得的程序。

从地方各法院的判决来看,其遵循的处理原则同最高人民法院相同。法院普遍认为,承包人的建设工程款优先受偿权并非能够阻却评估、拍卖等执行行为的实体权利,当事人以享有建设工程价款优先受偿权为由排除法院对标的物的执行,若提起执行异议的,法院不予支持。同时,判决也明确,受优先权保障的债权是通过在执行分配程序中得到优先清偿的方式受到优待与特别保护的,若享有建设工程价款优先受偿权的当事人申请进入参与执行分配所得程序的,法院应予支持。

(2017)最高法民申 5098 号民事裁定认为:建设工程价款优先受偿权是承包人就建设工程折价或者拍卖的价款优先受偿的权利,属于法定优先权的范畴。优先受偿权是债权优先得到清偿的权利,这种权利不是所有权等实体权利,不能阻止执行标的转让、交付。因此,主张建设工程价款优先受偿权的人,不能依照《民事诉讼法》第二百二十七条规定提出异议,但并不影响执行标的转让、交付获得相应执行价款后,案外人以享有法定优先权为由请求参与执行价款的分配。

(2019)最高法民申3207号民事裁定[①]认为:建设工程价款优先受偿权的基础权源在本质上属于债权,只是相对于普通债权而言具有优先性而已,因此该权利并不足以排除强制执行,也不应作为当事人提起案外人执行异议之诉的权利基础。建设工程价款优先受偿权属于法定优先权,承包人可以申请参与到执行程序中,主张对执行标的物享有优先受偿权。

(2018)晋民终323号民事判决[②]认为:执行异议之诉的基础是案外人对执行标的是否享有所有权或者其他足以阻止执行标的转让、交付的实体权利。《合同法》第286条(现主要规定于《民法典》第807条)规定的建设工程价款优先受偿权是承包人就建设工程折价或者拍卖的价款优先受偿的权利,这种权利是工程变价款分配顺位上的优先权利,不是所有权等实体权利,不能阻止执行标的的转让、交付。案外人王某利主张对执行标的享有建设工程价款优先受偿权,可以根据上述规定申请参与分配,但不能据此要求确认房屋所有权归其所有,亦不享有对诉争房屋排除执行的权利。

(2018)内民终298号民事判决[③]认为:本案为案外人执行异议之诉,争议焦点为案涉900万元债权应否停止执行。关于亿鸿公司认为其享有案涉工程价款优先受偿权的问题,因建设工程价款优先受偿权属于法定优先权,而优先受偿权为债权优先得到清偿的权利,该权利不属于实体权利,不能提起案外人执行异议之诉,如亿鸿公司认为其享有建设工程价款优先受偿权,可以在执行程序中申请参与分配,故亿鸿公司的该项上诉理由亦不能成立。

(2019)皖民终92号民事裁定[④]认为:铜陵建鑫公司以对案涉执行标的享有建设工程价款优先受偿权为由,要求撤销安徽省宿州市人民法院作出的执行财产分配方案,终止对案涉标的执行,属于对执行行为提出的异议。依照《民事诉讼法》第225条(2021年修正后为第232条)规定:“当事人、利害关系人认为执行行为违反法律规定的,可以向负责执行的人民法院提出书面异议。当事人、

---

① 贺某妙、河南国安建设集团有限公司再审审查与审判监督案,最高人民法院(2019)最高法民申3207号民事裁定书。

② 王某利与袁某斌执行异议之诉案,山西省高级人民法院(2018)晋民终323号民事判决书。

③ 鄂尔多斯市亿鸿建筑劳务有限责任公司、包头市宇亨钢铁有限责任公司案外人执行异议之诉案,内蒙古自治区高级人民法院(2018)内民终298号民事判决书。

④ 铜陵建鑫建筑安装工程有限责任公司、刘某执行分配方案异议之诉案,安徽省高级人民法院(2019)皖民终92号民事裁定书。

利害关系人提出书面异议的，人民法院应当自收到书面异议之日起十五日内审查，理由成立的，裁定撤销或者改正；理由不成立的，裁定驳回。当事人、利害关系人对裁定不服的，可以自裁定送达之日起十日内向上一级人民法院申请复议。"本案应依法在执行过程中通过执行复议的程序予以解决，铜陵建鑫公司通过另行提起执行异议分配之诉没有法律依据，应属不当。如铜陵建鑫公司确有证据证明其现已合法享有涉案工程的工程价款优先受偿权，可直接向执行法院申请参与分配，如执行法院对其请求不予支持，铜陵建鑫公司可依法向上级法院申请复议。

(2019)闽执复171号执行裁定①认定：本案中扬建公司向福州市中级人民法院提出执行异议，请求保护其对建设工程价款享有的优先受偿权。建设工程价款优先受偿权属于法定优先权的范畴，是承建施工方就建设工程折价或者拍卖的价款优先受偿的权利，该权利不能阻止执行标的转让、交付。扬建公司只有认为其对执行标的享有实体权利，福州市中级人民法院的强制执行行为妨碍了其所享有的实体权利的，才可以作为案外人提出执行异议。因此，扬建公司不享有依照《民事诉讼法》第227条(2021年修正后为第234条)规定所赋予的权利，其异议不能阻却执行法院对标的的执行，福州市中级人民法院审查扬建公司的异议并无不当。其次，建设工程价款优先受偿权与担保物权及其他优先权一样，重在支配拍卖财产的交换价值，如果其受偿顺位先于申请执行人的，可以在拍卖之后从拍卖价款中优先受偿。福州市中级人民法院对案涉财产处置，截至扬建公司提起异议时，仅对涉案财产采取查封措施和拟挂网拍卖，未对拍卖款进行财产分配，扬建公司主张的建设工程款优先受偿权并未因福州市中级人民法院将对案涉财产拍卖而受到侵害。福州市中级人民法院在裁定中已告知扬建公司可依法申请先行参与分配，待福州市中级人民法院对此作出具体执行行为后另循法律途径主张权利。

(2019)鲁民终167号民事裁定②中，法院认为，建设工程价款优先受偿权是以建设工程折价、拍卖的交换价值担保债权的实现，本质上是债权实现的优先

① 江苏扬建集团有限公司、福建省海洋丝路投资发展有限公司、福建省东山县海魁水产集团有限公司等其他案由案，福建省高级人民法院(2019)闽执复171号执行裁定书。

② 肥城市第五建筑安装公司、泰安市润和置业有限公司案外人执行异议之诉案，山东省高级人民法院(2019)鲁民终167号民事裁定书。

顺位权。人民法院对生效判决确认债权的强制执行并不必然妨害建设工程价款优先受偿权的实现，案外人不能以其对被执行的建设工程享有优先受偿权为由要求停止执行，而应当在执行程序中向执行法院提出优先受偿的主张。案外人执行异议之诉的根本目的在于解决能否排除执行的问题，确权只是排除执行的附带功能，若案外人对执行标的物享有的实体权利不足以排除强制执行，人民法院在执行异议之诉中不能单独针对案外人的确权请求作出确权判项。因此，一审法院在本案中对肥城五建公司请求的建设工程价款优先受偿权进行实体审理缺乏法律依据，应予撤销。同时，具体到本案，肥城五建公司除提出确认优先受偿权外，还请求判决支付工程款，该项诉讼请求实际是实现优先受偿权的具体请求，其性质为给付请求，基于现行民事诉讼法及其司法解释的规定，案外人提出的给付请求不属于执行异议之诉的审理对象。综上，上诉人肥城五建公司所提出的诉讼请求均不属于执行异议之诉的审理范围，故应当依法予以驳回。

(2018)晋民终 323 号民事判决①中，法院认为，执行异议之诉的基础是案外人对执行标的是否享有所有权或者其他足以阻止执行标的转让、交付的实体权利。法律规定的建设工程价款优先受偿权是承包人就建设工程折价或者拍卖的价款优先受偿的权利，这种权利是工程变价款分配顺位上的优先权利，不是所有权等实体权利，不能阻止执行标的的转让、交付。案外人王某利主张对执行标的享有建设工程价款优先受偿权，可以申请参与分配，但不能据此要求确认房屋所有权归其所有，亦不享有对诉争房屋排除执行的权利。

(2019)湘民终 756 号民事判决②中，法院认为：建设工程价款优先受偿权属于法定优先权，是指在以建设工程的价值清偿债务时，工程价款应当优先于一般债权得到清偿，因而该权利是债的实现顺位的优先，在本质上属于优先债权，不是物权性质的绝对排他性权利，不能排除人民法院对执行标的采取的拍卖、变卖、折价等执行行为，不属于"足以排除强制执行"的民事权益。因此。原审法院对航天公司停止执行的诉讼请求不予支持并无不当，航天公司的该项上诉请求不能成立。本案执行过程中，原审法院虽已作出(2015)娄中执字第 133 -2 号执行裁定，将案涉房屋抵偿给工行城建支行，但该执行程序尚未终结，航天公

① 王某利与袁某斌案，山西省高级人民法院(2018)晋民终 323 号民事判决书。

② 湖南航天建筑工程有限公司、娄底市红钻石房地产开发有限公司案外人执行异议之诉案，湖南省高级人民法院(2019)湘民终 756 号民事判决书。

司可另行申请参与到本案执行程序中，主张对执行标的物享有优先受偿权。

(2019)甘民终120号民事裁定[①]中，法院认为：关于马某武以其对涉案执行标的享有建设工程价款优先受偿权为由提起案外人执行异议之诉，是否符合案外人执行异议之诉的起诉条件的问题。首先，马某武对工程价款是否享有优先受偿权无生效民事判决予以确认。其次，《合同法》第286条及《最高人民法院关于适用建设工程价款优先受偿权问题的批复》（现已失效）规定了承包人享有法定优先受偿权。建设工程价款优先受偿权是承包人就建设工程折价或者拍卖的价款优先受偿的权利，针对的是建设工程折价或者拍卖后的价款可以优先受偿，是债权优先受偿权而非建筑物的所有权等实体权利，马某武主张享有对执行标的物的实体权利不能成立，其不能阻止执行标的的转让交付，不能提出异议。马某武的起诉不符合执行异议之诉条件，一审法院驳回马某武起诉并无不当。再者，一审法院在驳回马某武起诉的同时，并未剥夺马某武主张优先权的权利。

2. 法院实践的理论依据分析

(1)可以提起执行标的异议的实体权利

根据《民事诉讼法》（2021年修正）第234条、[②]《民诉法解释》（2022年修正）第465条、[③]《执行程序若干问题的解释》（2020年修正）第14条[④]以及《执行异议和复议案件若干问题的规定》第24条[⑤]的规定，在执行阶段提起执行标的异议的条件是：①异议针对的执行属于非金钱债权的执行。金钱属于非特定

---

① 马某武与安某锋案，甘肃省高级人民法院(2019)甘民终120号民事裁定书。

② 《民事诉讼法》(2021年修正)第234条规定："执行过程中，案外人对执行标的提出书面异议的，人民法院应当自收到书面异议之日起十五日内审查，理由成立的，裁定中止对该标的的执行；理由不成立的，裁定驳回。案外人、当事人对裁定不服，认为原判决、裁定错误的，依照审判监督程序办理；与原判决、裁定无关的，可以自裁定送达之日起十五日内向人民法院提起诉讼。"

③ 《民诉法解释》(2022年修正)第463条规定："案外人对执行标的提出的异议，经审查，按照下列情形分别处理：(一)案外人对执行标的不享有足以排除强制执行的权益的，裁定驳回其异议；(二)案外人对执行标的享有足以排除强制执行的权益的，裁定中止执行。驳回案外人执行异议裁定送达案外人之日起十五日内，人民法院不得对执行标的进行处分。"

④ 《执行程序若干问题的解释》(2020年修正)第14条规定："案外人对执行标的主张所有权或者有其他足以阻止执行标的转让、交付的实体权利的，可以依照民事诉讼法第二百二十七条的规定，向执行法院提出异议。"

⑤ 《执行异议和复议案件若干问题的规定》第24条规定："对案外人提出的排除执行异议，人民法院应当审查下列内容：(一)案外人是否系权利人；(二)该权利的合法性与真实性；(三)该权利能否排除执行。"

物,因此不得针对标的为金钱的执行提起执行标的异议。②案外人对执行标的享有合法的实体权利。若案外人对执行标的不具备合法的处分权限的,则不得提起执行标的异议。③案外人对执行标的享有的权利属于足以排除强制执行的权利,即案外人对执行标的的权利在实体上能够对抗执行申请人对执行标的的权利。

执行异议之诉是罩着审判程序外衣下的相关权利人之间的民事法律关系的实体纠纷,[①]民事权益实体内容的审查是异议执行审判的内在核心,[②]标的物的权属认定是执行异议之诉的逻辑起点;也就是说,法院对执行异议之诉是否成立的审查,就是审查案外人享有一个什么样的民事权益及其对抗性效力如何。[③] 案外人对执行标的享有的权利是否足以排除强制执行,即案外人对执行标的享有的权利能否对抗执行申请人基于执行债权发生的基础权利,应根据该民事权益的实体法性质和效力进行判断,需综合斟酌案外人生存权的保障、申请执行人信赖利益的保护、社会效果等因素,根据强制执行个案的具体情形而定。[④] 根据法院的实践做法,具有排除执行效力的实体权利仅包括以下几个:

第一,所有权。只有被执行人的财产才能成为执行标的,执行不得针对案外人的财产。所有权是指所有人依法对自己的物所享有的独占性的支配权,[⑤]属于具有占有、使用、收益、处分完整权能的物权,具有充分的排他效力。所有权是案外人执行异议之诉中"足以排除强制执行民事权益"最重要的组成部分。强制执行的执行标的物应为被执行人之责任财产,若法院对案外人所有的财产实施执行的,案外人可以基于对执行标的的所有权提起执行异议之诉。[⑥] 但是,若执行申请人对执行标的的权利能够限制案外人对执行标的的所有权的,案外

① 参见赵秀举:《论民事执行救济兼论第三人执行异议之诉的悖论与困境》,载《中外法学》2012年第4期。

② 参见唐力:《论民事执行的正当性与程序保障——以第三人异议之诉为中心》,载《法学评论》2009年第5期。

③ 参见杨丽美:《〈民法典〉第352条在执行异议确权案件中的适用——基于几个最高法院典型判例的分析》,载《法律适用》2020年第20期。

④ 参见肖建国、庄诗岳:《论案外人异议之诉中足以排除强制执行的民事权益——以虚假登记财产的执行为中心》,载《法律适用》2018年第15期。

⑤ 参见马俊驹、余延满:《民法原论》(第4版),法律出版社2010年版,第318页。

⑥ 参见赵信会:《论民事执行异议之诉——对〈民事诉讼法〉关于执行异议之诉改革的评价》,载《政法论丛》2009年第3期。

人则不能提出执行标的异议，如所有权人以自己所有之物为他人设定质权的，质权人的质权就属于能够限制所有权的物权，质权人请求法院执行质物实现债权的，所有权人不得提出执行异议；然而，若执行申请人对执行标的的权利不能限制案外人对执行标的的所有权的，案外人则可以提出执行标的异议，如所有权人将自己所有的动产为他人设立抵押权后，在抵押权人实现抵押权之前将抵押物对价转让给善意第三人并办理过户登记的，该未经抵押登记的抵押权人不得对抗该善意取得抵押物的第三人，抵押权人请求法院执行抵押物实现债权的，第三人可以基于善意取得提起执行异议排除执行，其请求权基础为《民法典》第 403 条的规定："以动产抵押的，抵押权自抵押合同生效时设立；未经登记，不得对抗善意第三人。"

第二，用益物权。用益物权是指在他人之物上设立的，以在一定范围内的使用、收益该他人之物为目的的定限物权，包括建设用地使用权、土地承包经营权、宅基地使用权等。用益物权设立的目的是在约定范围内实现物的使用权能及收益权能，因此用益物权所附着的物在所有权人与用益物权人约定的范围内具有排他效力，该排他效力虽然不能阻止所有权人对物的转让处分，但却可以排除所有权人的交付占有。《拍卖、变卖规定》第 28 条第 2 款规定："拍卖财产上原有的租赁权及其他用益物权，不因拍卖而消灭，但该权利继续存在于拍卖财产上，对在先的担保物权或者其他优先受偿权的实现有影响的，人民法院应当依法将其除去后进行拍卖。"当所有权人转让附有用益物权的物时，物上附着的用益物权也随着物的移转而移转，用益物权人对物的使用及收益的权利并不因为物的所有权变动而消灭，此也为用益物权追及效力的体现。

第三，具有保障权利人基本生存权功能的物权期待权及承租权。房屋买受人请求出卖人协助自己办理过户登记的权利在学理上称为"物权期待权"，是对既得权而言的概念，产生于物权形式主义的不动产物权变动模式的德国。[①] 在我国，物权期待权的身影散见于《最高人民法院关于人民法院民事执行中查封、扣押、冻结财产的规定》(2020 年修正，以下简称《查封、扣押、冻结财产的规

① 参见姜宇轩、贾宏斌：《民事权利冲突司法认定研究——以执行异议之诉中不动产物权期待权与抵押权冲突为视角》，载《江汉论坛》2020 年第 12 期。

定》)第15条[①]以及《执行异议和复议规定》第28、[②]29条[③]中,其衍生背景为,对于已经签订买卖合同的买受人,在已履行合同部分义务的情况下,虽然尚未取得合同标的的物权,但赋予其类似物权人的地位,其对物权的期待权具有排除执行的效力。[④] 据此,物权期待权的本质属性是请求权,即债权。

根据物权法的法理,物权具有优先效力,附有担保物权的债权优于一般债权受偿,因此性质为债权的物权期待权不得对抗担保物权、法定优先权等权利。然而,房屋买受人购房的通常目的是用于生活居住,房屋是买受人的安家立业之所,处于普罗大众基本生产生活资料的基础地位。[⑤] 因此,出于全面保障房屋买受人的基础生存权利、增强法律保障人民群众基本权利的公信力、维护社会环境的和谐稳定,法律给予房屋买受人特别保护,赋予房屋买受人的物权期待权优先于一般债权,甚至也优先于抵押权等担保物权、建设工程价款优先受偿权等法定优先权受偿的法律地位。

另外,法律对承租人承租权的保护体现在《民法典》第725、[⑥]405条,[⑦]《最高人民法院关于适用〈中华人民共和国民法典〉有关担保制度的解释》(以下简

---

① 《查封、扣押、冻结财产的规定》第15条规定:"被执行人将其所有的需要办理过户登记的财产出卖给第三人,第三人已经支付部分或者全部价款并实际占有该财产,但尚未办理产权过户登记手续的,人民法院可以查封、扣押、冻结;第三人已经支付全部价款并实际占有,但未办理过户登记手续的,如果第三人对此没有过错,人民法院不得查封、扣押、冻结。"

② 《执行异议和复议规定》第28条规定:"金钱债权执行中,买受人对登记在被执行人名下的不动产提出异议,符合下列情形且其权利能够排除执行的,人民法院应予支持:(一)在人民法院查封之前已签订合法有效的书面买卖合同;(二)在人民法院查封之前已合法占有该不动产;(三)已支付全部价款,或者已按照合同约定支付部分价款且将剩余价款按照人民法院的要求交付执行;(四)非因买受人自身原因未办理过户登记。"

③ 《执行异议和复议规定》第29条规定:"金钱债权执行中,买受人对登记在被执行的房地产开发企业名下的商品房提出异议,符合下列情形且其权利能够排除执行的,人民法院应予支持:(一)在人民法院查封之前已签订合法有效的书面买卖合同;(二)所购商品房系用于居住且买受人名下无其他用于居住的房屋;(三)已支付的价款超过合同约定总价款的百分之五十。"

④ 参见刘贵祥、范向阳:《〈关于人民法院办理执行异议和复议案件若干问题的规定〉的理解与适用》,载《人民司法》2015年第11期。

⑤ 参见江必新、刘贵祥主编:《最高人民法院关于人民法院办理执行异议和复议案件若干问题规定理解与适用》,人民法院出版社2017年版,第421~422页。

⑥ 《民法典》第725条规定:"租赁物在承租人按照租赁合同占有期限内发生所有权变动的,不影响租赁合同的效力。"

⑦ 《民法典》第405条规定:"抵押权设立前,抵押财产已经出租并转移占有的,原租赁关系不受该抵押权的影响。"

称《〈民法典〉有关担保制度的解释》)第54条第2项①以及《执行异议和复议规定》第31条第1款②中。承租人对房屋的承租权是承租人请求出租人将房屋交付其占有、使用的权利,本质上也为债权,根据"物权优于债权"的大原则,承租人对房屋的占有、使用的承租权也不能对抗债权人对房屋的抵押权或受让人对房屋的所有权。但是,出租屋是承租人安身立命之本,承租人的承租权也体现了承租人基本的生存权利,因此法律特别给予承租人的承租权以物权的保护,赋予承租权以物权的追及效力,即无论租赁物被处分转让、拍卖变卖流转至何处,只要租赁合同成立在先,承租人对房屋的承租权就永远优于债权人的抵押权或受让人的所有权,承租人可以以在先成立的承租权为由对债权人或受让人申请对租赁房屋的执行提起执行标的异议。

第四,特殊的担保物权。原则上,案外人不得以自身对执行标的享有担保物权或法定优先权、法院对标的物强制执行会危害其优先权为由提起执行标的异议。可以提起执行标的异议的权利包括所有权、用益物权以及具有保障生存权功能的房屋物权期待权、房屋承租权,这些权利的共同特点都是以实现物的占有、使用为目的,即只有以占有、使用物为出发点的权利才是足以排除强制执行的实体权利,案外人才可以该实体权利提起执行标的异议。《民法典》第386条规定:"担保物权人在债务人不履行到期债务或者发生当事人约定的实现担保物权的情形,依法享有就担保财产优先受偿的权利,但是法律另有规定的除外。"担保物权是对标的物的交换价值予以支配,其核心内容是就标的物的变价款优先受偿,③其主要目的是保证债权的实现。担保物权具有两种效力:一为清算效力,即履行期届满债务人不履行债务的,担保物权人有权对担保物拍卖、变卖或折价处理,并以担保物的拍卖、变卖、折价处理的所得价款清偿其债权;二为优先效力,即若债务人存在多个债权人的,就担保物拍卖、变卖、折价处理所得价款,担保物权人还可以要求优先受偿。然而,担保物权的主要功能只是

---

① 《〈民法典〉有关担保制度的解释》第54条第2项规定:"抵押人将抵押财产出租给他人并移转占有,抵押权人行使抵押权的,租赁关系不受影响,但是抵押权人能够举证证明承租人知道或者应当知道已经订立抵押合同的除外。"

② 《执行异议和复议规定》第31条第1款规定:"承租人请求在租赁期内阻止向受让人移交占有被执行的不动产,在人民法院查封之前已签订合法有效的书面租赁合同并占有使用该不动产的,人民法院应予支持。"

③ 参见申卫星:《物权法原理》(第2版),中国人民大学出版社2016年版,第293页。

担保债权的实现,体现的是其交换价值;其本质不是实现物的占有权能及使用权能,体现的不是物的使用价值,因此根据执行标的异议的程序立法精神,担保物权不是足以排除强制执行的权利,案外人不得以自身享有担保物权等优先权、法院对标的物的执行会侵害其担保物权为由提起执行标的异议。

在例外情况下,案外人对特殊财产享有的担保物权属于可以排除强制执行的权利。对一些特殊行业,基于公共利益的考量,法律或司法解释赋予了案外人对特殊财产的担保物权予以排除执行的权利,如为了防范证券市场的系统性风险,《关于查询、冻结、扣划证券和证券交易结算资金有关问题的通知》第 7 条规定:"证券登记结算机构依法按照业务规则要求证券公司等结算参与人、投资者或者发行人提供的回购质押券、价差担保物、行权担保物、履约担保物等担保物,在交收完成之前,不得冻结、扣划。"

(2)工程价款优先受偿权不属于可以提起执行标的异议的实体权利

根据《执行异议和复议规定》第 24 条以及《执行程序若干问题的解释》(2020 年修正)第 14 条的规定,可以提出执行异议的权利必须是"能够排除执行的权利",进一步说明,则是"足以阻止执行标的转让、交付的实体权利",何谓"足以阻止执行标的转让、交付的实体权利"需结合案外人执行异议之诉的规范目的进行解释。而案外人执行异议制度的立法目的在于,避免案外人对执行标的享有的实体权益因法院的强制执行行为受到妨碍,如果案外人享有的实体权益并不因申请执行人实现权益之行为而受到妨碍,则判决驳回案外人的诉讼请求。[①] 至于"受到妨碍"的标准,应根据不同权利的性质稍作区分。

其一,若案外人对执行标的享有的实体权益为债权请求权,如基于买卖、赠与、租赁、使用借贷等法律关系而对债务人有请求将标的物为交付、给付或转移登记之请求权,[②]鉴于债权的性质和特点决定了案外人债权之实现和法院对特定标的物强制执行并不冲突,因此债权并不足以排除强制执行。[③]

其二,若案外人对执行标的享有的实体权益为所有权、用益物权这类着眼于物的使用价值的权利,鉴于所有权、用益物权等权利实现的基础在于实际控

① 参见汤维建、陈爱飞:《"足以排除强制执行民事权益"的类型化分析》,载《苏州大学学报(哲学社会科学版)》2018 年第 2 期。

② 参见赖来焜:《强制执行法总论》,元照出版有限公司 2007 年版,第 405 页。

③ 参见陈娴灵:《案外人异议之诉异议事由释论》,载《江汉论坛》2011 年第 9 期。

制及切实利用，一旦法院的强制执行行为侵害案外人对物的现实占有及合理使用的，该案外人当然能够申请执行异议并进一步提起执行异议之诉以保障自己的物权。

其三，若案外人对执行标的享有的实体权益为担保物权、法定优先权这类着眼于物的交换价值的权利，鉴于担保物权、法定优先权等权利的实现不依赖于对物的现实占有与实际利用，而是依赖于物的优先效力，法院的强制执行仅侵害了案外人对担保物或法定优先权标的物的现实占有及合理使用这一事由，仍不能作为案外人提起执行异议的必要充分理由，只有法院的强制执行行为损害了案外人对担保物或法定优先权标的物的优先效力，换言之，动摇了案外人的优先受偿地位时，案外人才有正当理由提起执行异议。

针对第一种情形、第二种情形，理论界不持异议。争议存在于第三种情形，因为此时会陷入一个矛盾，若法院实施强制执行的手段是将执行标的物变更登记给执行申请人，说明执行申请人享有的是所有权，案外人的担保物权及法定优先权当然不得与之对抗，这种情况案外人则没有提起执行异议的前提；但若法院实施强制执行的手段是将执行标的物拍卖、变卖、折价处理并将所得价款交付执行申请人用于清偿其债权，那么该执行手段与案外人实现担保物权及法定优先权的优先效力的手段是重合的、一致的，只要在分配执行所得阶段案外人进入分配程序主张优先受偿即可，此时案外人是否存在申请执行标的异议阻却法院拍卖、变卖或折价处理等执行进程的必要？若无必要，案外人以其对执行标的享有担保物权或法定优先权为由提起执行异议是否存在合理性及正当性理由？

论述至此，可以得出的结论是，能够“阻止物的转让、交付的实体权利”只能是具有排他效力的物权。而具有排他效力的物权仅包括所有权以及除了地役权之外的用益物权，不包括担保物权及法定优先权。国外的立法例亦然，如德国《民事诉讼法》规定担保物权原则上不能作为“足以排除强制执行的民事权益”，日本《民事执行法》也规定担保物权一般不能作为阻却让与之事由。[①] 综上，担保物权与法定优先权不具有排他效力，不属于“足以阻止执行标的的转让、

① 参见汤维建、陈爱飞：《“足以排除强制执行民事权益”的类型化分析》，载《苏州大学学报（哲学社会科学版）》2018 年第 2 期。

交付的实体权利”，因此当事人不得以法院对标的物的执行侵害其担保物权或法定优先权为由向法院提起执行异议；若强制执行妨害用益物权人对执行标的之占有、使用、收益，则应当允许用益物权人提起案外人异议之诉。①

在物权体系下，物权分为自物权与他物权，自物权即为所有权，他物权即为限定物权，包括用益物权与担保物权。所有权及用益物权着眼于实现物的占有权能与使用权能，故所有权及用益物权具有排他效力；而担保物权着眼于实现物的处分权能与收益权能，故担保物权具有处分清算效力与优先效力。担保物权不具有排他效力，理由在于，同一物上可以设立多个互相冲突的担保物权，对担保物权人的影响只是受偿顺序的先后导致受偿程度不一样而已，因此担保物权不具有排他效力。此外，同一物上既可以根据法律规定自动设立法定优先权，也可以根据权利人的意思自治设立担保物权，如发包人可以将在建工程设立抵押权，但根据《民法典》的规定在建工程天然地存在承包人的工程价款优先受偿权，因此法定优先权也不具有排他效力。因此，作为法定优先权的工程价款优先受偿权也不具备排他效力。

（3）工程价款优先受偿权可通过在执行分配程序中请求优先分配来实现

法律设定工程价款优先受偿权的目的是担保承包人实现其工程款主债权，而不是为了保障承包人对在建工程的合法占有及实际利用；简言之，就是工程价款优先受偿权的功能是清偿债，而不是利用物。法定优先权人满足《民诉法解释》第506条第1款的规定“被执行人为公民或者其他组织，在执行程序开始后，被执行人的其他已经取得执行依据的债权人发现被执行人的财产不能清偿所有债权的，可以向人民法院申请参与分配”的规定时，对于法院已经执行的标的物，可以以其享有法定优先权为由向法院申请进入参与执行分配所得程序中，并请求优先分配执行所得。

由此，承包人认为法院对标的物的执行将侵害其工程价款优先受偿权利的，因工程价款优先受偿权不属于可以提起执行标的异议的权利，不能向法院提起执行异议；但可以向法院申请进入参与分配程序，对分配方案不服的，可以提起分配方案异议之诉。

---

① 参见肖建国、庄诗岳：《论案外人异议之诉中足以排除强制执行的民事权益——以虚假登记财产的执行为中心》，载《法律适用》2018年第15期。

（二）工程价款优先受偿权与参与分配制度

1. 申请启动参与分配程序

《民诉法解释》（2022 年修正）第 506 条规定：“被执行人为公民或者其他组织，在执行程序开始后，被执行人的其他已经取得执行依据的债权人发现被执行人的财产不能清偿所有债权的，可以向人民法院申请参与分配。对人民法院查封、扣押、冻结的财产有优先权、担保物权的债权人，可以直接申请参与分配，主张优先受偿权。”第 507 条规定：“申请参与分配，申请人应当提交申请书。申请书应当写明参与分配和被执行人不能清偿所有债权的事实、理由，并附有执行依据。参与分配申请应当在执行程序开始后，被执行人的财产执行终结前提出。”因此，在承包人对在建工程主张建设工程价款优先受偿权要求实现其工程款债权之前，如银行已起诉发包人取得生效文书并向法院申请执行在建工程实现其抵押权时，承包人可以向法院提交参与分配申请书，申请进入对在建工程拍卖、变卖、折价处理所得价款进行参与分配的程序。

同时，由于建设工程价款优先受偿权属于法定优先权，是法律直接赋予承包人、承包人基于施工建造这一事实行为而获得的权利，承包人不需要法律通过司法程序确认才能取得，因此，根据《民诉法解释》第 506 条第 2 款的规定，即使没有生效的法律文书对其确权，只要在法定的工程价款优先受偿权的行使期间内，承包人都可以以其身份直接申请参与分配，不需要取得任何执行依据。

2. 提起分配方案异议之诉

分配方案异议之诉是指债权人或被执行人不同意执行分配方案而提出异议，因其他债权人或被执行人对其异议表示反对，致使异议未终结，而由异议人对提出反对意见的债权人或被执行人提起的诉讼。① 其诉讼程序的审理对象为执行分配方案的合法性，诉讼标的为“参与分配方案的实体性争议”，诉讼目的为“改变参与分配方案”，性质上属于形成之诉。②

① 参见杨柳：《比较与借鉴：中德执行分配方案异议之诉的制度架构分析》，载《法律适用》2011 年第 8 期。

② 参见丁宝同：《执行异议之诉：比较法视野下的谱系解读》，载《比较法研究》2015 年第 4 期。

根据《执行程序若干问题的解释》(2020 年修正)第 17、[①]18 条[②]的规定,当有多个债权人对执行财产申请参与分配的,法院首先应当制作分配方案并送达各债权人及被执行人,债权人及被执行人对方案有异议的,应在收到分配方案之日起的 15 日内向法院提出书面异议。法院应当将该书面异议送达其他未提异议的当事人,其他未提异议的当事人应在收到书面异议之日起的 15 日内提出反对意见,法院应当将反对意见通知异议人,异议人可以自收到该通知之日起 15 日内以反对人为被告,提起分配方案异议之诉。

享有工程价款优先受偿权的承包人进入参与分配程序后,如对法院的财产分配方案存有异议,应当及时按照规定期限提出异议,并在收到反对意见后及时提出分配方案异议之诉,否则,法院将按照原分配方案进行分配。

3. 参与分配期间、分配方案异议之诉审理期间不中止执行

执行中止的事由为法定事由,没有法律规定的情形出现,法院不得中止执行。根据法律规定,[③]申请参与分配及提起分配方案异议之诉并非法定中止执行的事由,因此在抵押权人对在建工程申请法院执行期间,承包人无法通过申请法院启动参与分配程序或提起分配方案异议之诉申请法院中止对在建工程的拍卖、变卖或折价处理程序。但是,根据《执行程序若干问题的解释》(2020 年修正)第 18 条第 3 款"诉讼期间进行分配的,执行法院应当将与争议债权数额相应的款项予以提存"的规定,承包人可以请求法院对拍卖、变卖、折价处理在建工程所得价款在工程价款范围内予以提存,从而阻止银行等抵押权人全面受

---

① 《执行程序若干问题的解释》(2020 年修正)第 17 条规定:"多个债权人对同一被执行人申请执行或者对执行财产申请参与分配的,执行法院应当制作财产分配方案,并送达各债权人和被执行人。债权人或者被执行人对分配方案有异议的,应当自收到分配方案之日起十五日内向执行法院提出书面异议。"

② 《执行程序若干问题的解释》(2020 年修正)第 18 条规定:"债权人或者被执行人对分配方案提出书面异议的,执行法院应当通知未提出异议的债权人或被执行人。未提出异议的债权人、被执行人收到通知之日起十五日内未提出反对意见的,执行法院依异议人的意见对分配方案审查修正后进行分配;提出反对意见的,应当通知异议人。异议人可以自收到通知之日起十五日内,以提出反对意见的债权人、被执行人为被告,向执行法院提起诉讼;异议人逾期未提起诉讼的,执行法院依原分配方案进行分配。诉讼期间进行分配的,执行法院应当将与争议债权数额相应的款项予以提存。"

③ 《民事诉讼法》(2021 年修正)第 263 条规定:"有下列情形之一的,人民法院应当裁定中止执行:(一)申请人表示可以延期执行的;(二)案外人对执行标的提出确有理由的异议的;(三)作为一方当事人的公民死亡,需要等待继承人继承权利或者承担义务的;(四)作为一方当事人的法人或者其他组织终止,尚未确定权利义务承受人的;(五)人民法院认为应当中止执行的其他情形。中止的情形消失后,恢复执行。"

偿而无法实现工程价款优先受偿权。

(三)建设工程价款优先受偿权与审判监督程序

1. 再审的启动

《民事诉讼法》(2021年修正)第206条规定:"当事人对已经发生法律效力的判决、裁定,认为有错误的,可以向上一级人民法院申请再审;当事人一方人数众多或者当事人双方为公民的案件,也可以向原审人民法院申请再审。当事人申请再审的,不停止判决、裁定的执行。"第207条规定:"当事人的申请符合下列情形之一的,人民法院应当再审:(一)有新的证据,足以推翻原判决、裁定的;(二)原判决、裁定认定的基本事实缺乏证据证明的;(三)原判决、裁定认定事实的主要证据是伪造的;(四)原判决、裁定认定事实的主要证据未经质证的;(五)对审理案件需要的主要证据,当事人因客观原因不能自行收集,书面申请人民法院调查收集,人民法院未调查收集的;(六)原判决、裁定适用法律确有错误的;(七)审判组织的组成不合法或者依法应当回避的审判人员没有回避的;(八)无诉讼行为能力人未经法定代理人代为诉讼或者应当参加诉讼的当事人,因不能归责于本人或者其诉讼代理人的事由,未参加诉讼的;(九)违反法律规定,剥夺当事人辩论权利的;(十)未经传票传唤,缺席判决的;(十一)原判决、裁定遗漏或者超出诉讼请求的;(十二)据以作出原判决、裁定的法律文书被撤销或者变更的;(十三)审判人员审理该案件时有贪污受贿,徇私舞弊,枉法裁判行为的。"第212条规定:"当事人申请再审,应当在判决、裁定发生法律效力后六个月内提出;有本法第二百零七条第一项、第三项、第十二项、第十三项规定情形的,自知道或者应当知道之日起六个月内提出。"第234条规定:"执行过程中,案外人对执行标的提出书面异议的,人民法院应当自收到书面异议之日起十五日内审查,理由成立的,裁定中止对该标的的执行;理由不成立的,裁定驳回。案外人、当事人对裁定不服,认为原判决、裁定错误的,依照审判监督程序办理;与原判决、裁定无关的,可以自裁定送达之日起十五日内向人民法院提起诉讼。"

《民诉法解释》(2022年修正)第382条规定:"当事人对已经发生法律效力的调解书申请再审,应当在调解书发生法律效力后六个月内提出。"第421条规定:"根据民事诉讼法第二百三十四条规定,案外人对驳回其执行异议的裁定不服,认为原判决、裁定、调解书内容错误损害其民事权益的,可以自执行异议裁定送达之日起六个月内,向作出判决、裁定、调解书的人民法院申请再审。”

生效裁判具有既判力等多种法律效力,唯有启动再审程序方能推翻。① 民事再审,指的是有可能将法院终审作出的生效裁判“推倒重来”,对法律上本应已经解决的民事纠纷重新进行审查、审判的一种“非常规的”救济程序,我国民事诉讼法将其称为“审判监督程序”。②

与上诉程序不同的是,启动再审程序的实质性要件即为再审事由,故再审事由被视为“打开再审程序之门的钥匙”。③ 在借款合同纠纷案件中,若银行对在建工程的抵押权损害了承包人基于建设工程而享有的工程价款优先受偿权,当然构成承包人申请启动审判监督程序的再审事由。具体情况为,发包人的财产不足以清偿承包人的工程款债权,在承包人对在建工程行使建设工程价款优先受偿权实现其工程款债权之前,发包人为了向银行贷款已将在建工程抵押给银行,且银行已起诉发包人索要欠款并根据生效判决向法院申请对在建工程的执行以实现其抵押权的,银行对在建工程是否享有抵押权且抵押权所涉的受偿范围必然会对承包人对在建工程的建设工程价款优先受偿权产生实质性的影响,承包人可以以其建设工程价款优先受偿权受到损害为由针对银行与发包人贷款纠纷案件的判决申请再审。

2. 申请再审、再审审理期间是否中止执行

《民事诉讼法》(2021 年修正)第 206 条规定:“……当事人申请再审的,不停止判决、裁定的执行。”第 213 条规定:“按照审判监督程序决定再审的案件,裁定中止原判决、裁定、调解书的执行,但追索赡养费、扶养费、抚养费、抚恤金、医疗费用、劳动报酬等案件,可以不中止执行。”

根据《民事诉讼法》的规定可知,根据当事人的再审申请,法院在是否启动审判监督程序的审查期间,不中止原生效判决的执行;一旦法院决定再审,在再审审理期间,中止原生效判决的执行。

五、实务操作建议

在承包人行使建设工程价款优先受偿权实现其工程款债权之前,发包人已

---

① 参见王朝辉:《民事再审事由的体系展开与程序效力》,载《法律适用》2020 年第 20 期。

② 参见王亚新:《民事再审:程序的发展及其解释适用》,载《北方法学》2016 年第 5 期。

③ 参见张卫平:《民事再审事由研究》,载《法学研究》2000 年第 5 期。

将在建工程抵押给银行向银行贷款融资，后因发包人无力清偿贷款债务被银行诉至法院且银行通过申请法院执行该在建工程的方式行使其抵押权时，享有建设工程价款优先受偿权的承包人应选择何种程序救济自身的权利，我们建议：

首先，承包人不得提出执行标的异议。以上已论述，由于建设工程价款优先受偿权的本质是担保工程款主债权实现的从权利，而不是以实现物的占有权能、使用权能为目的的权利，因此建设工程价款优先受偿权不是“足以排除强制执行”的权利，因此承包人不得以法院的执行会侵害其建设工程价款优先受偿权为由提起执行标的异议，排除对在建工程的执行。

其次，承包人应优先向法院申请启动参与分配程序。虽然参与分配的启动并不直接导致法院对在建工程执行的中止，但是法院应当提存、冻结对于拍卖、变卖、折价处理在建工程的所得价款，不得对在先申请执行的抵押权人银行优先进行分配。若抵押权人银行对参与分配方案有异议，而承包人对银行的异议不服的，应及时以银行为被告提起分配方案异议之诉，以《建设工程司法解释一》第36条规定为依据，主张自身的工程价款优先受偿权的受偿顺位优于银行的抵押权，有权优先分配拍卖、变卖或折价处理在建工程的所得价款。

最后，若承包人已无法申请参与分配，且无法提起其他新的诉讼主张建设工程价款优先受偿权的，可以尝试申请再审。

第四部分

建设项目资金融通相关问题

专题八

建设工程施工合同下的工程款债权保理法律实务研究

一、工程款债权保理问题的提出

建设工程施工法律关系中，承包人的主合同义务是按时、按约定的施工范围完成施工活动，并向发包人交付质量合格甚至满足发包人要求的工程成果；发包人的主合同义务是根据合同约定的时间、承包人申报的进度工程量以及竣工后承包人提交的工程结算文件按时足额向承包人支付工程款。发包人付款的方式多种多样，有的是发包人以转账的形式并以“工程款”名义向承包人支付工程款，也有的是发包人通过双方合意借款的形式向承包人支付工程款；有的是发包人通过以房抵款或其他以物抵债形式向承包人履行工程款清偿义务，也有的是发包人通过直接向材料供应商支付货款或直接向劳务负责人、劳务班主支付农民工工资的方式向承包人履行工程款清偿义务，还有的是发包人与承包人约定将承包人的工程款债权转让给保理人、发包人通过保理人向承包人支付保理融资贷款的方式履行工程款清偿义务，等等。以上付款形式并未违反法律强制性规定，只要双方达成付款合意或满足约定的付款条件，均有可能构成发包人的有效付款。

在上述付款形式中，发包人、承包人与保理人签订《三方保理协议》，约定保理人代替发包人向承包人支付工程款的形式并不少见。由此产生的实务问题是：发包人、承包人与保理人签订的《三方保理协议》是否为有效协议？各方的权利义务该如何约定？工程款债权由承包人转移至保理人后，承包人是否还能向发包人主张权利？保理人根据约定向承包人支付的保理融资贷款是否能构成发包人的有效付款，换言之，在保理人向承包人支付保理融资贷款的数额范围内，发包人对承包人的付款义务是否能相应免除？

二、保理合同的基本内容分析

（一）保理合同的概念

1.《民法典》出台前

在《民法典》出台之前，保理合同在我国仍为无名合同，除了银保监会发布的《关于加强商业保理企业监督管理的通知》（以下简称《银保监通知》）与银监会发布的《商业银行保理业务管理暂行办法》（中国银行业监督管理委员会令2014年第5号，以下简称《银监会5号令》）之外，没有高层法律位阶、具有普遍规范性、强制规范性的权威法律文件对“保理”进行定义解释。在审判实务中，有不少法院对保理进行定义，如（2018）渝民初94号判决认为：“保理合同是指债权人与保理商之间签订的，约定将现在或将来的、基于债权人与债务人订立的销售商品、提供服务、出租资产等基础合同所产生的应收账款债权转让给保理商，由保理商向债权人提供融资、销售分户账管理、应收账款催收、资信调查与评估、信用风险控制及坏账担保等至少一项服务的合同。”（2017）鄂民终3108号判决认为：“保理合同是债权人与保理商之间签订的，约定将来或现在，基于债权人对债务人享有的应收账款债权转让给保理商，由保理商向债权人融资、贷款等业务的合同。从保理合同的性质看，保理合同有两个基础法律关系，一是保理合同效力，二是债权转让效力。”（2016）沪民终477号判决认为：“保理业通常将保理业务定义为，以债权人让与其应收账款为前提，集应收账款催收、管理、坏账担保及融资于一体的综合金融服务。出让人通过将自己的债权转让给保理商取得资金，获得资本融通。信托业开展的应收账款转让及回购、收益权转让及回购等业务，在交易模式、转让标的物上与之类似。法院在审理此种合同引发的纠纷时，不应以某些商业企业、行业协会对此种合同的定义作为审理案件的依据，而应根据合同法及其相关司法解释进行审理。保理并非合同法上的有名合同，法律未就保理合同的概念、构成要件作出任何表述或定义。”

在实务审判领域，虽然法官对保理的定义表述不一，但有一点已经达成一致性，即保理业务开展的基础是债权人将债权转让给保理人，对应的合同法基础理论为“债权让与”；只有保理人切实地受让债权后，才能以该受让债权作为标的，开展分账管理、债权催收、借贷融资、坏账担保、债务人资信评估、保理业务咨询等保理服务。

2.《民法典》出台后

我国《民法典》于2020年5月28日经全国人大表决通过，并于2021年1月10日起施行，其中，第三编第十六章对保理合同作出了规定，从民法典生效之日起，保理合同从无名合同转变为有名合同。《民法典》第761条规定：“保理合同是应收账款债权人将现有的或者将有的应收账款转让给保理人，保理人提供资金融通、应收账款管理或者催收、应收账款债务人付款担保等服务的合同。”除了《民法典》对“何谓保理合同”作出了解释外，以下两个中央有关部门发布的规范性文件也对保理作出了解释：2019年10月18日银保监会发布的《银保监通知》第1条第3项规定：“商业保理业务是供应商将其基于真实交易的应收账款转让给商业保理企业，由商业保理企业向其提供的以下服务：1.保理融资；2.销售分户（分类）账管理；3.应收账款催收；4.非商业性坏账担保。商业保理企业应主要经营商业保理业务，同时还可经营客户资信调查与评估、与商业保理相关的咨询服务。”2014年4月3日银监会发布的《银监会5号令》第6条规定：“本办法所称保理业务是以债权人转让其应收账款为前提，集应收账款催收、管理、坏账担保及融资于一体的综合性金融服务。债权人将其应收账款转让给商业银行，由商业银行向其提供下列服务中至少一项的，即为保理业务：（一）应收账款催收：商业银行根据应收账款账期，主动或应债权人要求，采取电话、函件、上门等方式或运用法律手段等对债务人进行催收。（二）应收账款管理：商业银行根据债权人的要求，定期或不定期向其提供关于应收账款的回收情况、逾期账款情况、对账单等财务和统计报表，协助其进行应收账款管理。（三）坏账担保：商业银行与债权人签订保理协议后，为债务人核定信用额度，并在核准额度内，对债权人无商业纠纷的应收账款，提供约定的付款担保。（四）保理融资：以应收账款合法、有效转让为前提的银行融资服务。以应收账款为质押的贷款，不属于保理业务范围。”

根据以上法律及相关规范性文件，可以归纳出保理合同是指：债权人（即保理申请人、债权出让人）将基于债权人与债务人建立的基础法律关系而产生的已届清偿期或未届清偿期的债权请求权作为保理标的，转移给保理人（即保理服务商、债权受让人)，由保理人实际获得该债权项下的所有权利，并在此基础上，保理人针对该受让的债权(即保理标的债权)，为债权人开展融资贷款、债权管理、债权催收、坏账担保、债务人资信评估、保理业务咨询等保理服务的过程中所产生的保理人与债权人的法律关系、保理人与债务人的法律关系、债务人与债权人的法律关系汇总而成的合同关系的总称。换言之，保理合同法律关系的成立既要有应收账款债权转让行为，即“不让与，非保理”，又至少要有一项《民法典》所列举的保理服务，可视为混合契约中的并向结合契约。[①]

在保理合同关系中，保理标的为应收账款债权，以下简称“保理标的债权”；申请保理服务、转移债权并接受保理融资借款的主体为债权人，也称为“保理申请人”“委托人”；提供保理服务、受让债权并支付保理融资借款的主体为保理人，也称为“保理服务商”；用于保理融资债权的履行义务人为债务人。

(二)保理合同的法律关系分解

保理合同的法律关系包括保理标的、债权人暨保理申请人在保理合同中的权利义务、保理人暨保理服务商在保理合同中的权利义务等三大类，以下分述之。

1. 保理标的

承前所述，保理标的是债权人与债务人基于基础合同关系产生的债权请求权，保理合同的核心基础是债权人需将该债权请求权转移给保理人，由保理人实际受让该债权项下的所有权利，该债权请求权可以是货款请求权、工程款债权、借款债权、融资租赁租金债权等各类债权。该各类债权为保理合同提供标的物，是保理合同成立的“基础”，以建立起保理的“大厦”，若“基础”荡然无存，“大厦”无以立足，则必然倒塌。[②] 虽然法律不限制作为保理标的的债权类型，但是法律对保理标的有如下要求。

(1)保理标的须真实。“保理标的须真实”是指保理标的真实存在。由于保理合同关系涉及保理人、债权人、债务人三方主体的复杂关系，极易出现其中任意两方恶意串通损害其余一方合法利益的情形，其中最为突出的情形是债权人与债务人恶意虚构债权损害保理人的合法利益。因此，《民法典》第763条规定：“应收账款债权人与债务人虚构应收账款作为转让标的，与保理人订立保理

---

① 参见高佳运：《〈民法典〉保理合同新规的具体法律适用问题探究》，载《法制与社会》2021年第10期。

② 参见崔建远：《保理合同探微》，载《法律适用》2021年第4期。

合同的，应收账款债务人不得以应收账款不存在为由对抗保理人，但是保理人明知虚构的除外。”该条规定有以下三个层次的意思：第一，“虚构债权”包括两种情形，即应收账款债权本不存在，债权人与债务人通过签订虚假的交易合同拟定债权债务关系存在；或应收账款债权存在，但债权人与债务人真实交易的债权金额小于保理债权的金额。第二，债权人与债务人虚构债权的，并不必然导致保理合同无效，此为保护无辜的保理人的立法政策使然，而非标的之于合同成立的逻辑必然，[①]只要保理合同不存在其他违反法律、法规效力性强制性规定的情形，为了确保保理人可以根据保理合同向债权人主张违约责任，保障善意保理人利益，保理合同不当然因债权人与债务人虚构债权而无效。第三，为了保障善意相对人的合理信赖与交易安全，若保理人不知债权人与债务人虚构债权的事实，在诉讼过程中，债务人以保理债权不存在、保理债权的真实数额小于保理人所主张的数额为由抗辩保理人的付款请求的，法院应当不予支持。

（2）保理标的须合法。保理标的的合法包括两个层次的合法：第一，《民法典》第 153 条规定：“违反法律、行政法规的强制性规定的民事法律行为无效。但是，该强制性规定不导致该民事法律行为无效的除外。违背公序良俗的民事法律行为无效。”作为保理标的的债权不可以是贩卖毒品、贩卖走私军火所产生的货款债权，或提供性服务、杀人服务所产生的服务债权，或为黑社会组织打工卖命所产生的工资债权等，否则保理合同无效。第二，《民法典》第 154 条规定：“行为人与相对人恶意串通，损害他人合法权益的民事法律行为无效。”若保理人可以提供证据证明债权人与债务人通过虚构债权或虚夸债权数额等方式恶意串通套取保理人保理资金、损害保理人合法权益的，保理人可以请求法院认定其与债权人订立的保理合同无效。

（3）保理标的须有效。保理标的有效的，保理合同才有效；保理标的不具有效力的，会产生保理合同不生效力的后果。根据合同法法理，合同效力的内涵包括合同有效、合同无效、合同可撤销与合同效力待定，合同有效的外延即合同有效的对立面是合同不生效力，包括合同无效、合同可撤销与合同效力待定三种情况。本部分讨论的“保理标的须有效”导致“保理合同有效”是在“保理合同不具有可撤销事由”的维度中进行的，即保理合同要达到有效的程度，需不具备

---

① 参见崔建远：《保理合同探微》，载《法律适用》2021 年第 4 期。

《民法典》第146～151条规定的“虚假表示”“重大误解”“欺诈”“胁迫”“显失公平”五大类的一般可撤销情形。根据《民法典》的规定，若债权人与债务人虚构债权，善意保理人基于对该虚构债权的合理信赖与债权人订立保理合同的，保理人有以下三种救济方式：第一，在履行保理合同的过程中，若保理人能提供证据证明债权人与债务人存在虚构债权的行为的，可以以《民法典》第148、149条规定的“以欺诈为由的撤销权”“以第三人欺诈为由的撤销权”作为请求权基础，撤销保理合同；第二，在履行保理合同的过程中，若保理人能提供证据证明债权人与债务人存在虚构债权的行为且该行为切实使保理人的合法利益受到损害的，可以以《民法典》第154条规定的“恶意串通，损害他人合法权益”为由请求法院确认保理合同无效；第三，若在提供保理服务的过程中，债权人与债务人就保理标的恶意串通作出不利于保理人的变更，如减少债权数额，延长还款时间等，保理人请求债务人付款，债务人以保理标的即债权已变更为由抗辩保理人的付款请求的，保理人可以以《民法典》第765条的规定“应收账款债务人接到应收账款转让通知后，应收账款债权人与债务人无正当理由协商变更或者终止基础交易合同，对保理人产生不利影响的，对保理人不发生效力”为由，请求法院驳回债务人的抗辩理由。

2. 债权人的权利义务

权利与义务是同一合同内容的不同方面，权利与义务的性质相同，却互为对立面，在保理合同中，债权人的基本权利是获得保理人支付的保理融资借款并进行支配使用。相应地，保理人的义务是向债权人支付债权转让对价即保理融资款。债权人的基本义务有两个：一是将债权项下包含的所有权利转让给保理人，作为保理人支付保理融资款的对价；二是根据合同约定，在约定的保理回购期届满或债务履行期届满后，向保理人履行债权回购义务即债权反转让义务。相应地，保理人的基本权利有二：一是有权受让债权人移转的债权，并在支配债权的同时开展保理业务；二是有权要求债权人按照合同约定的期限与条件回购债权，该权利又称保理人追索权。根据权利义务的一体两面的特征，分析保理人的追索权，即为分析债权人的回购义务。

按照保理人是否有权行使追索权，即是否享有要求债权人反转让即回购保理标的债权的权利，保理可分为有追索权的保理与无追索权的保理。根据《银监会5号令》的规定，无追索权的保理又称为“买断型保理”，有追索权的保理又称为“回购型保理”；在我国台湾地区，有追索权的保理又称为“不纯正保理”，本质上是以应收账款的代收为受托事务的委托契约，也是带有融资功能的信托关系，谓之“借贷与信托的混合契约”；无追索权的保理又称为“纯正保理”，本质上是以应收账款债权为标的的特种买卖合同，对债务人的履行能力，债权人不向保理人承担担保责任。[①] 保理人的追索权，是指根据保理合同的约定，作为保理标的的应收账款债权的债务履行期届满，若接到债权转让通知的债务人未向保理人清偿债务的，保理人有权请求债权人即保理申请人按照保理合同约定的原价或溢价回购债权的权利。相应地，承前所述，保理人行使追索权的法律后果是债权人履行债权回购义务。保理人的追索权有以下法律特征：

第一，追索权的权利性质类似于形成权。形成权是指无须经相对方的同意，依权利人一方意思表示就可以直接发生法律效果的权利。保理人依照有追索权的保理合同约定向债权人行使追索权的，无论债权人是否愿意，都应当按照保理合同约定的价格回购保理债权，因此保理人追索权部分符合形成权的基本特征。不同的是，法律未规定追索权行使的除斥期间，但这并不妨碍当事人对保理人行使追索权的有效期间作出特别约定，若当事人在保理合同中约定，债务人不履行债务，保理人应当在某一期间内行使追索权，否则永久丧失对债权人的追索权利的，该约定不违反法律强制性规定，应为有效约定。

第二，追索权的权利本质为请求权。请求权的实现依赖于请求权发出对象，即义务人的履行行为，若义务人未实施履行行为的，难以发生请求权人意欲实现的法律效果，而保理人行使追索权所追求的法律效果依赖于债权人履行回购义务，若债权人未履行回购义务的，保理人的基于保理合同产生的保理融资借款债权难以实现，故追索权的本质为请求权，兼有形成权的性质。

第三，追索权的行使不以债务人未向保理人履行付款义务作为条件。《民法典》第766条规定：“当事人约定有追索权保理的，保理人可以向应收账款债权人主张返还保理融资款本息或者回购应收账款债权，也可以向应收账款债务人主张应收账款债权……”为了全面保障保理人的合法权益，在没有特别约定的情况下，法律并未强制要求保理人应当先向债务人主张权利，在保理人要求债务人清偿债务未果后才可以向债权人主张追索权；反之，法律赋予保理人的

---

① 黄茂荣：《论保理合同》，载《法治研究》2021年第3期。

是选择权，该权利内容为，保理人既可以先请求债务人承担清偿义务，也可以先请求债权人履行回购义务；若保理人行使追索权，要求债权人履行债权回购义务的，债权人并没有类似于一般保证制度下一般保证人所享有的“先诉抗辩权”，其以保理人应当先向债务人主张还款权利、在债务人未履行清偿义务后才能向债权人主张权利为由抗辩保理人的追索权的，法院应不予支持。当然，法律不禁止当事人对债权人与债务人的履行顺序作出特别约定，当事人约定保理人在向债务人主张还款权利未得到实现后才能向债权人主张追索权的，该约定不违反法律效力性强制性规定，应为有效约定，在此约定下，针对保理人的债权回购请求，债权人享有保理人应当先行向债务人主张付款权利的抗辩权。

3. 保理人的权利义务

在不同的保理经营模式下，保理人的在保理合同中的权利义务大相径庭。以保理的经营模式作为划分标准，保理可分为三种形式：一为“坏账担保”型保理；二为“融资贷款”型保理；三为“账款催收”型保理。不同的保理经营模式产生不同的权利义务，以下分述之。

（1）“坏账担保”型保理。若债权人认为债务人资力下降、信用降低，有可能发生不能清偿的现实风险，为了使未到账期的应收账款债权发挥融资变现的功能，转移坏账风险，债权人可以与保理人签订“坏账担保”型保理合同，约定保理人对债权人“贴现”其应收账款债权。[①] 此时债权人的合同目的是脱离基于基础交易而与承包人建立的债权债务关系，将应收账款债权尽快变现，把自身坏账风险转移至保理人身上；保理人凭借其丰富的保理经验所形成的优势渠道而获取的信息，预估债务人不能清偿的现实风险并没有债权人主观想象得那么严重，或即使债务人不能偿债的风险确实存在但仍在保理人的承受范围内，或保理人有其他渠道转移该风险的，保理人有理由认为债权人的“坏账”收回的可能性较大并愿意与之订立“坏账担保”型保理合同，以分担债权人的坏账风险作为对价获取债权人支付的保理服务费。

“坏账担保”型保理的交易模式为，如保理人以金额 70 万元的对价购买债权人价值 100 万元的债权，保理人获取的差价 30 万元即为保理人分担债权人坏账、烂账风险的对价。在“坏账担保”型保理法律关系下，债权人脱离其与债务

① 参见黄茂荣：《论保理合同》，载《法治研究》2021 年第 3 期。

人的原债权债务关系，由保理人受让债权人的债权成为债务人的新债权人，且保理人不对债权人享有追索权，即债权人不必履行回购义务。此时债权人、保理人与债务人的关系与“债权让与”的模型相同，三方主体应依法履行“债权让与”制度下的义务规定，如债权转让的，债权转让人与债权让与人应向债务人履行通知义务，否则债权转让不对债务人发生效力，债务人对债权人的清偿行为应为有效行为，保理人请求债务人履行还款义务的，债务人可以以其已向债权人清偿为由抗辩；如债务人对债权人享有的抗辩权、抵销权等，也可以对保理人行使。

（2）“融资贷款”型保理。融资贷款型保理的基础模型是，债权人将自身的债权转让给保理人，保理人按照约定的债权原价或低于债权的价格向债权人支付保理贷款作为受让债权的对价；同时双方约定，作为保理标的的债权履行期届满，若债务人未能按时向保理人履行还款义务的，保理人有权向债权人行使追索权，即要求债权人按照保理合同约定的债权溢价或债权原价回购债权。该经营模式下保理业务的权利义务内容类似于借款合同，保理人向债权人支付受让债权的对价，即保理融资贷款实质上是支付借款本金，债务履行期届满债务人不履行清偿义务的，债权人以债权溢价回购债权实质上是向保理人返还借款本金及利息。因此，保理人向债权人支付保理借款供其支配使用与债权人向保理人支付保理借款利息互为对价，构成“融资贷款”型保理的交易模式。

鉴于“融资贷款”型保理的权利义务架构类似于借款合同，在审理实务中，不少法院认为“融资贷款”型保理合同应受到最高人民法院有关民间借贷的相关司法解释的规制，即在《最高人民法院关于审理民间借贷案件适用法律若干问题的规定》（2020 年修正）前，保理人与债权人约定债权回购的溢价与保理贷款本金金额的差价超出年利率的 24%，或在修正后，当事人约定债权回购的溢价与保理贷款本金的差价超出保理合同成立时一年期贷款市场报价利率 4 倍，保理人请求债权人按照约定的债权溢价回购债权的，对于超出部分，法院不予支持。

（3）“账款催收”型保理。保理人接受债权人转移的债权后，主动或应债权人的要求，以新债权人的身份采用口头催款、发函催款、上门催款甚至诉讼催款的方式向债务人进行账款催收的，该行为的性质属于保理人向原债权人履行保理合同约定的提供账款催收保理服务的义务。若在保理人的催收下，债务人对原债权人履行了还款义务即保理标的债权得以实现的，债权人除了按约定向保理人支付保理融资贷款的本息之外，作为保理人提供保理催收服务的对价，债权人还应当向保理人支付保理服务费；若在保理人的催收下，债务人对新债权人即保理人履行的还款义务的，按照保理合同的约定，可能会产生以下几种结果：①若保理人获得债务人的清偿款不足以覆盖基于保理合同产生的保理融资借款本息或保理服务费用，双方约定为无追索权保理的，保理人不得就所受损失向债权人索赔；若约定为有追索权保理，针对未履行的债权，保理人仍享有追索权，或根据保理人提供的催收账管服务，保理人仍享有报酬请求权，即有权请求债权人履行部分债权回购义务或履行保理费用支付义务。②若保理人获得债务人的清偿款，在扣除保理融资借款本息或保理服务费用后仍有剩余，双方约定为有追索权的保理的，根据《民法典》第766条的规定，“保理人向应收账款债务人主张应收账款债权，在扣除保理融资款本息和相关费用后有剩余的，剩余部分应当返还给应收账款债权人”，保理人应当向债权人返还；若双方约定为无追索权的保理的，根据《民法典》第767条的规定，“当事人约定无追索权保理的，保理人应当向应收账款债务人主张应收账款债权，保理人取得超过保理融资款本息和相关费用的部分，无须向应收账款债权人返还”，保理人无须向债权人返还。③若保理人通过债务人的清偿行为获得的债务还款刚好与保理人应得的融资借款本息或融资借款本金与账款催收管理服务费持平的，无论双方约定的是有追索权的保理还是无追索权的保理，保理人都不必履行返还义务，债权人也不必履行回购义务。

因此，在“账款催收”型保理模式下，主要的合同对价是保理人为债权人提供债权催收的保理服务，债权人向保理人支付保理服务费用，与“坏账担保”型保理合同产生的坏账风险分担费用与“融资借款”型保理合同产生的保理融资借款资金占用费用（利息）有着本质区别。

当然，除上述介绍的基础保理经营模式外，当事人还可以附加以下特别约定：第一，将三种基础保理经营模式进行融合嵌套，形成新的保理经营模式，如“坏账担保＋有条件的溢价回购”、如“部分融资借款＋部分账款催收”等，该不同保理经营模式的融合嵌套所产生的保理合同的对价关系也非单一的对价关系，可能会产生两组对价关系，甚至三组对价关系；第二，根据不同债权的特质与债权人的要求,对保理人附加"账管"义务,即应收账款管理的义务,根据《中国银行业保理业务规范》(银协发〔2016〕第127号)第4条的规定,应收账款管理是"根据债权人的要求,定期或不定期向其提供关于应收账款的回收情况、逾期账款情况、对账单等各种财务和统计报表,协助其进行应收账款管理",债权人愿意支付较高的保理服务费的,可以要求保理人提供保理账管服务。无论当事人对保理经营模式如何约定,保理的基础关系均为债权让与,该基础对价为债权人向保理人转移债权,使保理人成为债权的新债权人;保理人向债权人支付债权转让费用,即保理融资借款。只有债权人将债权移转给保理人后,保理人才能以新债权人的身份开展保理业务,即为债权人提供应收账款催收、应收账款管理、坏账担保等保理服务,双方才能实现订立保理合同的目的。

4. 债务人的权利义务

根据申请保理人提供保理服务的申请主体不同,保理又可分为"正向保理"与"反向保理"。正向保理与反向保理划分的显著特点是,债务人在这其中享有的权利、负担的义务大相径庭。正向保理就是一般的保理交易模式,即债权人作为保理申请人,向保理人转移债权,由保理人受让债权后,以该债权作为保理标的,为债权人提供融资贷款、坏账担保、债权催收、账款管理、债务人资信评估等保理服务;《天津市高级人民法院关于审理保理合同纠纷案件若干问题的审判委员会纪要(一)》第11条第2项指出:"反向保理:指保理商与规模较大、资信较好的买方达成协议,对于为其供货、位于其供应链上的中小企业提供保理业务。实务操作中,保理商首先与资信较好的买方协商,确定由保理商为向买方供货的中小企业提供保理融资,然后保理商与供货的中小企业,或者与供货的中小企业和买方共同签订保理合同。供货的中小企业履行基础合同中的供货义务后,向保理商提示买方承兑的票据,保理商立即提供融资,并进行应收账款管理及账款收取等综合性金融服务。票据到期时,买方直接向保理商支付款项。反向保理不是一种具体产品或者合同名称,而是一种保理营销策略和思路。近年来,反向保理在大幅度减少保理商风险的同时,有效缓解了中小企业的融资困难,提高了中小企业的市场开拓能力。"笔者认为,反向保理是指保理标的债权的付款义务人,即债务人作为保理申请人,请求保理人为债务人的债权人提供保理服务所产生的法律关系的总称。反向保理一般出现在货物供应链交易中，其基本交易模式为受资信较好的买受人暨债务人的委托，保理人为买受人的债权人暨出卖人提供保理服务，交易流程为：出卖人向买受人履行供货义务，作为对价，买受人向出卖人交付买受人承兑的凭证；之后，出卖人向保理人交付该买方承兑的凭证，保理人根据债务人的委托付款指示向出卖人付款；买方承兑的凭证到期后，保理人直接向买受人行使请求付款的权利。可以看出，反向保理是对价为保理人为债务人提供指示付款即替代债务人向债权人履行付款义务的保理服务，由债务人或债权人支付相应保理服务费用的保理经营模式。在此模式下，由于债务人暨买方的资信水平很高，故保理人在进行保理业务信用风险评估时只需要对债务人进行评估即可。①

正向保理法律关系下与反向保理法律关系下的债权人、债务人与保理人三方相互之间的权利义务关系截然不同。

第一，在债权人与保理人之间，无论是正向保理还是反向保理，债权人与保理人之间都需要建立基础的债权转让合同关系；但是，在正向保理中，支付保理服务对价的主体只是债权人；在反向保理中，债权人往往要求债务人与保理人达成合意，由债务人支付保理服务对价，以换取保理人提供的保理资金就其享有的债权作担保。只有这样，债务人才能获得与债权人交易的机会，从这个角度看，债务人才是向保理人支付保理服务对价的主体，原因在于，反向保理中债务人使用保理资金的动机比债权人强烈，因此在反向保理下大概率是债务人向保理人支付保理服务对价，但也不排除当事人通过特别的支付约定或特别的交易安排将支付保理费用的义务转移到债权人身上。

第二，在债务人与保理人之间，无论是正向保理还是反向保理，保理人均会成为债务人的新债权人，债务人都应当向保理人承担付款义务；但是，在正向保理中，保理融资借款是由保理人直接支付给债权人，保理人与债务人之间不存在委托付款关系；在反向保理中，保理人在收到债务人的委托付款指示或替代履行指示后，才会向债权人支付保理融资贷款，保理人与债务人之间存在委托支付的关系。

第三，在债权人与债务人之间，若为正向保理，且约定为“无追索权”保理的，债权人与债务人的债权债务关系消灭；若为反向保理，债权人与债务人之间

① 参见信越：《保理合同法律问题分析》，载《法制与社会》2021年第1期。

的法律关系更类似于《民法典》第523条规定的“由第三人履行”。

（三）保理合同与相近概念辨析

承前所述，按照经营模式划分，保理合同可以分为“坏账担保”型保理、“融资借款”型保理与“账款催收”型保理，但无论是何种类型的保理合同，一方面，根据《最高人民法院关于当前商事审判工作中的若干具体问题》第七部分规定，“债权人与债务人之间的基础合同是成立保理的前提，而债权人与保理商之间的应收账款债权转让则是保理关系的核心”，保理标的即债权人对债务人的债权由债权人转移至保理人是当事人实现保理合同目的的必要条件，因此保理合同与债权让与相类似；另一方面，“融资借款”型保理要求债权人以高于保理融资借款数额的价格向保理人回购债权，债权回购价格与保理融资借款金额的差价与借款利息类似，因此“融资借款”型保理与借款合同相类似。同时，“回购型保理”要求债务履行期届满，债务人未能向保理人履行付款义务的，债权人应当向保理人回购债权，其功能类似于债权人将自身对债务人的债权用于自身对保理人承担还款责任的履行担保，与应收账款质权相类似。因此，保理合同与债权转让合同、借款合同与应收账款质押合同存在很多相同点，但同时，基于保理合同本身所具有的特点，其又有别于债权转让合同、借款合同以及委托合同。

1. 保理合同与债权转让合同

债权转让，又称债权让与，是指在不改变债权内容，即不改变履行标的类型、履行标的标准以及履行标的数量即“保持债的同一性”的前提下，债权人以转让债权为目的、以处分自身债权为内容向相对方移转其自身所享有的债权以及相应衍生债权的行为，其中，转让债权的人又称转让人、原债权人，接收债权的人又称受让人、新债权人。为了达到债权让与的法律效果，债权转让人需与债权受让人签订债权转让合同。根据债权让与的实践操作模式，当事人订立债权转让合同所欲实现的合同目的包括：（1）实现债权的融资变现效果。如转让人对于债务人所享有的债权未届履行期限，但转让人有急用现金的需求的，转让人可以以低于债权本身价值的价格将债权“出售”给受让人，由受让人向转让人支付“购买”债权的对价，使转让人提前获得现金缓解其对外的支付压力。（2）作为债权人回收债权的手段。如债权人对债务人享有债权，而债务人又对次债务人享有债权，且债务人除了该债权外毫无履行能力但次债务人履行能力充足的，双方可以协商将债务人对次债务人的债权转让至债权人，与此同时，债权人与债务人债权债务关系归于消灭。针对债权人而言，这属于“代物清偿”，即债务人的履行标的由支付金钱转换为转让有效债权；针对债务人而言，这属于债权转让，即将自身的次债权转让给债权人用于抵偿其对债权人的付款义务；针对次债务人而言，次债务人只需向债权人履行债务，可以实现“一次履行消灭两个债权”的效果，简化三方当事人的履行程序，更便捷地发挥债权的回收功能。(3)实现债权的担保功能。当事人可以约定，债务人将其对次债务人的次债权转让给债权人，用于债务人对债权人承担清偿义务的履行担保，在债权人受让债务人的次债权期间，债务人不得将该次债权设立质押或再次转让，并且与作为债权回收手段的债权让与不同，债权人对债务人的债权不因次债权的转让而消灭。此种担保又称为“让渡担保”，与应收账款债权质押截然不同。

虽然保理合同的核心是债权转让，但是债权转让的内涵过于狭隘，不足以囊括保理合同的所有内容。可以说，保理合同制度是债权转让制度的特别法，但保理合同的内涵又十分丰富，远不能为债权转让所包含，二者存在以下本质区别。

(1)保理合同与债权转让合同的性质不同。债权转让所产生的法律关系更侧重于民事法律关系，保理合同所产生的法律关系更侧重于商事法律关系，民事法律更注重于对价平衡与实体公平，以“公平原则”为主导；而商事法律更注重于风险与价格的平衡与程序效率，以“意思自治”为主导，具体表现为，在审判实践中，如法官认定该合同属于民事合同，若当事人以合同显失公平为由主张变更的，出于维护实体公平的考虑，法官大概率应予支持；如法官认定该合同属于商事合同，若当事人以合同显失公平为由主张变更的，法官会认为，按照合同约定，该损失是当事人承诺自愿承担该项风险所造成的后果，是当事人自由约定的表现；且根据“高风险高价格”的市场原则，既然当事人愿意承担如此高的风险，其相应可获得的价款也十分高昂，并不会出现当事人所述的“显失公平”的后果，现当事人又以“显失公平”为由主张上调合同价格的，违背合同的意思自治与诚实信用原则，法官大概率不予支持。具体到保理合同与债权转让的关系上，“高风险则高价格”的风险对价原理在保理合同中体现得淋漓尽致——《民法典》第767条规定：“当事人约定无追索权保理的，保理人应当向应收账款债务人主张应收账款债权，保理人取得超过保理融资款本息和相关费用的部分，无需向应收账款债权人返还。”说明当事人约定为买断型保理的，保理人承担的坏账风险较高，因此保理人所需支付的转让债权对价会低于债权的实际价格，该差价即为保理人承担高风险的对价，因此即使保理人追收回来的债款高于保理融资贷款金额的，也是保理人在承担了高风险义务后所获得的高额利润，保理人无须返还，债权人以显失公平为由请求保理人返还债权转让对价的超出部分的，法院不予支持。

（2）保理合同与债权转让合同的内容不同。债权转让的对价与保理合同的对价不相同，导致其各自的合同目的也不相同。债权转让的对价仅包括转让人转移债权与受让人支付债权价款，而在保理合同关系下，债权人与保理人在表面上的对价虽然是转移债权与支付债权受让价款，但实质上的对价包括三组：一为保理人代替债权人承担坏账风险，债权人支付相应的风险对价；二为保理人提供保理融资借款给债权人使用，债权人支付保理融资借款资金占用费，即利息；三为保理人提供债权催收、账款管理、保理咨询、资信评估等保理服务，债权人支付保理服务费用。因此，债权转让合同项下的对价与保理合同项下的对价也不尽相同。

（3）保理合同与债权转让合同的债权人身份不同。在债权转让中，债权人将自身债权转移给第三人的，债权人立即必然地、永久地、确定地退出其与债务人的债权债务法律关系；债务人收到债权转让的通知后，仅能向债权受让人履行付款义务，债务人向债权人付款的，对债权受让人不构成有效清偿，对债权受让人的付款请求不构成有效抗辩。在保理合同中，若为有追索权的保理，债权人并不必然地、永久地、确定地脱离其与债务人的债权债务关系，如果保理人行使追索权，债权人向保理人履行回购义务的，债权人仍有权要求债务人履行付款义务。

因此，保理合同的基础是债权转让，但是债权转让仅是保理合同法律关系的其中一个环节，保理合同的内容远不能为债权转让所包容、涵摄；且虽然保理合同与债权让与拥有共同的融资变现功能与债权担保功能，但保理合同却不具备债权转让所具备的债权回收功能。综上所述，保理合同并不能等同于债权转让。

2. 保理合同与借款合同的联系与区别

借款合同，是出借人向借款人出借资金，供借款人支配使用，债务履行届满后借款人向出借人返还借款本金并支付借款利息而产生的法律关系的总称。当事人订立借款合同的目的是缓解借款人的融资压力，这与“融资借款”型保理合同的目的类似，两者均是将保理借款提供给债权人使用满足其资金急用需求。但是，保理合同有其特殊的合同目的，这是借款合同所不具备的，该特殊的合同目的为获得保理人提供的保理服务，包括以下三种服务：(1)坏账风险分担服务，即保理人帮助债权人承担全部或分担部分债权不能回收的风险；(2)应收账款催收服务，即保理人为了债权人的利益通过口头、发函、上门、诉讼等的形式催促债务人还款；(3)附加的保理服务，包括应收账款分账管理服务、债务人资信调查评估服务、反向保理服务等，应收账款分账管理服务是指保理人根据债权人的要求，定期或不定期向其提供关于应收账款的回收情况、逾期账款情况、信用额度变化情况、对账单等各种财务和统计报表，协助债权人进行应收账款管理；债务人资信调查评估服务是指保理人以受让应收账款为前提，提供的债务人的信用信息记录、信用状况调查与分析、信用评价等服务；反向保理服务是指保理人根据债务人的委托，向债权人提供债权保理服务，服务内容为根据保理人的委托付款指示或替代履行指示，代替债务人向债权人履行付款义务。因此，借款合同的核心对价是资金出借使用与支付资金使用期间利息，而虽然保理合同的对价也包含借款使用与支付利息，但其核心对价是提供保理服务与支付保理服务对价。

在金融服务领域中，以“提供金融服务为名，行金融借贷行为之实，变相收取高额利息”的现象屡见不鲜、层出不穷，故《九民纪要》第51条规定：“金融借款合同纠纷中，借款人认为金融机构以服务费、咨询费、顾问费、管理费等为名变相收取利息，金融机构或者由其指定的人收取的相关费用不合理的，人民法院可以根据提供服务的实际情况确定借款人应否支付或者酌减相关费用。”法律保护金融服务领域民商事交易的前提是“质价相符”，即金融机构提供的金融服务与委托人支付的金融服务费用互为对价，该金融服务可以是提供保理服务、信托服务、专业咨询服务、资信评估服务、风险评估服务等，也可以是受让或分摊委托人可能遭受的金融风险。而“以金融服务为名，行金融借贷之实”产生“质价不符”的后果：金融机构未提供实质的金融服务，或将所有的融资风险转移到委托人身上，却让委托人支付高额的融资利息，这种做法变相增加委托人的融资成本，扰乱金融市场秩序，造成双方实体权利十分不平衡的后果，与国家提出的“降低实体企业融资成本”的精神不符，故根据《九民纪要》的规定，若金融机构不能提供证据证明已按照其提出的付款请求数额提供相应对价等值的金融服务的，法院可以以付款请求数额包括变相收取的高额利息并违反有关民间借贷的司法解释为由予以调减，即利息部分不得超出“合同成立时一年期贷款市场报价利率四倍”。

因此，在保理合同关系中，保理人提供的保理服务与债权人支付的保理服务费用必须符合“质价相符”的原则，在保理服务与支付费用构成合理对等价值的情况下，法律予以保护；若保理人要求债权人支付的保理服务费远远高出其所向债权人提供的保理服务本身的价值，或保理人未向债权人提供过任何实质性的诸如分账管理、债权催收、债务人资信评估、保理咨询或分摊融资风险等保理服务，却收取数额远远高于保理融资借款金额的保理服务费的，法院有理由认为保理人的收费属于“以服务费之名变相收取利息”，并认定超出保理服务本身价值的费用为高额利息，以利息约定突破法定利率红线为由不予支持。

3. 保理合同与应收账款质押合同的联系与区别

应收账款质权，是指出质人将自身未届债务清偿期或已届债务清偿期的应收账款质权作为质押标的为质权人办理出质登记，用于为质权人的债务人向质权人履行付款义务提供履约担保，若债务履行期届满，债务人未向质权人清偿债务的，则质权人有权与出质人协商折价处理、变卖应收账款债权，或申请法院拍卖该应收账款债权，并就变卖、拍卖应收账款债权所得价款优先受偿的权利。应收账款质权产生的基础是出质人与质权人订立应收账款质押合同。在形式上，应收账款质押合同与有追索权的保理合同十分类似：首先，应收账款质权的标的与保理标的相同，均为应收账款债权；其次，将应收账款债权出质的，出质人应为质权人办理质押登记，以债权作为标的申请保理服务的，债权人应为保理人办理应收账款转让登记；最后，若债务履行期届满，债务人不履行还款义务的，在应收账款质押合同关系下质权人有权针对应收账款债权行使权利，在保理合同关系下保理人有权针对保理债权行使权利，在这其中，出质人、债权人即保理申请人的行为都类似于为债务人履行清偿义务提供履约担保。

虽然保理合同与应收账款质押合同所包含的内容有重合之处，但是保理合同所产生的权利义务与应收账款债权质押合同所产生的权利义务大相径庭。

(1)二者的合同性质不同。应收账款质权作为担保物权的一种，用于担保质权人债权的实现，是债权的从权利，因此应收账款债权质押合同属于从合同，依附于主债权合同而存在；而保理合同本身就是独立的合同，无主从合同之分。

(2)二者的合同目的不同。应收账款质押合同的合同目的是以应收账款债权的优先受偿效力担保主债权的实现;保理合同的合同目的是使债权人获得保理人提供的保理服务,如应收账款催收、坏账风险分担、提供保理贷款等,进而使自己的债权得到实现。

(3)二者产生的权利不同。在应收账款质押合同关系下,针对应收账款债权这一标的本身,质权人获得的是地位低于所有权的质权,本质为担保物权;在保理合同关系下,针对应收账款债权这一标的本身,保理人获得的是地位高于质权的"所有权",本质为完整物权,包括占有、使用、收益、处分全部的权能。

(4)二者对债权二次转让的限制不同。由于质权人对应收账款债权享有的仅为质权;质权人不能将其享有质权的应收账款债权予以转让;而出质人仍对应收账款债权享有"所有权",因此基于质权的物上代位性,出质人仍有权转让应收账款债权,只要将转让款提存或以其他方式特定化作为新的质权标的即可。而保理申请人即债权人将债权转移给保理人后,债权人丧失对应收账款债权的控制支配能力,不得以债权人身份再次转让该应收账款债权;保理人受让债权后,成为应收账款债权的新债权人,有权实际支配控制该应收账款债权,可以将该应收账款债权二次出让赚取利润差,这也是其提供保理服务的某一环节的体现。

(5)二者实现债权的方式不同。若债务履行期届满,债务人不履行还款义务的,在应收账款质押合同关系下,质权人可以请求拍卖、变卖应收账款债权并优先获得拍卖、变卖所得价款满足其债权,此为应收账款质权的优先受偿效力,本质为担保物权的优先受偿权能;在保理关系下,若为回购型保理,保理人有权行使追索权,即有权要求债权人即保理申请人履行回购义务,该追索权的性质为请求权,依赖于保理申请人即债权人的回购行为,本质为债权,而应收账款质权所产生的优先受偿权本质为物权,不依赖于他人的履行。因此,质权人的优先受偿权与保理人的追索权性质也截然不同。

综上所述,虽然保理合同与债权转让合同、借款合同、应收账款质押合同有部分相似之处,但它们在实质的权利义务方面存在本质区别,因此保理合同并不能等同于债权转让、金融借贷与应收账款质权。

(四)应收账款债权的转让效力

债权之转让因通知应收账款债务人,从而对其发生转让的效力。该通知得由应收账款债权人或保理人对应收账款债务人为之。保理人向应收账款债务人发出应收账款转让通知的,其应当表明保理人身份并附有必要凭证,否则,不发生通知之效力。① 债权人或保理人向债务人发出转让通知后,发生的法律效果包括:首先,债权人退出应收账款债权的法律关系,其不得再向债务人主张还款权利;其次,保理人成为应收账款债权的新权利人,有权向债务人主张还款权利,相应地,债务人对债权人享有的未届履行期抗辩权、诉讼时效抗辩权、同时履行抗辩权、抵销权等也均可向保理人主张;最后,债权人与债务人基于应收账款债权产生的权利义务内容进行修改的,修改无效,不得对抗善意保理人,除非保理人对此予以追认。②

三、工程款债权保理的实务运作模式

工程款债权基于承包人按约定履行施工义务并完成符合工程质量标准甚至符合发包人使用要求的工程量而产生,是应收账款债权的一种,当然可以作为保理标的。实践中,工程款债权保理的经营方式包括两种:正向保理与反向保理。

(一)工程款债权正向保理

工程款债权的正向保理,是指承包人(工程款债权人)将未届工程款付款期限或已届工程款付款期限的工程款债权转移给保理人,由保理人向承包人支付保理融资借款作为获取工程款债权的对价;保理人获得工程款债权后,针对该工程款债权为承包人开展工程款催收追缴、工程款债权分账管理、发包人履行能力评估、分担发包人不能按时付款的风险等保理业务服务,并向承包人收取保理服务费作为对价。

承包人收到保理人支付的保理融资借款后,可能将保理融资借款用于与工程款债权相关的工程建设项目施工活动中,也可能将保理融资借款用于别处,只要保理人与承包人对保理借款资金的使用途径没有特殊约定,那么承包人就有自由使用保理融资借款的权利。

(二)工程款债权反向保理

在反向保理中,是工程款债务人即发包人,而非工程款债权人即承包人作

① 参见黄茂荣:《论保理合同》,载《法治研究》2021 年第 3 期。

② 参见信越:《保理合同法律问题分析》,载《法制与社会》2021 年第 1 期。

为保理申请人请求保理人为承包人的工程款债权提供保理服务。一般情况下，反向保理中是发包人、承包人与保理人共同签订三方保理协议，约定承包人将自身享有的工程款债权转移给保理人，待工程进度款或工程结算款支付期限届至，保理人根据发包人的委托付款指示向承包人支付工程款；待保理服务费用结算时间届至，对于工程款债权人即承包人，保理人无追索权，其仅能要求工程款债务人即发包人承担保理融资借款本金（保理人向承包人支付的工程款）与保理服务费用或保理融资借款利息的返还义务。保理人向承包人支付工程款的行为视为发包人的有效付款，在保理人向承包人支付工程款的付款金额范围内，承包人与发包人的工程款债权债务关系归于消灭。

但无论是工程款债权的正向保理与反向保理，当事人均可以对保理人是否有追索权即承包人是否有回购义务作出特别约定，或在不突破法定利率红线的前提下对保理融资借款利息作出特别约定，对此法律均不禁止。

四、工程款债权保理的裁判规则

工程款债权保理合同所产生的关系包括发包人与承包人的施工合同关系、发包人与保理人的委托付款合同关系、承包人与保理人的债权转让合同关系，相互的权利主张与义务承担的发出与接受也分别在三组关系之间展开，相应地，法院也是根据该三组权利义务关系针对保理合同纠纷案件作出判决。

（一）保理合同关系中，针对发包人与承包人法律关系的裁判规则

1. 保理合同关系下发包人与承包人纠纷的争议焦点

发包人与承包人达成约定，由保理人代替发包人向承包人履行付款义务，该约定不违反法律强制性规定，属有效约定。此时双方最关心的问题是，保理人对债务人支付工程款是否构成发包人的有效付款？在保理人对债务人付款数额范围内发包人对承包人的付款义务是否等额消灭？保理人的付款行为能否构成发包人对承包人的有效履行？即保理合同关系下发包人与承包人纠纷的争议焦点是，在发包人对承包人承担工程款支付义务的前提下，保理人向承包人支付保理融资借款的行为，是否构成发包人对承包人的有效付款。

在债权债务关系中，债务人的履行是否构成有效履行，核心是债权人是否永久地获得或享受债务人交付或提供的履行标的并不再承担返还义务或额外的支付义务，如债务人是通过支付金钱方式履行债务的，有效履行的标准是债

权人获得该笔金钱的支配权并不再承担返还义务；如债务人是通过以物抵债方式履行债务的，有效履行的标准是债权人通过受让交付或办理变更登记的方式获得了抵债物的真实产权且不必承担原物返还责任或额外的支付责任，而非仅仅是签订以物抵债协议；如债务人是通过委托指示第三人替代债务人向债权人履行义务的方式履行债务的，有效履行的标准是债权人通过第三人的履行行为实际享受了其与债务人约定的履行利益且不向第三人承担额外的支付义务；如债务人是通过提供某种劳务或服务的方式履行债务的，有效履行的标准是债权人实际获得了债务人提供的服务或劳务所带来的价值且不必承担额外的付费义务，等等。

因此，笔者认为，鉴于保理合同中存在的“追索权”制度，即使保理人已向承包人支付工程款，保理人仍然可以根据保理合同的约定向承包人行使追索权，要求承包人履行回购工程款债权的义务，不满足构成有效履行所应具备的“不负返还义务”的要件，因此保理人对承包人的付款不一定构成发包人的有效付款。从保理合同特质的角度出发，若要使保理人对承包人支付的工程款构成发包人的有效付款，应当满足两个必要条件：第一，保理人支付的保理融资借款确实由承包人使用支配。第二，承包人对保理人无须承担工程款债权的回购义务，有两种表现：其一，承包人与保理人约定的是“买断型保理”，即保理人对承包人不享有追索权，承包人永久地免除其对保理人的回购义务；其二，无论约定的是“买断型保理”还是“回购型保理”，发包人均已向保理人履行了清偿义务，在发包人向保理人清偿的范围内，构成发包人对承包人的有效付款。

2. 保理合同关系下发包人与承包人纠纷的裁判规则

裁判规则一：保理人对承包人享有追索权，承包人对保理人需承担工程款债权的回购义务，发包人以保理人已向承包人支付保理融资借款为由请求免除自身的工程款支付义务的，不予支持

（2019）最高法民终1873号判决认为：“2015年12月31日，远东租赁公司、合肥建工、淮北国购签订合同编号为IFELC15F050257－F－01的《有追索权保理合同》，约定合肥建工在基础合同（淮北国购项目）项下对淮北国购合法享有8000万元应收账款，合肥建工拟将该应收账款转让给远东租赁公司，远东租赁公司同意受让应收账款，并为合肥建工提供贸易/应收账款融资、客户资信调查与评估、应收账款管理与催收等部分或全部内容的综合性保理服务。淮北国购

同意合肥建工向远东租赁公司转让应收账款,并根据本合同的约定直接向远东租赁公司清偿应收账款。若远东租赁公司未按期足额收到淮北国购支付的回收款(8000万元),合肥建工应按照回收款抵偿款支付明细表,向远东租赁公司支付相应的回收抵偿款。庭审后,淮北国购向该院补充提交了《有追索权保理合同》、银行转账凭证、收据等证据,欲证明合肥建工已将案涉工程的8000万元应收账款转让给远东租赁公司,应从欠付工程款中扣除该8000万元。经查明,淮北国购为了证明其于2016年2月3日向合肥建工支付案涉土建工程款2300万元,在证据交换时举证了安徽国购向合肥建工出具的《关于2.3亿工程款分配使用说明函》。该函载明,将远东租赁公司融资支付的8000万元及由合肥华源物业发展有限责任公司代付的15,000万元款项(共计2.3亿元)中的2300万元分配至淮北国购作为案涉已付工程款,其余款项分配至安徽国购的其他项目公司作为已付合肥建工相应项目的工程款,合肥建工对此予以认可。结合该函载明的内容及本案已查明事实可反映出安徽国购、淮北国购通过案涉项目向远东租赁公司融资8000万元以支付合肥建工在多地的施工项目工程款的事实,在安徽国购将远东租赁公司融资支付的8000万元及由合肥华源物业发展有限责任公司代付的15,000万元款项(共计2.3亿元)中的2300万元分配至淮北国购作为其已付案涉工程款且合肥建工与淮北国购对此予以确认后,淮北国购依据其庭审后提交的《有追索权保理合同》,再行要求该8000万元应从欠付工程款中予以扣除的主张,不能成立,该院不予支持。"①

(2019)桂民终560号判决认为:"案涉4600万元桂林银行保理款能否视为腾飞龙公司已付工程款问题。依据桂林银行、腾飞龙公司、中建海峡公司于2018年12月19日签订的《协议书》,三方确认:此前达成的有关应收账款协议已由桂林银行于2018年12月10日解除,腾飞龙公司未还桂林银行的保理款4600万元本金恢复为中建海峡公司的工程款,由中建海峡公司负责向桂林银行清偿本金4600万元。未受清偿的本金4600万元由中建海峡公司清偿,该4600万元本金发生的利息由腾飞龙公司清偿。保理期限一年,自2018年12月20日起至2019年12月19日止。在保理期限届满前本金4600万元由腾飞龙公司代

---

① 合肥建工集团有限公司、淮北市国购商业运营管理有限公司建设工程施工合同纠纷案,最高人民法院(2019)最高法民终1873号民事判决书。

中建海峡公司向桂林银行清偿,腾飞龙公司代中建海峡公司清偿保理款本金金额后视为腾飞龙公司支付中建海峡公司等额的工程价款。如腾飞龙公司未代中建海峡公司向桂林银行清偿完毕4600万元保理本金,腾飞龙公司仍需向中建海峡公司支付该等应付未付的款项并承担对应工程款利息。据此,应当认定上述4600万元桂林银行保理款已经恢复为中建海峡公司对腾飞龙公司享有的工程款债权,中建海峡公司此前收到桂林银行4600万元保理款应由其负责向桂林银行清偿。虽然上述协议约定保理期限届满前该4600万元由腾飞龙公司代中建海峡公司向桂林银行清偿,目前保理期限尚未届满,但本案的实际情况是腾飞龙公司除归还了部分相应利息和229.8万元本金外,已不再履行代偿剩余欠付桂林银行款项的义务,中建海峡公司将负有清偿该笔欠款的责任,同时,中建海峡公司亦得就该款项向腾飞龙公司主张工程款,腾飞龙公司以中建海峡公司此前已收到4600万元桂林银行保理款主张为腾飞龙公司已经实际支付中建海峡公司工程款,与事实不符,本院不予支持。"①

裁判规则二:发包人未向保理人履行清偿义务的,其以保理人已向承包人支付保理融资借款为由抗辩承包人的工程款支付请求的,不予支持;承包人要求发包人就未按约履行对保理人的保理融资借款返还义务主张违约责任的,应予支持

(2016)新01民初613号判决认为:"新能源公司将对新特公司的应收账款债权转让给光大银行,在光大银行办理保理业务,从光大银行融资1.2978亿元、1442万元,分别由此产生利息7,715,853.60元、829,053.86元,以及手续费576,800元。新特公司未按三方协议向光大银行承担偿还保理款项的义务,美太公司未按协议履行保证责任,新能源公司依据三方协议要求新特公司承担保理款本金、利息及手续费,美太公司对上述债务承担连带责任的诉讼请求成立,本院予以支持。新特公司未按期偿还本息,依约定应向新能源公司承担双倍利息的诉讼请求,本院予以支持。"②

---

① 中建海峡建设发展有限公司、广西防城港市腾飞龙房地产开发有限公司建设工程合同纠纷案,广西壮族自治区高级人民法院(2019)桂民终560号民事判决书。

② 特变电工新疆新能源股份有限公司新疆桑欧太阳能设备有限责任公司与美太投资(苏州)有限公司共和县新特光伏发电有限责任公司江苏绿能宝融资租赁有限公司合同纠纷案,新疆维吾尔自治区乌鲁木齐市中级人民法院(2016)新01民初613号民事判决书。

裁判规则三：承包人已按照保理合同约定向保理人履行回购义务，发包人以保理人已对承包人支付保理融资借款为由要求在保理融资借款数额范围内免除自身的工程款支付义务的，不予支持

（2015）云高民一初字第23号判决认为："对于林海公司主张应对2014年12月2日通过工程款应收账款保理融资的10,000万元作为已付款扣减的主张。本院认为，2015年5月28日，林海公司和中建四局五公司签订协议书，约定由中建四局五公司回购大业信托有限责任公司1亿元工程款债权及其全部附属权利，回购后其债权性质仍属于工程价款的应收款项。中建四局五公司与大业信托公司在2015年6月1日签订协议，进行了回购，回购后林海公司仍为该部分工程进度款的债务人，不免除对于该款项的支付义务，林海公司要求扣减已付款1亿元的主张不能成立。此外，中建四局五公司在辩论终结后提出该1亿元保理的第二期、第三期利息也应当由林海公司承担，对于该部分主张，因不在其诉讼请求范围内，本院不予审查。"①

裁判规则四：发包人与承包人约定发包人以保理的方式履行工程款支付义务，但实际未办理保理服务申请手续，发包人以承包人与发包人已合意变更付款方式为由请求在约定的保理付款数额范围内免除自身工程款支付义务的，不予支持

（2018）最高法民申6038号判决认为："葫芦岛港公司与广州航道局签订的《葫芦岛港公司3#、4#、5#散杂泊位及港池、航道疏浚工程款支付协议书》载明：尚欠工程款190,644,545.9元，双方原则同意工程欠款部分采用房产抵债和银行保理的方式支付，具体的支付操作方式由双方另行签订补充协议执行。双方往来函件证明以上述约定的方式支付工程欠款存在障碍，就抵债房源及价格等事宜无法达成一致意见，也没有办理保理业务，双方没有就以房抵债和银行保理支付方式达成补充协议。原判决认定案涉工程款的支付方式未发生变更，判令葫芦岛港公司以货币方式支付尚欠工程款190,644,545.9元，并无不当。葫芦岛港公司关于原判决对此部分事实认定错误的申请再审理由也不能成立。"②

---

① 中建四局第五建筑工程有限公司与昆明林海房地产开发有限公司、昆明林海云霄房地产开发有限公司建设工程施工合同纠纷案，云南省高级人民法院（2015）云高民一初字第23号民事判决书。

② 葫芦岛港集团有限公司、中交广州航道局有限公司建设工程合同纠纷再审审查与审判监督案，最高人民法院（2018）最高法民申6038号民事裁定书。

裁判规则五：即使保理人与承包人订立的是有追索权的保理合同，在发包人向保理人履行付款义务的范围内，构成发包人对承包人的有效支付，发包人的工程款支付义务相应免除

(2019)浙05民终247号判决认为："（一）关于保理款是否系基投公司支付泰合公司的工程款问题，根据泰合公司与鼎亨公司签订的DH20140620ZB003、DH20141030ZB006、DH20141203ZB007、DH20150107ZB001商业保理合同及相应记账回执，鼎亨公司向泰合公司支付保理款13,676,000元。虽然其中金额为2,000,000元、550,000元、1,126,000元的三笔保理款系支付至账户名为湖州西塞山开发建设有限公司的监管账户，但结合泰合公司出具的三份《关于委托第三方收款的说明》，鼎亨公司系按泰合公司的要求支付保理款。另外，结合泰合公司、湖州基投公司、鼎亨公司签订的四份委托付款协议，泰合公司在协议中确认其对四份商业保理合同负有按期还本付息的义务。泰合公司在四份委托付款协议中亦明确，将其偿还保理融资款本息的相关义务转移给湖州基投公司，湖州基投公司完成款项支付后视为其已向泰合公司支付了案涉项目工程款。现湖州基投公司已向鼎亨公司支付本息合计14,995,078元，因此该款项应当在工程款中予以扣除，一审关于保理款的判决内容并无不当。"①

裁判规则六：发包人以自有资产为保理人的保理服务费用债权提供担保的，保理人对承包人支付的保理融资借款构成发包人对承包人履行付款义务的有效支付

(2019)最高法民终273号判决认为："关于违约金的计算方式。当事人双方在《还款协议》中确认，大田宥公司截至2014年9月30日应付工程款30,431.16万元，大田宥公司累计实付工程（进度）款4537.8万元，累计大田宥公司应付中建四局款项合计金额为25,893.36万元。其中，第一笔9200万元应当在2014年11月底前至少支付2200万元；2014年12月底前至少支付2000万元；2015年1月底前至少支付2500万元；2015年2月10日前至少支付2500万元，上述款项共计9200万元；第二笔1亿元由大田宥公司提供商铺、住宅、公寓、车位等资产担保，中建四局办理9个月保理业务融资1亿元人民币。另有6693.36万

---

① 湖州雀立混凝土制品有限公司、浙江省基础建设投资集团股份有限公司建设工程施工合同纠纷案，浙江省湖州市中级人民法院(2019)浙05民终247号民事判决书。

元,《还款协议》未明确还款时间和方式。一审法院按照《还款协议》的约定,判决第一笔 9200 万元由大田宥公司从应当付款之日起以实际违约天数承担违约责任;第二笔 1 亿元已通过保理方式支付,大田宥公司不承担违约责任;剩余 6693.36 万元由大田宥公司自起诉之日起承担违约责任。”①

裁判规则七:保理人受让承包人的工程款债权后,承包人要求发包人承担工程款支付义务的,不予支持

(2019)渝 04 民初 2760 号判决认为:“森文公司已通过《保理合同》将案涉工程的应收工程款债权转让给案外人鸿晔公司。森文公司不再享有案涉工程款的债权,缺乏案涉工程款的请求权基础。根据 2016 年 5 月 5 日,鸿晔公司、森文公司、黔江区委党校签订的《保理合同》约定以及森文公司向黔江区委党校出具的《应收账款债权转让通知书》、黔江区委党校作出的《回函》,能够证实森文公司已将案涉工程款的债权转让给了鸿晔公司。该事实也得到了(2018)渝 04 民初 369 号民事判决书的确认。虽然森文公司提起本案诉讼依据的是其与宸坤公司之间签订的《党校迁建置换项目一期工程建筑工程施工承包合同》,但本案涉及的三份合同均是指向同一建设工程,森文公司也应只有一个工程款请求权。因此,在案涉工程款债权已通过保理融资形式转让的情况下,森文公司已不再具有工程款请求权基础。”②

(二)保理合同关系中,针对发包人与保理人法律关系的裁判规则

1. 保理合同关系下发包人与保理人纠纷的争议焦点

发包人是保理标的即工程款债权的债务人,保理人作为受让工程款债权的新债权人,有权请求发包人履行付款义务。在保理合同产生的保理人与发包人即工程款债务人的债权债务关系中,法律保护的重点是发包人的善意与保理人的合理信赖,以下分述之。

(1)发包人的善意。发包人的善意是指发包人是否知道承包人即工程款债权人与保理人之间的债权转让事实。《民法典》第 546 条第 1 款规定:“债权人转让债权,未通知债务人的,该转让对债务人不发生效力。”承包人将工程款债

---

① 中建四局第五建筑工程有限公司、昆明大田宥房地产开发有限公司建设工程施工合同纠纷案,最高人民法院(2019)最高法民终 273 号民事判决书。

② 重庆市森文实业有限公司与重庆市宸堃实业有限公司建设工程施工合同纠纷案,重庆市第四中级人民法院(2019)渝 04 民初 2760 号民事判决书。

权转让给保理人,未告知发包人工程款债权转让的事实的,该债权转让不对发包人发生效力,即善意发包人对承包人支付工程款的行为仍构成对保理人的有效支付,保理人请求发包人付款的,发包人可以以其已向承包人付款为由进行合理抗辩。但是,若发包人知道工程款债权转让事实的,其应当向保理人付款。若发包人明知工程款债权转让事实还依旧向承包人支付工程款的,不构成有效清偿,不可对抗保理人,保理人要求发包人履行付款义务,发包人以其已向承包人履行义务为由拒绝付款的,不予支持。

(2)保理人的合理信赖。保理人的合理信赖是指基于债务人的某种作为或不作为,针对债务人有充足的履行能力、偿债能力这一事实,以及自己能够有效控制债权无法回收的风险或能够有效实现债权利益这一很有可能发生的结果,保理人产生了充分的、常态的、合理的信任的内心状态。法律保护保理人合理信赖的理由是:出于该合理信赖,保理人与债务人的债权人订立保理合同受让债权人的债权,并向债权人支付保理融资借款;若保理人无法回收该保理融资借款债权或保理服务费债权的,则保理人将因保理合同遭受实际损失,而该实际损失的产生路径为:①保理人受有保理融资借款债权或保理服务费债权的前提——保理人向债权人支付保理融资借款并提供其他保理服务;②保理人愿意向债权人支付保理融资借款并向其提供保理服务的前提——信赖保理标的债权的高安全性、低风险性;③保理人产生该合理信赖的原因——债务人的某种作为或不作为。依据上述路径,保理人的合理信赖值得保护的理由是,债务人的行为使保理人对保理标的债权的真实状况产生信息认知错误,低估了保理标的债权不能回收的风险,并在该信息认知偏差的指导下与债权人订立保理合同,导致其承受保理标的债权不能回收的损失,因此债务人应当对保理人基于该合理信赖所作出的支付保理融资借款的行为所造成的法律后果全部负责或部分负责。法律保护保理人合理信赖的方式是:债务人应当在其实施的行为使保理人产生合理信赖的范围内向保理人承担付款责任,而不得以保理标的债权不存在、无效、实际数额低于保理人主张的数额、履行期限未届至、履行条件未成就、已行使抵销权、有同时履行抗辩权、诉讼时效抗辩权、先诉抗辩权为由拒绝付款。若保理人请求债务人履行付款义务,债务人以债权的真实情况与保理人基于受让的保理标的债权所主张的权利不一致为由抗辩保理人的付款请求的,法院不予支持。

债务人的某种作为或不作为，是指其一，债务人作出某种行为使保理人相信债权真实存在并认为债务人会依照诚实信用原则履行付款义务，如债务人通过发函的形式向保理人确认债权的真实性或作出会依约履行付款责任的承诺；其二，保理人作为将来的债权受让人，在向债务人核实保理标的债权的真实情况时，债务人负有依诚实信用原则告知的义务，如告知保理人该保理标的债权是否存在确定有效、已出质、有抗辩、有抵销、清偿期过长、履行附条件、真实数额与保理融资贷款不符等事实；其三，在保理人受让保理标的债权后，债务人与债权人恶意串通，针对保理标的债权作出不利于保理人的变更，如债务人行使抵销权、延长履行期限、附加履行条件、降低债权数额等。针对该不利变更，保理人享有以下权利：首先，根据《民法典》第 765 条的规定，“应收账款债务人接到应收账款转让通知后，应收账款债权人与债务人无正当理由协商变更或者终止基础交易合同，对保理人产生不利影响的，对保理人不发生效力”，债务人与债权人就保理标的债权作出不利于保理人的变更，其效力不及于保理人；其次，根据《民法典》第 563 条第 4 项的规定：“有下列情形之一的，当事人可以解除合同：……（四）当事人一方迟延履行债务或者有其他违约行为致使不能实现合同目的”，债务人与债权人作出导致保理标的债权的有效性、履行期限、付款方式等发生重大变化的行为，致使保理人难以实现合同目的，保理人有权解除保理合同；最后，根据《民法典》第 583 条“当事人一方不履行合同义务或者履行合同义务不符合约定的，在履行义务或者采取补救措施后，对方还有其他损失的，应当赔偿损失”，以及第 1168 条“二人以上共同实施侵权行为，造成他人损害的，应当承担连带责任”的规定，债权人与债务人就保理标的债权作出对保理人的不利变更，保理人可以以基础合同与保理合同为依据，分别向债务人与债权人主张权利，或以债权人与债务人恶意串通损害保理标的债权利益为由，要求二人承担连带赔偿。

因此，债务人通过某种方式使保理人对保理标的债权产生真实性、合法性、有效性及安全性的认知，或在保理人向债务人核实保理标的债权的真实情况时债务人未如实告知，或保理人受让保理标的债权后债权人与债务人恶意变更保理标的债权内容损害保理人利益，保理人请求债务人履行付款义务，债务人以保理债权标的的真实情况与保理人基于保理债权标的所主张的权利不符为理由主张抗辩的，如债权数额不符、履行条件未成就、履行时间未届至、享有抵销权等,不构成有效抗辩。

综上所述,在基于保理合同所产生的保理人与发包人的法律关系下,极易产生争议焦点的纠纷在于,针对保理人的付款请求,发包人能否有效抗辩,包括三种抗辩:第一,未将工程款债权由承包人转让给保理人的事实告知发包人;第二,工程款债权的实际情况(如履行期限未届至、真实数额偏低、附条件未成就、附抵销权、附合同履行抗辩权等)与保理人主张的保理标的债权性质不符;第三,承包人已按约向发包人主张工程款债权回购义务,从而衍生的具体问题是:若受让承包人的工程款债权后,发包人仍向承包人履行付款义务的,该付款行为是否构成发包人对保理人的有效付款?保理人请求发包人履行付款义务的,发包人是否能以未收到债权转让通知为由主张合理抗辩?发包人能否以工程款债权的真实情况与保理人基于该保理标的债权所享有的权利不符为由主张合理抗辩?发包人能否以承包人已向保理人履行回购义务为由主张合理抗辩?

2. 保理合同关系下发包人与保理人纠纷的裁判规则

裁判规则一:发包人明知工程款债权已转让给保理人,仍向承包人履行工程款支付义务的,不构成对保理人的有效清偿。发包人以其已向承包人付款为由对保理人的付款请求提出抗辩的,不予支持

发包人明知承包人与保理人之间的工程款债权转让事实,还继续向承包人履行还款义务的,属于主观恶意,该还款行为不对保理人产生清偿效力,保理人请求发包人另行向其承担支付义务的,应予支持。

(2019)最高法民申2686号判决认为:“关于巨能公司是否已全部支付相关款项问题。巨能建司提交的户名为重庆巨能建设(集团)有限公司开阳旺德时代广场工程项目部的中国建设银行股份有限公司活期存款明细账及对公活期存款交易明细报表、中信银行《国内保理业务合同》[(2016)渝银国内保理字第550001号]及转账凭证,即便上述证据真实,巨能建司向中信银行股份有限公司重庆分行支付了保理融资贷款,向彤阳建司支付了工程款,但上述行为均发生在金科保理公司受让了彤阳建司对巨能建司的债权之后,上述款项并非向金科保理公司支付的,不能视为是巨能建司就案涉债权债务向金科保理公司进行的偿付,不能用来冲抵巨能建司对金科保理公司的债务。故巨能建司提交的新证

据不足以推翻原判决的相关认定。”①

(2019)最高法民终1132号判决认为:“关于一审法院判令上诉人支付的57,875,000元,上诉人主张并未发生支付错误的问题。本院认为,案涉合同‘鉴于’部分第4条约定‘债务人已知悉并同意转让方将标的应收账款的全部权利转让给受让方’,根据《中华人民共和国合同法》第八十条第一款‘债权人转让权利的,应当通知债务人。未经通知,该转让对债务人不发生效力’的规定,债权转让的通知在到达债务人后,即对其发生效力,债务人此后应向受让人清偿债务。本案中,远通公司签订合同之后即不应向神龙公司继续支付任何款项,其继续支付的不发生清偿债务的法律效果。远通公司又主张不知马洲公司是否在合同上签字盖章,根据《中华人民共和国合同法》第三十二条‘当事人采用合同书形式订立合同的,自双方当事人签字或者盖章时合同成立’以及《最高人民法院关于适用〈中华人民共和国合同法〉若干问题的解释(二)》第四条‘采用书面形式订立合同,合同约定的签订地与实际签字或者盖章地点不符的,人民法院应当认定约定的签订地为合同签订地;合同没有约定签订地,双方当事人签字或者盖章不在同一地点的,人民法院应当认定最后签字或者盖章的地点为合同签订地’的规定,本案合同在最后一方当事人马洲公司签字盖章之时即告成立,合同文本仅是双方履行合同或发生争议时的依据,至于是否寄回上诉人处,并不影响合同的成立及生效,上诉人在签字盖章之时对此应有预见,不能以对方未寄回合同文本作为抗辩事由。”②

(2018)渝民初94号判决认为:“第一,《应收账款转让及回购合同》经各方当事人盖章确认,除远通公司对其中第一页、第八页、第九页、第十页的部分条款有异议以外,其余内容均系各方当事人的真实意思表示,且不违反相关法律法规的规定,应属合法有效,各方当事人应当按照该合同约定的内容履行各自的权利义务。《中华人民共和国合同法》第七十九条规定,‘债权人可以将合同的权利全部或者部分转让给第三人,但有下列情形之一的除外:(一)根据合同性质不得转让;(二)按照当事人约定不得转让;(三)依照法律规定不得转让’,

---

① 重庆巨能建设(集团)有限公司、重庆市金科商业保理有限公司合同纠纷再审审查与审判监督案,最高人民法院(2019)最高法民申2686号民事裁定书。

② 丰都远通航运发展有限公司、上海马洲股权投资基金管理有限公司合同纠纷案,最高人民法院(2019)最高法民终1132号民事判决书。

第八十条第一款规定，‘债权人转让权利的，应当通知债务人。未经通知，该转让对债务人不发生效力’。该合同中明确约定神龙公司向马洲公司转让的标的为神龙公司因建设丰都港区水天坪作业区一期工程项目而享有的对债务人金额不高于15,000万元的应收账款，转让价款以基金实际募集的资金金额为准，但不超过15,000万元，马洲公司支付转让价款之日即享有全部标的应收账款，远通公司同意并承诺其签署该合同即视为已知悉并同意神龙公司将标的应收账款转让给马洲公司，马洲公司无须向远通公司另行发送标的应收账款的通知。据此，该合同经各方当事人签字盖章成立并生效时，债权转让对各方当事人即发生法律效力，因合同未对转让价款分期支付的效力做出约定，马洲公司支付完毕所有转让价款的时间为2017年4月21日，故自2017年4月21日起，标的应收账款的所有权发生转移，神龙公司对远通公司不再享有应收账款，该应收账款的权利人为马洲公司，远通公司应当将应收账款直接支付给马洲公司。第二，远通公司称其对神龙公司的抗辩权可以向马洲公司行使，案涉工程款的金额未经审计不能确定，故马洲公司起诉不具备条件。但远通公司又称其已经向神龙公司陆续支付工程款共计137,692,784.08元，其中，在马洲公司支付最后一笔转让价款以后，2017年7月7日至2018年2月14日支付工程款共计57,870,030元，神龙公司对此也予以确认。根据《应收账款转让及回购合同》的约定，神龙公司享有对远通公司金额为不高于15,000万元的应收账款，最终工程量以审计结算为准。远通公司和神龙公司均确认案涉工程尚未经审计结算，最终工程款金额尚未确定，而马洲公司也未举证证明该工程的审计结算金额，故工程款的最终金额目前无法确定。但远通公司在《应收账款转让及回购合同》签订且马洲公司支付了转让价款以后，明知债权已经转让给马洲公司，却仍向神龙公司陆续支付工程款共计57,870,030元，系错误支付，该支付对债权人马洲公司并不产生清偿效力，远通公司对马洲公司仍负有支付应收账款的义务。远通公司对已经向神龙公司支付的57,870,030元，并不因工程量尚未审计、工程款金额尚未确定或其他远通公司对神龙公司的抗辩理由而据此抗辩马洲公司，马洲公司有权要求远通公司立即支付工程款57,870,030元。马洲公司向本院起诉要求远通公司付款，本院向远通公司送达起诉状副本及相关法律文书的时间是2018年3月24日，应当给远通公司必要的准备时间，故本院对马洲公司要求起算利息的时间酌情调整为2018年4月10日，马洲公司要求按照中国人民银行一年期同期同档贷款利率计算利息，符合法律规定，应予支持。”①

裁判规则二：鉴于发包人的行为，保理人对其能够有效回收工程款债权产生充分的合理信赖，并基于该合理信赖与承包人订立保理合同，发包人应对该合理信赖负责。保理人请求发包人履行付款义务的，即使发包人以保理人未对其履行工程款债权转让通知义务为由进行抗辩的，法院也应支持保理人的诉讼请求

原则上，根据《民法典》第546条第1款的规定，债权转让人与债权受让人未将债权转让的事实告知债务人的，债权转让不对债务人发生效力，即债务人对债权转让人的付款也构成对债权受让人的有效付款，债权受让人请求债务人履行债务的，债务人可以以其已向债权转让人清偿为由进行合理抗辩。但在例外情况下，债务人的某种行为使保理人有理由相信债务人具有履行能力且其有能力控制债权无法收回的风险，并基于该合理信赖与债务人的债权人订立保理合同的，债务人应当为保理人的合理信赖负责，即使债权人将债权转让给保理人的事实未为债务人知悉，保理人请求债务人履行付款义务的，债务人也不得以其未收到债权转让通知为由拒绝付款。

下述案件中，鉴于保理人同时兼有发包人与承包人设立工程款付款收款专用账户的账户管理人的身份，发包人对保理人作出确认承诺，将已付或即将要付的工程款全部存入保理人负责管理的专用账户中，基于此，保理人产生发包人能够按约还款、保理人能有效控制工程款债权风险的合理信赖，并出于对发包人的履约信任与承包人订立保理合同，受让承包人的工程款债权，按照合同约定向承包人发放保理融资贷款。因此，发包人应当对自己做出的承诺所产生的法律后果负责，保理人有权请求发包人支付工程款，作为其未能收回保理融资借款本息的损失赔偿，债务人以保理人未履行债权转让通知义务为由拒绝付款的，不构成有效抗辩。

(2017)鄂民终3108号判决认为：“葛洲坝集团上海大道项目部将荆州市上海大道道路及排水工程的南标段分包给了天鹰建设公司承建，合同价款为63,800,810元。2014年5月15日葛洲坝集团上海大道项目部向工行荆州分行

① 上海马洲股权投资基金管理有限公司与丰都远通航运发展有限公司合同纠纷案，重庆市高级人民法院(2018)渝民初94号民事判决书。

出具了《关于上海大道道路及排水工程南标段项目工程款指定支付的确认函》确认：我部已实际支付天鹰建设公司 27,361,220.34 元，尚未完工的工程款 36,439,589.66元。上述事实证明天鹰建设公司享有葛洲坝集团上海大道项目部合同债权。关于葛洲坝集团是否应向工行荆州分行承担责任问题。2014 年 5 月 15 日，葛洲坝集团上海大道项目部出具了一份《关于上海大道道路及排水工程南标段项目工程款指定支付的确认函》，该函直接指向特定主体中国工商银行荆州城南开发区支行。在《确认函》中，葛洲坝集团上海大道项目部确认了案涉工程总价款金额为 6380.081 万元及已支付的工程款数额为 27,361,220.34 元，并明确表述'现我部同意：一、天鹰公司负责该项目结算的现场账户开立到贵行，作为我部与天鹰公司唯一结算账户。二、上述工程尚未完工的工程款 36,439,589.66元和增加的工程量部分的工程款全部支付至天鹰公司在贵行开立的指定账户：（户名：湖北天鹰建设工程有限公司，账号：18 × × ×48，开户行：中国工商银行荆州城南开发区支行）'。葛洲坝集团上诉称，该《确认函》仅系因天鹰建设公司请求变更结算账户而作出。本院认为，从字面表义看，该《确认函》并非仅对工程总价款及未付工程款数额作出确认，葛洲坝集团还为自身设定了为一定行为的履行义务，即葛洲坝集团向工行荆州分行承诺将案涉未付工程款 36,439,589.66 元及增加工程量工程款支付至指定账户，内容已超出仅变更结算账户的意思表示。从行文对象来看，该《确认函》系向工行荆州分行作出，葛洲坝集团称系对天鹰建设公司请求变更账户所作的回应与常理不符。函中表述'现我部同意'是对工行荆州分行的一种承诺。从行文形式来看，该函采取正式的书面公文形式，加盖项目部公章，主要负责人及财务负责人均亲笔签名，行文的意思表示清楚准确，足以让人相信作出该《确认函》是经过深思熟虑的郑重行为。葛洲坝集团该意思表示是向特定主体工行荆州分行作出，明确表示成为预先与其没有某种法律关系的工行荆州分行的债务人，工行荆州分行亦表示接受，在此情况下，允诺人葛洲坝集团与受诺人工行荆州分行之间形成契约关系。当受诺人因信任该允诺产生法律上的信赖，而允诺人未履行允诺致使受诺人蒙受损失时，受诺人得依契约原则获得救济。葛洲坝集团向工行荆州分行出具《确认函》，使工行荆州分行有理由相信其因此可以掌控天鹰建设公司享有的工程款以控制其保理融资款的回收风险，并基于此向天鹰建设公司发放了保理融资款。葛洲坝集团未按《确认函》中承诺的付款路径支付工程款，亦未向工行荆州分行表示撤回其作出的承诺。对工行荆州分行未能收回的融资款及利息损失，葛洲坝集团应承担赔偿责任。因此，葛洲坝集团认为其不应向工行荆州分行承担责任的上诉请求不能成立。”①

裁判规则三：保理人向发包人核实保理标的债权的真实情况时，发包人有诚实告知义务。发包人不履行诚实告知义务，又以基础合同无效、保理债权标的的真实情况与保理人基于保理标的债权所主张的权利不符为由抗辩的，不予支持

承前所述，保理人在受让承包人的工程款债权时，应当向发包人核实工程款债权的具体情况，如基础合同效力、债权具体数额、有无抗辩、能否抵销、是否出质、是否附条件附期限等，发包人有义务告知保理人有关工程款债权的真实情况。若发包人未履行诚实告知义务，保理人请求发包人履行付款义务，发包人以债权的实际情况与保理人基于该受让的债权所主张的权利不符为由，提出不利于保理人利益的抗辩的，不构成有效抗辩。

(2018)渝民终413号判决认为：“首先，巨能建司上诉称，其与彤阳建司的应收账款并非《应收账款债权转让通知书》所记载的10,460.39万元，而只有18,698,750.04元，巨能建司已经支付超过此金额的款项，不应再支付本案所涉的款项。保理融资业务是一种以应收账款债权转让为核心的综合性金融服务业务，保理商在受理保理业务时，有义务对应收账款的情况向债务人进行核实和要求确认，而债务人对其与应收账款转让人之间基础交易合同的真实性以及债权债务数额应是明知的，其应根据真实情况进行确认，并告知所涉应收账款所附条件等情况，否则不能在确认之后以没有真实交易关系、债权债务数额错误等理由要求免责。本案中，金科保理公司与彤阳建司签订《保理融资合同》后，向巨能建司发出《应收账款债权转让通知书》，巨能建司收到后予以确认。巨能公司也没有证据证明金科保理公司事前就知晓具体的债权债务数额。现无论巨能建司与彤阳建司之间的具体债权债务数额是多少，巨能建司都应在其确认的数额范围内承担责任。巨能建司关于其与彤阳建司之间的应收账款数

① 中国葛洲坝集团股份有限公司、中国工商银行股份有限公司荆州分行金融借款合同纠纷案，湖北省高级人民法院(2017)鄂民终3108号民事判决书。

额的上诉理由不成立,本院不予支持。"①

(2019)渝民终1358号判决认为:"森文公司与黔江区党校均认可《建筑工程施工承包合同》系其真实意思表示,该合同项下项目工程已完工,故该合同不属于虚假的合同。《保理合同》签订当日,黔江区党校作出的《回函》认可森文公司应收账款的真实性,足以使鸿晔锦盛公司产生合理信赖并有理由相信案涉应收账款债权真实、合法、有效。鸿晔锦盛公司据此与森文公司、黔江区党校签订的《保理合同》系三方当事人的真实意思表示,不违反《中华人民共和国合同法》第五十二条的强制性规定,应属合法有效。陈某奎称《保理合同》的基础合同所涉工程项目未经过招投标程序,违反法律强制性规定,应属无效。本院认为,鸿晔锦盛公司在签订《保理合同》时已尽到了合理注意义务,即使《建筑工程施工承包合同》无效,亦不能对抗善意第三人鸿晔锦盛公司。陈某奎的主张无事实及法律依据,不予支持。"②

裁判规则四:在有追索权的保理合同关系中,保理人既有权请求发包人履行工程款支付义务,也有权请求承包人履行工程款债权回购义务,即保理人具有选择权。保理人选择发包人履行付款义务,发包人以承包人已履行回购义务为由提出抗辩的,不予支持

在"回购型"保理合同中,保理人所享有的保理融资借款债权的清偿义务人包括发包人与承包人;发包人所负担的工程款支付义务的履行对象包括保理人与已向保理人履行回购义务的承包人。但无论保理人如何行使其保理融资借款债权,均不得超出其向承包人所支付的保理融资借款总额;无论发包人如何被保理人或已履行回购义务的承包人追债,其清偿义务只发生一次,总额不得超过实际结算的工程款数额。即使承包人已向保理人部分履行回购义务,保理人仍有权请求发包人履行付款义务,对于发包人与承包人分别向保理人履行清偿义务总额超出保理人所出借的保理融资借款数额的部分,发包人有权向承包人行使抵销权,承包人另行与保理人进行最后清算,并不会加重发包人的清偿责任。因此,保理人请求发包人履行工程款支付义务,发包人以承包人已向保

---

① 重庆巨能建设(集团)有限公司与重庆市金科商业保理有限公司合同纠纷案,重庆市高级人民法院(2018)渝民终413号民事判决书。

② 陈某奎中共重庆市黔江区委党校等与买某菊、石某会等合同纠纷案,重庆市高级人民法院(2019)渝民终1358号民事判决书。

理人履行工程款债权回购义务为由进行抗辩的,法院不予支持。

(2018)渝民终413号判决认为:“巨能建司上诉称彤阳建司已经全部偿还了保理融资款,金科保理公司就不应再向其要求偿还款项,为证明彤阳建司已全部偿还了保理融资款,巨能建司提出鉴定和调取证据的申请。有追索权保理,保理商有权选择向应收账款债权人主张返还保理融资款本息或者回购应收账款债权,或者向应收账款债务人主张应收账款债权。保理商向应收账款债务人主张应收账款债权,在扣除保理融资款本息和相关费用后有剩余的,剩余部分返还给应收账款债权人。本案中,金科保理公司与彤阳建司约定的有追索权的保理,金科保理公司可以选择向彤阳建司追偿,也可选择向巨能建司主张应收账款债权,所以无论彤阳建司是否偿还了全部保理融资款,金科保理公司都可以向巨能建司追偿应收账款债权,其再与彤阳建司结算。而巨能建司对其债务仅需清偿一次,并未加重其责任,也未造成不公平,巨能建司不能以此为由免除其相应清偿责任。因此,巨能建司的鉴定和调取证据的申请实际无意义,本院不予准许。巨能建司与彤阳建司之间如有纠纷,可另行解决。巨能建司关于彤阳建司已经全部偿还了保理融资款,金科保理公司就不应再向其要求偿还款项的上诉理由不成立,本院不予支持。”①

(三)保理合同关系中,针对承包人与保理人法律关系的裁判规则

1. 保理合同关系下承包人与保理人纠纷的争议焦点

承包人作为工程款债权转让人与保理人即工程款债权受让人订立的是无追索权保理合同的,在工程款债权转移数额范围内,承包人已永久脱离出其与发包人的工程款债权债务关系,且不必向保理人履行回购义务,因此根据《民法典》第767条的规定,“当事人约定无追索权保理的,保理人应当向应收账款债务人主张应收账款债权”,在“买断型保理”权利义务关系下,保理人只能向发包人主张权利,不能向承包人主张权利。

但是,若承包人与保理人订立的是“回购型保理”合同,则保理人除了有权向工程款债权的债务人即发包人主张付款权利外,还有权向保理融资借款债权的债务人即承包人主张追索权利。此时产生的争议焦点是,保理人要求承包人

---

① 重庆巨能建设(集团)有限公司与重庆市金科商业保理有限公司合同纠纷案,重庆市高级人民法院(2018)渝民终413号民事判决书。

承担回购义务的,即保理人对承包人行使追索权的,是否以保理人向发包人主张还款义务未果作为行使前提?保理人请求承包人履行回购义务的,承包人是否能以保理人应当先行向发包人主张付款权利,若发包人未向保理人履行债务的,保理人才可以向承包人行使追索权为由进行合理抗辩?

笔者认为,根据《民法典》第766条的规定,“当事人约定有追索权保理的,保理人可以向应收账款债权人主张返还保理融资款本息或者回购应收账款债权,也可以向应收账款债务人主张应收账款债权”,在“回购型保理”合同关系下,针对向发包人行使的工程款债权(本质为受让债权),或向承包人行使的保理融资借款债权与保理服务费用债权(本质为追索权),保理人有权择一行使,一旦保理人确定选择了某一债务人,要求其承担付款责任的,在债务人履行付款义务的范围内,另一债务人对保理人的债务责任归于消灭。为了全面保障保理人的保理融资借款债权与保理服务费债权的利益,法律并未强制要求保理人只能在先对发包人行使债权并在发包人清偿未果后才能向承包人行使追索权,即发包人不对保理人履行付款义务并不能成为保理人请求承包人履行工程款债权回购义务的追索权行使条件,在此前提下,保理人要求承包人履行回购义务的,承包人并没有类似于一般保证合同下一般保证人所享有的先诉抗辩权的权利,承包人以保理人应当先行向发包人主张还款权利为由抗辩保理人的付款请求的,法院不予支持。当然,法院并不禁止保理人与承包人在保理合同中就发包人还款义务与承包人回购义务的履行顺序作出特别约定。

2. 保理合同关系下承包人与保理人纠纷的裁判规则

裁判规则:承包人与保理人约定,应由发包人先行履行工程款支付义务,在发包人未履行付款义务的范围内,承包人才履行回购义务的,该约定不违反法律强制性规定,应为有效约定,法院应予支持

保理人与承包人在保理合同中就发包人履行付款义务与承包人履行回购义务的履行顺序作出特别约定的,该约定不违反法律强制性规定,为有效约定,保理合同当事人应受该约定的约束。

(2019)最高法民终1132号判决认为:“远通公司上诉请求及事实理由:原审法院认定合同对付款顺序未作约定错误,马洲公司请求付款的条件并未成就。本案各方在协商时,已对合同的第7.1条至第7.4条作出修改,证明远通公司(发包人)向马洲公司(保理人)付款的条件是神龙公司(承包人)出具《委托

付款通知书》。同时,根据合同关于回购款的约定,应先由神龙公司进行回购,其出具付款委托书时才由远通公司支付价款。最高法认为:关于应收账款范围及律师费负担等问题。根据案涉合同'鉴于'部分第 4 条'债务人已知悉并同意转让方将标的应收账款的全部权利转让给受让方'、正文部分第 4.3 条'标的应收账款交割日起,债务人将按照本合同及本合同附件的约定将偿还标的应收账款的资金支付至受让方指定的下述托管资金账户'、第 7.2.1 条'受让方支付标的应收账款转让价款后,转让方应按本合同约定对应支付标的应收账款回购价款。任何回购价款的支付期限为对应的转让价款的支付日起 12 个月'、第 7.5 条'受让方持有标的应收账款期间,债务人直接向受让方支付部分或全部标的应收账款的,支付的标的应收账款金额可以等额抵销转让方按照本条应支付的回购价款'、第 7.6 条'转让方按照本合同约定按时足额支付全部回购款后,标的应收账款于当日转让至转让方,受让方不再享有标的应收账款,受让方自转让方足额支付回购价款之日起的 3 个工作日内,应出具标的应收账款转让通知书并委托转让方送达至标的应收账款的债务人'等内容,各方约定的价款支付顺序是:远通公司在交割日后应当依照转让合同的约定将应收账款支付至马洲公司的指定账户。交割日后的 12 个月内,神龙公司应当依照合同约定向马洲公司支付回购款,远通公司在此之前支付的款项可以等额抵销神龙公司应当支付的回购款项,在神龙公司支付全部回购款后,该应收账款又转回至神龙公司。根据以上认定,自马洲公司支付转让价款即交割日开始,远通公司即应将应收账款支付到马洲公司指定的账户。回购系此后神龙公司的合同义务,马洲公司主张远通公司已经根据合同约定支付转让的应收账款,具有事实和法律依据,上诉人远通公司的该上诉理由不能成立。"①

(2019)渝民终 1358 号判决认为:"涉案保理合同第六条约定,应收账款到期后,若保理人未收到债务人的应收账款,被保理人应立即向保理人偿还融资本金并支付利息,故鸿晔锦盛公司请求森文公司在保理融资本金 2800 万元及其利息的范围内向鸿晔锦盛公司承担回购义务的请求,应予支持。"②

---

① 丰都远通航运发展有限公司、上海马洲股权投资基金管理有限公司合同纠纷案,最高人民法院(2019)最高法民终 1132 号民事判决书。

② 陈某奎中共重庆市黔江区委党校等与买某菊、石某会等合同纠纷案,重庆市高级人民法院(2019)渝民终 1358 号民事判决书。

(四)保理合同关系下关于保理标的债权的裁判规则

1. 保理合同关系下关于保理标的债权的争议焦点

保理标的债权是承包人转移给保理人、由保理人开展风险分担、债权催收、债权管理等保理业务所针对的对象,即工程款债权,保理人的目的就是围绕保理债权标的向保理申请人提供保理服务并获取高于保理标的债权数额的增值,即保理融资借款利息及保理服务费,因此保理人最关心的问题是,保理标的债权的性质是否会影响保理合同效力?保理人基于出借保理融资借款所获取的利息是否会受到限制?保理人受让承包人的工程款债权时,是否一并受让承包人的工程价款优先受偿权?

2. 关于保理标的债权性质的裁判规则

实务中,易产生争议纠纷、推诿扯皮的保理标的债权为未届履行期限的保理标的债权以及已出质的保理标的债权,在保理人请求债务人履行付款义务时,保理人通常以保理标的债权未届清偿期或保理标的债权已出质为由拒绝履行。那么,该抗辩是否构成合理有效的抗辩?

(1)未届清偿期的保理标的债权

从债权的产生到终止,债权可能会经历以下四个时期:

第一,债权未产生但可能产生的阶段。该阶段是在当事人互负履行义务的双务合同设立后,债权人未对债务人履行对价义务之前,由于债权的对价未产生,债务人享有合同履行抗辩权,因此债权仍未产生;但是基于当事人受到合同约定义务的约束,双方必须履行债务,因此债权又处于一种未产生但能即将产生的状态,如在建设工程施工法律关系中,从发包人与承包人订立施工合同后到承包人实际进场开工前的工程款债权的状态。

第二,债权已产生但未届履行期的阶段。该阶段是在当事人互负债务的双务合同中,由于债权人已履行了对价义务,因此债权已产生,但又由于债务人的履行期限未届至,债权人不得行使请求权,因此债权人的债权处于已产生但未届清偿期的状态,如在建设工程施工法律关系中,从承包人进场施工完成部分合格工程后到约定的进度款付款期间届至前的工程款债权状态。

第三,债权已届清偿期的阶段。该阶段是债权履行期限届满后,债务人履行清偿义务之前的阶段,如在建设工程施工法律关系中,当事人已达成竣工结算协议之后,发包人按约足额支付工程款之前的阶段。

第四，债权诉讼时效期间届满后的阶段。根据《民法典》的规定，一般债权诉讼时效的保护期为3年，因此自债务履行时间点届至之日或债务履行期届满之日起3年内，债权人没有向债务人有效主张债权的，3年期届满，债权进入诉讼时效期间届满后的阶段。

在债权第一阶段，债务人可以有效主张合同履行抗辩权；在债权第二阶段，债务人享有期限利益，可以有效主张债权未届清偿期的抗辩；在债权第四阶段，债务人可以有效主张诉讼时效抗辩权。由此，根据《民法典》第548条的规定，"债务人接到债权转让通知后，债务人对让与人的抗辩，可以向受让人主张"，债务人对债权人享有的抗辩权，可以对债权受让人即保理人行使，因此有不少人认为，以未届清偿期的债权作为保理标的并订立保理合同的，保理标的债权数额仅局限于已届清偿期的债权，不包括未届清偿期的债权。

笔者认为，上述观点没有任何依据。首先，《民法典》第761条规定："保理合同是应收账款债权人将现有的或者将有的应收账款转让给保理人，保理人提供资金融通、应收账款管理或者催收、应收账款债务人付款担保等服务的合同。"法律允许保理申请人以其"将有的应收账款"和"未届清偿期的债权"作为保理标的转让给保理人并获取相应的保理融资借款；因此，债权人以履行期未届满的债权作为保理标的订立保理合同的，并不导致保理合同无效。其次，针对债权人行使的未届清偿期的债权请求权，债务人可基于其享有的期限利益提出债务未届履行期的有效抗辩，这是一种暂时拒绝履行的权利，但并不是说，债权人的债权数额因债务人行使抗辩权而在其抗辩的范围内消灭；因此，即使债务人可以对保理人行使其对债权人的抗辩，但仅是债务人有拒绝履行的权利，并非保理人的保理标的债权数额在债务人主张抗辩的范围内减少。最后，即使在原则上，债务人可以对保理人行使其对债权人的抗辩权，但是，若债务人的某种行为，如向保理人确认实际债务数额，或在保理人向债务人核实债权的真实情况但其未如实告知债务未届清偿期的事实，导致保理人对保理标的债权权利完整无瑕疵且风险在可控范围内产生合理信赖，并基于该合理信赖与债权人订立保理合同并发放保理融资贷款，当保理人无法从债权人处完整回收保理标的债权转而向债务人主张付款责任时，债务人也不得以保理标的债权未届清偿期为由进行抗辩。因此，法律允许债权人以其未届清偿期的债权作为保理标的订立保理合同；保理标的债权未届清偿期不是债务人主张保理标的债权数额畸高应予调减的合理抗辩理由，法院应不予支持。

裁判规则：债权人可以以其未到账期的债权作为保理合同标的，保理人受让保理标的债权后，请求债务人履行保理标的债权，债务人以保理标的债权未届清偿期为由主张保理标的债权数额低于实际债权数额的，不予支持

（2019）最高法民申2686号判决认为："关于金科保理公司受让的对巨能建司的债权数额确定的问题。《应收账款债权转让通知书》[2015（商保）0015号]载明对应的应收账款余额为10,406.39万元，金科保理公司提交的五份应收账款对账单、一份保理融资款到期提示通知书（买方），可以证明在彤阳建司向金科保理公司于2015年4月转让10,406.39万元债权后，金科保理公司多次向巨能建司送达应收账款对账单，巨能建司均盖章确认无异议。巨能建司诉讼中主张《应收账款债权转让通知单》仅是对案涉项目一期附属工程施工合同在正常履行情形下未来可能产生的应付账款的预期，而实际发生金额只有1869万余元，远小于转让所称的债权。就此一节，虽然金科保理公司向中国人民银行征信中心登记的应收账款转让只有贵阳市开阳县环保局片区棚户区改造项目（旺德·时代广场一期附属工程）《建设工程施工合同》，但送达给巨能建司的《应收账款债权转让通知单》[2015（商保）0015号]载明，彤阳建司将其与巨能建司签署的贵阳市开阳县环保局片区棚户区改造工程项目合同项下应收账款以及就该部分应收账款所享有的全部债权及债权的从属权利等相关权益转让给金科保理公司，即彤阳建司转让的是案涉整体工程项目施工合同的应收账款，并非仅限于案涉项目一期附属工程施工合同。巨能建司提交的《工程结算资料移交清单》、支付工程款和材料款的中国建设银行转账支票存根、《贵州旺德置业有限公司破产重整案申报债权登记表》等证据也显示，在工程施工过程中及已完工程价款确定时案涉项目并未区分一期主体工程、一期附属工程。故巨能公司就金科保理公司受让债权只1869万余元有的主张没有合同和事实依据。巨能建司提交的两份《贵州旺德置业有限公司破产重整案申报债权登记表》及《贵州旺德置业有限公司重整计划草案》载明巨能建司向旺德公司管理人申报的债权金额共计147,696,236.39元，大于彤阳建司向金科保理公司转让的债权104,063,946.98元，金科保理公司主张请求巨能建司支付确认债务3902.39万元未超出其对巨能建司享有的实际债权范围，二审认定事实不

缺乏证据证明。”①

(2019)渝民终1358号判决认为:“鸿晔锦盛公司与森文公司、黔江区党校签订《保理合同》,是三方当事人的真实意思表示,并不违反《中华人民共和国合同法》第五十二条的规定,合法有效。森文公司与黔江区党校之间签订的《中共重庆市黔江区委党校置换项目一期工程施工合同》即基础合同是真实存在的,并不属于虚假的合同。虽在签订保理合同时森文公司与黔江区党校的工程款属于并未到期的应收账款,但法律上并没有禁止以未到期的应收账款作为保理合同的标的。”②

(2)已出质的保理标的债权

在工程款债权保理合同纠纷中,在保理人要求发包人履行工程款支付义务时,也会出现发包人为了免于承担付款责任、以保理合同因保理人受让的工程款债权附有质权并损害质权人利益为由主张保理合同无效的情形,此时发包人的主张是否构成合理抗辩?

笔者认为,发包人以保理人与承包人就已出质的工程款债权订立保理合同损害质权人利益为由主张保理合同无效,以此抗辩保理人的付款请求的,不构成有效抗辩,法院应不予支持。首先,《民法典》第445条第2款规定:“应收账款出质后,不得转让,但是出质人与质权人协商同意的除外。出质人转让应收账款所得的价款,应当向质权人提前清偿债务或者提存。”虽然未经质权人同意,出质人不得转让应收账款质权,但是若出质人将转让应收账款债权所得价款予以提存或特定化,即使出质人未经质权人同意转让应收账款债权的,也不必然损害质权人的利益,质权人仍然可以基于质权的物上代位性就转让质物(应收账款债权)所得价款主张优先受偿权。其次,鉴于《民法典》第445条第1款规定,“以应收账款出质的,质权自办理出质登记时设立”,应收账款质权设立的前提是办理质权登记,出质人处分已出质的应收账款债权的,推定应收账款债权受让人对债权已出质的事实主观上构成恶意,排除应收账款债权受让人就善意取得债权的适用。据此,鉴于质权有追及效力,应收账款债权受让人依然

---

① 重庆巨能建设(集团)有限公司、重庆市金科商业保理有限公司合同纠纷再审审查与审判监督案,最高人民法院(2019)最高法民申2686号民事裁定书。

② 陈某奎中共重庆市黔江区委党校等与买某菊、石某会等合同纠纷案,重庆市高级人民法院(2019)渝民终1358号民事判决书。

应当承受应收账款债权的权利瑕疵，基于此，即使出质人擅自将应收账款债权转让的，也不必然得出该行为损害质权人利益的结论。最后，保理人向债务人核实保理标的债权实际状况的，债务人负有如实告知的义务。债务人未告知保理人债权已出质的事实，导致保理人就保理标的债权的安全性产生合理信赖，并基于该合理信赖与债权人订立保理合同、发放保理融资借款，若保理人请求债务人履行付款义务的，债务人应当依诚实信用履行。若针对保理人的付款请求，债务人未履行如实告知义务又以保理标的债权已出质为由主张抗辩的，违背诚实信用原则，破坏市场交易安全，法院应不予支持。

裁判规则：保理人请求债务人履行清偿义务，债务人以保理人受让的保理标的债权已出质导致损害质权人利益为由主张保理合同无效，并拒绝承担付款义务的，不予支持

（2019）最高法民终1132号判决认为："……其次，上诉人又主张案涉应收账款已被神龙公司在先质押给案外人靖江城投公司和华丰公司，后续转让行为无效。本院认为，《中华人民共和国物权法》第二百二十八条第二款关于'应收账款出质后，不得转让，但经出质人与质权人协商同意的除外。出质人转让应收账款所得的价款，应当向质权人提前清偿债务或者提存'的规定，并非效力性强制性规定。质权设立之后至质权实现期间，质押人享有期限利益，且该质权是否实现有待主债权的履行情况而定。同时，该条规定已经限制质押人转让应收账款后应当提前清偿债务或者提存，足以保护质权人的利益。质权人也有权依照质押合同的约定和法律规定，就应收账款主张提存或清偿债务，故本案马洲公司依据案涉合同主张权利，与案外人的质权并不冲突。本院认为，如前所述，转让已出质的应收账款的行为并不当然无效，即使受让人明知应收账款已经出质的，也不必然构成双方恶意串通并对合同效力产生影响，故本院对该上诉理由不予支持。"①

（2018）渝民初94号判决认为："远通公司辩称本案应收账款在2016年10月24日已经由神龙公司质押给靖江城投公司和靖××丰公司，并办理了质押登记。但应收账款质押在先并不影响之后签订的应收账款转让合同的效力，且靖

---

① 丰都远通航运发展有限公司、上海马洲股权投资基金管理有限公司合同纠纷案，最高人民法院（2019）最高法民终1132号民事判决书。

江城投公司和靖××丰公司起诉的两个案件正在审理,如质押权人的权利在该两个案件中得到支持,质押权人可以依法对相关的应收账款行使优先权,并不影响本院对本案进行处理。故远通公司的该抗辩意见,本院不予支持。"①

3. 关于基于保理标的债权的对价即保理融资借款产生的利息的裁判规则

承前所述,法律对金融机构收取金融服务费的收费标准要求是质价相符,据此,保理人应在其提供保理服务所产生的价值范围内向委托人收取保理服务费,或在保理融资借款的法定利率标准内收取保理利息。若保理人超出保理服务价值向委托人收取保理服务费或在不承担任何坏账风险的情况下突破法定利率红线收取高额保理融资贷款利息,有"以收取金融服务费之名变相收取高额利息,破坏金融市场秩序"之嫌,产生"质价不符"的后果,对于保理人逾越保理服务价值与坏账风险分担价值界限所收取的保理利息或收取的名为"保理服务费""保理咨询费""保理手续费"等实为高额利息的费用,法院不予支持。

裁判规则:保理人请求承包人或发包人支付的保理利息超过有关民间借贷司法解释规定的法定利息标准上限的,对于超出部分,不予支持

(2016)沪民终477号判决认为:"鑫晟公司于2015年7月23日以出现违约情形为由,书面通知中科公司于三个工作日内回购全部应收账款。扣除期间的法定节假日,当月29日系该通知指定的回购款付款日。在该日之前,当属借款合同约定的借款期间,借款人中科公司应按约定的利率计算方式支付利息;该日之后直至实际清偿之日,中科公司仍未归还的,属逾期归还,应当按照约定的逾期利率计算利息。《最高人民法院关于审理民间借贷案件适用法律若干问题的规定》第二十六条、第二十九条、第三十条规定,借贷双方约定的利率、逾期利率未超过年利率24%,出借人请求借款人按照约定的利率支付利息的,人民法院应予支持。出借人与借款人既约定了逾期利率,又约定了违约金或者其他费用,出借人可以选择主张逾期利息、违约金或者其他费用,也可以一并主张,但总计超过年利率24%的部分,人民法院不予支持。鑫晟公司提出的诉讼请求,系以合同约定为基础,以5000万元作为本金基数,按年利率24%计收借款期间利息,以年利率36%计收逾期利息。上述计算方式超过了前述司法解释规定的

① 上海马洲股权投资基金管理有限公司与丰都远通航运发展有限公司合同纠纷案,重庆市高级人民法院(2018)渝民初94号民事判决书。

利率上限，超过部分，法院不应予以支持。在借款合同中，利息是资金所有者由于向资金使用者借出资金而取得的报酬。出借人要求借款人以其他名义支付的费用，如无其他相应对价的，即应当被视为实质上的利息。系争合同约定的保理系统使用费、杂费、登记费、保理服务费，虽属融资的必要成本，但均应计入鑫晟公司开展业务的成本之中。即使借贷双方约定此类本应由出借方自行负担的经营成本由借款人承担，亦应按利息处理。因该部分费用与前述期内利息、逾期利息合计均已经超过了年利率24%，法院不应予以支持。"①

4. 关于保理标的债权是否享有建设工程价款优先受偿权的裁判规则

在承包人与保理人订立的保理合同关系下，保理合同标的为工程款债权，而工程款债权作为主权利，工程价款优先受偿权作为从权利与其如影随形。根据《民法典》第547条的规定，"债权人转让债权的，受让人取得与债权有关的从权利"，由此产生的问题是，保理人受让承包人的工程款债权时，是否一并受让承包人的工程价款优先受偿权？

笔者认为，保理人受让承包人的工程款债权的，并不当然受让工程价款优先受偿权。理由如下。

首先，从工程价款优先受偿权产生原因的角度出发，工程价款优先受偿权的权利性质决定了其不能从承包人这一主体身份中剥离出去。法律设置工程价款优先受偿权的原因是，承包人是将人力、物力与财力投入施工活动中并凝结成建设工程，是建设工程不断成型不断增值的主体，虽然发包人作为所有人的身份可以对建设工程进行处分，如出抵、出售等，但是使建设工程获得初始处分价值、流转价值的主体是承包人，没有承包人的付出就没有建设工程，发包人也难以对建设工程进行处分变现，因此在承包人基于其施工活动使建设工程获得增值的范围内，承包人可以就其未获得施工对价的工程款债权享有工程价款优先受偿权。可以说，工程价款优先受偿权是基于承包人这一身份，或更进一步说，是基于承包人的施工行为使建设工程得到增值而产生的法定优先权，然而，保理人不是实施施工行为并使建设工程增值的主体。因此，根据《民法典》第547条的规定，"债权人转让债权的，受让人取得与债权有关的从权利，但是

① 鑫晟保理有限公司、上海周贤房地产开发有限公司与中科建设开发总公司、上海和一投资发展有限公司、上海创欣资产经营管理有限公司等合同纠纷案，上海市高级人民法院（2016）沪民终477号民事判决书。

该从权利专属于债权人自身的除外”，工程价款优先受偿权是承包人基于其身份产生的专属权利，即使工程款债权转移给保理人的，保理人也不当然受让工程价款优先受偿权。

其次，从工程价款优先受偿权规范目的的角度出发，允许保理人受让工程价款优先受偿权并不能实现工程价款优先受偿权的规范目的。法律设置工程价款优先受偿权的目的是，使承包人通过行使优先受偿权尽快从拍卖、变卖建设工程所得价款中实现其工程款债权，并使用该工程款支付建筑工人工资，缓解建筑工人的生活压力，进而维护社会稳定。而保理人受偿承包人的工程款债权后，作为对价，会向承包人支付保理融资贷款，承包人可以直接使用该保理融资贷款支付农民工工资，并不会发生承包人因为发包人拖欠工程款而拖欠工人工资的社会问题，因此保理人受让建设工程价款优先受偿权并不会对缓解拖欠工人工资的社会现象产生直接作用。

最后，从工程价款优先受偿权行使条件的角度出发，即使保理人受让建设工程价款优先受偿权，也难以实际行使。依据《建设工程司法解释一》的规定，建设工程价款优先受偿权的行使期限由6个月调整为18个月，从发包人应支付工程款之日起计算。根据建设工程案件的审判实践，当满足以下条件时，“发包人应当支付工程款”：其一，承包人已完成对应其付款请求的合格工程量；其二，双方当事人已达成结算协议，明确发包人应付款数额；其三，当事人约定的付款期限已届至，若当事人未约定付款期限的，达成结算协议之日即为应当支付工程款之日。但是，出现以下情况，即使允许保理人受让工程价款优先受偿权，保理人也难以行使：情况一，保理人受让的工程款债权往往是未到账期的债权，可能在发包人与承包人达成结算协议之前，承包人就向保理人履行了回购义务，此时保理人没有行使工程价款优先受偿权的可能性；情况二，若保理人在施工过程中就进度款的支付向发包人主张权利，由于我国法律不支持工程价款优先受偿权在结算前分次主张，在发包人与承包人未达成最终结算的情况下，保理人的工程价款优先受偿权也无从行使；情况三，即使在承包人与发包达成结算协议后保理人才向发包人主张工程款债权的，鉴于出于自身利益最大化的考虑，保理人不会只向发包人主张债权，而是同时向承包人主张追索权，此时若承包人已经履行了部分回购义务，但不足以覆盖保理人全部的保理融资借款债权与保理服务费债权，此部分债权保理人必然要向发包人主张，并且承包人就其履行回购义务范围内所恢复的工程款债权也要向发包人主张，若保理人发起诉讼，以发包人与承包人作为共同被告的，承包人不能在保理人发起的诉讼中对发包人提起诉讼要求法院确认其对发包人享有工程价款优先受偿权，只能另行起诉。此时就同一建设工程，保理人与承包人分别先后提起诉讼请求法院确认其均享有工程价款优先受偿权，属于对建设工程价款优先受偿权的肢解分裂后再行使，与法律规定不符，也造成法院对工程价款优先受偿权的认定和执行的困难。

但是，鉴于法律未禁止承包人实施转让工程价款优先受偿权的行为，实务中就承包人能否转让工程价款优先受偿权的意见仍莫衷一是，支持的理由为，首先，工程价款优先受偿权的取得对于保理人的权益保护会起到关键作用，特别是在债务人资不抵债进入破产阶段，工程价款优先受偿权将成为最后的“救命稻草”；①其次，虽然保理人对于建设工程价款优先受偿权的行使效果差强人意，但是，若保理人对能够受让建设工程价款优先受偿权从而降低了其债权收不回来的风险产生了合理信赖，并基于该合理信赖受让承包人的工程款债权的，出于保护保理人的信赖利益与交易安全的考虑，并且保理人确实能够整体地行使工程价款优先受偿权而不是与承包人分别割裂行使优先权且只有通过行使工程价款优先受偿权才能保障保理人的债权利益的，法院认定保理人享有工程价款优先受偿权也无可厚非。

裁判规则：由于发包人未按时向保理人支付工程款，导致承包人在向保理人履行回购义务时承担额外的保理费用与保理利息等损失，承包人就该额外损失请求发包人赔偿的，应予支持；承包人就该额外损失请求法院认定其享有建设工程价款优先受偿权的，不予支持

承前所述，法律设立建设工程价款优先受偿权的规范目的是鉴于承包人投入人力、财力、物力使建设工程得到增值，因此在其劳动付出使建设工程增值的范围内，承包人享有建设工程价款优先受偿权，且承包人也只能就其施工活动使建设工程得以增值的部分享有建设工程价款优先受偿权。而承包人基于因发包人迟延向保理人履行付款义务所产生的向保理人承担支付保理利息以及

① 参见周月萍、孟奕等：《〈民法典〉时代的建设工程保理业务》，载《施工企业管理》2021年第5期。

额外的保理服务费用而遭受的损失，不属于承包人使建设工程增加使用价值的投入与支出，《建设工程司法解释一》第 40 条第 2 款规定，“承包人就逾期支付建设工程价款的利息、违约金、损害赔偿金等主张优先受偿的，人民法院不予支持”，承包人就该保理利息与额外的保理服务费用请求法院认定其享有工程价款优先受偿权的，不予支持。

(2019)津 02 民初 150 号判决认为：“工程款中的保理利息 3,150,000 元及保理利息应缴纳税金 107,415 元是否属于建设工程价款优先受偿权范围。根据《最高人民法院关于审理建设工程施工合同纠纷案件适用法律问题的解释(二)》第二十一条的规定，承包人建设工程价款优先受偿的范围依照国务院有关行政主管部门关于建设工程价款范围的规定确定。承包人就逾期支付建设工程价款的利息、违约金、损害赔偿金等主张优先受偿的，人民法院不予支持。按照住建部、财政部印发的《建筑安装工程费用项目组成》第一条第一款规定，建筑安装工程费用项目按费用构成要素组成划分为人工费、材料费、施工机具使用费、企业管理费、利润、规费和税金。根据上述法律及规定，建设工程价款优先受偿权的范围包括人工费、材料费、施工机具使用费、企业管理费、利润、规费和税金，对于本案中所涉及的保理利息及保理利息应缴纳税金，虽原告与被告北方华泰在 2016 年 12 月 29 日签订的两份《应受账款保理协议》中明确‘保理利息费用仍计入本工程最终结算’，但根据相关法律规定，承包人建设工程价款优先受偿的范围应为法定，故原告与被告北方华泰上述约定亦属无效。结合原告与被告北方华泰在两份《应收账款保理协议》中叙明的相关保理情况，保理利息的产生是由于被告北方华泰资金无法到位，导致原告垫付相关工程款并产生相关保理利息，保理利息的产生与案涉工程的施工本身并无关系，故本案中所涉保理利息及保理利息应缴纳税金，究其根本，应属于发包人被告北方华泰就逾期支付建设工程价款的利息及相关损失的范畴，不应属于建设工程价款优先受偿权范围。故对第三人兴业金融租赁该项主张，本院予以支持。原告 36,668,377.55元(39,925,792.55 元 - 3,150,000 元 - 107,415 元)对建设工程享有优先受偿权，并就建设工程折价、拍卖或变卖价款优先受偿。”①

---

① 中冶天工集团有限公司与天津北方华泰置业投资有限公司、天津市厚诚投资管理有限公司建设工程施工合同纠纷案，天津市第二中级人民法院(2019)津 02 民初 150 号民事判决书。

五、工程款债权保理的承包人实践指引

工程款债权保理合同涉及发包人与承包人之间的建设工程施工合同法律关系、承包人即工程款债权人、保理申请人与保理人即保理金融服务商的保理合同关系以及保理人与发包人即工程款债务人的委托付款法律关系、工程款债权债务法律关系，并且在债权人与保理人之间，存在应收账款债权转让与应收账款转让款、坏账风险分担与风险分担服务费、保理融资借款使用与保理融资借款利息、获取保理金融服务与支付保理服务费等两组甚至两组以上的对价关系，因此工程款债权保理合同关系有着十分复杂的交易结构与风险安排，给当事人一种“乱花渐欲迷人眼”的错觉。但无论保理合同存在多么错综复杂、眼花缭乱的权利义务结构设计，承包人都应抓住以下核心内容。

1. 构成发包人已履行工程款付款义务的有效支付的条件是，保理人向承包人支付工程款债权受让对价后，承包人不对保理人承担回购义务，或发包人已向保理人或承包人履行了工程款支付义务。承前所述，当事人约定保理合同为“买断型保理”的，在工程款债权人即承包人无须履行回购义务的范围内，承包人的债权已得到实现，其永久脱离基于保理标的即工程款债权产生的债权债务关系，此时保理人向承包人支付保理融资借款的，构成发包人的有效支付；当事人约定保理合同为“回购型保理”，工程款债权的履行义务人即发包人已向债权受让人即保理人履行付款义务的，在发包人向保理人付款范围内，承包人的回购义务也相应免除，此时也构成发包人对承包人的有效支付。

2. 要特别注意建设工程施工合同关系下工程款支付义务人即发包人不对承包人履行付款义务与保理合同关系下发包人与不对保理人履行付款义务时所产生的逾期付款利息等违约责任的衔接安排。承包人签订保理合同时，最关心的一个问题是，发包人未能按时向保理人履行付款义务，导致保理人转而向承包人主张追索权并要求承包人额外承担在发包人付款期限届至后到承包人履行回购义务期间所产生的保理服务费用与保理融资借款利息的，就该部分额外支出的保理服务费与保理借款利息，承包人是否可以向发包人主张索赔？

笔者认为，首先，在前述条件下，发包人未按约履行付款义务的，承包人所遭受的损失一共有两笔：其一，在发包人与承包人签订的《建设工程施工合同》

所约定的工程款支付节点届至后到保理人支付工程款债权受让款之前所经过的期间内,因发包人未按约付款导致承包人所遭受的利息损失。承包人产生该笔利息损失的理由在于,就发包人与承包人之间的关系而言,双方合意将发包人的付款义务替换为保理人的工程款债权受让款支付义务属于替代履行,也是一种发包人与承包人就工程款支付履行方式的合意变更,在保理人向承包人支付债权受让款的范围内,承包人对发包人的工程款支付义务消灭,若针对在施工合同约定的付款期限届至后到保理人支付债权受让款期限所产生的承包人逾期付款利息,发包人与承包人未作出特别约定是否收取与计算方式,则根据《民法典》第 544 条的规定,"当事人对合同变更的内容约定不明确的,推定为未变更",有可能被法院认定为不收取利息,承包人将永久承受该利息损失;其二,在发包人即工程款支付义务人向保理人付款期限届后到承包人响应保理人行使追索权履行工程款债权回购义务之前,因发包人未按约向保理人履行付款义务,导致保理人向承包人索赔额外的保理服务费用与保理融资利息,承包人向保理人支付上述费用所遭受的损失。

其次,若承包人响应保理人的追索权履行了工程款债权回购义务,承包人又重新复位为工程款债权人,承包人与发包人之间的基于施工合同产生的债权债务关系恢复,此时承包人必定要找发包人"算账",即要求发包人赔偿因迟延履行工程款债务而使承包人遭受的损失。承包人当然有权这么做,请求权基础即为《民法典》第 577 条"当事人一方不履行合同义务或者履行合同义务不符合约定的,应当承担继续履行、采取补救措施或者赔偿损失等违约责任",以及《民法典》第 583 条"当事人一方不履行合同义务或者履行合同义务不符合约定的,在履行义务或者采取补救措施后,对方还有其他损失的,应当赔偿损失"的规定。但是承包人直接主张违约损害赔偿责任的,存在以下劣势:其一,承包人承担的举证责任加重。违约损害赔偿责任与违约金责任的举证义务轻重不同,在损害赔偿责任下,承包人应当对以下事项举证:发包人存在逾期付款的违约行为,承包人受有违约损失,发包人的违约行为与承包人遭受违约损失存在因果关系;而在违约金责任下,承包人只要举证发包人存在逾期付款的违约行为,即可请求发包人支付逾期支付违约金。其二,发包人逾期支付工程款与承包人遭受额外的保理融资利息与保理服务费用不具有直接的因果关系相当性。虽然保理人要求承包人履行回购义务的原因是发包人未按约向保理人履行工程款支付义务,但是出于以下原因,法院可能认为,发包人未向保理人履行付款义务不是承包人支付保理利息与保理服务费用的充分必要原因:第一,承包人与保理人订立保理合同获取保理服务并支付对价是承包人意思自治的结果;第二,承包人与保理人签订保理合同不是发包人强制要求的结果;第三,虽然承包人支付了保理服务费用与保理融资利息,但是承包人也提前拿到了保理融资现金并向外分摊了工程款债权的坏账风险,即承包人也相应获益;第四,在签订施工合同时,发包人可能未能预见承包人会以其对发包人的工程款债权申请保理服务。基于此,法院可能并不会十分认可发包人对承包人因其迟延付款所遭受的保理费用、保理利息支付损失负全责,但鉴于发包人确实迟延付款,主观上存在过错,发包人也应当对承包人因支付额外的保理利息与保理费用而遭受的损失承担部分责任,至于是在什么范围承担责任,是法官自由裁量的范围,而在发包人未承担损失赔偿责任的范围内,承包人要承受该额外的保理融资利息与保理服务费用损失。

最后,若承包人与发包人另行签订补充协议,以违约金责任的形式,将工程进度款支付节点到保理人支付保理融资之日的期间所产生的逾期付款利息,以及将发包人应当对保理人履行付款义务的时间节点到承包人向保理人履行回购义务之日的期间所产生的因发包人未能按约向保理人履行付款义务所导致的额外保理借款利息与保理服务费用另行约定在《补充协议》中,将支付风险转嫁到发包人身上,甚至将基于保理合同正常产生的保理服务对价费用与保理融资借款使用对价利息的支付责任转嫁给发包人的,那么,只要发包人出现逾期支付工程款的违约行为,承包人即可依据补充协议的约定向发包人主张违约金责任,此时,承包人无须负担过重的举证责任,也不存在由于因果关系不充分导致承包人因发包人逾期付款的违约行为而遭受的损失不能被法院全额支持的担忧。

3. 当保理人要求承包人履行工程款债权回购义务时,承包人可以以保理服务费用与获取的保理服务“质价不符”为由进行合理抗辩。若保理人仅是追求高额的保理融资利息而与承包人签订工程款债权保理合同,承包人并未获取到真实的保理服务,如应收账款催收、债权分账管理、坏账风险分摊、保理业务咨询、发包人资信评估等,但保理人要求承包人履行回购义务时,却要求承包人支付的回购价格远远高于保理融资借款本金,即超出保理融资贷款本金 LPR 的 4

倍,承包人可以以保理合同约定的回购价格远远高于保理融资借款本金,存在“名为收取保理服务费,实为变相收取高额利息、增加企业融资成本”之嫌,违反《最高人民法院关于审理民间借贷案件适用法律若干问题的规定》(2020 年第二次修正)的强制性规定作为理由,请求法院下调工程款债权的回购价格。

第五部分

EPC工程总承包相关问题

专题九

EPC工程总承包模式下联合体对外责任形式实务研究

一、研究背景与问题的提出

(一)研究背景

2017年2月,国务院办公厅印发《关于促进建筑业持续健康发展的意见》,号召“加快推行工程总承包”,并要求“加快完善工程总承包相关的招标投标、施工许可、竣工验收等制度规定”;2019年12月,住建部及国家发改委联合发布《房屋建筑和市政基础设施项目工程总承包管理办法》(以下简称《工程总承包管理办法》),进一步推动我国EPC工程总承包模式的规范化、制度化、统一化、普遍化的进程;2020年11月,住建部及国家市场监督管理局联合发布《建设项目工程总承包合同(示范文本)》,规定EPC工程总承包模式的权利义务内容、索赔变更程序、风险分配规则等,积极引导建筑市场主体开展EPC工程总承包活动步入标准化、合规化、程序化进程。从中央部门的文件精神与引导目的可知,推动实施EPC工程总承包的施工组织模式在我国建筑市场领域是大势所趋。

EPC(Engineering Procurement Construction)工程总承包与传统施工总承包在承包人资质要求上有很大的不同。一方面,与传统施工总承包模式下设计人仅负责设计、承包人仅负责施工的平行发包方式不同,在EPC工程总承包模式下,发包人将设计与施工一并发包给工程总承包人承接,由工程总承包人实施完成承包范围内的施工图设计、设备采购即工程施工的工作,并就工程项目的建设工期、工程质量、施工安全及工程造价对发包人全面负责;另一方面,根据

《建筑法》第13条的规定，施工企业、设计单位、监理单位及勘察单位从事建筑活动的，需具备相应的施工、设计、监理及勘查资质，否则会威胁工程质量与施工安全，无相应资质的上述主体不仅要承受施工合同、设计服务合同、监理服务合同及勘察服务合同无效的不利后果，还要承担损害赔偿或违约的民事责任，并且承担行政责任。因此，在工程总承包人需对施工活动与设计工作负责的EPC工程总承包模式下，工程总承包人需同时具备施工资质与设计资质方符合《建筑法》的规定与工程质量的强制性要求，《工程总承包管理办法》第10条规定："工程总承包单位应当同时具有与工程规模相适应的工程设计资质和施工资质……"

（二）问题的提出

虽然国家一直在推动工程总承包资质的立法，并费尽心思设置捷径，允许建筑相关企业同时取得设计资质与施工资质，但建筑市场主体要想取得"双资质"并不是一件容易的事情，只有取得"设计综合资质""行业甲级资质""建筑工程专业甲级资质"的设计单位与取得"一级及以上施工总承包资质"的施工企业在满足具备"相应规模工程总承包业绩"的条件下才能进行"资质互认"，①但现实中很多建筑相关企业都不具备申请行业顶级资质的强劲实力与相应工程总承包管理的丰厚经验。因此在实践中，不具备设计资质的施工企业与不具备施工资质的设计企业要想介入EPC工程总承包市场分一杯羹，只能借助"联合体"的外壳来实现，即仅拥有设计资质的设计单位与仅拥有施工资质的施工单位共同组成联合体投标，弥补各自资质的缺陷与能力的不足，取长补短，增强实力，《工程总承包管理办法》第10条也规定："工程总承包单位应当……由具有相应资质的设计单位和施工单位组成联合体。"

在实践中，联合体的组成模式一般分为以下两种情形：一种分工较为粗放，即联合体成员仅包括两个：一为施工企业，主要负责管理协调、实际施工与设备采购；二为设计单位，主要负责初步设计、深化设计、优化设计、施工图设计等工作。另一种分工较为精细，即联合体成员包括很多个，基本由多个企业单位组

① 《工程总承包管理办法》第12条规定："鼓励设计单位申请取得施工资质，已取得工程设计综合资质、行业甲级资质、建筑工程专业甲级资质的单位，可以直接申请相应类别施工总承包一级资质。鼓励施工单位申请取得工程设计资质，具有一级及以上施工总承包资质的单位可以直接申请相应类别的工程设计甲级资质。完成的相应规模工程总承包业绩可以作为设计、施工业绩申报。"

成，其中某一企业仅负责施工的监督管理、统筹协调、业主对接与对外融资，某一企业仅负责实际施工活动，某一企业负责工程设备的采购、安装、调试、试运行等，设计单位负责设计出图等，但是负责施工与负责设计的企业均应具备相应的资质。在联合体内部，联合体各成员往往会推选出一名"牵头人"，通过内部决议程序（如有）或直接授权牵头人以联合体的名义对外从事交易活动，联合体成员对该交易活动所产生的法律后果负连带责任。但在对外关系中，作为内部授权的联合体代表人，牵头人对外从事的一切民事活动，包括购买建材设备、租赁大型机械、对外融资借款、向下转包分包等，其产生的法律效力是否直接约束其他联合体成员？其他联合体成员是否应当承担上述交易活动所产生的民事责任？

二、联合体概述

要讨论 EPC 工程总承包联合体成员对外责任的问题，就绕不开对 EPC 工程总承包联合体性质与特点的分析研究。只有对 EPC 工程总承包联合体的法律性质定性准确、对 EPC 工程总承包联合体的具体特征描述清楚，才能进一步讨论其责任特点。

（一）联合体的定义及性质

1. 联合体的定义

我国学术界并未对"联合体"作出准确定义，实务中仅有《建设项目工程总承包示范文本》（GF－2020－0216）第 1.1.2.4 条对"联合体"作出以下解释："联合体，是指经发包人同意由两个或两个以上法人或者其他组织组成的，作为承包人的临时机构。"但是未触及联合体的核心性质的描述；还有一些司法判决认为，联合体的法律性质为联营[①]，即原《民法通则》第 53 条规定的"协作型"联营："企业之间或者企业、事业单位之间联营，按照合同的约定各自独立经营的，它的权利和义务由合同约定，各自承担民事责任。"也有人认为，联合体不属于原《民法通则》第 51 条规定的"法人型联营"，也不属于原《民法通则》第 53 条规

① 判决"贵州宏科建设工程有限责任公司、姚某清建设工程施工合同纠纷二审民事判决书，（2020）黔 04 民终 894 号"援引原《民法通则》第 52 条关于"联营责任"的规定作为认定联合体责任承担形式的裁判依据；判决"贵州省冶金建设公司、四川华硅冶金设备有限公司确认合同效力纠纷再审审查与审判监督民事裁定书，（2017）川民申 2262 号"认为联合体属于"合伙型联营"。

定的"合同型联营",其本质是原《民法通则》第52条规定的"合伙型联营"。[①]但是,由于原《民法通则》已被废止,新颁布的《民法典》未就"联营"问题作出规范,以"联营"定义"联合体"既落后于时代的要求又无法嵌套进现行的成熟制度中,难以与现行法律规范配合形成逻辑自洽的统一体系,因此"联合体"不属于"联营"的范畴,"联营"应当是一个被时代抛弃的概念。

笔者认为,"联合体"的交易模式与"合伙企业"的组成模型在多地方高度相似,可以嵌入"合伙企业"的模型中,参照适用《合伙企业法》以及《民法典》"合伙合同"章的规定予以规制,理由如下:

(1)联合体与合伙企业均可以是两个以上法人或其他组织联合组成的民事主体。《合伙企业法》第14条规定:"设立合伙企业,应当具备下列条件:(一)有二个以上合伙人。合伙人为自然人的,应当具有完全民事行为能力;……"《招标投标法》第31条第1款规定:"两个以上法人或者其他组织可以组成一个联合体,以一个投标人的身份共同投标。"因此,联合体与合伙企业的组成模式都是两个以上法人或其他组织组成的民事主体,唯一的区别是,构成合伙企业的成员可以为自然人,而联合体的成员因为受准入资质要求的限制只能为"具备相应招标人要求的资格条件与法定资质要求的"法人或其他组织,不得为自然人。

(2)联合体与合伙企业的内部权利义务内容均由内部成员自由约定。《民法典》第972条规定:"合伙的利润分配和亏损分担,按照合伙合同的约定办理;合伙合同没有约定或者约定不明确的,由合伙人协商决定;协商不成的,由合伙人按照实缴出资比例分配、分担。无法确定出资比例的,由合伙人平均分配、分担。"《合伙企业法》第33条规定:"合伙企业的利润分配、亏损分担,按照合伙协议的约定办理;合伙协议未约定或者约定不明确的,由合伙人协商决定;协商不成的,由合伙人按照实缴出资比例分配、分担;无法确定出资比例的,由合伙人平均分配、分担。"《招标投标法》第31条第3款规定:"联合体各方应当签订共同投标协议,明确约定各方拟承担的工作和责任,并将共同投标协议连同投标文件一并提交招标人。"据此,无论是合伙协议还是联合体协议,其内部的权利义务、风险分担、收益分配、职权责任等,都由内部成员自由约定。

① 参见岳向文:《工程建设联合体投标若干法律问题》,载《建筑经济》2005年第9期。

(3)现行法律均要求联合体成员与合伙企业内部成员对外承担连带责任。在合伙企业方面,《合伙企业法》第 2 条第 2 款规定:“普通合伙企业由普通合伙人组成,合伙人对合伙企业债务承担无限连带责任。……”《民法典》第 973 条规定:“合伙人对合伙债务承担连带责任。清偿合伙债务超过自己应当承担份额的合伙人,有权向其他合伙人追偿。”在联合体方面,《招标投标法》第 31 条第 3 款规定:“……联合体中标的,联合体各方应当共同与招标人签订合同,就中标项目向招标人承担连带责任。”《工程总承包管理办法》第 10 条第 2 款规定:“……联合体各方应当共同与建设单位签订工程总承包合同,就工程总承包项目承担连带责任。”因此,无论是合伙企业还是联合体,其内部成员均共同出资、共同经营、共享收益、共担风险,应当对合伙企业及联合体的外债承担无限连带责任。①

但是,不能据此就得出“联合体 = 合伙企业”的结论。联合体与合伙企业在以下方面有所不同。

首先,二者的构成成分不同。《合伙企业法》第 2 条第 1 款规定:“本法所称合伙企业,是指自然人、法人和其他组织依照本法在中国境内设立的普通合伙企业和有限合伙企业。”合伙企业的构成主体可以包括自然人、法人或其他组织;而根据国家法律的相关规定,联合体只能由法人或者其他组织组成,因而构成工程建设联合体的主体排除了个人。《招标投标法》规定了联合体各方都应具备承担项目的能力,并具备规定的相应资格条件。因此工程建设联合体的成立必须满足一定的主体条件。②

其次,二者的经营模式不同。合伙企业的经营模式是合伙人共同出资,并针对出资的资产共同经营,合伙人对外共同行使的权利及履行的义务并不会因为合伙人成员的不同而切割清楚、泾渭分明。而联合体没有共同的财产,也不需要内部成员完成实物出资,联合体成员暨施工企业与设计单位的出资更类似于资质与劳务的出资;联合体的经营模式也不如合伙协议的“共同经营”那么紧密,而是联合体成员各自完成其合同约定的分内工作,并在工作的过程中相互协调配合,如设计指导施工,施工优化设计等。

---

① 参见白如银:《从裁判观点探析投标联合体的法律责任边界》,载《中国招标》2020 年第 9 期。

② 参见黄瑕:《简析工程建设联合体法律风险及防范》,载《法制与经济》2015 年 6 月总第 410 期。

再次，二者的权利义务内容也不尽相同。在合伙协议中，各合伙人对共同经营获取的财产共享收益并就共同经营所产生的债权债务共担风险（承担债权难以回收的风险以及承担恶性债务的风险）。但在联合体协议中，除合同另有约定外，设计费与施工费一般单独计算；并且双方既不共担风险也不共享收益，发包人不按约支付设计费的，设计单位往往难以要求施工企业承担该部分风险；施工单位因提前竣工获得赶工奖励的，设计单位往往也难以染指该部分收益。

复次，二者的设立方式也不同。设立合伙企业的，不仅需要各合伙人意思表示的一致，还需要合伙人完成行政审批手续，即根据《合伙企业法》的规定，向企业登记机关提交合伙企业申请书，接受行政部门的在册备案监管；而设立联合体的，仅需要联合体成员合作承包的合意，以及联合体的相对方——项目发包人的同意即可，无须完成行政审批手续。

最后，二者的存续时间与存续形式也不同。合伙企业的存续时间不受限制，属于永久性的组织；而联合体的存续时间与建设项目的寿命挂钩，如果联合体未中标，则联合体即解散；如果联合体中标，则联合体依照联合体协议确定的各方在招标项目中承担相应的工作和责任，在建设工程竣工验收并交付业主后联合体即刻解散，因此联合体是一个临时性的组织。①

因此，笔者认为，联合体是指经合同相对方同意，两个或两个以上法人或其他组织组成的、由联合体成员根据合同约定向合同相对方共同履行义务并对合同相对方承担连带责任的民事主体。工程项目中的联合体不是独立的法人，而是一个具有临时性的项目组织，其以承揽项目为目的，根据联合体协议的约定组建和解散。联合体在牵头单位的控制和协调下，各成员之间按联合体协议的约定享有权利、履行义务并承担风险。② 可以说，联合体在组织结构方面与合伙企业高度类似，但是并不等同于合伙企业。

2. 联合体的性质

联合体是多个民事主体基于共同交易目的而集合在一起的组织体，与我国《民法典》规定的“法人”（公司企业）以及“非法人组织”（合伙企业）类似。要讨

---

① 参见岳向文：《工程建设联合体投标若干法律问题》，载《建筑经济》2005 年第 9 期。

② 参见孙骥：《工程总承包联合体对外责任探析》，载《法制博览》2021 年第 12 期。

论联合体的性质，就必须结合其他组织形式即“法人”与“非法人组织”的性质特点进行对比研究。笔者认为，联合体与法人及非法人组织在有无法律认可的民事主体资格地位、是否适用公示登记制度以及是否刻制经备案的、是否具有公示公信效力的公章三个方面有所区别。

(1)联合体不是《民法典》认可的民事主体，不具备民事主体资格。《民法典》第 2 条规定：“民法调整平等主体的自然人、法人和非法人组织之间的人身关系和财产关系。”据此，具有民事主体资格、能以其名义在交易市场中自由从事民事活动的主体仅包括自然人、法人与非法人组织，而联合体作为组织体，既不属于法人(不具备法人应有的有限责任制度)，也不属于非法人组织(不具备非法人组织应有的登记公示制度)，不能为我国的民事主体制度所接纳，因此联合体不具备独立的民事权利能力，没有民事主体资格，不属于“民事主体”。

(2)联合体不具备登记制度，不能进行对外身份公示。对于自然人，《民法典》第 25 条规定，“自然人以户籍登记或者其他有效身份登记记载的居所为住所”，自然人适用身份登记制度，借以表明其民事主体资格。对于法人，《民法典》第 66 条规定：“登记机关应当依法及时公示法人登记的有关信息。”法人也适用法人登记制度，借以表明其民事主体资格。对非法人组织，根据《民法典》第 103 条第 1 款的规定，“非法人组织应当依照法律的规定登记”，非法人组织亦适用登记制度，借以表明其民事主体资格。然而，我国并不存在“联合体”的公示登记制度，交易市场的不特定第三人无法通过公示登记信息确定“联合体”的民事主体资格，从这个角度进一步可以说明，我国并不承认“联合体”的民事主体资格。

(3)联合体成员往往不会刻制联合体公章。根据交易惯例，公章是体现以组织形式成立的法人或非法人组织的真实意志的载体，只要在书面文件中加盖法人或非法人组织的公章，就视为该法人或非法人组织同意该书面文件载明的事项，因此，公章是法人或非法人组织最有力的身份证明之一。因此，联合体成员以联合体的名义从事交易活动的，根据交易惯例，应当刻制联合体公章，用以对外表明联合体身份。但是，由于建设工程领域中假冒名义、私刻公章、伪造授权、滥用身份的现象层出不穷，联合体存续时间较短，联合体成员之间组织结构松散、权利义务约定不明、彼此责任牵扯不清，且设计单位与设备供应企业不愿意为施工企业背负更多的责任，因此联合体并不会刻制专门的联合体公章，对外用以表明联合体身份。

综上所述，鉴于联合体这一身份仅存在于施工企业、设计单位以及设备供应企业共同与发包人订立的工程总承包合同中，因此“联合体”这一概念仅对与联合体订立工程总承包合同的发包人发生效力，联合体任何一成员存在违约行为的，发包人都可以基于“联合体”的约定要求任一联合体成员承担连带责任。然而，鉴于联合体不具备法律承认的民事主体资格、不适用公示登记制度以及不刻制对外表明身份的公章，“联合体”这一外壳在工程总承包合同效力范畴之外是没有民事主体资格的——对于不特定第三人而言，“联合体”不具备独立民事主体的身份地位；在不特定第三人眼中，联合体不复存在，存在的只是联合体背后的内部成员。据此，联合体这一民事主体身份仅在当事人意思自治的效力范围内具有相对性，即仅对与其建立合同关系的发包人有效；但联合体这一民事主体身份在法律保护交易安全的规范层面不具有绝对性、公示性，对于不特定第三人而言，其不具有民事主体资格。

（二）联合体意思表示的发出方式

《民法典》第 133 条规定：“民事法律行为是民事主体通过意思表示设立、变更、终止民事法律关系的行为。”据此，意思表示与民事法律行为息息相关，这两个概念相互缠绕纠结、难分彼此，[①]在分析民事法律行为时，往往离不开对意思表示的判断。意思表示，是指将企图发生一定私法上效果的意思，表示于外部。[②] 意思表示在民事行为体系中具有重要地位，它是民事行为的核心，也是判断民事行为是否产生合法效力的关键。

对于自然人这一单一的民事主体而言，判断其意思表示很简单，仅需看该自然人有无追求一定法律效果的内心意志并将该内心意思表现于外部让外人知悉即可。然而，合伙企业是多个单一民事主体组成的综合体，其真实意思非其中一名或几名内部成员的意思表示所能完全代表的，而是所有内部成员内心意志的“集合束”，体现的是全体内部成员的共同意志、综合意志。因此，合伙企业意思表示的内容须结合全体内部成员的综合意志来认定。

---

① 参见朱庆育：《民法总论》（第 2 版），北京大学出版社 2016 年版，第 188 页。

② 参见王泽鉴：《民法总则》，北京大学出版社 2009 年版，第 316 页。

并且,在没有法律特殊规定或合同特别约定的情况下,民事主体仅对自身发出的内心意思所产生的法律效果负责,而无须针对他人的表示意思与效果意思承担后果;若让民事主体为他人的自由意志负责,使其承受的不利后果超出该民事主体的可预见程度与交易风险范围,这不仅强人所难,还会造成十分不公平的后果。因此,《民法典》第 973 条规定,内部成员需对合伙债务承担连带责任的前提是合伙企业作出的民事行为符合全体内部成员的共同意志,否则合伙内部成员不应为超出自身意思自治范围的不当法律后果负责。

由于关于联合体的法律规范过少,《招标投标法》、《政府采购法》以及《工程总承包管理办法》都仅有个别条款涉及,而且缺乏关于联合体的内部决议机制、外部责任形式与内部追偿形式的规定,因此对于联合体外部责任的判断往往让裁判者无法可依、无例可引、无所适从。但是,由于联合体在组成模式、责任形式等方面与合伙企业高度类似,因此,与合伙企业意思表示发出方式以及内部成员对外责任形式有关的法律制度可为联合体对外责任的判断提供一定的合理借鉴与正当援引。

据此,笔者认为,只有满足以下条件的任一种,合伙企业发出的意思表示才可视为全体内部成员的真实共同意志。

1. 每位成员均作出同意实施民事行为的意思表示。《民法典》第 970 条第 1 款规定:“合伙人就合伙事务作出决定的,除合伙合同另有约定外,应当经全体合伙人一致同意。”若每名内部成员均作出了同意合伙企业实施民事行为的意思表示,理所应当代表合伙企业的真实意志。在每位内部成员同意的范围内,合伙企业对外实施的民事活动约束所有的内部成员,每位内部成员对合伙企业的外部债务承担连带清偿责任。

2. 每位成员选举出的合伙事务执行人在合伙协议约定的权限范围内实施民事行为。合伙企业以上述第(1)种方式发出意思表示会导致经营效率的严重低下,对于每一笔交易模式、交易目的的民事行为都要求得到每一名联合体成员的书面同意才允许实施的,不仅会增加经济成本,还严重降低交易效率,此时组建合伙企业的目的适得其反。因此,为了节省交易时间,《民法典》第 970 条第 2 款规定,“合伙事务由全体合伙人共同执行。按照合伙合同的约定或者全体合伙人的决定,可以委托一个或者数个合伙人执行合伙事务;其他合伙人不再执行合伙事务,但是有权监督执行情况”,每名联合体成员可以召开民主会议选举合伙事务执行人，以一定范围内的经营事务、交易类型为限，根据共同经营目的与现实管理需求对合伙事务执行人赋予代理权，允许合伙事务执行人在合伙协议约定的权限范围内代表合伙企业对外从事交易活动。在授权范围内，合伙事务执行人实施的民事行为所产生的法律效果由合伙内部成员集体承受。

3. 合伙企业通过内部决议程序取得了同意实施某一民事行为的文件《合伙企业法》第30条第1款规定："合伙人对合伙企业有关事项作出决议，按照合伙协议约定的表决办法办理。合伙协议未约定或者约定不明确的，实行合伙人一人一票并经全体合伙人过半数通过的表决办法。"内部成员也可以在合伙协议中约定合伙企业对外开展业务、从事交易的决议程序，如应到人数、通知义务的履行、表决方式等。若合伙企业在实施某一民事行为之前，内部成员已通过合伙协议约定的决议程序进行讨论，并按照合伙协议约定的表决方式表决通过的，那么该民事行为符合所有内部成员的真实意思，所有内部成员均应对该民事行为所产生的法律后果负责。

只有合伙企业发出的意思表示符合全体内部成员的真实意志，合伙企业对外实施的民事行为才能对全体成员产生法律效力，该全体成员才能对此承担连带责任。由于联合体的组成结构与责任形式与合伙企业相类似，因此联合体意思表示有效发出的前提条件也应当与合伙企业一致，仅在各联合体成员均表示同意、联合体代表在约定权限范围内实施民事活动或已根据联合体协议约定的表决程序决议通过的情况下，联合体对外实施的交易活动才能体现全体联合体成员的真实意志，全体联合体成员才能为联合体实施的民事行为共同负责。

（三）联合体协议的外部公示效力

联合体协议与公司章程、合伙协议相同，是规定内部成员权利义务，内部管理制度等的书面载体。根据《合伙企业法》第37条"合伙企业对合伙人执行合伙事务以及对外代表合伙企业权利的限制，不得对抗善意第三人"以及《民法典》第61条第3款"法人章程或者法人权力机构对法定代表人代表权的限制，不得对抗善意相对人"，第65条"法人的实际情况与登记的事项不一致的，不得对抗善意相对人"等规定，公司章程、合伙协议等仅具有对内约束各成员之间的效力，不得对抗善意第三人。按照此种逻辑，联合体协议也应当与上述内部文件一样，不具有对抗善意第三人的外部效力。然而，由于联合体不具备法律承认的民事主体资格不适用公示登记制度、不刻制专门的联合体公章，因此，联合体协议并不适用上述规则,其反而具备一定的对外公示效力。详言之,当施工企业以“联合体”的名义与社会不特定第三人订立民事合同时,该第三人往往难以确定联合体的身份,他只能要求施工企业作出两种选择:第一,要么将合同主体身份由“联合体”变更为“施工企业”,保证合同主体与落款处的签章一致;第二,要么要求施工企业出示内部联合体协议或其他书面文件,表明联合体其他内部成员均具有联合施工企业共同与第三人发生交易关系的真实意愿,才能确定合同交易对方的主体身份。若联合体协议或其他内部文件说明“施工企业有权以联合体的名义对外签订与建设项目有关的交易合同,联合体成员共同对外承担连带责任”的,则针对联合体各内部成员均同意对第三人共同履行义务这一事项,第三人可以形成合理信赖;但若联合体协议或其他内部文件仅说明“施工企业有权以联合体的名义对外与发包人签订工程总承包合同,联合体成员共同对发包人承担连带责任”的,则第三人需要施工企业进一步提供能够体现联合体成员真实意思表示的其他文件,才能进一步探讨是否产生合理信赖的问题。

据此,在联合体对外身份不明的情况下,原则上内部联合体协议是表明联合体成员真实意志的载体,是第三人判断联合体成员真实意思表示的重要依据,就施工企业以联合体名义对外实施交易活动而言,联合体内部成员签订的联合体内部协议,在一定程度上具有对外公示效力,这与具有法律承认的民事主体资格,适用公示登记制度并刻制备案公章的法人或非法人组织的意思表示公示手段不同。

三、联合体的责任特点探讨

在工程总承包建设项目发承包活动中,联合体承包人处于发承包链条的中游地位,因此联合体的责任特点也应分为两种情况进行讨论:一为向上的责任,即对发包人的责任;二为向下的责任,即对材料设备供应商、大型机械租赁商、融资借款主体、专业工程分包商、劳务作业分包商、违法分包承包人的责任。

(一)向上的责任:对发包人的责任

多个施工企业与设计单位组建联合体并以联合体名义承接工程的,联合体就是工程总承包合同的签约主体,其内部成员虽因经营范围,资质能力等有所不同,但其工作内容却相互补充、衔接——施工单位负责施工,设计单位负责设计，设备供应企业负责设备的供应、安装、调试、培训等，其共同目的都是履行对发包人的义务，交付符合国家强制性标准且满足发包人要求的建筑实体。因此作为联合体成员的施工企业、设计单位与设备供应企业等均应共同对联合体的合同相对人即发包人承担连带责任，方才符合设置联合体的本意，也符合“合同相对性”原理。

据此，《政府采购法》第 24 条、[①]《招标投标法》第 31 条、[②]《工程总承包管理办法》第 10 条[③]均规定，联合体内部各成员对发包人均应承担连带责任，其范围不限于工期延误的违约责任、质量不合格的违约责任、超额付款的退赔责任等。

（二）向下的责任：对材料设备供应商、大型机械租赁商、专业工程分包商等下游交易主体的责任

1. 联合体各成员对外承担的连带责任的基本性质

虽然《政府采购法》及《招标投标法》要求联合体成员对外承担连带责任，但是《政府采购法》明确规定联合体成员仅需对“采购人”承担连带责任，《招标投标法》明确规定联合体成员仅需对“招标人”承担连带责任，《工程总承包管理办法》也明确规定联合体成员仅需对“建设单位”承担连带责任。据此，联合体成员就联合体从事的交易活动对外承担连带责任是有限制的，即联合体成员仅对合同相对方——发包人（“采购人”“招标人”），承担连带责任。法律并没有规定，联合体成员应当无条件对某一内部成员以联合体的名义对外购买设备、租赁机械、借款融资、转包分包等交易活动负连带责任。

原则上，虽然合伙企业内部的合伙成员与联合体的内部成员一样，都要对外承担连带责任，但是二者承担连带责任的前提范围不同。由于合伙企业是登记在国家企业信息公示平台的民事主体，具有对社会大多数不特定人的公示效

---

① 《政府采购法》第 24 条规定：“两个以上的自然人、法人或者其他组织可以组成一个联合体，以一个供应商的身份共同参加政府采购。以联合体形式进行政府采购的，参加联合体的供应商均应当具备本法第二十二条规定的条件，并应当向采购人提交联合协议，载明联合体各方承担的工作和义务。联合体各方应当共同与采购人签订采购合同，就采购合同约定的事项对采购人承担连带责任。”

② 《招标投标法》第 31 条第 3 款规定：“联合体各方应当签订共同投标协议，明确约定各方拟承担的工作和责任，并将共同投标协议连同投标文件一并提交招标人。联合体中标的，联合体各方应当共同与招标人签订合同，就中标项目向招标人承担连带责任。”

③ 《工程总承包管理办法》第 10 条第 2 款规定：“设计单位和施工单位组成联合体的，应当根据项目的特点和复杂程度，合理确定牵头单位，并在联合体协议中明确联合体成员单位的责任和权利。联合体各方应当共同与建设单位签订工程总承包合同，就工程总承包项目承担连带责任。”

力，基于登记，任一交易主体均产生合伙企业的意思表示是所有合伙成员内心意志真实表现的合理信赖，此为登记的公信效力，因此原则上合伙企业实施的民事行为均对合伙成员产生约束力，即合伙企业这一身份外壳具有绝对性。而联合体是临时组织机构，不适用国家设立的公示登记制度，不具有对不特定大多数人公示的效力，联合体的存在仅为工程总承包合同的相对人即发包人知悉，因此在联合体基于建设项目的承接与发包人建立工程总承包合同关系的范围内，从"联合体"名义订立的工程总承包合同才对所有联合体产生约束效力，即联合体这一身份外壳具有相对性。也就是说，"联合体"这一交易外壳仅在其与发包人订立的工程总承包合同中才具备民事主体资格；而对于其他交易市场上的不特定第三人，由于缺乏公示手段，"联合体"并不具备民事主体的特性。究其原因是，在某一联合体成员以联合体的名义与第三人建立交易关系时，缺乏其他联合体成员发出的以联合体身份与第三人建立交易关系的真实意思表示，简言之，虽然内部成员在面对发包人时愿意组成联合体为其提供服务，但对于发包人以外的第三人，内部成员不一定愿意组成联合体。此时，将对第三人的付款义务归属于其他联合体成员并要求其全体承担连带责任，对其十分不公平。

综上所述，合伙企业的连带是针对大多数不特定人的连带，具有绝对性；而联合体的连带是仅针对以联合体身份订立民事合同的合同相对人的连带，具有相对性。

2. 法院以《招标投标法》第31条、《政府采购法》第24条为依据要求联合体成员对发包人以外的第三人承担连带责任的合理性探讨

虽然"联合体"这一主体身份资格本身具有相对性，针对联合体承包人对其他第三方（如材料供应商、设备租赁商、专业分包商等）的权益主张与责任承担一般都是基于合同相对性原理，由与第三方签订合同的联合体中的一方，单独向第三方主张权益或承担责任。[①] 但是，由于欠缺明确的法律规定，以及纷繁复杂的现实情况，在司法审判实践中，有不少法院会以"法律规定联合体成员需对外承担责任""施工单位在合同中已加盖项目公章""联合体协议约定联合体成

① 参见朱树英主编：《工程总承包（EPC/DB）诉讼实务：基于裁判文书网之大数据检索研析》，法律出版社2019年版，第163页。

员需对外承担连带责任”为由要求其他联合体成员，如设计单位、设备供应企业等，对施工企业实施的购买、租赁、借款、转包、分包等民事活动所产生的债务承担连带责任。但笔者认为，这有待商榷，理由如下：

首先，要求设计单位、设备供应企业对施工过程中基于购买、租赁、借款、转包、分包等民事活动所产生的债务承担连带责任，不具有请求权基础。承前所述，法律规定联合体各成员对外承担连带责任的前提是其仅对发包人承担连带责任，对于不是以“联合体”名义签署合同的相对人，联合体成员无须承担连带责任。根据《民法典》第 178 条第 3 款①的规定，连带责任只有在法律规定或当事人有约定的情形下方可适用，因此法院以《招标投标法》第 31 条、《政府采购法》第 24 条的规定为依据判定联合体成员即设计单位及设备供应企业对建材供应商、机械租赁商、专业分包商等下游交易主体承担连带责任的，属于张冠李戴。

其次，要求设计单位、设备供应企业对施工过程中基于购买、租赁、借款、转包、分包等民事活动所产生的债务承担连带责任，超出了设计单位、设备供应企业的能力范围与可预见范围。虽然 EPC 工程总承包模式要求施工企业、设计单位与设备供应企业深度融合、合理衔接、相互促进、彼此优化，才能实现 EPC 工程总承包模式下控制造价、固定工期、提高质量、保障安全的预期效果；但是由于我国建筑市场主体普遍管理能力不足，缺乏 EPC 工程总承包经验且对 EPC 工程总承包施工组织模式的认识不深，很多施工企业、设计单位及设备供应企业的联合体合作模式仍停留在各行其是、各自为营、各司其职、各谋其政的阶段，②各主体工作之间相互的交融与渗透不多，而是你干你的施工，我做我的设计，他供他的设备。建材的采购、机械的租赁、专业工程的分包、劳务作业的分包是施工企业的工作范围，与设计单位及设备供应企业的关系不大，设计单位、设备供应企业没有资质去管理，也没有能力去干预，因此要求它们对施工企业负责的上述工作承担责任，超出设计单位、设备供应企业的能力范围与可预见

① 《民法典》第 178 条规定：“二人以上依法承担连带责任的，权利人有权请求部分或者全部连带责任人承担责任。连带责任人的责任份额根据各自责任大小确定；难以确定责任大小的，平均承担责任。实际承担责任超过自己责任份额的连带责任人，有权向其他连带责任人追偿。连带责任，由法律规定或者当事人约定。”

② 参见朱树英：《工程总承包实务问答》，法律出版社 2020 年版，第 439 页。

范围，对其极其不公平。

再次，施工企业在施工过程中实施的购买、租赁、借款、转包、分包等民事活动未体现设计单位、设备供应企业的真实意思与自由意志。施工企业在实施购买、租赁、转包、分包等活动时，往往不会征求设计单位、设备供应企业的意见；并且即使为从事上述交易所订立的合同加盖了项目部公章，但项目部公章往往是施工企业自行刻制的，且设计单位、设备供应企业往往不会派遣工作人员到项目部参与核心的综合管理工作，因此，在联合体协议没有特别约定的情况下，项目部公章也不体现设计单位及设备供应企业的真实意志。也就是说，施工企业在对外实施购买建材、租赁机械、转包、分包等民事行为时，该民事行为并未体现设计单位及设备供应企业的真实意思表示，但要求设计单位及设备供应企业对其法律后果负责，对其不公平。

最后，要求设计单位、设备供应企业对施工过程中基于购买、租赁、借款、转包、分包等民事活动所产生的债务承担连带责任，导致设计单位、设备供应企业所承担的风险与所获得的收益极度不对等。在工程总承包合同中，虽然整个建设项目约定的是固定总价，但是施工费、设计费及设备采购费是分别计算的，按照设计行业的取费标准，项目设计费通常在几十万元至百万元，而设计单位的注册资金也大多仅在几百万元。这意味着，设计单位作为联合体成员，为了赚取几十万元的设计费用，需要在未来 30 年乃至 50 年内，对于一个几十亿元的工程项目违约行为承担无限连带责任。这种巨大的法律和商业风险将极大地挫败设计单位加入联合体的意愿，从而会降低项目的实施效率，不利于联合体形式和工程总承包模式的推广及应用。①

综上所述，笔者认为，材料设备供应商、大型机械租赁商、劳务作业承包商、专业工程承包商等下游交易主体不得以《招标投标法》第 31 条、《政府采购法》第 24 条作为请求权基础要求联合体中的设计单位及设备供应企业承担连带责任。设计单位及设备供应企业是否应当对下游交易主体承担连带责任，关键在于施工企业是否有权以联合体的名义对外从事交易活动。

3. 施工企业是否有权以联合体的名义对外开展民事活动

承前所述，与具有公示公信效力的合伙企业这一民事主体身份不同，联合

① 参见宿辉、周楠：《PPP 项目应用联合体模式的法律问题研究》，载《建筑经济》2017 年第 5 期。

体的存在没有任何国家信息公示平台为其登记，因此联合体这一主体身份不存在对不特定第三人公示的效力，即不具备“公示性”；而由于联合体成员的意思表示仅针对发包人共同发出，其存在仅仅为合同相对人（发包人）所知悉，即所谓的“相对性”。联合体仅在其与发包人间的工程总承包关系中具有民事主体资格，超出该法律关系范围的其他民事法律关系中，联合体都不可能成为合格的民事主体。因此，在与发包人之外的任何第三人均不可能建立合法民事法律关系的情况下，讨论施工企业能否以联合体名义开展民事活动实际是缺乏基本支撑的，在此情况下，即便施工企业以联合体名义从事民事活动，也会因为“联合体”本身不能成为该民事法律关系的主体而不由其自身承担民事活动的法律后果。

据此，在联合体只需对发包人负责、但对发包人以外的第三人应视为不具备民事主体资格的前提下，施工企业以“联合体”的名义对外购买建材、租赁机械、转包、分包、借入资金的，交易第三人应当向施工企业了解联合体成员的信息以及联合体成员是否均愿意与其建立交易关系，若施工企业拒绝澄清、解释含糊、阻止交易第三人与其他联合体成员交涉或其他联合体成员确实拒绝与其合作的，此时交易第三人应对以下事项形成内心确认：其交易相对人仅为施工企业，而不包括其他联合体成员。也就是说，当施工企业以联合体的名义与第三人建立民事合同关系时，在交易第三人眼里，其交易相对人不是“联合体”，而应当是施工企业、设计单位以及设备供应企业三个个体。

综上所述，根据合同相对性原理，联合体成员对上游交易主体即发包人的责任形式为连带责任；由于“联合体”这一主体身份不具有对外公示的效力，且“联合体”内部成员未针对发包人以外的第三人发出愿意与其订立合同的意思表示，施工企业以“联合体”的名义与第三人建立交易关系的，所产生的法律效果仍由施工企业独自承受，与联合体其他内部成员即设计单位及设备供应企业无关。

四、联合体成员对发包人以外的第三人承担连带付款责任的前提

原则上，虽然作为联合体成员之一的施工企业在以“联合体”名义与发包人以外的第三人订立民事合同的法律效力仅约束施工企业，并不及于联合体其他成员即设计单位及设备供应企业。但是，在满足一定条件下，施工企业以“联合

体”名义对外实施的民事行为也约束其他联合体成员：其一为设计单位及设备供应企业向第三人发出了自愿和施工企业共同与第三人建立交易关系的意思表示，请求权基础为《民法典》第 465 条的规定；其二为施工企业有权代表设计单位及设备供应企业共同与第三人签订民事合同，请求权基础为《民法典》第 162 条规定的代理制度；其三为虽然施工企业无权代表设计单位及设备供应企业共同与第三人签订民事合同，但是施工企业具备其为有权代理的授权外观，且第三人确实不知且不应知道施工企业为无权代理，请求权基础为《民法典》第 172 条规定的表见代理制度。

（一）联合体其他成员发出愿意和施工企业共同与第三人订立民事合同的意思表示

意思表示的构成要件有二：一为存在“内心意思”；二为将内心意思通过作为或不作为的形式表达出来，即为“外部表示”。内心意思又包括“效果意思”及“表示意思”，前者为民事主体企图追求一定法律效果的真实意愿，后者为民事主体将效果意思表达于外部为相对人所知悉的真实意愿。“效果意思”、“表示意思”及“外部表示”共同构成意思表示，各要素缺一不可，理由在于，若仅具备“内心意思”而不具备“外部表示”，则民事主体的“内心意思”永远无法被外人知悉，也就不存在合意的基础，导致合同不成立；若仅具备“外部表示”而不具备“内心意思”，则说明民事主体表达出来的意思表示并不真实，有可能导致合同被撤销或变更。

对于发包人以外的第三人而言，其他联合体成员发出愿意和施工企业共同与第三人订立民事合同的意思表示也由两个要件构成，即内心意思与外部表示。

在内心意思方面，其他联合体成员的效果意思也包括两个层次：一为与第三人订立民事合同的真实意愿，此为其他联合体成员向第三人承担付款责任的前提要件；二为和施工企业共同与第三人订立合同的真实意志，此为其他联合体成员与施工企业向第三人承担连带责任的前提要件。并且，其他联合体成员内心存在将上述效果意思表达于外部的真实意愿。

在外部表示方面，其他联合体成员也有两种表示方式：一为各自以自己的名义向第三人发出与施工企业共同对第三人履行合同义务的意思表示，需要在合同中写明“共同签订”“连带责任”等；二为各自以“联合体”的名义向第三人发出建立合同关系的意思表示。《民法典》第134条第2款规定:“法人、非法人组织依照法律或者章程规定的议事方式和表决程序作出决议的,该决议行为成立。”判断联合体是否发出了意思表示,以全体联合体成员是否按照约定的表决程序通过某项决议为准,在其他联合体成员共同以“联合体”名义对第三人发出意思表示的情况下,其他联合体成员还需向第三人明示联合体协议对表决程序的规定与决议文件对此交易事项的同意。

此外,笔者认为,鉴于对于发包人以外的第三人而言,“联合体”不具备民事主体资格,故施工企业以“联合体”名义对外实施的民事行为,其法律效果应视为施工企业自己对外实施民事行为,因此其他联合体成员发出愿意和施工企业共同与第三人订立民事合同的意思表示的性质属于一种“从无到有的同意”,而非一种“效力待定情形下的追认”。

(二)施工企业有权代表设计单位及设备供应企业共同与第三人签订民事合同

《民法典》第162条规定:“代理人在代理权限内,以被代理人名义实施的民事法律行为,对被代理人发生效力。”此为民事交易市场中的代理制度。代理,是指行为人(代理人)根据委托人(被代理人)的授权,以委托人的名义从事民事交易活动,所产生的法律效果直接归属于委托人的行为。代理的前提是委托人的授权,代理的后果是所产生的权利义务由委托人承受。因此,在联合体承包关系中,若施工企业取得设计单位或设备供应企业的合法授权的,其当然有权以设计单位或设备供应企业的名义对外购买建材、租赁机械、转包分包、融资借款等,由此产生的法律责任直接共同约束设计单位或设备供应企业。

设计单位或设备供应企业对施工企业的授权包括两种:其一为以设计单位或设备供应企业自己的名义对施工企业授权,允许施工企业以设计单位或设备供应企业的名义对外开展民事活动;其二为以“联合体”的名义对施工企业授权,允许施工企业以“联合体”名义对外交易。

若设计单位或设备供应企业以自己的名义向施工企业授权的,仅需各自分别出具授权委托书,并在书面文件中表明授权施工企业以自己的名义与第三人订立合同的意思表示即可。

若设计单位或设备供应企业以“联合体”的名义向施工企业授权的,根据上文归纳的联合体意思表示的发出方式,其授权方式包括三种:第一种,联合体协议约定施工企业作为牵头方有权在授权范围内代表联合体对外交易,而施工企业与第三方的交易未超该授权的;第二种,联合体协议中约定以联合体名义对外交易需经特定程序表决的,联合体已经形成了符合表决程序的决议授权施工企业对外交易的;第三种,联合体成员以“联合体”名义向施工单位出具授权委托书,并全体签章认可施工企业对外代表联合体的。上述授权只是联合体内心的效果意思,要构成意思表示,还要存在“发出”的行为让第三人获悉联合体的真实意思:在第一种情形中,施工企业需向第三人出示联合体协议中有关对施工企业的授权及授权范围的内容;在第二种情形中,施工企业需向第三人出示联合体协议中有关表决程序的内容及会议决议文件;在第三种情形中,施工企业需向第三人出示加盖所有联合体成员公章的联合体授权委托书。只有内心意思与表示行为的相互结合,第三人才能认定“联合体”具有授权的真实意思、施工企业持有“联合体”的合法授权,才得以以合同相对人是“联合体”而非施工企业为由,要求其他联合体成员即设计单位及设备供应企业承担连带责任。

(三)施工企业以设计单位及设备供应企业的名义与第三人订立合同构成对设计单位及设备供应企业的表见代理

1.表见代理概述

《民法典》第172条规定:“行为人没有代理权、超越代理权或者代理权终止后,仍然实施代理行为,相对人有理由相信行为人有代理权的,代理行为有效。”此为民事交易市场中的表见代理制度,其用意为保护善意第三人的合理信赖,维护市场稳定与交易安全。表见代理是指行为人(无权代理人)以委托人(被代理人)的名义对外从事交易活动时,其不具有委托人(被代理人)的真实授权但是具备有权代理的授权外观,使第三人(交易相对人)有理由相信并确实相信行为人的行为属于有权代理,从而将代理行为效果直接归属于委托人(被代理人)的法律制度。

表见代理的构成要件可分为客观要件和主观要件。其客观构成要件包括:(1)行为人(无权代理人)不具有被代理人的真实授权,情形包括授权过期、超出授权以及没有授权三种;(2)行为人(无权代理人)具有有权代理的授权外观,如持有被代理人的印鉴、授信文件,具有职工身份、法定代表人身份等。其主观构成要件包括:(1)根据行为人(无权代理人)的授权外观,第三人(交易相对人)产生行为人(无权代理人)的交易属于有权代理的合理信赖;(2)在交易从开始到结束的持续过程中，第三人（交易相对人）确实不知道行为人（无权代理人）的交易属于无权代理。只有同时满足上述要件，行为人的代理行为才构成对被代理人的表见代理，进而第三人有权要求被代理人对行为人的交易活动负责。

2. 第三人以表见代理为由要求其他联合体成员对施工企业的交易行为承担连带责任的前提

施工企业的表见代理行为也包括两种：一为仅针对设计单位或设备供应企业各自构成表见代理；二为构成对"联合体"的表见代理。

在前一种情况下，若施工企业持有设计单位或设备供应企业的公章、加盖公章的空白合同书、授信文件，设计单位或设备供应企业明知存在被施工企业冒用名义、伪造授权等情形但未向交易第三人提出异议，或设计单位或设备供应企业撤回对施工企业的授权后未及时向交易第三人披露等的，构成对交易第三人有理由相信其为有权代理的授权外观，且交易第三人确实不知道施工企业为无权代理，那么施工企业以设计单位或设备供应企业的名义对外实施的民事行为构成施工企业对其的表见代理，设计单位或设备供应企业应向交易第三人承担付款责任。

此时，承担连带责任的前提条件是施工企业、设计单位与设备供应企业共同与交易第三人签订合同，因此，施工企业分别以设计单位、设备供应企业的名义与第三人建立民事关系的授权外观也包含两个层次的意思，一为同意实施交易行为，二为与其他联合体成员共同实施交易行为。施工企业的授权外观必须同时体现上述两种意思，交易第三人才有权以构成表见代理为由要求施工企业、设计单位与设备供应企业三者共同承担连带责任。

在后一种情况下，虽然笔者认为，由于联合体成员不存在共同与发包人以外的第三人建立交易关系的意思表示，"联合体"这一民事主体具备相对性，仅针对发包人发生效力，而对于发包人以外的第三人不具备民事主体资格。但是，鉴于意思表示包括内心意思与外部表示，若联合体成员在联合体协议中明确约定对于与建设项目有关的交易都愿意以联合体的身份共同实施，并授权施工企业作为牵头人，有权以联合体的名义从事与建设项目有关的交易行为的，或者联合体协议约定只要所有联合体成员均根据协议约定的表决程序作出某一对外经营活动决策的，那么施工企业均有权以联合体的名义对外实施该项经营活动，据此可以认定联合体也具有愿意与发包人以外的第三人建立合同关系的内心意思;若施工企业将联合体协议对委托授权、表决程序的规定以及会议决议纪要等表决结果文件披露给交易第三人使其明知、了解的,那么可以据此认定联合体已经将效果意思表达出来使外部让相对人得知,此时内心意思与外部表示相结合,联合体也可以构成交易第三人的有效相对人。

3. 施工企业以"联合体"名义对外实施的交易行为构成对联合体成员的表见代理的要件

若联合体存在上述与发包人以外的第三人建立交易关系的效果意思,在个别联合体成员不承认的情况下,施工企业以"联合体"的名义对外实施民事行为很有可能构成对该持异议的内部成员的表见代理。构成表见代理的要件如下。

(1)施工企业以"联合体"的名义对外交易。根据《民法典》第162条的规定,只有行为人在以被代理人名义实施民事行为的情况下,其法律效果才直接归属于被代理人,即原则上我国法律仅承认显名代理的法律效力。对于隐名代理,即行为人以自己的名义对外实施民事行为是否产生约束被代理人的效果,根据《民法典》第925条的规定,"受托人以自己的名义,在委托人的授权范围内与第三人订立的合同,第三人在订立合同时知道受托人与委托人之间的代理关系的,该合同直接约束委托人和第三人",以第三人是否知道被代理人对行为人的代理授权事实为标准,若第三人不知道行为人的授权事实的,则法律效果仅约束行为人,不及于被代理人。因此,要使联合体对施工企业的交易行为负责,施工企业需以联合体的名义交易,或虽然施工企业以自己的名义交易,但是第三人有证据证明其知悉施工企业实际上是代表联合体进行交易的。

(2)施工企业具有有权代表"联合体"交易的授权外观。此处的"授权外观"包括两种情形:一为施工企业持有联合体的授信物件,包括授信文件与授信印鉴,前者诸如体现联合体授信意志的《联合体协议》《授权委托书》《补充协议》《表决决议记录》《会议纪要》等,后者为经联合体成员共同同意刻制的联合体公章;二为联合体对施工企业持有授权外观这一事实具有过错,如对授权范围描述不清、明知施工企业冒用联合体的名义对外从事交易活动但并未提出任何异议、撤回对施工企业的授权或限缩对施工企业的授权范围后未及时通过将原先授权作废、收回授权或变更授权的方式公示出来等。

此处还应讨论的问题是,第三人能否以合同加盖项目部公章为由,要求联合体成员之一的设计单位或设备供应企业对施工企业的交易行为负连带责任。

该问题的核心问题是:项目部公章是否能够体现设计单位与设备供应企业的真实意志。笔者认为不能体现,理由在于:第一,由于项目部公章仅用于施工活动,施工企业在刻制项目部公章时,往往不会征求设计单位与设备供应企业的意见;第二,施工企业利用项目部公章对外交易时,也不会在征得设计单位及设备供应企业同意的情况下才实施;第三,由于缺乏相应的资质与能力,施工企业以项目部公章对外签订转包分包、购买建材、租赁机械、达成结算等协议时,设计单位与设备供应企业往往难以介入施工企业的签约活动、管理活动并采取合理的风险安排措施。如果要求设计单位与设备供应企业对其没有作出意思表示的民事行为引发的不利后果负责,对其不公平,因此原则上项目部公章并不体现设计单位与设备供应企业的意志,除非设计单位与设备供应企业在《联合体协议》《补充协议》等书面文件中明确认可项目部公章对其具有约束效力。

实践中还有可能发生的情况是,发包人认为施工图设计也体现了施工企业的修改要求,进而要求在施工图设计上加盖项目公章,借以表明该施工图设计是设计单位与施工企业达成一致的成果从而实现设计单位与施工企业对工程质量承担连带责任的法律后果。在此前提下,第三人往往以设计单位同意在其设计成果上加盖项目部公章为由视为其对项目部公章效力的认可,并进一步认为项目部公章体现出设计单位的真实意志,施工企业以包含设计单位在内的"联合体"名义与其订立合同并加盖项目部公章的,构成对设计单位的表见代理,因此设计单位应对施工企业的付款责任承担连带责任。笔者认为,第三人通过"设计单位同意在设计文件中加盖项目部公章"这一事实强行建立项目部公章与设计单位的联系,不具有合理性。首先,设计单位允许在其设计成果上加盖项目部公章是一种自愿与施工企业共同就设计所引发的质量问题向发包人承担连带责任的承诺,并非设计单位与施工企业之间的民事交易活动;其次,退一步而言,即使认为"项目部公章"能够同时代表设计单位与施工企业就质量问题共同向发包人承担连带责任的真实意志,但这种代表仍未超出合同相对性的范畴,项目部公章代表设计单位真实意志的这种表示形式,仍仅针对发包人发生效力;最后,只要未发生针对施工企业以项目部公章对外实施的某一笔交易活动,设计单位曾经予以书面认可的情形,那么项目部公章就难以对外体现设计单位的意志。据此,不得以施工图设计加盖了项目公章为由,将设计单位拉入连带责任的承担主体范畴中。

(3)第三人产生施工企业有权代理的合理信赖。此处的“合理信赖”是一种与社会一般理性人判断相当的客观标准,具体而言,是指第三人根据交易时施工企业提供的“联合体”相关的文件,从一般人的理解出发,确实能得出联合体具有同意与第三人建立交易关系的真实意愿的结论。为了得出该结论,第三人至少应获得如下信息:其一,《联合体协议》或其他书面文件中记载对于建设项目有关的交易活动,各内部成员均承诺继续以组成联合体的方式实施,并授权施工企业代为实施的内容;但仅是记载各内部成员以联合体的形式与发包人签订工程总承包合同或对发包人承担连带责任仍不足够,理由在于联合体具有相对性,内部成员同意以联合体的方式为发包人提供服务并不代表其也愿意以联合体的方式向第三人履行义务。其二,《联合体协议》或其书面文件记载有关经营事项只要经全体成员根据协议约定的表决程序通过同意实施的决议结果后,施工企业才有权以联合体的名义对外开展相应的民事活动,在实际履行过程中,表决事项、表决程序符合协议规定,施工企业确实提供了表决通过的决议文件其对外的民事活动在决议授权范围之内的。其三,针对该笔交易,各联合体成员以联合体的名义给施工企业出具授权委托书并加盖各自公章。若第三人在交易时不能通过施工企业提供出的相关文件中获得上述信息,则第三人有权利要求施工企业提供更详细的文件予以澄清解释,如进一步要求施工企业出示《联合体协议》、《表决会议记录》、《补充协议》以及《授权委托书》等,或通过其他方式核实“联合体”的真实意思表示,此为表见代理制度要求第三人应承担的对施工企业是否具有真实授权的审慎义务及合理注意义务。若第三人在未得出联合体具有订立合同真实意愿的结论情况下就轻易与施工企业签订合同的,则视为第三人未充分履行审慎义务,具有主观过失,则第三人不得主张施工企业的代理行为构成对联合体其他成员的表见代理。

(4)第三人确实不知施工企业为无权代理的事实。此处的“确实不知”为一种实然状态,即从签订合同到交易结束期间第三人保持不知施工企业实际上无联合体代理授权的主观状态。虽然施工企业的授权外观足以使第三人产生其为有权代理的合理信赖,且第三人基于该授权外观持续信任施工企业的真实授权,但是该合理信赖的状态是有可能被打破的,即施工企业向第三人披露其为无权代理的事实、联合体其他内部成员告知第三人其没有以“联合体”的名义向施工企业授权、第三人通过其他途径可以得知施工企业不具备真实授权等。在此情形下，第三人不知施工企业无权代理的主观善意被推翻，难以构成表见代理。

在举证责任方面，《民诉法解释》第90条规定："当事人对自己提出的诉讼请求所依据的事实或者反驳对方诉讼请求所依据的事实，应当提供证据加以证明，但法律另有规定的除外。在作出判决前，当事人未能提供证据或者证据不足以证明其事实主张的，由负有举证证明责任的当事人承担不利的后果。"第三人主张施工企业以"联合体"名义实施的民事行为构成表见代理的，应当提供证据证明施工企业具有有权代理的授权外观，第三人基于此有理由相信施工企业享有真实授权，如提供《联合体协议》、《授权委托书》、《表决会议纪要》或其他书面文件证明联合体各成员均具有以组成联合体的形式与第三人建立交易关系的真实意思表示，且证明自己确实不知道施工企业为无权代理人；若设计单位、设备供应企业等联合体成员以施工企业的交易行为不构成表见代理为由拒绝承担连带付款责任的，其应当提供证据证明施工企业不具备代表联合体的授权外观，第三人未要求施工企业提供书面文件证明联合体成员具有使用"联合体"这一身份符号共同从事交易活动的真实意愿、未尽到合理审慎义务，第三人已知道施工企业为无权代理，或者其对于施工企业具有联合体外观授权这一后果不具备主观过错等事实。

五、案例评述：四川省冶金设计研究院、贵州省冶金建设公司工程总承包合同纠纷案[①]

四川省冶金设计研究院、贵州省冶金建设公司工程总承包合同纠纷案是法院认为联合体承包人的其他内部成员应当为某一成员以联合体名义对外实施的交易活动负连带责任的典型案例。研究该案的当事人行为模式与法院裁判理由，有助于民事主体通过归纳法院的裁判趋势的方式，提高对民事行为的合理预见能力，减少对外交易活动的法律责任风险。

---

① 四川省冶金设计研究院、贵州省冶金建设公司建设工程施工合同纠纷再审审查与审判监督案，最高人民法院(2018)最高法民申2076号民事裁定书。

(一)基本事实与法院裁判理由

1. 基本事实

(1)有关联合体协议内部约定的事实。2011年1月23日,华硅公司、川冶设计院、贵冶公司三方签订《联合体协议书》,约定:华硅公司、川冶设计院、贵冶公司自愿组成德铁公司环保技改搬迁项目总承包联合体,共同参加德铁公司环保技改搬迁一期工程标段施工投标。华硅公司为德铁公司环保技改搬迁项目(一期标段)投标联合体的牵头人,合法代表联合体各成员负责本招标项目投标文件编制和合同谈判活动,代表联合体提交和接受相关的资料、信息及指导,并处理与之有关的一切事务,负责合同实施阶段的主办、组织和协调工作。联合体将严格按照招标文件的各项要求,递交投标文件,履行合同,并对外承担连带责任。华硅公司在协议书"牵头人"处加盖公章,川冶设计院在"成员一名称"处加盖公章,贵冶公司在"成员二名称"处加盖公章。

(2)有关联合体与发包人订立工程总承包合同的事实。2011年1月25日,德铁公司与华硅冶公司签订案涉《总承包合同》,约定:本工程采用设计、采购、施工(EPC)/交钥匙工程总承包方式。设计、施工及施工管理方采用联合体的方式投标,联合体的权利、义务、分工和组织形式在联合体协议中约定,但无论怎样约定,联合体成员之一或全部必须按照国家法律对发包人承担连带责任。

(3)有关联合体牵头人以联合体的名义与实际施工人签订专业工程分包合同的事实。2011年3月10日,华硅公司(甲方)与唐某、王某池(乙方)签订《土建工程施工承包合同》,将办公室及食堂车间办公室,围墙、大门、道路、地面硬化、循环水池、所有钢结构厂房地面基础、厕所、浴室、电炉二层楼现浇板、设备基础、沉淀池、水泵房的施工交由唐某、王某池承接,华硅公司在合同上盖章。2012年8月29日,唐某、王某池与华硅公司进行结算,形成了《竣工结算确认书》,双方确认该结算金额扣除税金511,200元后,应付工程款为13,688,800元,已付工程款为10,563,863元,欠付工程款为3,124,937元,暂扣质保金426,000元(3%),本次应付2,698,937元。

(4)有关实际施工人要求联合体成员承担连带付款责任的诉请。唐某、王某池向一审法院起诉请求:①判令贵冶公司、川冶设计院、华硅公司立即按《竣工结算确认书》确认金额支付唐某、王某池工程欠款3,124,937元;②判令贵冶公司、川冶设计院、华硅公司承担自工程交付使用之日起(2011年12月)至实际支付之日止的欠付工程款利息;③判令贵冶公司、川冶设计院、华硅公司承担唐某、王某池诉华硅公司及德铁公司案的诉讼费及其他费用;④本案诉讼费用由贵冶公司、川冶设计院、华硅公司承担。

2. 法院裁判理由

二审法院认为,基于《联合体协议书》的约定,华硅公司与唐某、王某池签订案涉工程施工合同,其代表的仍然是由华硅公司、川冶设计院、贵冶公司所组成的“联合体”,其法律后果理应由“联合体”承担。基于《联合体协议书》的授权,华硅公司与唐某、王某池签订的案涉《土建工程施工承包合同》对贵冶公司、川冶设计院具有约束力。“联合体”作为案涉建工关系的承包人,一审判决“联合体成员”华硅公司、川冶设计院、贵冶公司共同对唐某、王某池承担支付工程的责任并无不当。

最高人民法院再审认为:依据《联合体协议书》第2条、第4条的约定,华硅公司有权在招投标程序以及工程具体施工过程中代表“联合体”对外签订合同,华硅公司的代理具备合同依据,不属于无权代理。川冶设计院和贵冶公司申请再审主张《联合体协议书》效力仅及于招投标法律关系,“联合体”之间的连带责任不适用于“联合体”与唐某、王某池之间,原审适用连带责任错误。《联合体协议书》第3条约定“联合体将严格按照招标文件的各项要求,递交投标文件,履行合同,并对外承担连带责任”,而实施工程的行为属于履行总承包合同的行为。结合《联合体协议书》第4条对“联合体”成员在工程具体实施过程中职责分工的约定,可见,《联合体协议书》并非仅对招投标程序的约定。川冶设计院和贵冶公司主张《联合体协议书》效力仅及于招投标法律关系,缺乏事实依据,理由不成立。

(二)案件评议

案件评议部分包括三个层次:一为分析法院支持联合体成员对牵头方施工企业以联合体名义对外交易负连带责任的合法依据;二为法院裁判中考虑不周、思虑不全的不足之处;三为笔者认为的体现公平的裁判结果是什么。

1. 本案中联合体成员对违法分包的承包人负连带责任的合法依据

按理说,川冶设计院仅负责设计绘图,贵冶公司仅负责工程施工及设备安装,华硅公司仅负责施工的组织协调与统筹规则,三方各司其职、各担其责,川冶设计院及贵冶公司不应当对华硅公司实施的对外分包行为所产生的付款责任承担连带责任，但法院却要求川冶设计院与贵冶公司对华硅公司的分包工程欠款承担连带责任，其依据是，在川冶设计院、贵冶公司以及华硅公司共同签订的《联合体协议书》中，针对授权华硅公司对外有权代表联合体的名义处理与实施《工程总承包合同》有关的一切事务，该三个联合体成员制作出了共同授权的意思表示，且他们均在《联合体协议书》中表示愿意就上述事务所产生的法律后果承担连带责任。据此，各联合体成员应当对华硅公司以联合体名义对外签订的与履行《工程总承包合同》约定的施工义务有关的《分包合同》承担连带付款责任。

笔者认为，法院的裁判是有理有据的。民事主体应为自己实施的民事行为负责，本案中，联合体成员均存在同意华硅公司以联合体的名义对外订立与项目建设有关合同并愿意就此承担连带责任的真实意志，故联合体成员均应当对其真实意志所产生的法律后果负责。

首先，上述真实意志的表现有三个层次：第一，联合体各成员均具有与第三人订立民事合同的意思表示；第二，联合体成员具有彼此联合起来共同与第三人订立合同的意思表示；第三，联合体成员具有共同授权华硅公司以“联合体”的名义与第三人订立合同的意思表示。只有同时存在该三种意思表示，才存在法院判定“联合体成员均存在同意华硅公司以联合体的名义对外订立与项目建设有关合同并愿意就此承担连带责任的真实意志”的事实依据。

其次，本案联合体成员签订的《联合体协议书》体现了上述三个层次的意思表示。《联合体协议书》载明，“华硅公司为德铁公司环保技改搬迁项目(一期标段)投标联合体的牵头人，合法代表联合体各成员负责本招标项目投标文件编制和合同谈判活动，代表联合体提交和接受相关的资料、信息及指导，并处理与之有关的一切事务，负责合同实施阶段的主办、组织和协调工作。联合体将严格按照招标文件的各项要求，递交投标文件，履行合同，并对外承担连带责任”，其中，“处理与之有关的一切事务，负责合同实施阶段的主办、组织和协调工作”表明联合体成员存在对外订立合同的意思表示；“联合体将严格按照招标文件的各项要求，递交投标文件，履行合同，并对外承担连带责任”表明联合体成员存在彼此联合共同对外订立合同的意思表示；“华硅公司为德铁公司环保技改搬迁项目(一期标段)投标联合体的牵头人，合法代表联合体各成员负责……”

表明联合体成员存在共同委托华硅公司对外以联合体的名义订立合同的意思表示。

最后，基于《联合体协议书》载明的“联合体成员均存在同意华硅公司以联合体的名义对外订立与项目建设有关合同并愿意就此承担连带责任的真实意志”，违法分包的承包人唐某、王某池才有理由相信《分包合同》的相对人为“联合体”而非仅为华硅公司，并出于该合理信赖才与“联合体”签订《分包合同》。为了保护善意第三人唐某、王某池的合理信赖，作为《分包合同》相对人的联合体成员之一的川冶设计院、贵冶公司应对联合体实施的分包活动承担连带付款责任。

2. 本案裁判的不足之处

很显然，法院判定川冶设计院、贵冶公司应承担华硅公司以联合体的名义对外分包的连带付款责任，其事实依据是川冶设计院、贵冶公司具有授权华硅公司对外以联合体的名义实施与项目有关的交易活动的意思表示，其法律依据是《民法典》规定的有权代理制度或表见代理制度。但是笔者认为，一方面，本案华硅公司的向下分包行为不存在代理的前提条件，既不构成有权代理行为也不构成表见代理行为；另一方面，本案的判决结果忽视了利益平衡，造成十分不公平的结果。

(1)关于本案华硅公司的对外分包行为是否构成对联合体的有权代理

笔者认为，华硅公司对实际施工人唐某、王某池的行为不构成对联合体的有权代理。承前所述，根据《民法典》第162条的规定，行为人(代理人)只有在以委托人(被代理人)的名义实施交易行为的情况下，所产生的法律效果才归属于被代理人，而本案的事实部分并未说明华硅公司是以“联合体”名义与实际施工人唐某、王某池订立的《分包合同》，实际上是华硅公司以自己名义订立的《分包合同》，且《分包合同》的落款处有华硅公司的签章，说明华硅公司的对外分包行为不具备代理的前提条件。

退一步而言，即使认定华硅公司以自己的名义对外分包是隐名代理行为，其实际上是代表联合体对外分包，但是根据《民法典》第925条的规定，隐名代理只有在满足交易相对人订立合同时知道行为人(代理人)与委托人(被代理人)之间的代理关系的情况下才对被代理人产生约束力。即在隐名代理下，交易相对人主张构成有权代理的，其应当提供证据证明在订立合同时，其已经知道代理人与被代理人之间的授权关系。但在本案法院认为部分,并没有体现第三人唐某、王某池提供证据证明其在订立《分包合同》时就已经知道华硅公司与联合体之间存在代理授权关系的内容。并且,根据一般市场交易的习惯做法,若第三人唐某、王某池在订立《分包合同》时就已经知道华硅公司与联合体之间存在代理授权关系的事实,为了保障自身权益,其应当要求华硅公司将《分包合同》签订主体由"华硅公司"更改为"联合体",并要求"联合体"在《分包合同》中体现出其建立合同关系的意思表示的内容,如加盖联合体公章或联合体成员各自的公章等,但事实上本案《分包合同》的签订人为华硅公司,落款处也为华硅公司,整个《分包合同》体现不出任何"联合体"的迹象,由此可以推定第三人唐某、王某池在订立《分包合同》时对华硅公司与联合体之间存在代理授权关系并不知情。

据此,在华硅公司以自己的名义与实际施工人唐某、王某池订立《分包合同》,且分包人唐某、王某池难以提供证据证明分包时就已经知道华硅公司与"联合体"之间存在合法授权关系的情况下,华硅公司的分包行为难以构成对"联合体"的代理行为。

(2)关于本案华硅公司的对外分包行为是否构成对联合体的表见代理

笔者认为,华硅公司对分包人唐某、王某池的行为也不构成对联合体的表见代理。表见代理的构成要求无权代理人具备有权代理的授权外观,事实上本案中的华硅公司确实具有对外代表"联合体"的授权外观,因为《联合体协议书》写明:"华硅公司为德铁公司环保技改搬迁项目(一期标段)投标联合体的牵头人,合法代表联合体各成员……处理与之有关的一切事务,负责合同实施阶段的主办、组织和协调工作。联合体将严格按照招标文件的各项要求,递交投标文件,履行合同,并对外承担连带责任。"但是《联合体协议书》毕竟是内部协议,没有对外公示的效力,在华硅公司以自己的名义与分包人唐某、王某池订立《分包合同》且《分包合同》在落款处的签章确实也是华硅公司时,根据交易惯例,分包人唐某、王某池根本不会要求查看《联合体协议书》的内容,除非华硅公司向其另行告知本项目是以联合体的方式承接。如果分包人唐某、王某池看到联合体成员订立的《联合体协议书》中的授权内容后,那么他们应该要求将合同主体由"华硅公司"改为"联合体",但实际上《分包合同》的订立主体是华硅公司,落款签章处也是华硅公司,由此可见,订立《分包合同》时,对于分包人唐某、王某池而言,华硅公司并不具备对“联合体”的授权外观,分包人唐某、王某池并不具备对发包主体是“联合体”而非华硅公司的合理信赖,换言之,分包人唐某、王某池并不是表见代理制度中的善意第三人。

(3)关于本案的裁判结果是否忽视了利益平衡,造成不公平的后果

本案的裁判结果是,法院认为川冶设计院、贵冶公司均具备共同委托华硅公司以联合体名义对外订立民事合同并同意承担连带责任的意思表示,因此分包人唐某、王某池的《分包合同》相对人是“联合体”而非华硅公司,因此川冶设计院、贵冶公司均应当对“联合体”对外的分包活动承担连带付款责任。笔者认为,裁判结果虽然尊重了《民法典》的意思自治原则,但未充分体现公平原则。

笔者认为,要求川冶设计院、贵冶公司对华硅公司以其名义对外分包活动所产生的付款义务负连带责任会产生极其不公平的后果。首先,本案中,根据发包人与联合体订立的《联合体协议书》,川冶设计院可以获得的设计费仅有1,400,000元,却要为华硅公司对外分包所产生的3,124,937元工程款支付义务负连带责任,这对于川冶设计院而言其权利义务严重失衡。其次,为了按约履行施工义务,华硅公司在将部分工程对外分包时,往往不会在征得川冶设计院及贵冶公司同意的情况下才实施,要求川冶设计院及贵冶公司对其未发出意思表示的交易行为负责,对其不公平。再次,川冶设计院即不具备施工资质也不具备管理能力,“法不强人所难”,法律无法要求设计单位承担对分包活动的管理义务,在川冶设计院对分包活动没有管理义务的前提下,却苛责其对分包活动所产生的付款义务承担连带责任,违背诚实信用原则。最后,对于是否同意分包、分包给谁这些事项属于分包管理的内容,并不包含在设计费的对价义务中,让川冶设计院在不因此获利的同时却要对其产生的不利后果负责,对川冶设计院极其不公平。

因此,虽然本案的裁判结果充分贯彻了意思自治原则,却没有充分体现公平原则与诚实信用原则。

3. 本案较公平的处理方式

笔者认为,在现行法律对“联合体”这一民事主体身份规定不明确、市场交易主体对“联合体”这一概念认识不充分以及以“联合体”名义对外从事交易活动的法律关系不稳定的前提下,将联合体对外的连带责任全部归属于未直接与不特定第三人建立交易关系的联合体成员与该联合体成员的主观过错不相符,

扩大了该联合体成员的过错责任，造成冒用联合体名义的联合体成员、交易第三人以及未直接与交易相对人建立合同关系的其他联合体成员的权责不对等的不公平结果。因此，笔者认为，应当按照三方主体的主观过错划分各自应承担的欠付款责任，具体归责路径如下。

首先，在未得到其他联合体成员许可的情况下，作为联合体成员之一的施工企业冒用“联合体”的名义与第三人订立合同，第三人按照约定完全履行义务后，施工企业不按约支付对价的，就第三人履行义务但施工企业未支付对价的部分，视为第三人遭受的某种损失。

其次，第三人产生该种损失的前提是，基于施工企业体现的授权外观，第三人产生施工企业有权代表“联合体”订立合同的合理信赖，并与联合体建立了合同关系。

再次，之所以会产生施工企业具有有权代理“联合体”对外订立合同的授权外观的结果，是因为联合体其他内部成员、施工企业以及第三人均具有主观过错：第一，就联合体其他内部成员而言，其作为联合体成员，不愿意承担联合体对外的民事责任的，其应当在《联合体协议》中明确约定其仅对发包人承担连带责任，而不对与发包人以外的第三人所建立的交易关系负责，但《联合体协议》却约定“对外承担连带责任”，这足以使第三人有理由相信各联合体成员均存在同意联合施工企业共同与该第三人建立交易关系的意思表示，在此层面上，联合体其他内部成员主观上存在约定不明的过失；第二，就冒用“联合体”名义与第三人签订合同的施工企业而言，其积极追求第三人相信其有权代理“联合体”订立合同的法律后果，具有主观故意；第三，就第三人而言，其在明知施工企业以“联合体”的名义与其订立合同的情况下，未要求将合同主体由“施工企业”改为“联合体”并要求加盖“联合体”公章、要求“联合体”出具授权委托书或要求施工企业出示《联合体协议》，以便进一步确定“联合体”内部各成员内心的真实意志的，该第三人未尽合理的审慎义务，具有主观上的注意过失。

最后，承前所述，施工企业产生有权代理“联合体”从事交易的授权外观是由于其他联合体成员约定不明的主观过失、施工企业积极追求的主观故意以及第三人注意不周的主观过失所致，其具体责任的划分如下：第一，施工企业具有主观故意，且不按约履行付款义务也是施工企业所为，因此施工企业应当承担全部付款责任；第二，鉴于其他联合体成员具有主观过失，第三人由于未尽审慎义务亦具有主观过失，且二者互为合同相对方，因此二者可以适用过错相抵规则，即第三人的过失可以抵销联合体成员的部分过失，其请求权基础为《民法典》第592条规定的“与有过失”规则，即“当事人一方违约造成对方损失，对方对损失的发生有过错的，可以减少相应的损失赔偿额”；第三，对施工企业具有有权代理“联合体”这一授权外观的事实，施工企业具有主观故意，联合体其他内部成员具有与第三人进行过失相抵后的主观过失，并以联合体的名义与第三人订立合同，因此施工企业与联合体其他内部成员应在联合体其他内部成员主观过失的范围内对第三人承担连带责任，其请求权基础参照《民法典》第973条规定的“合伙人对合伙债务承担连带责任”适用。

上述归责路径既体现了法律对施工企业冒用联合体名义行为的非难，又体现了法律对联合体成员对于对外责任承担形式约定不明的不认可、不鼓励，以及法律对第三人未对施工企业的授权尽到合理的审慎注意义务的谴责，能够较好地平衡三方权利义务，该处理模式参考《建设工程司法解释一》第6条对于工程总承包合同无效产生的损失的处理模式：“建设工程施工合同无效，一方当事人请求对方赔偿损失的，应当就对方过错、损失大小、过错与损失之间的因果关系承担举证责任。损失大小无法确定，一方当事人请求参照合同约定的质量标准、建设工期、工程价款支付时间等内容确定损失大小的，人民法院可以结合双方过错程度、过错与损失之间的因果关系等因素作出裁判。”

六、小结及建议

（一）联合体对外责任形式实务研究的小结

综上所述，鉴于当下联合体仍存在不具备《民法典》认可的民事主体资格地位、不适用公示登记制度将其民事主体身份地位对外公示、联合体成员不专门刻制联合体备案专用章对外表示联合体身份的制度缺陷，探讨“联合体”的对外责任，仍要回归“合同相对性”与“代理制度”的传统路径。

首先，施工企业、设计单位、设备供应企业或其他民事主体组成联合体共同以“联合体”的名义从发包人处承接工程的，联合体各成员均具有联合起来共同与发包人订立工程总承包合同、共同向发包人履行交付一个质量满足国家强制性标准、符合发包人要求的建设工程义务的真实意愿，故联合体是发包人的相对人，基于此，联合体各成员应当就建设工期、工程质量、施工安全等问题向发包人承担连带责任，并且联合体各成员为履行建设义务的内部分工约定不能作为承担连带责任的合理抗辩事由。

其次，若施工企业以自己的名义与发包人以外的第三人订立交易合同的，那么根据合同相对性，即使明知施工企业是以“联合体”的身份承接工程项目的，第三人也只能要求施工企业承担付款责任，而不能要求联合体其他内部成员承担连带付款责任，除非第三人有证据证明联合体其他内部成员存在同意联合施工企业共同与其建立合同关系的意思表示或存在债的加入的意思表示。如(2017)渝05民终5942号判决认为：“案涉工程由渝兴公司发包给对外建司及中国重庆国际经济技术合作公司，在三方签订的《合同协议书》中明确约定对外建司是承包人联合体之一，因此一审认定对外建司是总承包方联合体成员无误，上诉人认为对外建司并非总承包方联合体成员的上诉理由与事实不符，本院不予支持。关于对外建司是否应当对案涉工程款承担连带责任的问题，根据已查明事实，对外建司既非发包方即业主单位，亦非张某与其签订建设工程合同的相对方，张某作为实际施工人，请求对外建司承担连带责任，于法无据，一审判决并无不当，上诉人该项上诉理由不成立，本院不予支持。”

最后，若施工企业以“联合体”的名义与发包人以外的第三人订立交易合同的，则要审视施工企业是否具备联合体的对外真实授权或施工企业的行为是否构成表见代理，具体应审查施工企业是否提供了《联合体协议》《联合体授权委托书》《联合体会议纪要》《联合体表决决议》等书面文件载明联合体成员具有共同授权施工企业以“联合体”的名义对外订立民事合同的意思表示，或施工企业是否加盖了代表所有联合体成员真实意志的联合体印章，或施工企业是否出示了与发包人订立的《工程总承包合同》对联合体成员权利义务以及对外责任形式的约定，等等。若施工企业在与第三人订立合同时提供了上述证据，则可以认定施工企业具有“联合体”的真实授权或构成对“联合体”的表见代理，则联合体成员当然应当对第三人承担连带付款责任。

(二)针对联合体成员的实务建议

虽然联合体对外没有民事主体资格，但是存在于《工程总承包合同》上的“联合体”主体与《联合体协议》对于联合体成员对外责任形式的约定具有一定的公示效力，即使联合体其他内部成员对于施工企业对外实施的机械租赁、设备采买、劳务分包、专业分包、非法转包、违法分包、融资借款等行为不予认可，在施工企业以“联合体”对外从事上述民事活动时，联合体其他内部成员也会基于表见代理制度而被要求承担连带责任。对此，设计单位、设备供应企业等其他联合体成员应在履行《工程总承包合同》的过程中注意以下事项，以保护自身合法权益。

1.在《联合体协议》中明确施工企业以“联合体”名义对外从事民事活动的交易范围、授权内容以及责任形式。若设计单位及设备供应企业等联合体成员不愿意与发包人以外的第三人建立合同关系的，其最好不要在《联合体协议》中约定诸如“施工企业有权代表联合体从事与建设项目有关的交易活动”“施工企业有权代表联合体订立与建设项目有关的民事合同”“施工企业有权代表联合体执行与履行《总承包合同》有关的一切事务”“联合体成员承诺对外承担连带责任”“联合体成员应承担联合体对外的一切责任”的内容，而是应当明确约定施工企业仅有权代表联合体与发包人订立《工程总承包合同》，联合体成员仅对发包人承担连带责任，对于施工企业以联合体的名义对外的交易则以联合体成员的特别授权或特别决议为准。若出于交易便利与达成合作关系的考虑，联合体成员授权施工企业有权代表联合体对外交易的，应当在《联合体协议》中或其他授权书面文件中明确具体的交易类型与授权范围。

2.不轻易同意刻制“联合体”公章。公章是体现民事主体真实意思表示的典型载体，若联合体成员同意刻制联合体公章的，则该枚联合体公章体现的是联合体各成员的真实意志，对于加盖该枚联合体公章的任何合同，联合体成员均应承担连带责任。然而，当公章可能被私刻、私用，实际施工人伪造项目经理签字，虚构企业授权等乱象仍频繁出现时，“联合体”公章的使用可能面临诸多风险，给施工企业的管理造成巨大的困难，更容易为施工单位引发基于表见代理而产生的对外付款责任。联合体刻制公章后，由于联合体公章不适用备案制度，若实际施工人私刻联合体公章的，外部的不特定第三人难以区分公章的真假，从而为联合体成员制造无穷无尽的连带支付责任可能，引发难以挽回的法律后果。

3.不轻易以“联合体”的名义对施工企业授权。在施工企业以“联合体”的名义对外交易时，联合体出具的授权委托书是认定施工企业有权代理联合体授权外观的表见事由之一，再结合《联合体协议》对联合体成员对外责任形式的约定不明，以及《工程总承包合同》对于联合体成员的责任约定，极易使法院认定施工企业具有真实授权的客观表象,进而认定施工企业的交易行为构成对“联合体”的表见代理,要求联合体成员对施工企业的交易行为承担连带付款责任。据此,设计单位、设备供应企业或其他企业联合体成员应当谨慎以“联合体”的名义对施工企业进行授权,或即使为了交易便利与合作紧密需要对施工企业出具授权委托书的,也应当明确交易类型与授权范围,或针对每一笔施工企业以联合体的名义对外实施的交易活动出具授权,加强授权管理,规避风险。

4. 及时止损,向第三人告知其不承担付款责任的意思表示。表见代理的构成要件还包括第三人具备确实不知道施工企业无权代理联合体的主观状态要件,因此要避免对表见代理的认定,就必须“刺破”第三人的主观善意状态。若设计单位、设备供应企业、其他主体等联合体成员发现施工企业超越权限代表联合体对外与第三人建立交易关系的,应当及时向第三人告知施工企业为无权代理的事实,这样可以在一定程度上避免表见代理所带来的连带付款责任。

专题十

EPC 工程总承包模式下风险分担实务研究

一、研究背景

(一)EPC 工程总承包施工组织模式概述

EPC 工程总承包,又称"设计—采购—施工",是发包人将设计工作、施工工作及采购工作一并发包给承包人实施,承包人就工程的造价、工期、质量以及安全对发包人全面负责的具有全风险特征的施工组织模式。[①] 实践中,可适用于 EPC 工程总承包施工组织模式的项目包括加工或动力设备、工厂或类似设施项目或其他类型开发项目,此种方式具有以下特征:(1)发包人不再设置监理人(工程师)介入施工活动的统一筹划与管理控制,而是监督承包人的施工活动是否偏离合同约定的"发包人要求",即使用要求与交付标准;反之,具体的建设活动、组织管理的安排布置均由承包人发挥主观能动性进行统一规划、整体统筹、全程控制、综合协调,即由承包人承担项目的设计和实施的全部职责,发包人介入甚少。(2)该种模式非常重视最终价格与竣工日期的确定性,将基于价格变动与工期顺延所产生的风险转嫁给承包人,为了获得这种确定性,发包人愿意支付更高的价格。因此 EPC 模式的核心在于风险分配的设置,对于发包人而

① 《工程总承包管理办法》第 3 条规定:"本办法所称工程总承包,是指承包单位按照与建设单位签订的合同,对工程设计、采购、施工或者设计、施工等阶段实行总承包,并对工程的质量、安全、工期和造价等全面负责的工程建设组织实施方式。"

言，项目的最终价格和要求的工期具有更大程度的确定性；[①]对于承包人而言，EPC工程总承包模式在专业技术要求、经营管理能力、协调控制经验方面给承包人带来更大的挑战。[②]

EPC工程总承包是一种有别于业主负责设计的传统施工总承包的施工组织模式，其在施工、设计与采购方面与传统施工总承包有很大不同。首先，承包人所承担的设计义务不仅是出具可以直接作为施工依据的设计图纸那么简单，更多的是将设计与施工以及设计与采购深度融合、有机联动的统筹规划工作与综合管理活动，通过以施工优化设计图纸、以设计改进施工工艺、以设计完善采购工作的方式，最终达到降低成本、提高效率的双赢目的。如中冶南方公司承建的涟钢高炉工程，始终将设计的龙头作用与核心优势贯穿于采购、施工以及试运行的全过程，采取提前采购、预案设计及施工的形式，创造了当时全国乃至全世界同类高炉中占地最少、投资最省、工期最短、施工无一例死亡的新纪录。[③]其次，承包人所负担的采购义务也不仅是类似土木工程那样采购建筑材料、工程设备那么简单，更多的是对生产制造、医疗器械、萃取净化、熔炼锻造等专业设备的采购，甚至是对根据发包人特有需求独家设计并订制设备，并且设备采购费用占据工程造价的很大比例。最后，承包人所负担的建造义务也不仅仅包括简单的施工，而且包括设备安装、设备试运行、投料试车等义务，甚至很多项目都要求承包人履行技术培训、操作指导、专利许可使用等义务，将专业技术的专利知识产权传授给发包人的运行管理人员，保证发包人能够独立进行生产设备的运行管理。[④] 鉴于EPC工程总承包模式下承包人承接的工作范围较广，承包人承担的风险责任也较重，作为弥补，承包人可以比在施工总承包模式下获得更高的合同价格。

因此，EPC工程总承包模式具有在业主负责设计的传统施工总承包组织模式下不可比拟的优势。首先，EPC工程总承包模式要求承包人负责大部分与施工有关的工作，将大部分的风险分配给承包人，有利于减轻发包人的统筹协调

---

① 参见常设中国建设工程法律论坛第十工作组：《建设工程总承包合同纠纷裁判指引》，法律出版社2020年版，第4页。

② 参见武菲菲、鲁航线：《EPC工程总承包项目运作模式及其适用性研究》，载《东南大学学报（哲学社会科学版）》2015年第S1期。

③ 参见项明武、柳荫：《高炉EPC工程总承包的特征及实践》，载《炼铁》2018年第4期。

④ 参见杨俊杰、王力尚等主编：《EPC工程总承包项目管理模板及操作实例》，中国建筑工业出版社2014年版，第2页。

工作与把关管理工作，降低发包人的责任风险，深受发包人的青睐；其次，EPC工程总承包一般采用固定总价的计价模式，原则上不允许承包人索赔费用或追加价款，有利于发包人事先预测成本、合理把控预算、控制投资额度、规避资金风险；①最后，EPC工程总承包下是承包人负责设计、施工与采购工作，其优势在于使承包人能够发挥设计的主导作用，通过优化设计环节、调整施工方案、加强组织管理、选择优势的采购渠道等方式，实现设计、采购、施工各阶段的合理交叉与充分协调，从而降低管理与运行成本，提升投资效益。②

（二）EPC工程总承包施工组织模式在我国的发展状况

正因为EPC工程总承包模式能带来发包人与承包人"双赢"的效果，我国近5年来极力推崇EPC工程总承包的施工组织模式。2016年，住建部出台《关于进一步推进工程总承包发展的若干意见》（建市〔2016〕93号），要求"深化建设项目组织实施方式改革，推广工程总承包制，提升工程建设质量和效益"，大力推广实施EPC工程总承包施工组织模式；2017年，国务院办公厅出台《关于促进建筑业持续健康发展的意见》（国办发〔2017〕19号），提出"加快推行工程总承包。装配式建筑原则上应采用工程总承包模式。政府投资工程应完善建设管理模式，带头推行工程总承包"，要求继续推动EPC工程总承包施工组织模式；2019年，住建部出台《工程总承包管理办法》，进一步从中央立法层面积极引导我国的EPC工程总承包活动，促进EPC工程总承包活动的高效化、统一化、规范化与标准化；2020年5月，住建部对《建设项目工程总承包合同示范文本（试行）》（GF－2011－0216）进行修订，形成《建设项目工程总承包合同示范文本》（征求意见稿），再次推动我国EPC工程总承包活动的标准化建设；2020年7月，住建部、发改委、科技部、工信部等联合发文，出台《关于推动智能建造与建筑工业化协同发展的指导意见》，提出"加快培育具有智能建造系统解决方案能力的工程总承包企业，统筹建造活动全产业链，推动企业以多种形式紧密合作、协同创新，逐步形成以工程总承包企业为核心、相关领先企业深度参与的开放型产业体系。鼓励企业建立工程总承包项目多方协同智能建造工作平台，强化智能建造上下游协同工作，形成涵盖设计、生产、施工、技术服务的产业链"，提

① 参见朱树英：《工程总承包实务问答》，法律出版社2020年版，第45页。

② 参见陈津生编著：《EPC工程总承包合同管理与索赔实务》，中国电力出版社2018年版，第1页。

倡加快培育工程总承包企业发展,全面铺开工程总承包产业合作。

与中央政策雷厉风行推行 EPC 工程总承包势如破竹般的劲头不一样的是,EPC 工程总承包的推广落实与实际运行并没有想象中的那么顺利。从中国裁判文书信息网可以了解的情况是,EPC 工程总承包纠纷案件在逐渐增多,存在愈演愈烈的趋势;从大部分有关工程总承包欠款纠纷的裁判内容可以得知,承包人的败诉率非常高,并且对于裁判结果,当事人并不是那么服判息诉,再审申请率非常高;从大部分施工民企给出的反馈意见所了解的信息是,施工民企承接 EPC 工程总承包项目,总是越做越亏,最终以与业主交恶而收场;从大部分施工国企给出的反馈意见所了解的信息是,施工国企在投标 EPC 工程总承包项目时总是小心翼翼、慎之又慎、三思后行,害怕承受所投入的人力、物力、财力落个"竹篮打水一场空"的后果。因此,从 EPC 工程总承包市场主体的保守态度与消极反应可以看出,EPC 工程总承包施工组织模式并不如中央层面所预期的那样,一路高效运行,高歌猛进;相反地,EPC 工程总承包施工组织模式并不是很受我国建筑市场承包主体的欢迎。

(三)本专题主要研究内容

EPC 工程总承包项目的市场主体之消极、争议纠纷之繁多、实践运行之不畅,已严重影响 EPC 工程总承包模式的可持续发展与行稳致远,与中央大力发展、积极推动 EPC 工程总承包的大规范实施运用的精神背道而驰。对此,笔者将以 EPC 工程总承包合同的价格与风险不匹配、权利与义务不对等为切入点,通过对比发现 FIDIC 银皮书合同条件、FIDIC 黄皮书合同条件与我国工程总承包合同的适用前提、条款内容与实施环境的不一致,分析发包人与承包人就工程总承包合同的订立、履行与竣工结算产生争议纠纷的主要原因,以及承包人难以从 EPC 工程总承包项目获利导致承包人产生不愿意承接 EPC 工程总承包项目的心理的主要原因,并在此基础上提出一些改进、完善我国 EPC 工程总承包运行机制的切实有效的建议,以抛砖引玉。

二、我国工程总承包合同的风险类型与分担原则

(一)风险类型

2019 年 12 月 23 日,住建部与发改委联合发布《工程总承包管理办法》,标志着我国工程总承包这一施工组织模式的统一化、规范化与标准化。《工程总

承包管理办法》第 15 条第 2 款规定："建设单位承担的风险主要包括：(一)主要工程材料、设备、人工价格与招标时基期价相比，波动幅度超过合同约定幅度的部分；(二)因国家法律法规政策变化引起的合同价格的变化；(三)不可预见的地质条件造成的工程费用和工期的变化；(四)因建设单位原因产生的工程费用和工期的变化；(五)不可抗力造成的工程费用和工期的变化。"为了对建设工程施工合同履行过程中所产生的部分风险进行归纳，本部分将对上述五种风险类型进行分析介绍。

1. 不可抗力风险

工程承包的不可抗力是一个有经验的承包人无法预见、无法避免、无法控制、无法克服的客观事件，包括自然灾害与社会突发事件两种。前者如地震、海啸、龙卷风等，后者如战争、罢工、瘟疫、暴乱等。不可抗力是最严重的阻挠合同正常履行的风险，不存在将不可抗力事件避免或排除的可能。

不可抗力发生后，承包人应当履行两个义务：其一为通知义务，即不可抗力事件对履行合同的影响消除后，承包人应将不可抗力情形与所造成的后果告知发包人；其二为减损义务，即发生不可抗力事件后，承包人应当在其自身能力范围内采取合理措施将不可抗力事件对合同履行的负面影响减少至最小。虽然发生不可抗力事件不可归责于施工合同当事人的任何一方，但是不可抗力发生后承包人未履行减损义务导致损失进一步扩大的，该部分损失不属于不可抗力事件所造成的后果，而是属于可归结于承包人原因所产生的后果。①

2. 不可预见风险

工程承包中的不可预见是一个有经验的承包人无法预见或无法充分合理防范的自然力事件，但未上升到不可抗力的程度，包括不可预见物质条件与异常恶劣气候两种。前者是指承包人在施工现场遭遇的自然物质条件及物质障碍(自然的或人为的)和污染物，包括地下条件和水文条件，但不包括气候条件及这些气候条件的影响，②如地下障碍物，包括地下管线、地下工程、地下河、地

---

① 《民法典》第 590 条规定："当事人一方因不可抗力不能履行合同的，根据不可抗力的影响，部分或者全部免除责任，但是法律另有规定的除外。因不可抗力不能履行合同的，应当及时通知对方，以减轻可能给对方造成的损失，并应当在合理期限内提供证明。当事人迟延履行后发生不可抗力的，不免除其违约责任。"

② 参见常设中国建设工程法律论坛第十工作组：《建设工程总承包合同纠纷裁判指引》，法律出版社 2020 年版，第 258 页。

下溶洞、地下巨石、地下文物、坟墓、化石、瓦斯泄露等，或不利水文条件，如地表污染物、由于降雨径流导致的面源污染、枯水期、丰水期等；后者如连续下大暴雨、暴风雪、特大冰雹等。

不可预见的情形是承包人无法预见的客观情况，但是并非像不可抗力那样绝对无法避免与无法克服，存在能力强势的承包人运用某种优势技术或凭借某种特殊经验将“不可预见风险”进行合理预判，并采取合理措施将其避免或控制的可能。

3. 可归责于发包人原因所导致的风险

可归结于发包人自身原因的风险包括三种风险：其一为发包人有义务提供的文件资料不真实、不完整、不准确所导致的风险；其二为发包人未履行施工合同约定的其应承担的义务或不完全履行所造成的风险；其三为发包人在施工过程中发出的特殊指令。

（1）因发包人有义务提供的与施工相关的文件不完整、不准确、不真实所导致的风险

“发包人有义务提供的与施工相关的文件”包括：①与招投标有关的文件，包括招标文件、招标工程量清单、设计图纸、可行性研究报告、发包人要求等；②与工程项目本身及周边环境状况有关的项目基础资料，如地质勘查资料、气象水文资料、地下障碍资料（如地下工程、地下管廊管线、地下水文、地下溶洞、文物化石）、相邻建筑构筑物资料、相邻古树名木资料等；③与施工定位放线有关的基础数据，如为了进行建筑物定位与施工放线，发包人提供的测量基准线、基准点、水准点、基础标高等相关数据资料。本处的“风险”，是指发包人不提供上述文件资料，或提供的上述文件资料不完整、不准确、不真实，所产生的施工费用增加或工期延误的不利后果。

（2）因发包人有义务实施而未实施或已实施但未能按约实施某种行为所导致的风险

在建设工程施工合同中，发包人应履行的义务包括：①取得施工有关的行政审批许可，包括建设工程规划许可证，建设用地规划许可证与施工许可证；②为承包人提供施工条件，包括征拆补偿、土地平整、通水、通电、通信等“多通一平”、向承包人移交施工工作面、保证施工现场的场内交通与场外交通畅行等；③按约向承包人付款，包括工程预付款、工程进度款及工程结算款的支付；

④按约、按时并在保证安全的情况下，进行竣工试验（试车）或竣工后试验（试车）；⑤提供符合质量要求的材料设备，如合同约定"甲供材"的，按时、按约、按质、按量提供建筑材料、工程设备；⑥按约、按时发出必要指令，包括开工指令、复工指令等。本处的"风险"，是指发包人不履行上述义务或未能按约履行上述义务，所产生的施工费用增加或工期延误的不利后果。

（3）发包人、监理人发出的特殊指令所导致的风险

发包人、监理人发出的特别指令包括：其一，关于工程量增减的指令：①要求设计变更；②要求增加工程量；③要求减少、取消某项工作；④要求增加安全措施项目。其二，关于工期缩短或延长的指令：①要求承包人赶工（提前竣工）；②要求承包人停工；③要求改变工程的时间安排或实施顺序。其三，关于改变工程质量的指令：①要求改变工程的质量标准或其他特性；②发出的指令导致工程试车达不到验收要求；③发出的指令导致工程质量不合格或工程质量不符合约定标准。其四，关于改变基础数据的指令：要求改变工程的基线、标高、位置和尺寸。其五，关于检查检验的指令：①要求对施工工艺、建筑材料、工程设备进行检查检验的指令；②要求对已覆盖的隐蔽工程重新检查检验的指令；③要求对施工工艺、建筑材料、工程设备再次进行检查检验的指令；④要求就投料试车不合格进行整改的指令。其六，关于竣工验收的指令：①要求进行竣工验收；②要求提前占有或使用工程；③要求提前使用工程。其七，关于甲指分包的指令：发包人要求指定分包。本处的"风险"，是指发包人或监理人发出上述指令、或发出的上述指令存在错误、或未按时发出上述指令，所产生的施工费用增加或工期延误的不利后果。

4. 因通货膨胀导致劳务用工、材料采购、机具使用成本上涨的风险

"因通货膨胀导致劳务用工、材料采购、机具使用成本上涨"包括四种情况：其一，在合同约定的正常施工期间，劳务用工、材料采购、机具使用价格上涨；其二，发包人导致工期延误，在延误期间，劳务用工、材料采购、机具使用价格上涨；其三，承包人导致工期延误，在延误期间，劳务用工、材料采购、机具使用价格上涨；其四，不可抗力导致工期延误，如战争、瘟疫、灾荒等，在延误期间，劳务用工、材料采购、机具使用价格上涨。

"因通货膨胀导致劳务用工、材料采购、机具使用成本上涨导致的风险"是指基准日后，因通货膨胀导致市场价格变动，材料、设备或人工的价格大幅上

涨,超出合同约定的幅度,从而产生的施工成本增加或额外费用支出的可能后果。

5. 法律、政策变化导致费用增减的风险

本处的风险,是指因工程建设项目所在地发生某种法律变化或政策变化,如基准日期后生效的法律禁止使用原先约定的建筑材料或工程设备,需要使用替代的建筑材料或工程设备,从而产生的施工费用增加或工期延误的不利后果。

(二)风险分配原则

1. 风险分配的基本原则

EPC 工程总承包项目风险,是指在施工过程中发生某种事件,导致出现建设成本增加或建设工期延误等不利后果的可能性,风险分配原则,是指由合同哪一方对该不利后果负责,承受预期效益低于实际效益的偏差结果。根据建设工程项目施工管理的惯例,在分配施工合同当事人应承担的风险时,应遵循以下原则。

(1)谁负担某种合同义务行为,谁就承担该义务行为所招致的风险。"谁行为,谁责任"是《民法典》"合同编"中最基本的风险归责原则,实施某种行为的主体,为该行为所导致的后果负责,是自不待言的道理,建设工程施工合同亦是如此,如承包人负责施工活动,那么承包人应当为不当施工行为所带来的安全隐患与质量缺陷负责;如发包人负责按约付款,那么发包人应当为未足额支付进度款所导致的停窝工后果负责。《民法典》第 803 条也规定:"发包人未按照约定的时间和要求提供原材料、设备、场地、资金、技术资料的,承包人可以顺延工程日期,并有权请求赔偿停工、窝工等损失。"

(2)谁能更有效地(包括有能力和经验)预测、防止和控制风险,或能有效地降低风险损失,或能将风险转移给其他方面,则应由他承担相应的风险责任。[①] 将风险分配给有能力控制风险的一方,有利于承担风险的一方通过控制风险获得良好收益,同时,有利于消除风险所带来的费用增加或工期延误的不利后果,积极推动合同的持续履行与项目的施工进度。如合同约定由发包人提供某种工程设备的,那么该工程设备延误进场、质量缺陷的风险应由发包人承担,因为

① 参见朱树英主编:《房屋建筑和市政基础设施项目工程总承包管理办法理解与适用》,法律出版社 2020 年版,第 227 页。

工程设备的采购合同由发包人与供应商签订，由发包人与供应商直接沟通违约责任的承担更有利于消除风险所带来的不利后果。

（3）谁更有能力承受风险带来的不利后果，谁就承担该风险。将风险分配给有能力承受风险所带来的不利后果的一方，也有利于推动项目施工的进程，避免建设项目陷入资力不足、履行不能的后果。

（4）合同当事人难以合理预见的风险由发包人承担。将一般理性人难以合理预见的风险分配给发包人承担，主要是出于如下考虑：首先，如果将承包人难以凭借其管理能力或施工经验合理预见并有效控制的风险分配给承包人，则对承包人不公平；其次，工程项目的开发建设人与最终受益人是发包人，将项目建设过程中产生的难以预见的风险分担给发包人并不会造成十分不公平的后果；再次，将难以预见的风险分配给发包人承担，有利于提高承包人的积极性；最后，发包人作为建设项目的融资方，更具备承担不可预见风险的雄厚财力及承受能力。

（5）风险的分配应符合工程惯例。工程惯例是工程施工活动一脉相承的习惯做法，是施工活动主体最熟悉的规则，因此风险分担规则应符合工程惯例，有利于高效便捷地解决双方争议。①

（6）风险应与价格相匹配。“高风险，高利润”是商事合同下风险分配的基本原则，如果当事人约定向某一方分配过重的风险，那么必须提高该风险承担方承受风险的能力，支付更高的合同价格是提高风险承担方承受能力最直接、最有效的方式，这使承担的风险与支付的利润构成合理对价。否则，若风险与价格不匹配，会导致当事人权利义务不平等，造成实质上的不公平，合同的履行必然难以为继，最终造成一方停工、另一方无法按时使用工程的两败俱伤的结果。

2. 工程总承包的风险分配原则

在我国，由承包人负责设计、采购、施工的 EPC 工程总承包施工组织模式的风险分配原则主要规定在《工程总承包管理办法》与《房屋建筑和市政基础设施项目工程总承包计价计量规范》（征求意见稿，以下简称《工程总承包计价计量规范征求意见稿》）中。

---

① 参见王伍仁编著：《EPC 工程总承包管理》，中国建筑工业出版社 2008 年版，第 215 页。

(1)承包人应当承担的风险

《工程总承包计价计量规范征求意见稿》第 3.4.4 条规定:“除合同另有约定外,合同价款包括承包人完成全部义务所发生的费用(包括根据暂列金额所承担的义务,如果有),以及为工程设计、实施和修补任何缺陷所需的全部费用。”上述规定的核心意思是,EPC 工程总承包一般采用固定总价包干的计价模式,除出现合同约定的调价情形或索赔事由外,在固定总价所包含的范围内合同价格不予调整,隐含使承包人在约定的合同价格范围内承担全部风险的意思,但是该条规定的前提似乎又为承包人开了个“合同另有约定外”的调价敞口,给承包人留下调价的余地;然而在实务中,发包人常常利用其招投标阶段的优势地位压缩该条款给承包人留下的调价空间,或即使允许承包人在固定总价之外调价却又设置严格的调价程序,如工程量变化以业主审查为准、设计变更经业主同意为准等,降低承包人调价的可能性。因此实质上,在 EPC 工程总承包合同中,承包人承担的是无限风险,该风险不因项目文件是发包人提供的或不因得到了发包人的批准许可而减轻或免除。

(2)发包人应当承担的风险

《工程总承包管理办法》第 15 条第 2 款规定:“建设单位承担的风险主要包括:(一)主要工程材料、设备、人工价格与招标时基期价相比,波动幅度超过合同约定幅度的部分;(二)因国家法律法规政策变化引起的合同价格的变化;(三)不可预见的地质条件造成的工程费用和工期的变化;(四)因建设单位原因产生的工程费用和工期的变化;(五)不可抗力造成的工程费用和工期的变化。”根据上述规定,似乎 EPC 工程总承包合同中的发包人应当承担物价上涨风险、法律变化风险、不可预见风险、不可抗力风险及可归结于发包人原因产生的风险,但是该条第 3 款又规定:“具体风险分担内容由双方在合同中约定。”说明该条并非强制性规定,法律并不禁止发包人在合同中通过特别约定将上述风险转嫁给承包人,以扩大承包人的风险敞口为代价锁死发包人自身风险。因此实质上,在 EPC 工程总承包合同中,发包人承担的风险是微乎其微的。

(3)对合同中风险分担规则约定的约束

《工程总承包计价计量规范征求意见稿》第 3.4.4 条规定:“除合同另有约定外,承包人应视为承担任何风险意外所产生的费用。”该条也强调了,EPC 工程总承包合同下的承包人承担的是无限风险责任,其并不像规范传统施工总承包的《建设工程工程量清单计价规范》(GB 50500－2013)那样,不允许发包人将全部风险转嫁给承包人。因此在EPC工程总承包合同下,法律并不禁止发包人通过特殊约定将所有风险全部转嫁给承包人,在此情况下,承包人承担的风险范围最广,承担的合同责任最重。

3. 工程总承包风险分担原则与施工总承包风险分担原则

(1)施工总承包的风险分配原则

在我国,由发包人负责设计的传统施工总承包施工组织模式的风险分配原则主要规定在《建设工程工程量清单计价规范》(GB 50500－2013)中。

第一,承包人应当承担的风险。《建设工程工程量清单计价规范》(GB 50500－2013)“计价风险”第3.4.4条规定:“由于承包人使用机械设备、施工技术以及组织管理水平等自身原因造成施工费用增加的,应由承包人全部承担。”在建设工程施工合同法律关系中,承包人的主合同义务就是履行施工行为并向发包人交付符合质量标准、满足发包人使用功能的建设工程,因此基于不当施工活动所产生的费用增加或工期延误的不利后果由承包人承担,不当施工活动主要包括承包人购买的工程设备、建筑材料质量不合格,承包人适用的施工工艺不符合标准,承包人的施工管理能力不足,承包人未按照合同约定进行施工行为等。

第二,发包人应当承担的风险。《建设工程工程量清单计价规范》(GB 50500－2013)“合同价款调整”第9.1.1条规定:“下列事项(但不限于)发生,发承包双方应当按照合同约定调整合同价款:(1)法律法规变化;(2)工程变更;(3)项目特征不符;(4)工程量清单缺项;(5)工程量偏差;(6)计日工;(7)物价变化;(8)暂估价;(9)不可抗力;(10)提前竣工(赶工补偿);(11)误期赔偿;(12)索赔;(13)现场签证;(14)暂列金额;(15)发承包双方约定的其他调整事项。”由此可见,在业主负责设计的传统施工总承包合同关系下,发包人承担大部分的风险,具体包括:其一,法律、法规、政策、政府行为变化所带来的风险;其二,人工费、材料费、机械器具租赁费等费用因通货膨胀、物价上涨或政府发布调价指令所带来的风险;其三,因可归结于发包人原因所带来的风险,如发包人发出设计变更指令、赶工指令、工程量增加指令等;其四,因工程量清单缺项、漏项、错项所造成的风险;其五,因遭遇不利地质障碍、异常恶劣气候等不可预见事项所产生的签证、索赔、价格调整等;其六,因不可抗力所造成的风险。发生上述风险事项,导致施工费用增加,或建设工期延误的,承包人均有权向发包人索赔额外支出的费用并顺延工期。

第三,对合同中风险分担规则约定的约束。《建设工程工程量清单计价规范》(GB 50500－2013)"计价风险整"第3.4.1条规定:"建设工程发承包,必须在招标文件、合同中明确计价中的风险内容及其范围,不得采用无限风险、所有风险或类似语句规定计价中的风险内容及范围。"该条款属于强制性条文,必须强制适用,其法律依据为《标准化法》第2条第3款的规定:"强制性标准必须执行。国家鼓励采用推荐性标准。"因此,凡是国家规定的强制性标准具有必须适用、应当执行的效力,违反强制性标准的民事行为均为无效的行为。根据上述法律规定,禁止当事人在施工合同约定无限风险作为计价风险内容属于法律强制性规定,当事人必须遵守;若当事人通过合同约定将全部项目风险转嫁给承包人的,违背法律禁止性规定,该约定为无效条款,法院不予支持。

(2)两类合同风险分担规则的区别

综上所述,根据我国的规范标准,在传统的业主提供设计的施工总承包模式下,我国强制性标准明令禁止将所有项目风险全部不当转嫁给承包人,即发包人在施工合同中约定承包人承担合同全部风险或合同所有风险的,该约定无效,法院应不予支持;但是,在 EPC 工程总承包模式下,我国规范标准并未明确禁止发包人将所有的合同风险转嫁给承包人,且囿于 EPC 工程总承包模式下承包人本就应当就工程造价、建设工期、工程质量及施工安全对发包人全面负责的思维局限,发包人通过设置不公平的条款将风险转嫁给承包人的行为越发肆无忌惮、难以控制。因此,在我国 EPC 工程总承包实践中,法律并不禁止发包人通过特别约定将全部合同风险不当转嫁给承包人,当事人在合同中约定承包人承担"无限风险"或"全部风险"的,该约定并未违反任何强制性法律规定,并非无效的约定,可以直接作为法院定分止争的裁判依据,这应当引起承包人的充分重视。

三、FIDIC 银皮书(EPC)合同条件下的风险分担规则

FIDIC 是"国际咨询工程师联合会"的法文(FEDERATION INTERNATIONAL DES INGENIEURS CONSEILS)的缩写,其编制的 FIDIC 工程合同条件广泛使用于国际建筑发承包市场,是国际建筑施工纠纷的主要裁判依据,而

并且是我国编制《建设工程施工合同示范文本》与《工程总承包合同示范文本》(征求意见稿)的核心参考文本,其条款设置比较贴近施工实际惯例,风险分配规则较为公平合理,具有很高的规范性、普遍适用性与权威性。FIDIC 合同条件包括施工合同条件(以下简称 FIDIC 红皮书)、生产设备与设计—建造合同条件(以下简称 FIDIC 黄皮书)、设计—采购—施工与交钥匙项目合同条件(以下简称 FIDIC 银皮书)。FIDIC 银皮书规定的是包含承包人负责设计、施工与采购且承包人交付的工程需满足发包人特殊使用要求的合同条件,其合同目的重点是工程的运营产出是否达到发包人目的,适用于大型基础设施项目和政府与社会资本合作的市政基础设施项目,前者如污水处理、光伏发电等项目,后者如地铁建设运营、收费高速公路建设运营等项目。

下文将从不可抗力风险、不可预见风险、发包人所导致的风险、法律政策变化风险与物价上涨风险五个角度简要论述 FIDIC 银皮书合同条件下承包人的风险承担范围。

(一)不可抗力风险

不可抗力的情形与后果规定在 FIDIC 银皮书的第 19 条[不可抗力]与第 17.3 条[业主的风险]中;并且, FIDIC 银皮书还规定,在不可抗力事件发生后,"如果承包商因已根据第 19.2 款[不可抗力的通知]的规定发出通知的不可抗力,妨碍其履行合同规定的任何义务,使其遭受延误和(或)招致增加费用,承包商应有权根据第 20.1 款[承包商的索赔]的规定,提出:(a)根据第 8.4 款[竣工时间的延长]的规定,如果竣工已或将受到延误,对任何此类延误给予延长期;以及(b)如果是第 19.1 款[不可抗力的定义]中第(ⅰ)至(ⅳ)目所述的事件或情况,且第(ⅱ)至(ⅵ)目所述事件或情况发生在工程所在国,对任何此类费用给予支付",即只要发生不可抗力事件,承包人均可以向发包人索赔延误的工期与额外支出的费用,换言之,由发包人承担不可抗力风险。

(二)不可预见风险

不可预见风险规定在 FIDIC 银皮书的第 4.12 条[不可预见]、第 4.24 条[化石]、第 17.3 条[业主的风险]与第 8.4 条[竣工时间的延长]中。不同于 FIDIC 红皮书与 FIDIC 黄皮书合同条件,当承包人遭遇不可预见的客观情况时, FIDIC 银皮书合同条件对承包人向发包人主张工期的顺延与费用的索赔有更严格的规定:(1)在招投标时充分履行现场踏勘义务,对阻碍项目施工的自然障碍条件与不利环境条件做到心中有数、胸有成竹,并在足够了解上述不可预见风险的情况下进行合理充分的报价;(2)在研究发包人提供的项目基础资料时充分履行复核义务,对基础资料不真实、不准确、不完整的地方进行修改、纠正并形成复勘测绘报告;(3)在招投标时充分履行项目所在地的市场环境考察义务,对合同履行过程中的政策变动风险与市场价格波动风险进行合理预估;(4)为了减轻发包人的勘察义务与责任风险,无论项目基础资料是由发包人提供还是由承包人提供,承包人均应对基于项目环境特征所产生的基础资料的真实性、完整性、准确性负责;(5)即使发生了基础资料未载明的不可预见事项,导致承包人遭受费用损失或工期延误的后果的,也视为承包人在签订合同时已充分预判了该类风险的发生、已接受了合同为满足"发包人要求"所约定的工程价格并采取了合理的风险防范措施,其不得以"发生不可预见事件"为由向发包人索赔费用或调整价格,除非该"不可预见"事件被双方当事人在专用合同条款中特别纳入了应予调价的范围,或承包人有证据证明该"不可预见"的事件达到了"不可抗力"的程度。

因此,在 FIDIC 银皮书合同条件下,不可预见风险由承包人承担,该条款是证明承包人在 FIDIC 银皮书合同条件下履行更严格的义务、承担更苛刻的责任并背负更沉重的风险的典型条款。

(三)可归结于发包人导致的风险

若出现可归结于发包人原因的风险情形,有可能产生施工费用损失或工期延误的后果时,该风险由谁负责,规定在 FIDIC 银皮书的第 1.13 条[遵守法律]、第 2.1 条[进入现场的权利]、第 3.3 条[被授权的人员]、第 4.7 条[放线]、第 4.10 条[现场数据]、第 5.1 条[一般设计义务]、第 8.4 条[竣工时间的延长]、第 10.2 条[部分工程的接收]、第 10.3 条[对竣工试验的干扰]、第 12.2 条[延误的试验中]、第 12.4 条[未能通过的竣工后试验]、第 14.1 条[合同价格]、第 16.1 条[承包商暂停工作的权利]、第 17.3 条[业主的风险]中。

1. 发包人有义务提供的项目文件资料不充分、不真实、不准确、不完整所造成的风险

发包人有义务提供的项目文件资料包括:测量放线数据(FIDIC 银皮书第 4.7 条[放线])、项目基础资料(FIDIC 银皮书第 4.10 条[现场数据])、对"发包人要求"进行解释说明的设计图纸(FIDIC 银皮书第 5.1 条[一般设计义务])与

说明“发包人要求”的工程量清单(FIDIC 银皮书第 14.1 条[合同价格])。

(1)在 FIDIC 银皮书合同条件下,针对发包人为测量放线所提供的基准点、基准线、水准点与测量标高存在错误、缺陷、遗漏、不符的事实,承包人仅负有修改、纠正、补充并完善的复核义务,并应承担自己未能修正放线数据而导致放线错误所产生的费用支出与工期延误责任,而没有以发包人提供的放线数据错误为由向发包人索赔的权利。这就要求承包人应严谨审慎地复核发包人提供的项目定位数据,不过分依赖发包人给予的此类数据的准确性。因此,在 FIDIC 银皮书合同条件下,放线错误的风险由承包人承担;而在 FIDIC 红皮书与 FIDIC 黄皮书合同条件下,放线错误的风险由发包人承担。

(2)“现场数据”即针对妨碍承包人履行施工义务的客观情况进行预测的信息资料,即“项目基础资料”,包括地质勘查资料、气象水文资料、地下障碍物资料、地上相邻建筑构筑物资料等。若因发包人提供的项目基础资料不准确、不完整、不真实,导致承包人未能充分预估施工过程中有可能产生的不利物质条件风险与异常恶劣气候风险并计算出与风险匹配的工程价款,后承包人在施工中遭遇该不可预见的客观事件,为处理该不可预见事件,承包人在约定的工程价款与建设工期之外需花费大量费用与大量时间的,就该部分额外支出的费用与额外延误的工期,承包人能否向发包人索赔?对此,FIDIC 红皮书与 FIDIC 黄皮书未给出确定的答案,而 FIDIC 银皮书却明确规定:第一,发包人对项目基础资料的准确性、充分性和完整性不承担责任(第 4.10 条);第二,发包人给出的任何数据或资料,都不应被认为是不准确的、不完整的(第 5.1 条);第三,即使资料和数据是由发包人提供的,也不免除承包人的责任(第 5.1 条)。这说明在 FIDI 银皮书合同条件下,虽然项目基础资料是由发包人提供的,但其只是起到一个参考性的作用而非强制适用性的作用;针对发包人提供的项目基础资料,承包人负有核实、修改、纠正等复核的义务。若承包人未充分履行对项目基础资料的复核义务导致其预估的障碍风险与计算的工程价款不匹配,而承包人为处理不可预见的施工障碍额外付出费用并额外消耗时间的,承包人应自己对此负责,而不得以项目基础资料存在错误为由向发包人主张费用索赔与工期顺延。

因此,在 FIDIC 银皮书合同条件下,项目基础资料错误的风险由承包人承担;而在 FIDIC 红皮书与 FIDIC 黄皮书合同条件下,项目基础资料错误的风险由发包人承担。

(3)“发包人提供的设计文件”的规定内容

FIDIC 银皮书合同条件删除了承包人有权就发包人提供的设计文件有误为由主张索赔的条款,并且未保留 FIDIC 红皮书第 1.9 条[延误的图纸或指令]与 FIDIC 黄皮书第 1.9 条[雇主要求中的错误],这说明,在 FIDIC 银皮书合同条件下,因发包人提供的设计文件存在缺陷、遗漏、错误导致承包人工程量增加并遭受工期延误的,原则上承包人不得向发包人主张索赔。由此可见,在 FIDIC 银皮书合同条件下,承包人未就发包人提供的设计文件履行充分的复核义务,导致设计图纸存在缺陷、遗漏、错误,与实际施工的工程量不符,承包人为此支付额外的费用并消耗额外的时间的,就该部分额外费用与额外工期,承包人不得以发包人提供的设计图纸不完整、不充分、不准确为由向发包人索赔费用并顺延工期。

但是,在 FIDIC 银皮书合同条件下,承包人并非在任何情况下都不得向发包人索赔,FIDIC 银皮书中对承包人以发包人提供的概念设计“缺陷、遗漏、错误”为由主张索赔留下了一定的可操作空间——FIDIC 银皮书第 5.1 条[设计义务一般要求]规定,发包人应当对以下事项的准确性、完整性与充分性负责:第一,在合同中规定的由雇主负责的、或不可变的部分、数据和资料;第二,对工程或其任何部分的预期目的的说明;第三,竣工工程的试验和性能的标准;第四,除合同另有说明外,承包商不能核实的部分、数据和资料。其中,第 1 项是针对发包人提出的资料与数据,发包人不允许承包人提出反对意见、否定异议的事项;第 2、3 项是有关“发包人要求”的事项;第 4 项是超出承包人自身能力经验范围的事项。

据此,在 FIDIC 银皮书合同条件下,发生以下情形,导致发包人提供的设计图纸存在“缺陷、遗漏、错误”,使承包人增加费用或延误工期的,承包人有权向发包人主张索赔:第一,承包人就发包人提供的文件不享有否决权,发包人要求承包人绝对服从其指令的。承包人针对发包人提供的设计图纸提出修改完善建议,发包人不予采纳,且要求承包人必须依照发包人提供的设计图纸施工,承包人只能绝对服从而不得提出异议。第二,有关“发包人要求”的信息不明确,且一个有经验的承包人无法修正完善该信息的。发包人描述的“发包人要求”不清晰、不准确、不完整,且承包人凭借其自身能力与合理经验难以对“发包人要求”进行补充、修改、完善。第三,发包人在施工过程中提出变更指令且逾越了为实现“发包人要求”所包含的施工范围的。发包人发出指令明确要求承包人增加施工工作量，该工程量突破招标文件载明的承包人为实现“发包人要求”所负责的施工范围。该索赔是一种混合过错下的法律结果，不仅发包人有过错——他未能在招标文件中清晰明确地描述“发包人要求”，并不给予承包人进一步明确、解释、修正有关“发包人要求”信息的权利，使承包人未能充分了解承建项目的使用标准与规模要求，发包人应对此负责；且承包人也有过错——他未能在投标文件中凭借其丰富的管理能力与施工经验纠正、修改发包人在招标文件中的错误，使施工成本增加，合同工期延误，承包人也应对此负责。据此，只要承包人能够证明——第一，他已经充分履行了复勘核查项目的义务；第二，他已经充分履行了仔细研读发包人文件的义务；第三，他未违反任何项目所在地所适用的招标投标法律有关程序性的规定；第四，发包人的设计错误过于隐蔽，在一般情况下非一个正常理性的承包人凭借其经验所能发现——他就能够对发包人提供的概念设计文件有误所导致的费用增加与工期延误损失完全免责，从而获得发包人的全额赔偿。

对发包人提供的设计文件有误导致费用增加或工期顺延的处理原则是：若发包人提供的设计文件不属于承包人的设计义务范围，或属于承包人的设计义务范围，但构成对承包人的要求的，应当允许承包人追加费用或顺延工期，但因承包人未在合理期限内发现设计缺陷，或在发现设计缺陷后未及时通知发包人而导致扩大的费用增加（或）工期延误除外；但若发包人提供的设计文件属于承包人的设计义务范围，且不构成对承包人的要求的，不允许承包人追加费用或顺延工期。①

根据“谁行为，谁负责”的基本原则，在 FIDIC 红皮书与 FIDIC 黄皮书的合同条件下，设计图纸由发包人提供的，那么设计图纸“缺、漏、错”的风险由发包人承担；设计图纸由承包人提供的，那么设计图纸“缺、漏、错”的风险由承包人承担。但该基本原则对 FIDIC 银皮书不适用。在 FIDIC 银皮书合同条件下，发包人提供的设计图纸“缺、漏、错”的风险也由承包人承担。由此可见，FIDIC 银皮书下的承包人风险远远大于 FIDIC 黄皮书下的承包人风险，因为在 FIDIC 银

---

① 参见常设中国建设工程法律论坛第十工作组：《建设工程总承包合同纠纷裁判指引》，法律出版社 2020 年版，第 182 页。

皮书合同条件下，承包人不仅要为自己的设计错误负责，也要为发包人的设计错误负责。

(4)说明“发包人要求”的工程量清单

鉴于FIDIC黄皮书与FIDIC银皮书合同价格形式为固定总价合同，即在约定的固定总价所覆盖的施工范围内，无论发生任何情形(不可抗力、法律变化、发包人发出必须服从的指令、发包人提供的文件对“发包人要求”描述不清且一般理性承包人难以补充完善的除外)，该施工范围内的合同价格包死，承包人不得以设计变更、项目特征不符、工程量缺项、工程量漏项、不可预见因素、经发包人批准同意为由要求发包人上调合同价格。因此，在FIDIC黄皮书与FIDIC银皮书合同条件下，招标工程量清单中所列的项目和数量不作为投标报价的关键依据，仅作为投标人提供投标报价的参考和平台；投标人提交的价格清单应视为已经包括完成该项目所列(或未列)的全部工程内容，其准确性与完整性不应再由发包人承担。[①] 相反，承包人对招标工程量清单的准确性、完整性负责，若招标工程量清单所记载的工程量与承包人测算的可能实际发生的工程量不一致的，承包人负有修正、补充、完善的义务，否则，承包人不得以实际发生的工程量与招标文件记载的工程量不符即工程量清单缺项、漏项、错项为由要求发包人上调合同价格。换言之，针对固定总价覆盖的施工范围，在当事人未另有约定的前提下，承包人对项目单价的变化与工程量的变化负责，除发包人要求增减工程量和设计变更外，价格一律不予调整，[②]承包人不得以遭遇不可预见的不利物质障碍、异常恶劣气候、通货膨胀、发包人提供的文件错误、发包人下达错误的指令为由，就增加的施工费用与延误的合同工期向发包人索赔费用与顺延工期。与规定发包人对实际发生的工程量与招标文件记载的工程量的不一致负责的EPC红皮书不同，在EPC黄皮书与EPC银皮书合同条件下，是承包人对实际发生的工程量与招标文件记载的工程量的不一致负责。

因此，在FIDIC银皮书和FIDIC黄皮书合同条件下，由承包人承担全部的单价变化的风险、工程量变化的风险以及招标工程量清单“缺、漏、错”的风险；而在FIDIC红皮书合同条件下，单价变化的风险由承包人承担，工程量变化的

---

① 参见孙凌志、张北雁：《工程总承包项目合同价款调整技术研究》，载《建筑经济》2020年第5期。

② 参见彭桂平、戴彤等：《工程总承包合同计价模式研究》，载《建筑经济》2021年第5期。

风险以及工程量清单缺项、漏项、错项的风险由发包人承担。

2. 发包人发出特殊指令要求所造成的风险

发包人发出的特殊指令要求包括：要求增加工程量的设计变更指令、要求使用工程的工程接收指令以及其他指令，包括要求暂停施工的停工指令、要求改变试验的位置或细节、要求进行附加试验的改变试验指令或重新试验指令以及指定分包的指令。

（1）“发包人发出的设计变更指令”的事项

FIDIC 银皮书第 17.3 条[业主的风险]规定删除了 FIDIC 红皮书和 FIDIC 黄皮书（f）（g）（h）三项[第（f）项属于业主擅自使用工程所导致的风险，第（g）项属于因业主设计变更所导致的风险，第（h）项为不可预见风险]，说明在 FIDIC 银皮书合同条件下，业主不承担业主擅自使用工程的风险、业主要求的设计变更风险以及不可预见风险，该三项风险转而由承包人承担。

鉴于在 FIDIC 银皮书合同条件下，针对发包人提供的概念设计文件与发包人发出的设计变更指令，承包人既有提出反驳、表示异议等的反对权利，又有修改、补充与完善等的复核义务，并且承包人负责最终的深化设计、优化设计与详细设计的出图成果，因此 FIDIC 银皮书要求承包人对发包人提供的概念设计文件与设计变更指令的准确性负责，这无可厚非。但是，当出现以下情形时，承包人不应对发包人发出的设计变更指令负责，其以发包人要求设计变更、发包人提供的设计文件有误为由向发包人主张索赔的，应予支持：第一，发包人提出的设计变更指令在招标文件规定的“发包人要求”框定的施工范围之内，但是招标文件记载的“发包人要求”过于含混不清，导致一个理性的承包人在其经验范围内无法对该“发包人要求”进行修改补充进而明确其实际工程量的，“在其经验范围内”是指承包人在履行充分的项目现场复勘义务、招标文件审核义务并满足正确的招投标程序要求之后仍不能发现“发包人要求”中的错误、疏漏、缺陷或不一致的；第二，发包人提出的设计变更指令在招标文件规定的“发包人要求”框定的施工范围之外，如改变原合同要求的工程基本特征从而需要变更设计方案、增加原合同未包含的工作或提高使用材料等级等，[1]且发包人要求承

① 参见严玲、李卓阳：《工程总承包合同条件下业主方发起变更的风险责任认定研究》，载《建筑经济》2020 年第 3 期。

包人必须执行、绝对服从，剥夺承包人修改与反对的权利的。上述两种情形超出了承包人的可预见范围，因此承包人有权就上述事项向发包人索赔。

通过对比 FIDIC 红皮书、FIDIC 黄皮书与 FIDIC 银皮书，可以发现，就发包人发出的设计变更指令导致施工费用增加与合同工期延误，在以下三种情形下，承包人均可以向发包人索赔：其一，发包人要求设计变更超出了承包人为满足招标文件中的"发包人要求"所应负责的施工范围，这超出了承包人的合理预见，如招标文件仅要求挖一层地下车库，但施工过程中发包人要求挖两层地下车库；其二，发包人发出的设计变更指令对实现招标文件载明的"发包人要求"没有必要性，且发包人要求承包人必须执行、绝对服从指令，承包人对此没有反对与驳回的权利，如招标文件仅要求贴便宜的国产瓷砖，但施工过程中发包人发出变更指令，要求贴昂贵的进口瓷砖，但二者的质量相同，承包人没有提出异议的权利；其三，发包人发出的设计变更指令未超出承包人为满足招标文件载明的"发包人要求"所负责的施工范围，但该设计变更是由于发包人在招投标过程中对"发包人要求"的说明含混不清，导致承包人凭借其正常经验难以发觉并补充修改完善所致。

但是 FIDIC 红皮书、FIDIC 黄皮书与 FIDIC 银皮书对出现上述情形承包人是否可以向发包人索赔的措辞不同，对此项索赔的态度是不一致的：若发包人发出设计变更指令的，FIDIC 红皮书与 FIDIC 黄皮书偏向于允许承包人索赔，除非发包人能够证明其设计变更指令未构成对承包人的不可拒绝的强制要求或未超出招标文件载明的"发包人要求"的施工范围；而 FIDIC 银皮书更偏向于不允许承包人索赔，除非承包人能够证明发包人发出的设计变更指令构成对承包人不可拒绝的强制性要求或超出了承包人为满足招标文件载明的"发包人要求"所负责的施工范围。

(2)"发包人发出的工程接收指令"的事项

FIDIC 银皮书第 10.2 条[部分工程的接收]规定："除合同中可能说明或可能经双方同意以外，任何部分工程(分项工程以外)，雇主均不得接收或使用。"而且第 17.3 条[业主的风险]删除了 FIDIC 红皮书与 FIDIC 黄皮书规定的"业主占用部分工程导致的风险"，这说明在 FIDIC 银皮书合同条件下，发包人不对擅自占用工程所导致的风险负责，转而由承包人为发包人擅自使用工程的后果负责。但该条与第 10.2 条[部分工程的接收]配套使用的，虽然 FIDIC 银皮书要求承包人为发包人的不当使用行为负责，但是相应地，就发包人擅自使用工程，FIDIC 银皮书削弱了发包人的权利并加强了承包人的权利：首先，FIDIC 红皮书与 FIDIC 黄皮书赋予发包人随时使用工程的权利，但 FIDIC 银皮书却规定，除发包人与承包人达成发包人接收工程的合意，否则发包人不得擅自使用工程；其次，FIDIC 红皮书与 FIDIC 黄皮书未赋予承包人反对发包人擅自使用工程的权利，但是对发包人擅自使用工程的事项，FIDIC 银皮书要求发包人应当获得承包人的批准与许可，即没有承包人的认可，发包人不得擅自使用工程；最后，在 FIDIC 银皮书合同条件下，若承包人不允许发包人擅自使用工程，发包人却一意孤行的，承包人可以与发包人签订《免责协议书》，要求发包人对擅自接受、占有、使用工程所产生的不当后果负责。根据权利责任相一致的原则，FIDIC银皮书既然赋予承包人较大的权利，自然要求其承担较重的重任，因此在 FIDIC 银皮书合同条件下，承包人对发包人擅自使用工程所产生的不当后果负责。

发包人要求接受或使用工程，向承包人发出工程接收指令的，在 FIDIC 银皮书合同条件下，承包人对发包人发出的工程接收指令负责；在 FIDIC 红皮书与 FIDIC 黄皮书合同条件下，发包人对自己发出的工程接收指令负责。

(3)其他指令的事项规定

FIDIC 银皮书合同条件下，发包人在施工过程中发出的其他指令还包括：第一，要求停工的指令，规定在第 8.9 条[暂停的后果]中；第二，要求改变试验的方式或要求附加试验的指令，规定在第 7.4 条[试验]中；第三，要求将部分工作指定分包给第三人承接的指令，规定在第 4.6 条[合作]中。无论是 FIDIC 红皮书、FIDIC 黄皮书还是 FIDIC 银皮书合同条件下，发包人发出上述指令后，承包人为执行上述发包人指令而遭遇费用增加与工期延误的，承包人均有权向发包人索赔。

因此，在 FIDIC 银皮书合同条件下，发包人为其发出的要求停工的指令、要求改变试验的指令、要求重复试验的指令以及指定分包的指令负责，发包人发出这些指令导致承包人遭受不利后果的，承包人有权索赔。

3. 发包人未按合同约定履行其应履行的义务所造成的风险

发包人应履行的施工合同义务均在 FIDIC 银皮书中有所规定，其中“取得项目有关行政审批许可”的义务规定在第 1.13 条[遵守法律]中，“为承包人提供施工条件”规定在第 2.1 条[进入现场的权利]中,“不妨碍并阻碍承包人的施工活动”规定在第 8.4 条[竣工时间延长]中,“按约进行竣工试验”规定在第 10.3 条[对竣工试验的干扰]中,“按约按时进行竣工后试验”规定在第 12.2 条[延误的试验]中,“竣工后试验不合格时及时允许承包人进场修复”规定在第 12.4 条[未能通过的竣工后试验]中,“按约支付工程款”规定在第 16.1 条[承包商暂停工作的权利]中;且规定,若发包人不履行上述义务,导致施工费用增加或合同工期延误的,承包人均有权向发包人索赔费用并顺延工期。

因此,根据“谁行为,谁负责”的原则,发包人不履行合同约定的义务或未按合同约定履行义务的风险由发包人本人承担,承包人有权向发包人索赔。

(四)项目所在地法律、法规、政策及标准变化、政府行为所导致的风险

根据 FIDIC 银皮书第 5.4 条[技术标准和法规]、第 8.5 条[当局造成的延误]以及第 13.7 条[因法律改变的调整]的规定,当项目所在地的法律、法规、政策或标准发生变化,或者发生某种难以预见的政府行为,导致施工费用增加或合同工期延误的,承包人均有权向发包人主张费用索赔或工期顺延;换言之,发包人承担因法律法规变化、政策标准变化以及难以预见的政府行为所招致的风险。

(五)市场价格变动、物价上涨所导致的风险

FIDIC 银皮书第 13.8 条[因费用波动而调整]规定:“当合同价格要根据劳动力、货物,以及工程的其他投入的成本的升降进行调整时,应按照专用条件的规定进行计算。”对于劳务费、材料费、工程设备费、大型机械租赁费等费用因通货膨胀上涨,导致承包人遭受额外的成本支出,承包人能否以物价上涨导致费用增加或工期延误为由向发包人主张索赔这一问题,FIDIC 红皮书与 FIDIC 黄皮书均在通用条款中规定了调价公式,但 FIDIC 银皮书却规定发包人与承包人需另行在专用条款中作出特殊约定,说明 FIDIC 红皮书与 FIDIC 黄皮书更偏向于允许承包人有权以物价上涨为由要求发包人索赔,而 FIDIC 银皮书则更倾向于在物价上涨的情况下承包人不得索赔。

因此,在 FIDIC 银皮书合同条件下,则是承包人对物价上涨的风险负责,除非当事人在专用条款中对物价上涨风险分配存在特殊约定;在 FIDIC 红皮书与 FIDIC 黄皮书合同条件下,发包人对价格波动暨物价上涨的风险负责。

(六)FIDIC 银皮书下承包人承担风险责任的特点

1. 承包人应对自身在施工活动中发出的行为全权负责。承包人应当对其在施工活动中发出的任何行为——包括履约行为的实施、任何文件的提供、任何建议的提出、任何决策的发布——的完整性、准确性、充分性与真实性负责,任何来自发包人或发包人授权的人员的批准、核实、许可、同意、建议、要求等均不能减轻或免除承包人根据合同约定应当承担的责任。

2. 承包人应当对不可预见的事项负责。在合同未另有约定的情形下,若在施工活动中发现不利地质条件、发生异常恶劣气候或遭遇物价上涨、通货膨胀等阻碍施工进行的因素,都视为承包人在签订施工合同中已充分预见了这样的后果,认可合同价格已包含了针对上述风险事项作出防控所需要的费用,并默许合同工期已包含了为"善后"处理上述风险事项所需要的时间,其不得以遭遇不利地质障碍、异常恶劣气候或费用价格上涨为由就增加的费用与延误的工期要求发包人赔偿。

3. 承包人应当对发包人发出的指令与提供的文件负责。甚至是发包人有义务提供的文件并且是发包人擅自发出的指令,承包人均负有检查、修改、校正、补充并完善的复核义务,并对其准确性、充分性、完整性与真实性负责。发包人提供的文件包括概念设计、地质勘察资料、地下障碍物资料、地上建筑物资料、气象水文资料、建筑物放线定位数据等,发包人发出的指令包括要求设计变更的指令、要求接收工程的指令等,即使承包人因为发包人的上述行为遭受施工费用增加与合同工期延误的不利后果,承包人也不得以上述承包人提供的文件或发出的指令存在错误、缺陷、遗漏或不一致为由向发包人索赔。

综上所述,在 FIDIC 银皮书合同条件下,承包人承担的风险较重,他不仅要为自身在施工过程中发出的行为所导致的后果负责,也要对不可预见的事项所产生的不利后果负责,甚至还要为发包人提供的错误文件信息所导致的不利后果负责,而建设—施工 DB 模式下承包人仅需要承担工程量变化的风险以及在一定条件下承担发包人要求设计变更的风险。我国《工程总承包管理办法》第 15 条第 2 款规定:"建设单位承担的风险主要包括:(一)主要工程材料、设备、人工价格与招标时基期价相比,波动幅度超过合同约定幅度的部分;(二)因国家法律法规政策变化引起的合同价格的变化;(三)不可预见的地质条件造成的工程费用和工期的变化;(四)因建设单位原因产生的工程费用和工期的变化;

(五)不可抗力造成的工程费用和工期的变化。”虽然我国推广的工程总承包施工组织模式的通用叫法为“EPC交钥匙工程总承包”,但我国工程总承包施工组织模式所采用的风险分担规则却是建设—施工DB规则。

四、FIDIC银皮书合同条件下调节承包人风险的权益对等机制

FIDIC银皮书下的承包人既要承担自身行为所带来的风险,又要承担不可预见的事项所带来的风险,甚至还要承担发包人的不当行为所带来的风险,因此其风险责任十分沉重。但是,EPC交钥匙总承包工程既然可以顺利在国外实施并取得发包人与承包人共赢的良好效果,说明FIDIC银皮书必然存在其他配合机制,大幅度、大范围、大规模地赋予承包人某些权利,保障承包人的相关利益,进而实现发包人与承包人之间的权利义务对等与风险价格对等,使EPC交钥匙工程总承包的风险分担规则具有合理性,否则承包人不会有动力去承接EPC交钥匙工程总承包工程,EPC交钥匙工程总承包施工组织模式的大规模推广也难以开展。

在FIDIC银皮书合同条件下,保障承包人利益、使权利与义务对等、使风险与价格对等的其他机制包括:其一,根据FIDIC银皮书的说明,仅对适宜采用EPC模式的建设项目适用EPC交钥匙工程总承包施工组织模式,从源头遏制风险;其二,允许招标人与投标人在招投标阶段就合同价款进行充分协商;其三,设置施工过程中的权利义务条款时,大幅减少发包人的审批权力,削弱发包人对施工活动的过程干预;其四,大幅扩大承包人的权力,针对发包人发出的指令、提供的文件及作出的决定,赋予承包人提出异议、表示反对的权力;其五,允许承包人就基于“发包人要求”含混不清所增加的工程量向发包人索赔。

(一)挑选合适的建设项目适用EPC交钥匙工程总承包施工组织模式,从源头把控风险

不同类型的建设项目具有截然不同的施工特点,这决定了不同的项目建设采用不同的施工组织模式。并非所有的建设项目都适合采用EPC交钥匙工程总承包,从项目本身的性质而言,适合EPC交钥匙工程总承包施工组织模式的项目应具备以下条件。

第一,建设项目本身不可预见的风险较低。FIDIC银皮书规定承包人对不利地质障碍以及异常恶劣气候等的不可预见的事项负责,这就要求承包人在签

订施工合同时对不利于项目施工的地下障碍因素、地上消极因素以及气象水文条件进行充分勘探、合理预估，并在此基础上完成报价使工程造价与风险相符。而某些附有大量地下工程的房建项目以及包含各式各样的地下溶洞、地下河等不利地质条件的公路工程，其本身的不利地质障碍风险较大，承包人凭借现有的勘探技术难以准确预估，进而影响承包人的投标报价，为后续价格调整的推诿扯皮预埋铺垫；或者发包人将某些占地面积巨大、地质、地理、水文情况变化较多且地质隐患较大的港口、电站、交通枢纽等大型基础设施项目的勘察工作也一并发包给承包人，纳入工程总承包的范围，在对项目地质、水文、地理条件“两眼一抹黑”的情况下，价格计算缺乏确凿依据，为后续合作埋下纠纷争议的隐患。① 因此不可预见风险较大的工程不适于采用 EPC 交钥匙工程总承包模式。考虑到以上因素，FIDIC 银皮书的起草者在“导言”中明确规定：“如果建设项目包含大量投标人难以预见的地下工程（work underground）以及其他领域的工作（work in other areas）的，则不适用 FIDIC 银皮书合同条件。”即使是 2017 年版 FIDIC 银皮书也在其专用条件编写指南中提示，如果工程包含如隧道或其他大量地下工程施工，对承包人而言，此类风险不可能或很难实现预估，通常更倾向于将不可预见的地质风险分配给业主，因此建议此类工程采用 FIDIC 黄皮书。②

第二，建设项目的功能核心是项目的产出是否符合“发包人要求”。在 EPC 项目中，发包人最关心的是建设项目的成果产出是否达到其设定的预期，如污水处理厂的一年洁净排水量是否达标、光伏发电厂一个季度的发电量是否满足要求、炼油厂每年能产出多少符合质量的成品油等，即所谓的“发包人要求”，而非仅仅关心建设项目的土建部分是否安全，建筑外型是否美观等，因此涉及工业以及工业产品制造的建设项目更适合采用 EPC 交钥匙工程总承包模式，如化工厂、发电厂、工业设备制造厂等。

EPC 交钥匙工程总承包人模式更适用于项目所在地气候条件稳定（如不会出现连续强降雨天气或连续高温天气的气候）、地质条件简单（如不会有大量溶洞的喀斯特地貌）、社会环境安定（如不会出现大幅度的通货膨胀，或不会

① 参见朱树英：《工程总承包实务问答》，法律出版社 2020 年版，第 45 ~ 46 页。

② 参见陈永强、吕文学等编著：《FIDIC 2017 版系列合同条件解析》，中国建筑工业出版社 2019 年版，第 113 页。

出现朝令夕改的政策变动)的机械类、电气类的工厂建设项目,在满足发包人建设要求的同时使项目风险牢牢限制在承包人的可控范围内,从源头遏制风险。

(二)在项目招投标阶段允许投标人与招标人就工程价款问题进行充分讨论协商

传统的施工总承包模式由发包人负责设计发包、提供施工图纸并编制工程量清单,对工程量清单项目及计价定额子目划分较细,对设计深度要求较高,[①]但在EPC交钥匙工程总承包模式下,是由承包人而非发包人负责提供作为施工依据的最终详细设计,因此在招投标过程中发包人提供的招标文件仅包括笼统概括、粗略模糊的"发包人要求",即发包人意欲达到的使用预期与功能要求,以及说明发包人开发建设该项目是为了实现何种目的、达到何种预期的基础性的、原则性的设计图纸,而不存在具体细致的施工图纸与工程量清单供承包人精准判断其施工范围并准确预估其可能发生的工程量,承包人也就难以凭借粗糙笼统的概念设计与"发包人要求"合理计算合同价格、编制详细准确的工程量报价清单等投标文件。

因此,为了精准计算合同价格,使合同价格与施工风险相匹配,避免后续的价格争议,不仅需要承包人认真研读、细致审查招标文件中的"发包人要求",针对"发包人要求"中的错误、缺陷、遗漏或不一致进行修改、补充、完善,形成《承包人建议书》;而且需要承包人实地勘察项目现场,或委托勘察单位出具详细的地质勘查报告或地形测绘报告,预测未来可能阻碍施工活动的不利地质障碍与异常恶劣天气;还需要承包人根据发包人所欲实现的项目功能要求、发包人提供的粗略的概念设计图纸以及施工场地地质勘察报告进行初步设计甚至最终详细设计,才能使承包人根据设计文件与承包人建议书计算出合同价格。

但现实中,若承包人充分研读招标文件、实地勘察项目现场、委托他人出具项目所在地的市场环境报告、针对"发包人要求"认真修改、补充完善并形成《承包人建议》、出具详细的施工图纸的,则需要花费大量的人力、物力以及财力。承包人出于节省成本的考虑,可能在投标报价时仅出具一份简单粗略的估

---

① 参见侯俊伊、李海凌等:《面向工程总承包的工程量清单计价研究》,载《价值工程》2018年第27期。

价文件,并抱着在施工过程中通过设计变更签证调整合同价格的念头承接发包人开发的建设项目,埋下后续争议的隐患。为了解决这一困境,FIDIC 银皮书给出了如下解决方案。

1. 采用 EPC 交钥匙工程总承包模式的,适用邀请招标发包。① 邀请招标是招标人根据项目所需的施工能力与业绩要求有针对性地、定向地选择一定数量符合项目施工要求的潜在承包人,向其发送投标邀请函,邀请其参与投标竞争,并从中选定中标人的招标组织模式。相较于公开招标,邀请招标所针对的投标人范围确定,投标人数较少,可以促使发包人积极对未中标的潜在承包人进行费用补偿,更具有购买其他投标人制作的详细设计文件、施工工艺说明或施工组织计划等的意愿。一方面,这有利于发包人吸纳其他投标人的有效建议并用于项目建设施工活动中,在满足项目功能标准与使用要求的同时达到缩短工期与降低造价目的;另一方面,这也能反向激励每个投标人在耐心研读招标文件、仔细考察项目环境、认真踏勘施工现场、积极搜集供应商信息等的基础上用心制作投标文件,让投标人不必因担心沉没成本的覆水难收而在投标过程中畏首畏尾、瞻前顾后,有助于形成良好的 EPC 项目招投标市场机制。

2. 要求发包人与承包人在招投标阶段就合同条件进行充分协商讨论。鉴于发包人提供的“发包人要求”文件及概念设计过于简单粗略,不足以使承包人确定其施工范围、合理预估可能发生的风险以及准确计算可能发生的实际工程量,这就要求在招投标过程中,当承包人在解读招标文件时遇到难以理解之处时,发包人有义务向承包人进行充分说明、详细解释与合理澄清,使承包人全面并深入地了解建设项目的使用目的与功能标准,即“发包人要求”;而当承包人发现发包人提供的招标文件所载明的信息与为实现“发包人要求”所需要的数据不符,存在错误、遗漏或缺陷时,承包人也有义务以其合理经验进行修正、更改、补充、完善,并与发包人不断协商讨论,确定合同价格。因此,EPC 交钥匙工程总承包合同签订的过程就是一个长期协商谈判的过程,在这过程中双方当事人会形成大量的会议纪要、补充协议、备忘录等合同补遗文件,作为合同的附件,与合同具有同等的约束力。

---

① 参见张水波、何伯森编著:《新版 FIDIC 合同条件导读与解析》(第 2 版),中国建筑工业出版社 2019 年版,第 334 页。

3. 在招投标阶段给予承包人与发包人就合同价款进行谈判协商的充裕时间。鉴于 FIDIC 银皮书要求承包人承担项目几乎全部的风险,原则上不允许承包人就不利地质障碍、工程量变更、物价上涨、异常恶劣气候要求调整合同价格,这要求承包人在招投标阶段就必须在充分考察项目现场、充分勘察地下状况、充分研读招标文件、充分了解项目所在地的市场环境及政治环境、充分搜集准确的材料设备供应商信息的基础上对施工过程中可能发生的风险进行足够预估,并据此计算出足以匹配该风险的合理价格。而完成这一系列的工作需要花费大量的时间,招标人必须延长投标截止日期,给予投标人十分充裕的制作投标文件的时间,否则,投标人难以完成上述工作,导致报价与风险不相当,为后续在履行合同中产生的价格调整与价款结算争议"埋雷",届时承包人因承受大量亏损而停工罢工,发包人因不愿意调价而强制承包人退场,双方合作终止,建设项目搁浅,这是双方都不愿意看到的结果。因此,FIDIC 银皮书在合同的介绍性说明(introductory notes)中规定了这一点,"如果承包人要承担这些风险(不可预见的外界条件带来的风险),雇主显然必须给他时间和机会获得和考虑所有相关信息";[①]且 FIDIC 银皮书也在"导言"中明确规定,对于"投标人没有时间和资料研究和核查雇主要求以及进行自己设计、风险评估和估算"的建设项目,"不适宜采用银皮书"。

4. 在招投标阶段允许承包人对发包人提供的招标文件进行实质性修改。[②]鉴于 FIDIC 银皮书不要求发包人对自己提供的项目基础资料、测量放线数据甚至概念设计等文件的真实性、完整性、准确性与充分性负责,反而要求承包人对此负责,承包人不得以发包人提供的上述文件与施工实际不一致为由向发包人索赔费用并要求顺延工期,因此只有赋予承包人反对并修改发包人文件的权利,才能与承包人所承担的风险责任相匹配;否则,若既不允许承包人对发包人文件进行修改完善,又将发包人文件的错误后果苛责于承包人的,会加大承包人风险的不确定性,使风险脱离承包人的控制范围,对承包人极其不公平。因此,FIDIC 银皮书允许承包人对发包人提供的招标文件进行实质性修改,将对其

---

① 参见常设中国建设工程法律论坛第十工作组:《建设工程总承包合同纠纷裁判指引》,法律出版社 2020 年版,第 260 页。

② 参见张水波、何伯森编著:《新版 FIDIC 合同条件导读与解析》(第 2 版),中国建筑工业出版社 2019 年版,第 335 页。

不利的不合理要求进行删减更改，并写入合同条款中，共同约束双方当事人。

（三）大幅减少发包人的审批权限，削弱发包人的过程干预

由于 EPC 交钥匙工程总承包模式要求承包人几乎承担全风险责任，因此发包人不能对施工活动施加过多的干预而是放手让承包人自主发挥，通过其管理经验、施工技术与优质的采购合作渠道转嫁风险或化解风险。理由在于，发包人过多干涉只会让承包人无法作出合理的风险安排，并超出承包人的合理预见范围，若在此前提下却让承包人对全部的风险负责，对承包人不公平。因此，FIDIC 银皮书在导言中列举了不适合采用 EPC 交钥匙工程总承包的项目，其中包括“发包人企图紧密监督或控制（supervise closely or control）承包人工作或要求审核（review）绝大部分的施工图纸（construction drawings）”的项目。也就是说，若要适用 EPC 交钥匙工程总承包的施工组织模式的，承包人承担设计和施工的全部职责，业主介入甚少，对承包人的工作只进行有限控制，一般不进行过多干预。①

为了防范发包人对项目施工活动的控制，FIDIC 银皮书在设置合同条款时作出了如下安排——针对承包人汇报的事项，发包人没有批准（approve）的权力，只有审查（review）的权力。需要批准的事项与需要审查的事项最大的区别是，前者需要得到发包人的同意或认可，承包人才能开始某项工作，否则不得开工；而后者承包人只需要向发包人汇报，无须获得发包人认可，无论发包人是否同意，审核期限届满后，承包人均有权自主实施该项工作。② FIDIC 银皮书规定了大量承包人只需向发包人汇报而无须请求发包人同意或许可的事项，如在第 4.3 条[承包商的代表]中，FIDIC 银皮书不要求承包人代表离开工地现场时需经发包人的同意，他只要告知发包人即可；如在第 4.4 条[分包商]中，FIDIC 银皮书不要求承包人选择专业分包的承包人时需经发包人的批准；如在第 5.2 条[承包商的文件]中，对于承包人提供的技术文件、设计文件、报批文件、竣工文件等，原则上发包人仅有知情与审查的权力，无权要求批准。据此，FIDIC 银皮书在加重承包人的风险责任的同时削减发包人的批准许可权，弱化发包人的干

---

① 张然、丁留涛等：《新版 FIDIC 银皮书合同条件下的工程总承包风险研究》，载《建筑经济》2020 年第 8 期。

② 张水波、何伯森编著：《新版 FIDIC 合同条件导读与解析》（第 2 版），中国建筑工业出版社 2019 年版，第 313 页。

预,充分保障承包人的施工自主决策权,符合权利义务相一致的原则。

(四)针对发包人发出的指令,赋予承包人反驳的权利

在 EPC 交钥匙工程总承包下,除了“法律变化”、“不可抗力”以及“发包人未按约履行合同”所造成的风险以外,其余的风险责任都由承包人承担,为了保证承包人的权利义务相一致或“权责对等”,FIDIC 银皮书赋予承包人两项权利:其一,承包人的施工自主决策权,即若在施工过程中,承包人需要执行某一事项的,其只需向发包人汇报,而无须取得发包人的批准认可;其二,承包人的反驳否决权,即针对发包人发出的不当指令,承包人有反对、反驳并提出异议的权利,而非仅负有绝对服从、完全执行的义务。

就发包人的指令或决定,承包人有权提出异议的事项规定在 FIDIC 银皮书以下条款中:(1)在第 3.1 条[业主的代表]中,FIDIC 银皮书规定,发包人更换业主代表的,在提出正当理由的前提下,承包人有反对的权利;(2)在第 3.3 条[被授权的人员]中,FIDIC 银皮书规定,针对发包人的授权人员发出的不合理、不恰当的指令,承包人有拒绝的权利;(3)在第 3.5 条[决定]中,FIDIC 银皮书规定,针对发包人作出的不合理的决定,允许承包人发出不同意的意见、提出异议理由,若双方僵持不下的,可以提交“争议裁决委员会”(DAB)请求裁定;(4)在第 10.2 条[部分工程的接收]中,FIDIC 银皮书规定,在未取得承包人同意的前提下,发包人不得发出要求接收工程的指令,要求承包人移交工程。

(五)允许承包人就“发包人要求”中含混不清的部分进行索赔

虽然 EPC 交钥匙工程总承包模式下是承包人负责项目建设的设计工作,因此 FIDIC 银皮书要求承包人出具的设计文件有错误的,即使是得到了发包人的审核批准也不能减轻或免除承包人的责任;且 FIDIC 银皮书要求承包人对发包人提供的概念设计文件的完整性、准确性与充分性负责,即原则上承包人不得以设计文件“缺漏错”、设计变更或工程量增加为由要求承包人上调合同价格或顺延工期。但是 FIDIC 银皮书仍然在第 5.1 条[设计义务一般要求]中为承包人就“设计变更”或“设计文件错误”打开了一个向发包人索赔的突破口,包括三种情形:(1)设计变更部分超出了承包人为满足“发包人要求”所负责的施工范围,且符合专用条款约定的调价情形,或发包人同意调价的;(2)设计变更部分超出了承包人为满足“发包人要求”所负责的施工范围,且设计变更要求构成发包人对承包人的强制指令,发包人要求承包人绝对服从,不允许承包人提出异

议的;(3)设计变更部分未超出承包人为满足“发包人要求”所负责的施工范围,但承包人出具的设计文件未能达到满足“发包人要求”的程度是由于发包人的招标文件含混不清,致使一个理性的承包人凭借其施工能力与管理经验也无法对招标文件进行合理的补充、修改、完善的。“理性”的标准在于:(1)承包人已充分研读招标文件;(2)承包人已充分踏勘项目现场;(3)承包人已充分了解项目所在地的市场环境;(4)承包人未违反任何招投标程序中所规定的要求。上述情况超出了承包人可以合理预见的范围,且承包人已履行了应尽的义务,不存在任何过错,因此FIDIC银皮书不要求承包人对上述事由所产生的设计变更后果负责,符合公平原则。

综上所述,虽然FIDIC银皮书向承包人配置了大量的责任与风险,但同时,FIDIC银皮书也赋予发包人在FIDIC红皮书、FIDIC黄皮书合同条件下所不具备的权利,即在施工活动中充分自主决策的权利以及反驳发包人指令的权利;以及为承包人卸掉了其必须在FIDIC红皮书、FIDIC黄皮书合同条件下所背负的义务,如开展某项工作之前不需要取得发包人的批准等;并且还在招投标阶段允许发承包双方就合同价格充分协商讨论,给予承包人充分复勘考察项目的时间等。这些条款的设置都为EPC交钥匙工程总承包合同的明确约定、有效履行以及减少双方当事人争议纠纷奠定了良好的基础。

五、从司法裁判案例看我国EPC工程总承包模式下的承包人风险负担

在我国EPC工程总承包项目的实务操作中,基于工程总承包项目经营模式本身所形成的风险分配规则,承包人本应承担的责任就很沉重;除此之外,发包人还向承包人不当转移风险,加剧了发包人与承包人的权利义务不平等以及履行地位不平等的严峻性,使承包人的处境雪上加霜,上述问题在我国法院的判例中可见一斑。

(一)发包人向承包人转移全部设计变更风险

EPC工程总承包模式下承包人对所有设计文件的完整性、准确性与充分性负责,因此原则上,承包人承担所有设计风险,不得以设计变更为由主张调价;但是,若发包人对“发包人要求”描述不清,提供的概念设计甚至初步设计文件存在缺陷、遗漏、错误等,承包人凭借其正常的管理能力与施工经验无法修正完善的,承包人也存在索赔的可能性,即在EPC工程总承包下,发包人也在一定程

度上为设计工作负责。然而在实务中,发包人会通过设置不公平的条款、刻意强调“意思自治”在施工合同的效力从而淡化自身在设计文件方面应承担的责任,将设计变更的全部责任推到承包人身上。

如在“中国电建集团新能源电力有限公司(以下简称电建公司)、贵州赤天化桐梓化工有限公司(以下简称赤天化公司)建设工程施工合同纠纷一案”①中,发包人赤天化公司在招标文件、施工合同中设置了如下条款:“本 EPC 总包招标文件中所提供的初步设计主要设备材料清册中的设备及材料清单,仅作为承包商投标时的投标基础(业主对该数据的准确性不负责任,承包商可向贵州电力设计研究院进行详细咨询),在施工图详设时应根据其自身经验进一步完善,当实际所需设备及材料发生量的变化时,由此产生的相关费用均由总承包方承担。”“承包商同时承认:任何由于其未能熟知和/或理解所有这些数据和信息,将不能构成免除其成功履行本工程的责任,将不能构成其增加任何合同费用的借口。承包商应履行和/或提供本合同中没有专门提出但可以从合同中合理地推断出的用于充分保证合同装置性能所必需的全部工作和全部材料,这些工作和/或材料犹如在合同明确提出一般。”“如果有任何工作、服务或供货未在本合同的标准规范、图纸、附件或其他任何文件中明确提及,但却是成功执行本合同和建设合同装置所必需的,此服务或供货应被视为包括在本合同下承包商的工作范围内。承包商按照本条提供的服务或供货不构成第 11 条[变更和调整]所述的变更,所发生的相关费用均应由承包商承担。”“承包商确认合同价格正确充分地考虑了承包商完成合同项下全部义务以及为设计、采购、施工和完成工程、并修补任何缺陷所需的全部费用”等。在施工过程中,承包人电建公司进行深化设计并出具详细施工图纸后,却发现根据最终详细设计所包含的工程量远远多于根据发包人赤天化公司在招标阶段所提供的初步设计图纸所计算的工程量,就增加的工程量,承包人电建公司起诉发包人赤天化公司要求上调合同价格。但是一审法院贵州省高级人民法院却根据双方当事人在合同中约定的上述条款认定承包人在合同中已明确认可“合同价格包含有关设计的一切工作”“承包人已合理预见可能发生的变更并已计入投标报价中”“承包人不具有

① 中国电建集团新能源电力有限公司、贵州赤天化桐梓化工有限公司建设工程施工合同纠纷案,最高人民法院(2019)最高法民终 1356 号民事判决书。

‘因设计变更要求发包人调整合同价格’的意思表示”等原因，不支持承包人要求上调合同价格的请求，其具体理由为：“EPC 总承包合同的《合同条款》第十一条第三款也再次明确，对初设图优化所导致的工程量增减及设备改变均不属于合同约定的变更范围……EPC 总承包合同的《合同条款》第七条第三款第十项、第十二条第六款已经明确约定，除非按照本合同第十一条［变更和调整］的规定由业主签发正式的书面变更单，承包商无权也不得据此向业主索赔，包括工期和费用；凡没有改变本合同中‘业主要求’的变更，由承包商承担因变更引起的费用或工期的改变，不调整合同价格和工期。因此，鉴定单位以施工图经过了业主审核为由将初设图到施工图之间的变化认定为‘业主要求的变更’并计入‘核实’部分与合同约定不符。综上，在电建公司没有提交证据证明变更系业主提出的情况下，初设图到施工图的变更，原则上属于承包商履行其合同义务所必须进行的优化，鉴定单位将该部分认定为‘业主要求的变更’从而计入工程变更范围，是对 EPC 合同的错误理解。该部分不能计入涉案工程总造价。”

承前所述，发包人应当在一定程度上对其在招标阶段所提供的“发包人要求”说明文件、概念设计、初步设计等招标文件以及各类澄清解释文件的准确性、完整性与充分性负责。理由在于，若发包人未能充分阐明、合理描述其建设要求与使用目的的，承包人不可能也不应当通过其他途径知道发包人意欲实现的预期使用目的与交付使用标准，因此即使设计工作是承包人的承接范围，发包人也要对部分设计工作负责，方符合公平原则。但是由上述案例可知，发包人会通过在招标文件与施工合同中设置特别条款，推卸自己对设计工作的责任，将设计变更与工程量变更的风险，尤其是基于发包人对“发包人要求”等招标文件解释不明而产生的投标报价的工程量与实际发生的工程量不一致的风险也一并全部转嫁给承包人，这超出承包人可以合理预见的范围，加重承包人责任。上述约定对承包人极其不公平，但却得到许多法院的支持，这应当引起承包人的充分重视。

（二）发包人向承包人转移勘察风险

在某些项目中，勘查工作是不包含在承包人的承接范围内的，而是由发包人自己负责勘察工作的发包，我国《工程总承包管理办法》第 9 条也规定：“建设单位应当根据招标项目的特点和需要编制工程总承包项目招标文件，主要包括以下内容：……（五）建设单位提供的资料和条件，包括发包前完成的水文地质、工程地质、地形等勘察资料,以及可行性研究报告、方案设计文件或者初步设计文件等;……”在很多情况下,地质勘察资料、地下障碍资料、气象水文资料等项目基础资料的提供义务人为发包人,发包人理应对项目基础资料的准确性与完整性负责;即使合同约定勘察工作也一并发包给承包人作为承包工作的一部分的,发包人也应在“一般承包人不能凭借其管理能力及施工经验及时发现数据资料错误”的范围内对勘察文件负责。但是发包人会在合同中向承包人不当转移勘察错误的风险,推脱自身对勘察数据的责任。

如在“平煤神马建工集团有限公司新疆分公司、大地工程开发(集团)有限公司天津分公司建设工程施工合同纠纷一案”[①]中,发包人大地公司在合同中约定:“本合同为固定总价合同,工程施工图纸内的所有工作内容已包含在合同价内并且价款已经确定,除工程量一览表中工程量及内容变化造成工程总造价变化超过±3%,则超出部分予以价格调整外,其他因素均不作价格调整。”“本合同价格已充分考虑到包括但不限于:本合同范围内具体施工内容的调整、施工方案的变更、冬雨季施工可能发生的各种费用和建构筑物沉降观测、消防、防雷专项检测费及配合设备安装调试等完成工程所需的其他一切费用,实际施工过程中不再以任何原因另行支付各种费用。”“因地质条件与勘查报告不符引起的基础深度±500mm之内工作量,价款不调整。”后因实际施工地质条件与发包人大地公司提供的地质勘察报告导致工程量增加,承包人以发包人提供的勘察数据有误为由主张调价,法院却根据上述约定认定承包人已承诺“不会因为地质条件与勘察报告不符引起的基础深度±500mm之内工作量而请求调价”为由驳回承包人的诉讼请求,其具体理由为:“平煤神马新疆分公司主张因大地天津分公司未准确提供地质条件资料导致局部工程变更费用。案涉《合同协议书》第3.3条约定:因地质条件与勘察报告不符引起的基础深度±500mm之内工作量,价款不调整。技术附件第1.4.1条约定,部分建构筑物砂石换填地基处理的施工及相关检测包含在工程范围内。依据平煤神马新疆分公司提交的产品仓地基验槽相关证据,无法证明地基产生裂缝的原因在于大地天津分公司未准确提供地质条件资料,故平煤神马新疆分公司主张局部工程变更费用的诉讼请求,

① 平煤神马建工集团有限公司新疆分公司、大地工程开发(集团)有限公司天津分公司建设工程施工合同纠纷案,最高人民法院(2018)最高法民终153号民事判决书。

一审法院未予支持,并无不当。”

(三)发包人向承包人转移工程量变动的风险

在EPC工程总承包模式下,承包人不仅要对投标报价的完整性负责——其不得以遗漏报价或报价错误为由要求发包人调价,也要对招标工程量清单的完整性负责——其不得以工程量清单的错项、漏项、偏差为由要求发包人调价。但是,若一个有经验的承包人在尽到合理的、充分的对招标文件的复核义务以及对施工现场的复勘义务仍然不能发现招标工程量清单的遗漏、缺陷、错误或项目特征不符合实际情况的,这超出了承包人的可预见范围,发包人应对超出招标工程量清单范围的、实际发生的工程量负责。但在实际中,发包人也会针对该类情况,设置特殊条款,将工程量清单错项、漏项、不一致的风险全部转嫁给承包人。

如在“广东省韶关市第二建筑工程公司(以下简称韶关二建)与韶关市坪石发电厂有限公司(以下简称坪石发电厂)建设工程施工合同纠纷一案”①中,发包人坪石发电厂在《施工合同》中约定以下条款:“除出现以下情况外,合同价款不得调整:2.2.2 设计变更调整:由设计院出具并经甲方批准的施工图设计变更,单项变更引起工程造价增减在10万元以上,调整超出10万元以上部分”“本工程项目价格表仅作为建设工程中进度付款之用,乙方不能因此表中工程量与价格与实际不相符而向甲方进行索赔;乙方施工以设计施工图为准,施工图工程量与本项目价格表中工程量不调整;本工程项目价格表中的价格为乙方承包范围内包死价,不调整。”将工程量明细表“缺、漏、错”及工程量变动的风险全部转嫁给承包人韶关二建。这就为法院驳回韶关二建基于施工过程中新增加的、超出约定的施工范围的工程量要求上调合同价格的诉讼请求提供了基础,二审广东高级法院直接根据上述约定认定韶关二建“具有充分预判工程量变更风险的能力”以及“在签订合同的过程中已将该风险计入投标报价中”进而不支持韶关二建就工程量变更的调价请求。其具体理由为:“双方对于总价承包的计价方式是清楚明晰的,应视为双方当事人的真实意思。该约定说明,本案工程造价为合同固定总造价。而且合同中也明确说明‘本工程甲方不提供工

---

① 广东省韶关市第二建筑工程公司与韶关市坪石发电厂有限公司建设工程施工合同纠纷案,最高人民法院(2016)最高法民再135号民事判决书。

程量,乙方根据甲方提供的图纸或自身施工经验计算准确的工程量',韶关二建公司作为专业的建设工程施工单位,以及负责涉案工程的项目经理、副经理、项目技术总工程师及相关专职部长均具有较为丰富的建设工程施工履历和经验,对建筑成本及市场风险应具有一定判断力,其自愿在合同中约定合同固定价为20,495万元,此为其真实意思表示,故一审法院认为韶关二建公司在本案工程在合同固定总价不变的情况下,应承担其施工的盈亏风险,并无不当。"

(四)发包人向承包人转移因可归结于发包人事由导致费用增加的风险

在合同履行的过程中,行为发出的主体对行为所导致的不利后果负责是最基本的合同责任归属原则,我国《建设工程施工合同示范文本》"通用条款"第5.4.2条规定:"因发包人原因造成工程不合格的,由此增加的费用和(或)延误的工期由发包人承担,并支付承包人合理的利润。"因此,发包人应对其实施的行为所导致的费用增加或工期延误的不利后果负责。但是,在个别案例中,也有发包人通过特殊约定,将本应由发包人自己承担的、可归结于发包人自身导致费用增加或工期延误的风险转嫁给承包人,该约定不违反法律强制性规定,为有效约定,可作为法院的裁判依据,但是对承包人极为不利。

如在"天津博海缘置业投资有限公司(以下简称博海缘公司)、北京住总第六开发建设有限公司(以下简称住六公司)建设工程施工合同纠纷一案"[①]中,发包人博海缘公司在施工合同中设置了如下条款"本合同价款采用固定价格,合同价款中包括的风险范围为投标文件中报价工程量计量风险,工、料、机价格上涨的风险及施工方案措施(施工组织设计)费用计量的风险;风险费用已包括在固定价格内,风险范围以外的合同价款调整按合同补充条款相应规定执行""该价格在合同实施期间不因市场变化、气候条件恶劣、地质条件及其他意外困难等因素而变动,投标人在计算报价时应充分考虑保证质量、工期、风险等所发生的各种费用后慎重确定有竞争性的投标报价,合同实施期间单价及合价不允许调整(包括取费及政府部门的调价文件等),一次性包死""承包人了解并同意由任何原因导致的工期顺延并不构成追加合同价款的理由,除非发包人同意该等追加",将即使是出于发包人导致工期延误或费用增加的风险通过合同约定转

① 天津博海缘置业投资有限公司、北京住总第六开发建设有限公司建设工程施工合同纠纷案,最高人民法院(2016)最高法民终259号民事判决书。

嫁给承包人住六公司。据此,法院根据上述约定认定承包人住六公司已在合同中承诺“即使其基于发包人原因承受不利后果也不增加费用”,住六公司以发包人博海缘公司导致工期延误的期间遭遇人工价格上涨并且额外支出了幕墙脚手架租赁费用为由要求索赔上述费用的,法院不予支持,其具体理由为:“双方争议的主要有以下几项费用:……‘人工费调整 304,326 元’。案涉《建设工程施工合同》是固定总价合同,合同价款内已经包含了合同履行期间人工费上涨的风险因素。住六公司提出是因为博海缘公司原因导致停工一年。但是合同专用条款第 13.2 条‘工期延误’约定,承包人了解并同意由任何原因导致的工期顺延并不构成追加合同价款的理由,除非发包人同意该等追加。二审中,住六公司亦未能提供证据证明合同履行期间博海缘公司同意增加人工费调整项目。而且住六公司提供的《备忘录》是在工程竣工验收结束后,该《备忘录》对 2009 年 11 月工程复工后人工费调整专项予以补偿没有明确约定。一审判决对住六公司的该项诉讼请求未予支持,并无不当。住六公司主张对该条约定的理解应当是合理工期内应当承担的风险,案涉人工费是合理工期之外产生的,不受合同约束,该主张无事实依据,本院不予支持。住六公司主张在合理工期之外产生的幕墙工程脚手架费用,是博海缘公司拖期施工产生的损失,应由博海缘公司承担。双方签订的《建设工程施工合同》约定案涉工程采取固定总价,根据《建设工程施工合同》约定总包服务费、施工措施费均包含在合同总价内。故一审判决对住六公司要求博海缘公司承担幕墙脚手架租赁费用,未予支持,有合同依据。”

(五)发包人向承包人转移项目经营风险

在一般情况下,EPC 交钥匙工程总承包在满足试运行的条件并移交发包人后,基于项目所产生的一切风险均随着工程交付而转移给发包人,包括工程毁损灭失的风险,以及项目经营风险。但是,在某些项目中,发包人也会通过特别约定将工程项目的经营风险转嫁给承包人。

如在“浙江省一建建设集团有限公司、清华大学建筑设计研究院有限公司建设工程施工合同纠纷一案”①中,发包人平阳县旅游发展投资有限公司在合同

---

① 浙江省一建建设集团有限公司,清华大学建筑设计研究院有限公司建设工程施工合同再审审查与审判监督案,最高人民法院(2019)最高法民申 6462 号民事裁定书。

中约定:“合同设计价款在合同签订后一次性支付到 25%;剩余的合同设计价款的 75%:项目运营后以营业收入(每张门票抽取人民币 5 元)形式按两年分期支付,运营后第一年年末支付 50%,第二年年末支付 50%,投标人应充分考虑因素,如运营状况不佳,营业亏损,设计价款的 75% 发包人不再支付。”通过把项目的运营收入与承包人可以获得的设计费用挂钩的方式将工程项目的运营风险部分转嫁给承包人,据此,法院认为,承包人存在分担项目运营风险的意思表示,承包人以已按发包人要求出具施工图纸为由请求足额获得项目设计费用的,不予支持,其具体理由为:“关于设计费的支付问题,总承包合同约定,合同设计价款在合同签订后一次性支付到 25%;剩余的合同设计价款的 75%:项目运营后以营业收入(每张门票抽取人民币 5 元)形式按两年分期支付,运营后第一年年末支付 50%,第二年年末支付 50%,投标人应充分考虑因素,如运营状况不佳,营业亏损,设计价款的 75% 发包人不再支付。可见剩余 75% 的设计费与门票收入及项目运营状况相关,存在不能支付的风险。本案中,省一建无正当理由提出解除合同,其与平阳旅投之间的项目合作终止,基于当前设计成果而实施的项目已无法继续运营,应视为合同约定的 75% 付款条件不成就。原审法院按 25% 的比例确定平阳旅投应支付的设计费用,较为合理,本院予以认同,认定平阳旅投应支付设计费 275 万元。”

(六)发包人向承包人转移项目试运行风险

建设工程通过试运行是 EPC 总承包合同常见的工程尾款付款条件,在工程试运行阶段,因可归结于发包人的事由导致工程未通过试运行的,发包人应当对此负责,承包人有权向发包人索赔因此增加的费用或延误的工期,且发包人不得以工程未通过试运行为由拒绝付款。这也同样符合 FIDIC 银皮书第 10.3 条的规定。然而,发包人可以在合同中作出特别约定,将发包人导致工程试运行未能通过而产生的风险转嫁给承包人。

如“滁州市环境卫生社会化服务中心与凌志环保股份有限公司建设工程施工合同纠纷一案”[①]中,发包人滁州环卫中心在合同中约定,“投标人现场考察并预测未来渗滤液进水水质,今后运行中实际进水水质指标超过或低于本设计进

---

① 滁州市环境卫生社会化服务中心与凌志环保股份有限公司建设工程施工合同纠纷案,安徽省滁州市中级人民法院(2016)皖 11 民终 1150 号民事判决书。

水水质指标,导致处理后出水不达标的风险由投标人承担”,将发包人导致工程未通过净水试运行的风险转嫁给承包人凌志公司。后因为涉案项目试运行结果未满足合同约定的“发包人要求”,即“处理站日最高处理量70t/d,远远低于设计处理量210t/d,出水无法达到《生活垃圾填埋场污染控制标准》(GB 16889-2008)相关要求,处理工艺存在缺陷,无法满足运行负荷和排放标准要求”,发包人滁州环卫中心拒绝付款。承包人凌志公司提出意见“滁州市环卫中心提供的进水水质超标,系导致其公司所施工的EPC工程出水量未达合同约定的根本原因”,因此工程试运行未通过的原因在于发包人,发包人不得以此为由拒绝付款。但是法院根据合同约定认为承包人凌志公司已在合同中承诺“就进水水质对项目运行所带来的风险负责”,进而未采纳承包人凌志公司的反驳意见,驳回承包人凌志公司的付款请求,其具体理由为:“经查,招标文件中已明确载明‘投标人现场考察并预测未来渗滤液进水水质,今后运行中实际进水水质指标超过或低于本设计进水水质指标,导致处理后出水不达标的风险由投标人承担’,滁州市环卫中心在招标文件中已就进水水质对项目运行所带来的风险向凌志公司予以充分明示,凌志公司应实地考察垃圾渗滤液各项污染物的指标数值并据此作出是否参与投标的决定,一旦其公司向滁州市环卫中心作出投标报价,即表明其已经充分理解招标文件的各项条款,其公司应受招标文件各项条款的约束。且上述招标文件的各项条款亦属于双方EPC合同的一部分,同时,凌志公司亦无其他证据证明滁州市环卫中心有故意隐瞒进水水质各项指标的情形,故凌志公司认为案涉EPC工程未能达到合同约定出水量的原因系滁州市环卫中心未能提供符合合同约定的进水水质的上诉理由不能成立,本院不予采纳。”

本案中,发包人已在招标文件中明示的条款并未引起承包人的充分重视,最终导致工程实际的净水能力远低于发包人要求,未产生任何经济效益。虽然法院判决发包人支付剩余工程款,但是承包人向发包人支付了高达工程总价60%的赔偿款。对于发包人而言,其花费数百万元也未能得到一个符合要求的工程;而承包人这边,其既花费了施工成本还支付了高额的赔偿款——双方可谓“两败俱伤”。①

---

① 参见周月萍、周兰萍编著:《环境能源与基础设施工程总承包(EPC)法律实务》,法律出版社2020年版,第183~184页。

（七）发包人向承包人转移法律变化风险

在FIDIC银皮书合同条件下，基准日后法律、法规、政策或政府作出的行为发生变动导致施工成本增加或建设工期延误的，承包人均有权向发包人索赔费用或顺延工期。我国《工程总承包计价计量规范征求意见稿》“合同价款调整”第8.1.1条规定：“基准日期后，因国家的法律、法规、规章、政策和标准、规范发生变化引起工程造价变化的，应调整合同价款。”说明EPC工程总承包相关规范原则上倾向于允许发包人承担法律政策变动的风险，理由是该风险超出承包人的合理预见范围。但是，法律并不禁止发包人在合同中设置特别条款，将法律政策变动所产生的不利后果也一并转嫁由承包人承担，推卸自身责任风险。

如在“北京蓝图工程设计有限公司、新疆大黄山鸿基焦化有限责任公司建设工程施工合同纠纷［（2020）最高法民终481号］一案”[①]中，发包人鸿基焦化公司在合同中设置如下条款：“协议书中标明的合同价款为固定合同总价，任何一方不得擅自改变。合同价款所包括的工程内容为初步方案设计范围所包含的工程范围。以下风险已经包括在合同总价中：法律、行政法规和国家有关政策变化；工资、物价或汇率的变动；任何调价文件的发布；发生下列情况之一时可作调整：a）由于业主变更引起的合同价款的增减（变更引起的工程建设费用累计增减额50万元以内的变更不予调整）。b）合同约定的其他价款增减或调整”“工程变更中约定，对初步设计方案的变更：甲乙双方原则上不得随意变更”，基本上对承包人施加的是包括“设计变更”“法律政策变化”“通货膨胀”“不可预见”在内的“合同全风险”责任。最高人民法院在二审审理过程中根据上述条款驳回承包人要求据实结算的诉讼请求，其具体理由为“北京蓝图公司二审庭审中称，实际工程量发生重大变更，应当据实结算。合同中约定了工程款暂定价，同时约定了对于价款调整的情况及变更价款的确定，北京蓝图公司未提供证据证明出现了合同‘通用条款’部分第23.1条中约定的价款调整的情况……北京蓝图公司以实际工程量发生变更认为应当据实结算的理由不能成立。”

虽然在法律规定层面，我国《工程总承包管理办法》第15条第2款规定发

① 北京蓝图工程设计有限公司、新疆大黄山鸿基焦化有限责任公司建设工程施工合同纠纷案，最高人民法院（2020）最高法民终481号民事判决书。

包人承担的风险有五种,但是该条第 3 款又规定“具体风险分担内容由双方在合同中约定”,而“有约从约”就是当事人之间的法律,这就为发包人将 EPC 工程总承包合同的风险通过特别约定全部转嫁给承包人留下了突破口;同时,我国 EPC 工程总承包合同并不像传统的施工总承包那样,存在《建设工程工程量清单计价规范》(GB 50500 - 2013)类似的强制性标准,使承包人可以运用第3.4.1条规定的“建设工程发承包,必须在招标文件、合同中明确计价中的风险内容及其范围,不得采用无限风险、所有风险或类似语句规定计价中的风险内容及范围”条款作为抵制、对抗发包人转嫁全部合同风险的“盾牌”。在规范 EPC 工程总承包施工组织模式的《工程总承包计价计量规范征求意见稿》未就是否允许发包人向承包人转嫁无限风险的事项进行约束的前提下,实践中,仍然存在发包人通过设置不公平的条款将全部风险转嫁给承包人的可能性,并且这些条款约定均被法院确认有效,作为裁判依据,这应当引起承包人的充分重视。

六、风险负担对我国工程总承包的负面影响

虽然住建部与国家发改委联合发布《工程总承包管理办法》,大力推广 EPC 交钥匙工程总承包施工资质模式,鼓励发包人采用工程总工程包的模式发包项目,为工程总承包的积极适用、规范运行保驾护航。但是 EPC 工程总承包模式在我国一直并未形成良性可循环的运转机制,地方民营施工民企承接的 EPC 交钥匙工程总承包项目总是难以盈利,甚至越做越亏,最后总是以双方诉诸公堂而收场;而很多地方国营施工企业出于成本亏损或与业主交恶的担心,直接将 EPC 工程总承包项目拒之门外,从源头杜绝承接 EPC 工程总承包项目。

某种经营模式是否行之有效,市场的反应永远是最客观直接的。从承包人在施工合同纠纷诉讼中屡诉屡败的历史经验以及承包人对待 EPC 工程总承包的消极、抗拒的态度可知,EPC 交钥匙工程总承包模式在我国的发展仍然举步维艰。这不仅与 EPC 工程总承包市场主体未能清醒认识工程总承包具体经营模式有关,也与 EPC 工程总承包市场主体带着传统施工总承包的思维模式去承接经营 EPC 工程总承包项目有关,还存在我国未能提供相配套的法律机制(如招投标法律机制、争议解决机制等)等无法使 EPC 工程总承包模式稳固扎根的因素。

（一）将承包人无法事先充分预估风险的项目采用 EPC 交钥匙工程总承包模式，导致双方最终决定的价格不能包含风险

承前所述，若建设项目含有大量的“地下工程”（work underground）以及“难以预测的其他区域内的工作”（work in other areas which tenderers cannot inspect）的，说明项目的不可预测风险过高，根据 FIDIC 银皮书的建议，则不适合采用 EPC 工程总承包的施工组织模式；《工程总承包管理办法》第 6 条第 2 条规定：“建设内容明确、技术方案成熟的项目，适宜采用工程总承包方式。”即只有“建设内容明确”“施工范围确定”的项目才适合采用 EPC 工程总承包施工组织模式。

许多建设项目自身的性质决定了其风险是不可预估且是形影相随的，如长度动辄几千公里的公路工程项目，决定了其不可预测的不利地质障碍，如地下河、地下岩石层，地下管道等，仅凭前期的地质勘探工作难以充分预测。比如在我国西南地区具有喀斯特地貌的环境下开展项目建设，其地质状况决定了其地下溶洞等仅凭前期的地质勘探工作难以充分预见，该类项目并不适合采用 EPC 工程总承包模式，但在许多类似项目中发承包双方依然采用此模式，且约定固定总价不可调，这便导致施工过程中，随着地下工程的开挖，承包人发现的不利地质障碍越来越多，但合同最初的价格却未能将处理该不利地质障碍所支出的额外费用全部覆盖，承包人以遭遇不可预见事项为由向发包人主张索赔的，发包人往往以“固定总价、包干不调”为由将承包人拒之门外。此时承包人进退两难：若继续履行施工合同的，承包人将掏空腰包，血本无归；若擅自停工退场的，则不仅要承担违约责任，还会违反诚实信用原则，折损自身的良好信誉。诸如此类的情况数不胜数，我国大部分的 EPC 项目就是这样在前期选择施工组织模式时定错了基调、选错了方向，导致双方当事人在履行合同的过程中距离合同目的渐行渐远，合作基础逐渐分崩离析。

（二）《招标投标法》的强制性规定决定了其不能为发包人与承包人在投标阶段充分商讨价格提供宽松的环境

为了监督国有资金的使用流向，维护公共利益及公共安全，我国制定了《招标投标法》，要求建立公平、公开、公正的建设工程发承包市场。FIDIC 银皮书要求 EPC 交钥匙工程总承包模式应当在相对自由、宽松的招投标环境下运用和发展，但《招标投标法》的许多强制性规定决定了其无法为 EPC 交钥匙工程总承包

模式提供灵活的适用条件与宽松的发展环境，具体分析如下：

1. FIDIC 银皮书要求招标人与投标人对合同价款充分讨论协商，才能确定更加匹配风险的合理价格，但《招标投标法》不允许当事人在中标前就合同内容进行实质性谈判。EPC 交钥匙工程总承包的招标文件较为简单粗略，既没有作为直接施工依据的详细设计图纸，也没有准确估算工程量的工程量明细表，且由于存在思维偏差与沟通屏障，实践中很可能发生承包双方对"发包人要求"理解不一致的情况，如我国中铁建承建的沙特麦加轻轨项目出现巨额亏损的原因之一就是发承包双方对于"发包人要求"理解不一致——针对发包人沙特方提出的"开通 35% 运能"要求，承包人中铁建的理解是整条线路 35% 的运能只需开通部分即满足要求，但发包人沙特方却认为沿路每个车站都应当开通 35% 的运能，导致中铁建因投标报价未能满足发包人要求而遭受巨额费用损失。① 因此，只有招标人与投标人就"发包人要求"充分研讨分析、就招标文件充分协商说明、就发包人提供的概念设计充分补充修改、就双方理解歧义充分解释澄清等，承包人才能合理预估项目风险，准确计算出匹配项目风险的中标合同价格，否则会为后续的双方调价争议埋下风险。但是，《招标投标法》第 39 条规定："评标委员会可以要求投标人对投标文件中含义不明确的内容作必要的澄清或者说明，但是澄清或者说明不得超出投标文件的范围或者改变投标文件的实质性内容。"第 43 条规定："在确定中标人前，招标人不得与投标人就投标价格、投标方案等实质性内容进行谈判。"我国法律禁止招标人与投标人就合同的实质性内容进行谈判，杜绝招标人与投标人就合同价格、工程质量、建设工期的条款协商讨论的可能性。

2. FIDIC 银皮书要求给予投标人充分的时间进行现场实地踏勘、项目环境考察、招标文件研究并与发包人充分讨论协商、明晰"发包人要求"的内容并在此基础上形成承包人建议书、绘制初步设计文件等，但我国招投标市场下的招标人通常不会给予投标人充分的制作投标文件的时间。《招标投标法》第 24 条规定："招标人应当确定投标人编制投标文件所需要的合理时间；但是，依法必须进行招标的项目，自招标文件开始发出之日起至投标人提交投标文件截止之日止，最短不得少于二十日。"虽然《招标投标法》仅设定了投标截止日期的下

① 参见宣增益、郑一争：《对外铁路工程总承包的法律风险应对》，载《中州学刊》2017 年第 4 期。

限，未设定其上限，从表面上可以看出我国法律并未对投标日期的长度作出太多的限制，但是实务中招标人并不会给予投标人充分的投标时间。笔者登录“中国招标与采购网”，[①]发现在该网站发布的 EPC 招标项目中，招标人设定的投标期间都非常短：如 2020 年 11 月 21 日发布的“深圳资本集团免税大厦办公室智能化项目（EPC）”的投标截止日期为 2020 年 12 月 9 日，整个投标时间只有 20 天；如 2020 年 11 月 20 日发布的“蜂巢能源性能实验室电力 EPC 项目”的投标截止日期为 2020 年 11 月 28 日 11:30，整个投标时间只有 8 天半；如 2020 年 11 月 20 日发布的“平乡县县城部分道路排水管网改造提升工程设计——施工 EPC 工程总承包项目”的投标截止日期为 2020 年 12 月 14 日，整个投标时间只有 25 天等。然而，承包人在招投标阶段就建设施工现场进行充分踏勘、对实地经济政治环境进行充分考察、就可行性与不可预见风险进行必要咨询、就项目施工组织进行充分安排并就项目的施工活动进行合理设计等精细工作所需要的时间不是简短的两三个月所能满足，遑论 20 多天了；在投标方面，过于短暂的投标时间、急于求成的投标心理、追求高额索赔的侥幸心态以及以“串标围标”为常态的招投标环境使承包人并不会耐心研读招标文件、细心制作《承包人建议书》并精心设计施工图纸，这样笼统粗糙的投标报价无疑为后续的调价争议埋下了隐患。

3. FIDIC 银皮书要求 EPC 工程总承包应采用邀请招标模式发包，而《招标投标法》却要求采用公开招标模式发包。前已述及，EPC 工程总承包项目采用邀请招标模式具有明显优势，但《招标投标法》第 3 条第 1 款规定：“在中华人民共和国境内进行下列工程建设项目包括项目的勘察、设计、施工、监理以及与工程建设有关的重要设备、材料等的采购，必须进行招标：（一）大型基础设施、公用事业等关系社会公共利益、公众安全的项目；（二）全部或者部分使用国有资金投资或者国家融资的项目；（三）使用国际组织或者外国政府贷款、援助资金的项目。”《中华人民共和国招标投标法实施条例》（2019 年修订）第 8 条第 1 款规定：“国有资金占控股或者主导地位的依法必须进行招标的项目，应当公开招标；但有下列情形之一的，可以邀请招标：（一）技术复杂、有特殊要求或者受自然环境限制，只有少量潜在投标人可供选择；（二）采用公开招标方式的费用占

① https://www.zbytb.com/zb/search.php?kw=EPC，最后访问时间：2021 年 1 月 25 日。

项目合同金额的比例过大。”由此可知，在我国招投标法律体系中，“公开招标”的范围的外延大于“邀请招标”，适用“邀请招标”的条件更加严格，只要是使用国有资金、使用国际组织资金或涉及公共利益、公共安全的项目都应当采用公开招标方式发包，但是需要采用邀请招标的项目则必须满足“技术门槛高”“特别要求”“采用公开招标方式成本过高”的要求，适用条件异常严苛。据此，我国一般 EPC 工程总承包项目难以采用邀请招标的方式发包。

4. FIDIC 银皮书赋予投标人对招标文件的不合理、不恰当之处进行实质性修改的权利，但《招标投标法》却要求投标文件必须实质性响应招标文件。鉴于 FIDIC 银皮书要求承包人在施工活动中对自己的行为、不可预见的事项甚至发包人的行为负责，那么就必须赋予承包人针对发包人提供的文件、作出的决定以及发出的指令有权修改、补充、完善、驳回、反对的权利，这样才能保证双方的合同权利义务相一致。因此，在招投标阶段，FIDIC 允许投标人对招标文件进行实质性修改，对不恰当、不合理的风险分担安排进行删减，对不符合施工条件的发包人要求进行更改，对缺陷、遗漏的施工范围进行补充完善，对不公平的价格约定及工期约定进行调整。然而，《招标投标法》第 27 条第 1 款规定：“投标人应当按照招标文件的要求编制投标文件。投标文件应当对招标文件提出的实质性要求和条件作出响应。”第 46 条规定，“招标人和中标人不得再行订立背离合同实质性内容的其他协议”，切断了承包人在招投标阶段对发包人的招标文件进行实质性修改补充的可能性。

据此，我国招投标法的禁止性规定以及我国招投标的实务惯例对招标人与投标人在招投标阶段就发包人要求进行充分协商、就项目情况进行充足调研非常不利，导致双方不能合理预估风险，准确估算价格，为后续双方之间就责任方面的推诿扯皮与价格方面的调整争议埋下伏笔。

（三）业主提供“发包人要求”过于详细，导致承包人难以针对管理细节自由发挥把控风险

“发包人要求”是说明发包人使用建设项目所欲达到的预期效果的文件载体，具体包括施工范围、功能要求、工艺流程、规模标准、技术指标、质量标准、安全标准、环保要求、工期要求、试验方法、试运行流程等。发包人在编制“发包人”要求文件时，不宜过于详细，也不宜过于粗糙，理由在于，若“发包人要求”过于详细，会压缩承包人自由发挥管理能力从而达到降低风险目的的空间，一方

面过于束缚承包人,另一方面又要求承包人背负难以凭借其主观能动性控制的风险,这对承包人不公平,容易产生争议;若“发包人要求”过于粗糙,会导致承包人难以确定发包人的合同目的,在编制承包人建议书以及可以直接作为施工依据的详细图纸时,与实际情况存在较大出入,从而产生调价争议与索赔争议。

而我国EPC交钥匙工程总承包的现实情况是,发包人既要求承包人对工程的设计、施工、质量、安全、工期、造价包干负责,又在“发包人要求”文件中对施工的工艺、材料的采购、设备的租入、资金的使用、试验的流程、专业的分包等事项进行事无巨细的安排布置,杜绝承包人凭借其丰富管理经验、优势采购渠道等化解风险的可能,但又要求承包人对发包人安排布置的工作事项所产生的不利后果负责,如发包人要求指定专门的分包商实施专业工程的分包工作,要求承包人必须服从且不允许承包人提出异议,却又要求承包人对分包工作的工期、质量及付款等事项负责,这远远超出承包人的可预见范围与可控制范围,对承包人极度不公平,双方之间的争议由此产生。

(四)发包人对承包人施工活动干预严重,承包人难以通过合同约定排除发包人的干扰

FIDIC银皮书要求发包人在施工过程中给予承包人充分的自主决策权,不可对承包人的施工组织安排与施工管理活动施加过多干预。但在实务中,承包人常常在施工合同中设置其有权对承包人提交的文件“批准”“认可”“确认”“同意”等的条款,即未经发包人的同意,承包人不得实施某项工作,这就切断了全风险责任下承包人作出化解不利风险、有利于自身利益的组织安排的可能,甚至会不当加重承包人的风险,如发包人故意拖延批准,承包人无法进行下一道工序引发工期延误,但承包人却要对该工期延误的不利后果负责。更有甚者,某些发包人作出的明显不利于承包人的拒绝批准指令,在承包人无法提出异议的情形下也要承包人对此负责,这对承包人极其不公平,从而引发双方争议。如在某化工厂项目中,由于混凝土搅拌设备迟迟未能进场,承包人决定改用商品混凝土(在保证不降低原混凝土质量标准的前提下),然而发包人却拒绝改变混凝土的供应方式,且无任何正当理由,承包人只能遵从发包人的意见按照原施工方案组织混凝土搅拌设备进场,由此导致承包人支出额外的费用并延误了工期,承包人向发包人提起索赔,但发包人却以承包人违反施工组织计划且混凝土搅拌设备迟延进场可归责于承包人为由拒绝了承包人的索赔请求,以

其干预行为加重了承包人的不利风险。①

(五)承包人必须绝对服从发包人的指令,没有拒绝的余地,却要求承包人对发包人的行为负责

FIDIC银皮书要求承包人对发包人的“要求设计变更”以及“要求接收工程”的指令负责,同时也赋予了承包人针对发包人的该项指令有权反对并提出异议的权利,只要承包人反对的,发包人绝不能要求实施,保证承包人的权责对等。但在我国很多工程总承包项目中,发包人在施工合同中设置了许多“霸王”条款,即针对发包人的某项指令,承包人没有反对驳回或提出异议的权利,只有绝对服从、立刻执行的义务,却要求承包人对发包人发出的一切指令负责,如发包人下达超出合同约定的施工范围的工程量变更指令,不允许承包人反驳,又以“固定总价、包干不调”为由压制承包人上调合同价格的请求,这无疑超出了承包人对风险的可预见、可控制以及可主导的范围,而发包人却要求承包人对无法控制、难以预见的不利后果负责,这对承包人极其不公平,为后续承包人因承受不住血亏的压力而停工、与发包人扯皮交恶埋下风险。

(六)发包人把控设计,向承包人不当转移设计变更风险

虽然EPC模式下的“固定总价”计价方式使最终价格得以明确,可以确保最终结算价格在商定的合同价格之内,从而达到有效控制工程项目投资的发包人目的,但是EPC模式下的“固定总价”并不是绝对的固定总价,如果触发了合同约定的调价条款,仍应按照约定进行调价。例如,工程项目在实施过程中,出现发包人发出设计变更,要求调整建设标准、功能需求、质量标准、工期要求等情形的,工程价款应当相应进行调整;项目实施过程中发生了双方约定的应由发包人承担的风险事件,如发包人发出设计变更指令,给承包人增加了成本或造成了损失的,合同价款应按约进行调整。②

FIDIC银皮书合同条件采用固定总价包干计价模式的前提是,发包人将设计工作一并发包给承包人实施,承包人在负责设计工作的基础上,可以边设计边施工,以施工优化设计,以设计完善施工。在此模式下不能采用传统施工总

① 参见严玲、李卓阳:《工程总承包合同条件下业主方发起变更的风险责任认定研究》,载《建筑经济》2020年第3期。

② 参见朱树英主编:《房屋建筑和市政基础设施项目工程总承包管理办法理解与适用》,法律出版社2020年版,第248页。

承包模式下的单价可调计价方式，因为这会诱发承包人与设计单位沆瀣一气通过精化设计、增加工程量的方式恶意增加施工成本，并以此为由要求发包人上调价格，对发包人不公平。在 EPC 工程总承包模式采用固定总价包干的计价模式的前提下，设计工作坚绝不能由发包人作为主导人与控制人，否则会发生发包人与设计人串通一气在固定总价不可调的前提下通过不断细化设计恶意增加承包人的施工成本的不利后果。因此，由承包人负责设计工作的 EPC 工程总承包才是匹配固定总价包干计价模式的施工组织模式，但在我国许多 EPC 项目中，却发生施工组织模式与计价模式的匹配错位的情形——双方约定采用 EPC 工程总承包模式，空有“固定总价包干”的外壳，且明示基于设计变更均不准予调价，却不具备“设计由承包人负责”的实质性内涵，导致出现发包人通过设计变更恶意增加工程量却不允许承包人上调价格或索赔费用的情形，若承包人在签订合同初期未发现该发包人编织的“固定总价”的禁锢，承包人将欲哭无泪却又诉诸无门，就此酿成“烂尾工程”纠纷。

（七）固定总价包干的范围不明确，实际发生的工程量无法被中标合同价格涵盖

鉴于 EPC 工程总承包项目的设计工作由承包人负责，EPC 工程总承包项目在发包阶段并不具备可以直接作为施工依据并作为工程量确定依据、价格计算依据的具体细致的施工图纸。整个 EPC 工程总承包的设计工作分为三个阶段：一为招标阶段的方案设计/概念设计；二为投标阶段的初步设计/初扩设计；三为施工履行阶段的详细设计。第一阶段的设计由发包人提供，第二阶段、第三阶段的设计由承包人提供。前期的设计文件是后期设计的基础前提，后期的设计文件是前期设计的精细深化，且我国 EPC 项目的承包人大多存在在招投标阶段出具粗制滥造的投标文件低中标的敷衍搪塞心理，以及在施工履行阶段通过不断索赔抬高实际价格的侥幸心理，这决定了后期设计文件所包含的工程量通常多于前期设计文件所包含的工程量。

此时双方当事人将会面临窘境：一方面，若承包人仅依据前期的简单粗略的方案设计或初步设计施工的，则完成的建筑工程远远达不到质量合格的验收标准，更不用说进一步满足“发包人的使用目的”，承包人将面临发包人巨额的质量缺陷索赔；另一方面，若按照后期详尽细致的最终详细设计图纸施工，那么比照之前概念设计或初步设计图纸多出来的工程量，则属于设计变更，在固定

总价包干的计价模式下,该部分超出初步设计图纸范围的工程量所产生的施工费用由谁承担将成为承包人与发包人推诿塞责的爆点:发包人总是认为固定总价包干的范围是满足"发包人要求"的最终详细设计,而拒绝承包人的调价请求;承包人总是认为固定总价包干的范围是招投标阶段发包人提供的初步设计,后续的最终详细设计超出了初步设计所囊括的施工范围,根据详细设计图纸所产生的工程量必然超出合同固定总价包干所包含的工程量,该超出部分的工程量是承包人不可预见的范围,承包人当然有权向发包人主张索赔。

判断上述争议焦点的责任归属时,在双方当事人就合同价格所覆盖的施工范围约定不明的情况下本就扑朔迷离,而EPC工程总承包模式下的义务分配模式更使在上述情况下区分双方责任难上加难——发包人有义务出具设计图纸等招标文件作为辅助工具精准描述"发包人要求",若描述不清的,就含混不清的部分承包人有权索赔;承包人有义务修正、更改并补充发包人提供的招标文件,帮助发包人明确、完善"发包人要求",如果承包人不能履行一个有经验的承包人所应尽到的复检复核义务,则承包人无权向发包人索赔——该EPC工程总承包的义务分担规定责任边界含混不清,这样的混合过错与交叉责任使仲裁、法院等裁判者无法合理判定双方的责任大小;更有甚者,发包人会利用在招投标阶段的强势地位与合同履行阶段的主动权通过有目的地设置某些难以察觉的不公平条款将大部分责任推给承包人,作为法院认定承包人无权要求上调价格的依据——而这一手段往往能达到发包人控制价格的目的,因为民商事领域信奉"有约从约,意思自治"。据此,对于已完成的工程量,承包人只能独自承受招标工程量与实际工程量不符所带来的额外成本支出的不利后果;对于未完成的工程量,承包人为了及时止损可能会擅自停工,引发更大的争议。

(八)在承包人与发包人在施工过程中发生索赔争议时,没有高效速裁的争议解决机制为双方定分止争

FIDIC银皮书规定,在发包人与承包人就变更事项或索赔事项发生争议,且难以达成一致意见时,可以试图按照以下步骤解决争议:第一,继续友好协商解决。双方协商合意解决争议是最高效便捷的争议解决方式,因此也是FIDIC银皮书最为鼓励和推崇的方向,FIDIC银皮书很多条款均体现了"双方友好解决争议"的精神。第二,请求"争议避免和裁定委员会(DAAB)"作出决定。"争议避免和裁定委员会(DAAB)"是由双方当事人共同选定的、为解决双方当事人在

施工过程中产生的变更争议、索赔争议或指令服从争议而设立的机构。任何一方当事人都可以将施工活动产生的争议提交DAAB进行裁决,DAAB将根据合同约定及公平原则作出决定。DAAB作出的决定有以下特点:(1)对争议双方均有约束力,双方应当执行;(2)若一方对DAAB作出的决定不满意,其可以发出不满意通知(NOD);(3)不具备强制执行力;(4)可作为后续双方申请仲裁的裁决证据;(5)若付款方有理由认为DAAB作出的决定有误,有可能被最终的仲裁裁决推翻的,DAAB可以要求收款方在提供还款担保之后,付款方再执行DAAB所作决定。第三,请求合同约定的仲裁机构予以仲裁。若一方当事人不服DAAB作出的决定的,其可以提交合同约定的仲裁机构裁决,仲裁机构有可能维持DAAB作出的决定,也有可能推翻DAAB作出的决定,但无论如何,仲裁机构所作的裁定具有终局性的约束力,双方必须遵守,否则仲裁机构将采取强制执行措施,即仲裁裁决具有终局约束力与强制执行力。

对于民事纠纷的处理,我国提供的争议解决机制包括两种:一为友好协商解决,二为仲裁裁决或法院判决,并不存在FIDIC银皮书规定的过渡性的、缓和性的争议解决机制——DAAB。笔者认为,DAAB所提供的争议解决方式有如下不可替代的优势:首先,DAAB的性质、效力处于双方和解与仲裁之间,其约束力强于双方和解又弱于仲裁裁决,其高效性强于仲裁裁决又弱于双方和解,为双方当事人提供多元化的争议解决方式;其次,DAAB非常强调“争议避免”,即鼓励双方即使在将争议提交至DAAB期间也要以友好协商的方式解决争议,在双方申请强硬仲裁、破坏彼此良好合作基础之前,给予双方一段过渡期、冷静期、缓冲期,以便促进双方友好和解;最后,相较于复杂烦冗的仲裁申请程序,DAAB的裁决申请快捷高效,且DAAB所作决定可以成为仲裁裁决的有力证据,因此DAAB争议解决机制有利于帮助当事人记录争议解决的过程,固定证据。

然而,我国并不存在类似DAAB的过渡性质、缓冲性质的争议解决机制,在发生发包人发出变更指令,承包人不愿意执行,或在发生承包人要求索赔费用,发包人予以拒绝等争执时,当事人难以友好协商解决,而申请仲裁或提交法院又过于大动干戈、浪费时间及成本,导致该诸如此类的小争议、小纠纷未能及时解决,而是持续僵持不下,不利于后续双方最终结算的顺利完成以及进入诉讼程序后举证义务的充分履行。

（九）即使出现承包人难以合理预见的调价情形，发包人也不准许承包人的变更请求

很多情况是，项目本身的施工范围较广、工程量较多且难以勘探预测的不利地质障碍风险较大，本不适合采用 EPC 工程总承包施工组织模式，但是双方约定以 EPC 工程总承包的模式进行施工，且发包人也针对承包人在招投标阶段难以预见的事项在合同中预留了调价的空间，承诺出现某种情形时准予承包人提高合同价格。这样的约定看似公平，但实质上发包人会对调价的启动特别设置前置程序——业主批准，这样的前置批准使约定的调价情形形同虚设，表面上是给承包人的定心丸，实质上双方仍会陷入如下争议：一方面，承包人不是万能的，其不可能也没有能力在招投标阶段对动辄几千万元甚至几个亿的大型建设项目的风险充分预估并在此基础上合理计算出匹配风险的价格，若在施工过程中遭遇项目特征不符、不利地质障碍、异常恶劣气候等承包人不可预见的事项，发包人必须调增合同价格，否则承包人没有能力抵御该不可预测的风险，将承受难以预估的损失，这样的损失会让施工活动难以为继；另一方面，发包人在合同中设置变更、调价需经得发包人许可、同意或批准的条款，实质上是控制了变更调价的闸门，但很多情况下发包人并不会放开调价的闸门，其固有思维是，固定总价的计价模式下本就不应允许调价，且超出发包人预算，让发包人难以承受。据此，承包人难以承受巨大亏损而请求调价变更、发包人出于自身利益考虑拒绝调价变更的争议持续僵持不下、悬而难决。

上述情形是我国 EPC 工程总承包合同争议纠纷频发的根本原因，如在“中交第一航务工程勘察设计院有限公司、中交第四航务工程局有限公司等与海南如意岛旅游度假投资有限公司建设工程合同纠纷”①一案中，案涉项目为填岛工程项目，根据发包人提供的工程量清单、概念设计等招标文件，承包人的投标报价约为 26.4 亿元，合同约定为固定总价，综合单价、一般项目费与设计费固定不变，发包人在合同中承诺“按承包人出具的扩初图纸重新计算工程量”，但是重新计算工程量所依据的扩初图纸必须“经业主审查合格”。后来双方三次组织扩初图纸交涉研讨会，因根据承包人提供的扩初图纸所计算的工程量均高于投

① 中交第一航务工程勘察设计院有限公司、中交第四航务工程局有限公司等与海南如意岛旅游度假投资有限公司建设工程合同纠纷案，海南省高级人民法院（2017）琼民终 54 号民事判决书。

标报价的 26.4 亿元,针对承包人三次出具的扩初图纸,发包人不予审查通过,导致双方不能确定最终合同价格,最终就合同的解除问题酿成纠纷。如在“北京蓝图工程设计有限公司、新疆大黄山鸿基焦化有限责任公司建设工程施工合同纠纷”一案①中,案涉项目为煤气综合利用项目填平补齐改造工程,双方当事人根据初步设计方案暂定的合同价格为 7800 万元,合同约定为固定合同总价,任何一方不得擅自改变,但发包人也承诺了调价情形:“发生下列情况之一时可作调整:由于业主变更引起的合同价款的增减(变更引起的工程建设费用累计增减额 50 万元以内的变更不予调减)。”后因实际发生的工程量远远大于按照初步设计方案计算的工程量,承包人就超出固定总价范围的工程量请求据实结算,但是法院认为,由于该超出范围的工程量不是发包人要求的变更,且双方未达成工程量变更的合意,故法院不予支持。

笔者认为,即使当事人在合同中约定“发生任何情形均不调价”,但是当出现不可预见事项、非出于承包人过错导致基于初步设计所计算的价格难以覆盖最终详细设计所包含的工程量或发包人发出变更指令要求变更设计的,双方均应通过协商的方式变更调整合同价格。首先,承包人的投标报价是以发包人提供的概念设计或初步设计文件作为基础的,即投标价格对应的是初步设计所包含的工程量;承包人出具最终详细设计图纸或发包人发出设计变更指令后,详细设计图纸或重新设计图纸所包含的工程量往往远远大于概念设计甚至初步设计所包含的工程量,此时原有赖以确定合同价格的报价基础被打破,双方应当根据最终详细设计图纸重新确定价格。其次,根据权利义务对等原则,非由于承包人的原因,发生不可预见事项、发包人发出变更指令或出现最终详细设计的施工范围超出概念设计的施工范围的情形的,承包人应完成的工程量也增多,相应地,承包人应当获得的工程款也应当对应增加。最后,若承包人已在招投标阶段尽到了一个有经验的承包人应当履行的复核义务,即已充分研读招标文件、复勘施工现场、考察项目环境等,最后还是出现不可预见事项、最终详细设计图纸所包含的工程量超出初步设计图纸所包含的工程量或发包人要求设计变更的情形的,这超出了承包人的能力经验范围与合理预见范围,若要求承

---

① 北京蓝图工程设计有限公司、新疆大黄山鸿基焦化有限责任公司建设工程施工合同纠纷案,最高人民法院(2020)最高法民终 481 号民事判决书。

包人为上述事项所招致的不利后果负责，对承包人极其不公平，合同的履行也难以顺利进行。

（十）即使发生承包人难以合理预见并难以作出合理风险安排的索赔事由或调价情形，法院也不支持承包人提出的费用索赔请求或价格变更要求

上文已述及，本来承包人在EPC工程总承包模式下要承担的责任已经很重了，他不仅要为自己的行为负责，而且要为不可预见的施工障碍负责，甚至还要为发包人提供的文件、发出的指令负责；除此之外，发包人还向承包人不当转移风险，如转移“发包人要求”描述不清的风险、转移发包人提供的勘察资料错误的风险、转移工程交付后的试运行风险、转移项目经营风险等，扩大承包人的风险范围，加重承包人的不利责任。上述风险事项非承包人所能合理预见且就算承包人能够预见，但凭借承包人自身的能力也难以作出防范控制的风险安排措施，因此，将上述风险转嫁给承包人，对承包人极其不公平。

然而，当出现承包人难以合理预见并作出风险安排的索赔事由或变更情形时，承包人以发生“情势变更”情形或“显失公平”为由要求发包人追加合同价格或赔偿额外费用的，法院往往不予支持，其理由大同小异，归纳起来有以下三点：(1)合同明确约定，出现此种情形也均不索赔费用或追加价款，该约定不违反法律强制性规定，为有效约定，为尊重当事人之间的意思自治，应当按照约定处理；(2)承包人既已作出即使出现上述情形也不追加费用的承诺，则可以视为其已充分预见到了该情形出现所造成的不利后果的风险，并就风险的出现作出了恰当合理的应对与防范措施，现承包人以“显失公平”为由要求调增合同价格，违反诚实信用原则；(3)建设工程施工活动为商事行为，商事行为的基本原则为“高风险，高对价”，承包人既然愿意承受如此沉重的风险，说明发包人已通过高昂的合同价格弥补了合同约定的高风险给承包人带来的损失，并不会出现承包人所述的“显失公平”的后果。基于上述三点理由，法院原则上不支持承包人提出的调价请求。

笔者认为，上述法院不支持承包人追加费用索赔请求的理由忽视了我国建设工程项目发承包市场中的发包人与承包人的签约地位长期不平等以及履约过程中的权利义务不平等的基本现状，且很多索赔情形的出现是承包人凭借其有限的管理能力与施工经验是难以合理预见并采取防范措施的，因此在很多情况下不允许承包人索赔费用对承包人非常不公平。但是在我国EPC工程总承

包实施运转的体系仍未成熟的现状下，类似法院的判决不会减少，反而会越来越多，承包人应充分重视这一点，并在订约阶段采取合理应对措施。

综上所述，除了拉长建设工期、采用固定总价模式、不允许承包人调价、将设计工作纳入承包范围、提高发包人要求的质量标准以外，我国建设工程市场中 EPC 交钥匙工程总承包施工组织模式与传统的施工总承包组织模式并没有什么实质区别：一方面，工程总承包下发包人监控管理方式、承包人经营运作方式与传统施工总承包如出一辙，发包人并没有减少控制，放出权力，承包人也没有自由宽松、充分发挥其主观能动性的施工环境；另一方面，发包人为了严格控制预算，还凭借其在招投标阶段的强势地位与合同履行阶段的主动权向承包人不当转嫁风险，这不仅没有放宽承包人的施工自主权与充分决策权、提高承包人的利润空间，反而加重了承包人的管理责任、扩大了承包人的风险范围。据此，随着施工活动的推进，我国 EPC 工程总承包项目常常导致承包人承受血赔不赚、血本无归的不利后果，使承包人不得不作出违约罢工、擅自停工的选择，最终反噬到建设项目本身，导致其承受施工停滞、经营不畅、运转卡壳、搁浅烂尾的命运，这也可以得出为什么 EPC 工程总承包施工组织模式在我国推广困难、运作失败的答案。造成这一后果的根本原因是，承包人与发包人在施工合同中的权利与义务不对等，履行地位不对等以及承包人在施工合同中的风险与价格不对等。

七、工程总承包合同风险分担的立法和承包人的实务操作建议

（一）立法建议

一个争议较少、运转良好的 EPC 工程总承包项目应当具备以下要素：第一，其建设内容与施工范围明确，项目可能出现的风险在承包人可以事先预见与合理控制的范围之内，合同价格与工期具有高度的确定性——这是承包人少索赔、少变更的基本前提；第二，发包人充分减控放权，只要能保证实现“发包人要求”，即建设目的与规模标准，对于项目内部的工艺技术、分包对象、采购渠道、材料设备参数等具体细致的安排布置，发包人概不过问，而是给予承包人足够的自由空间——这是承包人通过优化设计图纸、调整施工技术方案、自主选择采购商等方式提高施工效率、改善使用目的、优化项目产出的基本前提；第三，承包人具有足够的项目管理能力与统筹规划能力，以及具备先进的工程施工技

术甚至专有专利技术，建立成熟健全、行之有效的项目管理体系与组织运作机制，合理协调设计与施工的安排，做好合同管理与风险管理——这是承包人在保证质量合格、生产安全、建设工期的基础上降低施工成本、提高利润空间的基础前提。

但是，囿于配套衔接适用的法律机制尚不具备、当事人传统的施工总承包思维难以转换、我国适用 EPC 工程总承包施工组织模式的时间尚短且经验尚浅、缺乏服务于 EPC 工程总承包项目的高端复合型人才、发包人与承包人因在建筑施工市场的供求关系不平等导致合同履行地位不对等局限性因素，我国 EPC 工程总承包施工组织模式未能形成良性循环、行之有效的运转机制，承包人与发包人之间有关“固定总价是否允许变更价格”“全风险的承包人是否有权索赔”的争议纠纷不胜枚举，有关工程款纠纷的仲裁和诉讼旷日持久、僵持不下，即使是已作出仲裁裁定或司法判决的工程总承包纠纷也难以让当事人心悦诚服。

为了保障 EPC 工程总承包制度的可持续发展与行稳致远，笔者提出以下立法建议：首先，应当将现行有关 EPC 工程总承包的规章政策进行统筹梳理，并将地方运用 EPC 工程总承包模式的成功经验进行批判吸收，纳入 EPC 工程总承包规范制度体系中，上升至人大立法位阶层级，提高 EPC 工程总承包规范制度的强制性、普遍性与统一性。其次，对衔接配套的法律制度进行修改完善，如在《民法典》“合同编”中“建设工程施工合同”部分加入工程总承包的规范内容，明确工程总承包的适用范围、发包模式、计价模式以及双方当事人的权利义务等，积极引导当事人针对不同性质的项目适用不同的施工组织模式；放宽《招标投标法》对邀请招标适用前提以及禁止当事人就合同实质性内容进行谈判的限制，在 EPC 工程总承包项目发包的情况下，允许当事人就项目风险与合同价款进行充分协商讨论，减少双方不可预见的、难以控制的事项，缩小风险范围；出台《工程总承包计价计量规范》，以强制性条款的形式规定发包人必须承担且不允许转移的风险范围，禁止发包人向承包人转嫁全部风险等，为 EPC 工程总承包模式提供规范的适用标准。再次，仿照 FIDIC 合同条件规定的“争议解决委员会（DAAB）”制度的设置，为当事人提供多元化的争议解决机制，如速裁机制、调解机制、和解机制等。最后，出台司法指导意见，针对施工范围不确定、不可预见风险过多的项目，发包人在合同中设置过多管控限制、不允许承包人自主决策且将全部风险转嫁给承包人又不同意承包人的价款变更或费用索赔请求的，法院应以“违反公平原则”“显失公平”作为裁判依据不予支持。

（二）承包人的实务操作建议

EPC工程总承包制度的发展是实践主体通过实际操作中的不断归纳总结、发现问题、解决问题而不断积累沉淀的过程，不可能一蹴而就。EPC工程总承包项目的成功动作，离不开规范指导和实务操作的共同推动。承包人作为EPC工程总承包实践运行的重要主体，其对于积极推动EPC工程总承包项目的成功运行具有不可推卸的责任，笔者认为，从承接EPC工程总承包项目的招投标阶段到竣工验收阶段，承包人应注意以下几点。

1. 在招投标阶段，充分履行一个有经验的承包人应当尽到的复核义务。适宜采取EPC模式的项目应具备以下特征：（1）工程设计施工图相对完整、详细，发生设计变更的概率较低，工程量的增减幅度较小；（2）工程周期较短，建设过程受物价波动等影响较小，工程条件较为稳定；（3）工程总承包单位在投标期间有充足的时间考察项目、分析招标文件，防止合同受不可预见因素影响。① 为满足上述要求，EPC工程总承包模式下的承包人应当积极履行以下义务：第一，详细研读包括“发包人要求”说明、概念设计等招标文件，如果发现任何表达不严谨、意思不清楚、认知不一致、措辞有歧义、解读不相同的情况，应立即发函要求发包人作出解释，并将澄清的结果记录、存档；②第二，亲力亲为踏勘施工现场，合理预估可能出现的地上施工障碍、不利地质条件等的不可预见风险，判断发包人提供的项目基础资料是否准确完整且满足“发包人要求”；第三，认真考察项目所在地的市场经济环境，根据其丰富的施工管理经验对人工费、材料费、机械租赁费等通货膨胀风险以及汇率变动风险进行充分预估；第四，积极搜集劳务、材料、机械使用等供应信息，培养、储备覆盖工程总承包产业链上下游的优质合作伙伴，③提前了解供应商的具体情况，为日后的采购渠道变动制订可替代的备选方案；第五，遵守《招标投标法》《建筑法》的有关规定，拒绝实施违反法律规定的行为。承包人只有充分履行了上述义务，作为一个“有经验的”“理性的”承包人，在发生不可预见并难以控制的事项要求发包人追加价款或顺延工期

---

① 参见陈鑫范编著：《工程总承包法律应用实务》，中国建材工业出版社2019年版，第49页。

② 参见黄声国：《工程总承包EPC模式的风险防范》，载《企业管理》2013年第8期。

③ 参见马跃龙、王怡琼：《施工企业工程总承包管理研究》，载《建筑经济》2020年第S1期。

时,才不会给发包人留下以“过错相抵”“交叉责任”为由进行反索赔的“把柄”。

2. 充分预估风险,合理确定价格,明确调价情形。在 EPC 模式下,固定总价的报价基础仅为施工范围、建设规模、交付标准、功能要求等前期条件,与施工图相比要粗略得多,其中潜藏的风险也大得多。这就要求承包人必须具备丰富的设计、施工经验和能力,能够全面识别其中的风险、充分预测相应的费用,并在报价中予以考虑。如果承包人仍然按照承接施工总承包项目的思路进行报价,则可能对风险预估不足,从而造成报价不能充分覆盖成本。[①]《工程总承包管理办法》已明确规定发包人应当承担的风险包括不可预见风险、不可抗力风险、法律变化风险、物价变动风险以及由于发包人原因所导致的风险,但同时也规定具体的风险分配规则由当事人在合同中明确约定。因此,在招投标阶段,首先,承包人应在履行上述复核义务的基础上充分预估风险,尤其应当结合项目排他特征、不同合同目的、施工具体情况对建设项目可能产生的特殊风险或专有风险进行预判,[②]并根据风险合理计算出足以匹配风险的固定价格,明确合同价格所对应的固定风险范围,锁死风险;其次,承包人还应当对其无法事先充分预估并无法作出合理安排的风险进行识别和判断,并将该不可预见的风险事项约定为可调价情形,明确调价变更的具体范围,为自己留下调价的空间与索赔的“后路”,掌握变更价格的主动权;最后,承包人还可以积极争取签订灵活计价的条款,即针对只有使用需求、技术及质量要求、建设标准、工程造价等具有较大确定性的部分采用固定总价计价模式,[③]该固定总价属于有限固定总价,对于深化设计后出现的工程量较大变化可以对价格进行适当调整;其余不确定的仍按固定综合单价方式计价,如桩基础工程、基坑支护、地基处理工程等暂定金额部分;而对初步设计阶段难以提出具体建设标准或功能需求的专业工程等暂定金额部分,则采用限额设计、据实结算,如室外园林景观工程、供水、电、气工程。[④]

---

① 参见周月萍、周兰萍编著:《环境能源与基础设施工程总承包(EPC)法律实务》,法律出版社 2020 年版,第 162 页。

② 参见朱树英主编:《房屋建筑和市政基础设施项目工程总承包管理办法理解与适用》,法律出版社 2020 年版,第 230 页。

③ 参见朱艾萍:《工程总承包项目固定总价计价模式案例分析》,载《住宅与房地产》2019 年第 34 期。

④ 参见黄挺:《工程总承包模拟清单与合同计价模式研究》,载《福建建筑》2020 年第 8 期。

3. 对于某些需经发包人审批同意才可以实施的事项,作出对发包人审批权力的制约。如果发包人在合同中约定就某些施工事项,如分包商的选择、工艺技术的实施、承包方核心人员的更换等,发包人不仅要求“复核”,还要求享有“审批”权力的,那么承包人应对发包人的“审批”权力作出以下制约:其一,明确发包人审批的时间,杜绝发包人拖延审批时间导致工期延误的风险;其二,就发包人要求审批的事项所造成的不利后果,免除承包人的责任,缩小承包人不可控制的风险范围。并且,对于发包人提出要对施工图进行审核批准的要求,承包人应当谨慎谈判,尽量争取到发包人不对设计施加过多控制干预的约定条款,理由在于,在以固定总价作为计价模式的工程总承包模式中,承包人的利润所得来自设计优化,而发包人的控制不利于承包人进行设计优化,导致承包人的利润空间被不合理压缩。①

4. 合理设置并运用“逾期答复视为认可”规则。我国的建设工程施工相关规范性文件中均规定了“逾期答复视为认可”规则,如《建设工程施工合同示范文本》第 19.2 条规定:“发包人应在监理人收到索赔报告或有关索赔的进一步证明材料后的 28 天内,由监理人向承包人出具经发包人签认的索赔处理结果。发包人逾期答复的,则视为认可承包人的索赔要求。”《工程量清单计价规范》第 11.3.5 条规定:“承包人在收到发包人提出的核实意见后的 28 天内,不确认也未提出异议的,应视为发包人提出的核实意见已被承包人认可,竣工结算办理完毕。”可见“逾期答复视为认可”作为固定存在、广泛运用的工程惯例,其效力已为我国法律所承认,《建设工程司法解释(一)》第 21 条规定:“当事人约定,发包人收到竣工结算文件后,在约定期限内不予答复,视为认可竣工结算文件的,按照约定处理。承包人请求按照竣工结算文件结算工程价款的,人民法院应予支持。”“逾期答复视为认可”有利于督促发包人行使审批权,提高工程管理效率,减少施工的不确定性,据此,对于发包人要求审批、许可、同意且约定未经发包人同意承包人不得实施的事项,承包人可以以“逾期答复视为认可”条款制约发包人的审批权,倒逼发包人提高审批效率。并且,承包人应当注意的是,我国法院不承认在施工合同通用条款中规定的“逾期答复视为认可”规则的效力,只

① 参见孙凌志、张北雁:《工程总承包项目合同价款调整技术研究》,载《建筑经济》2020 年第 5 期。

有承包人在专用条款中特别约定“逾期答复视为认可”规则，才可被法院认定为是当事人真实的意思表示，作为裁判依据。

5. 对于某些发包人指令要求实施的事项，作出发包人应对其发出的指令负责的约定。在招投标和签订合同过程中，承包人尤其应当注意和避免发包人利用其优势地位，将本应当由发包人自行承担、且承包人也根本无法防范和控制的风险强加给或转嫁给承包人，[①]如发包人发出的不当指令导致施工费用增加或建设工期延误的不利后果，约定由承包人承担；再如发包人约定其有权变更工程范围，承包人可以要求顺延工期但不得追加费用，这是极不公平的约定。在出现上述情况后，承包人应当仔细阅读合同条款并发现发包人向其转嫁的不当风险，若承包人发现对于发包人发出的某类指令，承包人只有绝对服从、立即执行的义务而没有反对、提出异议的权利的，承包人应当约定免责条款，即对于该发包人指令所造成的不利后果，承包人不承担任何责任，发包人应当准予追加费用并顺延工期。

6. 重视索赔时效，遵守索赔程序，保留索赔证据。索赔是指非归结于一方当事人原因导致该方当事人遭受损失，就所受损失该方当事人向另一方当事人提出赔偿的要求。发包人通常会在索赔时效以及索赔程序中设置特别的要求，使承包人的索赔不会那么“顺利”，如就索赔时间约定，“承包人应当在知道索赔事件之日起 14 日内提交索赔报告，否则丧失索赔的权利”；如就索赔程序约定，“当事人的变更签证不仅要取得监理人签字，还要取得发包人法定代表人签字”等，该约定虽有“为难”承包人的色彩，但并未违反法律的强制性规定，为有效约定，可以作为法院裁判依据。据此，承包人应当重视施工合同的合同管理工作，认真研读合同约定的索赔事由，发生索赔事件时，在约定的时间内尽快提交索赔报告或变更申请书；并且，一方面，若发包人对索赔的申请与批准有特别要求的，应当按照合同约定的程序完成索赔流程；另一方面，若发包人对索赔的形式有特别要求的，应当按照合同约定的模式制作索赔报告或书面签证，避免变更申请书、索赔报告或签证因不符合合同约定的形式而导致不发生效力。

7. 谨慎签订“逾期失权”条款，重视“逾期失权”条款所带来的不利后果。

---

① 参见朱树英主编：《房屋建筑和市政基础设施项目工程总承包管理办法理解与适用》，法律出版社 2020 年版，第 232 页。

"逾期失权"条款的主要内容是，当事人在施工合同中约定，若当事人不在一定期限内行使索赔权利或主张变更要求的，期限一旦届满，即丧失索赔的权利与变更的资格。"逾期失权"条款充分体现了"不保护躺在权利上睡觉的人"的精神，对发包人与承包人的施工管理提出了很高的要求。我国《建设工程施工合同示范文本》"通用条款"第 19.1 条规定："承包人应在知道或应当知道索赔事件发生后 28 天内，向监理人递交索赔意向通知书，并说明发生索赔事件的事由；承包人未在前述 28 天内发出索赔意向通知书的，丧失要求追加付款和（或）延长工期的权利。"《建设工程工程量清单计价规范》（GB 50500－2013）"索赔"部分第 9.13.2 条规定："承包人应在知道或应当知道索赔事件发生后 28 天内，向发包人提交索赔意向通知书，说明发生索赔事件的事由。承包人逾期未发出索赔意向通知书的，丧失索赔的权利。"由此可知，"逾期失权"条款作为长期遵守的工程惯例，已为我国施工行业所认可，且我国司法实践也承认"逾期失权"条款的效力，可以直接作为法院裁判依据。据此，承包人应当尽量避免签订"逾期失权"条款，或在权利对等、责任对等的前提下签订"逾期失权"条款；签订"逾期失权"条款后，遭遇变更情形或索赔事项时，积极按照合同约定的期限申请书面变更或提交索赔报告，避免因期限经过丧失索赔权利或变更资格。

8. 不轻易承诺放弃对已完工程的工程价款优先受偿权。工程价款优先受偿权是法律赋予的、基于承包人这一身份及其所实施的施工行为天然享有的就已完工程拍卖、变卖或折价处理所得价款优先获得清偿的权利。根据《建设工程司法解释一》第 36 条规定，承包人工程价款优先受偿权优于银行抵押权，拥有较靠前受偿顺位，这是承包人实现其工程款债权的最后保障。若发包人要求承包人在施工合同中或以其他书面形式作出放弃工程价款优先受偿权的承诺的，承包人应当谨慎对待，因为放弃意味着承包人的工程款债权沦落为一般债权，将落后于银行的抵押权而受偿，此时，承包人可能面临因发包人申请破产清算而难以收回未付工程款债权的风险。